Jürgen Straub

Verstehendes Erklären

Diskurse der Psychologie

Jürgen Straub

# Verstehendes Erklären

## Sprache, Bilder und Personen in der Methodologie einer relationalen Hermeneutik

## Schriften zu einer handlungstheoretischen Kulturpsychologie

Psychosozial-Verlag

Für Pradeep Chakkarath,
dem Freund und Kollegen,
dem methodisches Denken einiges bedeutet,
aber eben nicht alles.

Die *Schriften zu einer handlungstheoretischen Kulturpsychologie* Jürgen Straubs werden gedruckt mit Unterstützung durch Dr. Lotte Köhler und die Köhler-Stiftung.

Bibliografische Information der Deutschen Nationalbibliothek
Die Deutsche Nationalbibliothek verzeichnet diese Publikation in der Deutschen Nationalbibliografie; detaillierte bibliografische Daten sind im Internet über http://dnb.d-nb.de abrufbar.

Originalausgabe

E-Mail: info@psychosozial-verlag.de
www.psychosozial-verlag.de

Umschlagabbildung: Paul Klee, *Der Ballon im Fenster*, 1929
Umschlaggestaltung und Innenlayout nach Entwürfen von Hanspeter Ludwig, Wetzlar
Satz: SatzHerstellung Verlagsdienstleistungen Heike Amthor, Fernwald
ISBN 978-3-8379-3031-3 (Print)
ISBN 978-3-8379-7783-7 (E-Book-PDF)

# Inhalt


Vorwort, mit einer kurzen Einführung 7

## I Relationale Hermeneutik

**Das Verstehen kultureller Unterschiede** 23
Elementare Unterscheidungen und Operationen relationaler Hermeneutik

**Relationale Hermeneutik und komparative Analyse** 95
Vergleichendes Interpretieren als produktives Zentrum empirischer Forschung in Kulturpsychologie und Mikrosoziologie

## II Narrationsanalyse: Erzähltes Leben

**Das erzählende Tier in den Sozial- und Subjektwissenschaften** 187
Das narrative Interview als Medium der Erkenntnisbildung, des emanzipatorischen *Voicing* und als Machttechnik

**Moralische Vergemeinschaftung im narrativen Interview** 245
Erzählte Konflikte und der Wunsch nach Anerkennung

## III Metaphernanalyse: Leben in Sprach-Bildern

**Metaphernanalyse in der psychologischen Biografieforschung** 271
Elementare theoretisch-methodologische Klärungen

**Das Leben im Sprach-Bild** 303
Metaphorische Sprechweisen als Modi der interpretativen Repräsentation biografischer Erfahrungen

## IV Bildanalyse: Leben im Sichtbaren

**Qualitative Methoden der Bildinterpretation, Bildgebrauchs- und -wirkungsanalyse** 339
Neue Entwicklungen und exemplarische Ansätze in der Psychologie und ihren Nachbardisziplinen

**Drucknachweise und Literaturhinweise** 425

# Vorwort, mit einer kurzen Einführung

Das vorliegende Buch gehört zu einer Serie mit »Schriften zu einer handlungstheoretischen Kulturpsychologie«. Diese eigenständige Serie ist Bestandteil einer größeren Reihe von »Ausgewählten Schriften« zu ganz verschiedenen Themen. Auf die im Februar 2019 publizierte Trilogie zum »erzählten Selbst« folgte noch im selben Jahr ein Band mit Arbeiten zum »optimierten Selbst«. Vorgesehen sind weitere Bände mit psychologischen, sozial- und kulturwissenschaftlichen Arbeiten zu den Themenkomplexen »Interkulturalität« und »Geschichtsbewusstsein«.

Im März 2021 wurden zwei Teilbände veröffentlicht, die den Auftakt zur Präsentation einer handlungstheoretischen Kulturpsychologie bilden. Unter dem Titel *Psychologie als interpretative Wissenschaft. Menschenbild, Wissenschaftsverständnis, Programmatik* sind theoretische Aufsätze versammelt, in denen die Grundlagen handlungs- und kulturpsychologischer Forschung dargestellt werden. Die Spannweite reicht von anthropologischen Prämissen über erklärungstheoretische Perspektiven bis hin zu handlungs- und subjekttheoretischen, erzähl- oder bildtheoretischen Überlegungen, auf die sich interpretative Analysen von Praktiken, Handlungen, Gefühlen und weiteren psychosozialen Phänomenen stützen können. Theorien und theoretische Begriffe leiten solche Analysen an, sie eröffnen erst den Horizont, vor dem wir uns bewegen, sobald wir etwas zu verstehen versuchen – eine Liebeserklärung, eine fetischistische Beziehung, ein kommunikatives Missverständnis, das Mobbing von marginalisierten Außenseitern, einen Mord, oder was uns in der Welt der Menschen eben noch so alles begegnen mag. Wenn wir in wissenschaftlichen Arbeitszusammenhängen interpretative Analysen anstellen, beziehen wir uns gewöhnlich auf irgendwelche »Objektivationen« oder »Protokolle« einer Praxis. Man denke an Texte oder Bilder beliebiger

Art, etwa an Abschriften narrativer Interviews oder an Fotos. Wie erwähnt sind Theorien überaus wichtig, sobald wir uns mit solchen empirischen Materialien befassen. Wir benötigen sie auch in der interpretativen Handlungs- und Kulturpsychologie, sei es, weil sie heuristische Funktionen erfüllen und bestimmte Beschreibungen erst ermöglichen, sei es, weil sie das wissenschaftliche Verstehen und Erklären fördern. Genau dasselbe gilt nun natürlich für Methoden: Sie sind ebenfalls unabdingbar.

Das für den zuvor erinnerten »Auftakt« zur Vorstellung einer handlungstheoretischen Kulturpsychologie verfasste Vorwort enthält einige allgemeine Erläuterungen zu diesem Ansatz und Forschungsprogramm, die ich hier nicht wiederhole. Erwähnt sei lediglich, dass ich dieses vielgliedrige Projekt seit mehreren Jahrzehnten verfolge. Ein wichtiger Aspekt seiner ungebrochenen Attraktivität und Aktualität besteht darin, dass eine handlungstheoretische Kulturpsychologie *subjekt-*, *sozial-* und *kultur*wissenschaftliche Perspektiven ganz zwanglos zu integrieren gestattet. Das ist selten und sehr willkommen in einer Zeit, in der wir uns häufig vor die Wahl gestellt sehen, entweder eine individuozentrische Psychologie zu betreiben, der alles Soziale und Kulturelle, Gesellschaftliche und Geschichtliche aus dem Blickfeld geraten ist, oder es mit einer meistens als Soziologie auftretenden Sozialwissenschaft zu versuchen, die keinen oder jedenfalls nicht genügend Platz für Subjekte oder Personen hat. Das Individuum in seiner Einzigartigkeit spielt übrigens in beiden Disziplinen so gut wie keine Rolle mehr (vgl. dazu Straub, 2023 i.V.). Die nomologische Psychologie hat ihm ebenso den Rücken gekehrt wie die auf Soziales eingeschworene Soziologie (und darüber hinaus auch eine primär soziologisch und sozialtheoretisch ausgerichtete Kulturwissenschaft, wie sie im – oft poststrukturalistisch ausgerichteten – Feld der heutigen *cultural* oder *postcolonial studies* verbreitet ist, auch in den *gender studies* und weiteren multi-, inter- und transdisziplinären Branchen).

Eine handlungstheoretische Kulturpsychologie verbindet und vereint subjekt-, sozial- und kulturwissenschaftliche Perspektiven, Denkformen und Forschungsstile auf einmalige Weise. Diese auffällige Besonderheit brachte es unter anderem mit sich, dass sich diese Spielart der zeitgenössischen Psychologie eigentlich schon immer von der heute bereits veralteten, überholten Diagnose, in der vollmundig vom angeblich unwiderruflichen »Tod des Subjekts« die Rede war, distanziert hat. Sie arbeitete zwar frühzeitig an Revisionen, Dezentrierungen oder Schwächungen dieses Subjekts mit, hütete sich aber vor übereilten Verabschiedungen. Dazu passt es, dass die handlungstheoretische Kulturpsychologie jedes partiell autonome, zeitlebens um Selbstwirksamkeit und Selbstbestimmung bemühte Subjekt in seiner primären Sozialität und Kulturalität betrachtet, ohne seine Individualität zu verkennen oder zu ignorieren. Menschen wachsen in historisch veränderlichen Gesellschaften, Gemeinschaften und kulturellen Lebensformen auf – und sind zugleich unverwechselbare, einzigartige Personen. Die Handlungs- und Kulturpsychologie behält all dies gleichermaßen im Blick. Dabei beschäftigt sie sich mit allen möglichen psychosozialen und soziokulturellen Phänomenen. Demgemäß wird zu den noch in Entstehung begriffenen »Schriften zu einer handlungstheoretischen Kulturpsychologie« im Jahr 2023 auch ein Band gehören, der sich durch eine außerordentliche thematische Spannweite auszeichnet. Es geht dort zum Beispiel um den religiösen Glauben und das Heilige in der säkularen Welt, um Musik und die Sehnsucht oder um vielfältige Formen der Gewalt. Eine weitere Monografie in der Serie wird sich mit Wegbereitern, Verwandten und heutigen Vertretern der Handlungs- und Kulturpsychologie auseinandersetzen. Ins Gespräch verwickelt werden bspw. Wilhelm Dilthey, Eduard Spranger, Ernst E. Boesch, Jerome S. Bruner oder Jens Brockmeier – ohne zu verkennen, dass es seit längerer Zeit auch bedeutende Kulturpsycholog*innen* gibt, etwa Patricia Greenfield (siehe etwa 2004, 2018) oder Jessica Benjamin, deren psychoanalytisch, intersubjektivitäts- und gesellschaftstheoretisch fundierte Arbeiten mit der hier vertretenen Kulturpsychologie offenkundig verwandt sind (das gilt für Benjamins feministische Schriften ebenso wie für ihre anerkennungstheoretischen Reflexionen aus jüngerer Zeit; vgl. etwa 1990, 1993, 2017, 2019).[1]

1 Es gäbe natürlich weitere Beispiele, aber die beiden genannten Wissenschaftlerinnen zählen ganz gewiss zu den *Grand Old Ladies* auch der *Cultural Psychology*. Wie die exemplarisch zitierten Publikationen belegen, ist ihre Schaffens-

Das vorliegende Buch widmet sich einem höchst wichtigen Gesichtspunkt handlungs- und kulturpsychologischen Denkens und Forschens. Selbstverständlich braucht auch diese Psychologie eine ausgefeilte Methodologie und Methodik. Sie nähert sich ihrem vielfältigen Gegenstand am Leitfaden klarer Prinzipien und Regeln. Sie setzt nach Möglichkeit Verfahren ein, die alle Willigen schrittweise erlernen und dann anwenden können. Selbst wenn diesem für alle Wissenschaften konstitutiven Bemühen in den interpretativen Disziplinen deutliche Grenzen gesetzt sind, ist methodische Rationalität dennoch ein hohes Gut. Sie ist unverzichtbar und hat beträchtlichen Anteil daran, dass unsere wissenschaftliche Erfahrungs- und Erkenntnisbildung nicht allein unter Fachleuten hohes Ansehen genießt. Trotz aller Querelen und Krisen gilt wissenschaftliches Wissen als besonders zuverlässig und vielfach als konkurrenzlos. Das hat viel mit der methodischen Vernunft zu tun, auf die sich Wissenschaften stützen. Der Einsatz bewährter Methoden und ihre ständige Weiterentwicklung gewährleistet Transparenz und intersubjektive Nachvollziehbarkeit. Nur so können wir empirische Erkenntnisse wirklich auf den Prüfstand stellen und – nicht zuletzt unter methodischen Gesichtspunkten – kritisieren und verbessern. Wer nicht weiß, *wie* Erfahrungen und Erkenntnisse gebildet worden sind, kann sich kein angemessenes Urteil bilden. Um Wissen *begründet* annehmen und zur Grundlage des eigenen Denkens und Handelns machen zu können, sollte man die Weise und den Prozess seiner Entstehung kennen und beurteilen können. Methoden und Ver-

kraft ungebrochen. Ihre gleichermaßen innovativen Lebenswerke wurden unter anderem durch Auszeichnungen gewürdigt, die ebenfalls eine lebendige Verbindung zur Bochumer Kulturpsychologie anzeigen: Jessica Benjamin erhielt 2015 den von der Köhler-Stiftung vergebenen, vom Hans Kilian und Lotte Köhler-Centrum für sozial- und kulturwissenschaftliche Psychologie und historische Anthropologie (KKC) koordinierten »Hans-Kilian-Preis für metakulturelle Humanisation«, Patrica Greenfield wurde 2019 mit dem »Ernst-Boesch-Preis für Kulturpsychologie« der Gesellschaft für Kulturpsychologie geehrt, in der auch die Kodirektoren des KKC mitwirken. Informationen über die beiden Preise sind unter http://kilian-koehler-centrum.de/preis.html.de und http://kulturpsychologie.de/?page_id=75 zu finden.

fahrensrationalität sind im hier interessierenden Feld unverzichtbar. Sie tragen entscheidend dazu bei, Wissenschaften besonders viel zutrauen zu dürfen, sobald es um die Kultivierung von *Vernunft als Lebensform* geht. Methode ist keineswegs schon alles in den Wissenschaften, aber ohne Methode ist dort alles nichts – oder jedenfalls nicht viel wert.

Die Methodologie und Methodik der von mir vertretenen Handlungs- und Kulturpsychologie hört auf den Namen *relationale Hermeneutik*. Man sieht sogleich, dass diese Psychologie erneut an etwas festhält, was einige philosophische und wissenschaftstheoretische Strömungen im 20. Jahrhundert zu verabschieden trachteten: Neben dem bereits erwähnten »Subjekt« war das eben die »Hermeneutik«. Abgesehen davon, dass es auch dieses weit verzweigte Unternehmen nur im Plural gibt – es gibt zwar einige hermeneutische Ansätze, Denkformen und Vorgehensweisen, aber gewiss nicht »die« Hermeneutik –, darf man im 21. Jahrhundert in aller Gelassenheit feststellen, dass dieser programmatische Name wohl noch lange nicht ausgedient hat. Hermeneutik ist gegenwärtig in zahlreichen Spielarten quicklebendig, auch in den sogenannten interpretativen Erfahrungswissenschaften. Die Empirie in den Subjekt-, Sozial- und Kulturwissenschaften kommt eben ohne irgendeine Art des »Sinnverstehens« nicht aus. Es geht hier nun einmal um »Sinngebilde« oder »Sinngestalten« der einen oder anderen Art, um sinn- oder bedeutungsstrukturierte Phänomene und die Frage, wie man diesen Phänomenen näherkommen, wie man sie *lege artis* erschließen kann und so Einsichten aufzutun vermag, die sonst schlechterdings nicht zu haben sind. Hermeneutisches Denken ist auch in einer handlungstheoretischen Kulturpsychologie eine schlichte Notwendigkeit. Wer Sinn oder Bedeutung sagt, muss Interpretieren und Verstehen sagen – was immer darunter verstanden werden mag. Natürlich ist man verpflichtet, sein eigenes Verständnis zu artikulieren und zu rechtfertigen.

Die hier vertretene relationale Hermeneutik dient – wie Max Webers glückliche Formel andeutet – dem *verstehenden Erklären* soziokulturell vermittelter psychischer Phänomene, oder auch sozialer und kultureller Sachverhalte, die ganz ohne psychologischen

Blick kaum verständlich und erklärbar wären. Weber sprach vom »erklärenden Verstehen«, wodurch er den schon seinerzeit vielfach diskreditierten Begriff des »Verstehens« aufwertete. Er traute ihm explanative Leistungen zu (ohne jedoch hinreichend exakt anzugeben, wie der das eigentlich meint). Ich drehe den Spieß gewissermaßen um, indem ich für eine – in sich differenzierte – Variante des »verstehenden Erklärens« plädiere, also den Begriff der Erklärung keineswegs mehr nur an das deduktiv-nomologische oder induktiv-statistische Modell binde, sondern auch als eine Option hermeneutischer, interpretativer Wissenschaften begreife. Man muss das Verstehen also keineswegs dem Erklären gegenüberstellen und dadurch überlieferte Dichotomien festschreiben. Man sollte vielmehr versuchen, im Verstehen eine spezifische Erklärungsleistung zu sehen und für diese Auffassung gute Argumente vorzutragen. Dies wiederum erfordert eine typologische Differenzierung verschiedener Modi des Verstehens bzw. des verstehenden Erklärens. Ich habe das an anderer Stelle sehr ausführlich getan (Straub, 1999a, 2021). Am angegebenen Ort wird das intentionalistische Modell vom regelbezogenen Modell und schließlich vom Modell der narrativen Erklärung abgegrenzt. Alle diese hermeneutischen Varianten werden dabei als eigenständige Verstehens- und Erklärungsformen ausgewiesen, die nicht unter das Dach nomologischer Wissenschaften passen, also allesamt aus dem subsumptionslogischen Modell der deduktiven oder induktiv-statistischen Erklärung ausscheren. »Intention« (Ziele, Zwecke und Vorstellungen von zweckmäßigen Mitteln), »Regel«, »Geschichte« und »Kreativität« heißen die wichtigsten Grundbegriffe in diesen theoretischen Modellen des verstehenden Erklärens von Handlungen und anderen psychischen Phänomenen.

Während der Name für diese Theorie, Methodologie und Methodik seit Langem feststeht (Straub & Shimada, 1999), habe ich bislang kaum Versuche unternommen, das Konzept einer *relationalen Hermeneutik* genauer zu erläutern und die zentralen methodologischen Prinzipien und methodischen Vorgehensweise der hier vertretenen, interpretativen Handlungs- und Kulturpsychologie vorzustellen. Das wird im vorliegenden Buch nachgeholt. Der bislang einzige ausführliche Beitrag zum Thema (Straub, 2010) findet sich auch auf den folgenden Seiten. Er wird jedoch durch mehrere Arbeiten ergänzt, die fast alle zum ersten Mal veröffentlicht werden. Manche davon – wie die sehr ausführliche Abhandlung »Relationale Hermeneutik und komparative Analyse«, in der das »vergleichende Interpretieren« im Zentrum der Aufmerksamkeit steht und auch einige Gemeinsamkeiten mit der *Grounded Theory*-Methodologie herausgestellt werden, oder die Überlegungen zur methodisch kontrollierten Bildinterpretation –, wurden eigens für das neue Buch verfasst, erfreulicherweise in Kooperation mit Kolleg_innen[2]. Andere – wie die Beiträge zur Metaphernanalyse oder zum narrativen Interview und zu erzählanalytischen Perspektiven – wurden in einer Rohfassung zwar schon früher geschrieben, aber erst für die nun vorliegende Buchpublikation fertiggestellt. Um die unvollendeten Manuskripte in eine publikationsreife Form zu bringen, bedurfte es teilweise erheblicher Überarbeitungen und Ergänzungen. Veröffentlicht wird hier nur, was dem Anspruch auf Aktualität standhalten kann – selbst wenn der ursprüngliche Manuskriptentwurf bereits vor einigen Jahren zu Papier gebracht wurde. Das gilt insbesondere für meine frühzeitigen Überlegungen zur Theorie und Methode der Metaphernanalyse, die erstaunlicherweise nichts von ihrem Anregungsgehalt verloren haben. Das ist zumindest mein eigener Eindruck, der sich natürlich gut mit der Tatsache verträgt, dass in diesem speziellen Bereich, genauso wie ganz allgemein bei der Entwicklung qualitativer, interpretativer Methoden, in den letzten Jahrzehnten bewundernswerte Fortschritte erzielt wurden.

Die Metapher ist – genauso wie die Erzählung – ein unerschöpfliches Thema, und die Potenziale ihrer methodischen Untersuchung und Verwertung in den Subjekt-, Sozial- und Kulturwissenschaften scheinen mir bis heute nicht ausgeschöpft. Es ist wohl

2 Ich werde mich im vorliegenden Buch manchmal an eine willkürlich wechselnde Schreibweise halten, um zum Ausdruck zu bringen, dass Frauen und Männer gleichermaßen gemeint sind – und obendrein alle, die sich keinem dieser traditionellen Geschlechter zuordnen mögen. Das etablierte generische Maskulinum wird so durch ein gleichberechtigtes generisches Femininum ergänzt. Ebenso bediene ich mich des von vielen Autor_innen benutzten Unterstrichs, um alle Geschlechter zu integrieren.

keineswegs verkehrt, nach wie vor mit großem Nachdruck auf die psychische und psychologische oder auch auf die soziale und soziologische Bedeutung metaphorischer Redeweisen in der Lebenswelt, aber auch in institutionellen Arbeitszusammenhängen wie etwa der Psychotherapie, nicht zuletzt in den Wissenschaften selbst hinzuweisen. Es gibt hier nach wie vor Neues zu entdecken und zu entwickeln. Ganz unbestritten gilt das auch für das letzte Kapitel im vorliegenden Buch, in dem, wie erwähnt, erst in jüngster Zeit erprobte Methoden der Bildinterpretation vorgestellt werden – und damit sind dann keine Metaphern oder sonstige Sprachbilder gemeint, sondern tatsächlich bildliche Darstellungen, seien es Zeichnungen, Gemälde, Fotos, Videos oder Filme. Das Ikonische und Visuelle ist eben ein eigenes Medium und folgt einer anderen Logik als die Sprache – wenn man da überhaupt von »Logik« sprechen mag. Auch ein wirkliches Äquivalent einer »Grammatik« oder »Syntax« sucht man eher vergeblich, obwohl es ganz gewiss einige Regeln ikonischer Produktion und Rezeption gibt, die auch die psychologisch oder soziologisch ambitionierte Bildanalyse zu berücksichtigen hat.

Einerlei, ob wir es mit Bildlichem, Sprachlichem oder sonst einem protokollierten Ausdruck menschlichen Lebens, Erlebens und Handelns zu tun haben, so steht wohl unzweifelhaft fest: Die Hermeneutik ist bis heute einer der neuralgischen Punkte jeder interpretativen Subjekt-, Sozial- oder Kulturwissenschaft. Ich habe im Vorwort zu den ersten beiden Teilbänden, in denen vor allem theoretische Grundlagen der Handlungs- und Kulturpsychologie vorgestellt werden, bereits darauf hingewiesen, dass uns die »Problematik des Sinnverstehens« nicht zuletzt vor die Frage stellt, welchen Stellenwert in unseren Forschungen eigentlich die Kritik einnimmt – und zwar eine ethisch-moralische, ästhetische oder politische Kritik, die den Gebrauch der eigenen Urteilskraft auch dann verlangt, wenn es nicht bloß um einzelne Handlungen und Haltungen, Einstellungen und Praktiken, sondern um ganze Lebensformen geht (Jaeggi, 2013; Jaeggi & Wesche, 2009).

Auch diesbezüglich darf die Verstehenslehre von Jürgen Habermas (1981, S. 153ff.) als bleibende Herausforderung gelten. Im zweiten Kapitel dieses Buches wird diese Aufgabe angenommen und zumindest kurz erörtert (ausführlicher Straub, 1999b). Es ist keineswegs so einfach, einen überzeugenden Weg zu finden zwischen einer empirischen Forschung, die zu allem Gegebenen bzw. Vorgefundenen auf trostlose Weise »Ja und Amen« sagt und selbst bei offenkundig gewaltsamen, gar gewalttätigen Praxen keinen begründeten Einspruch zu erheben vermag, und jenen gleichfalls unerträglichen Anmaßungen von Wissenschaftler_innen, die stets ein wenig zu schnell vorgeben – und sich tatsächlich einbilden oder daran glauben –, dass sie alles besser wissen und das Bessere kennen, weit entfernt vom etwas ordinären Alltagsbewusstsein und dem womöglich obszönen Tun und Lassen »normaler Leute«. Diesen *ordinary people* attestiert man dabei ein durch und durch »falsches Bewusstsein« oder wenigstens ein paar gravierende Irrtümer und folgenreiche Schwächen, die sie davon abhalten, ihre Zeit sinnvoll zu verbringen, aus sich und ihrem Leben etwas Lohnens- und Achtenswertes zu machen. Stattdessen zerstreuen und verlieren sie sich – sagen wir exemplarisch – im Machtwahn und Streben nach Prestige, im Kauf- und Konsumrausch oder im oberflächlichen Genuss von billigen Waren und Gütern einer verkommenen, für die beherrschte »Masse« gemachten Industriekultur etc. An derartigen Zuschreibungen mag durchaus etwas dran sein. Gleichwohl erscheinen sie eigentümlich pauschal und einseitig. Wer das dennoch so sieht und in den beispielhaft angeführten Auslegungen des Lebens der anderen eine vermeintlich bestens begründete, rundum achtenswerte Form wissenschaftlicher Kritik erkennt, vereinfacht die Dinge über Gebühr und macht sich nicht zuletzt einer gewissen Voreingenommenheit und Überheblichkeit verdächtig.

Die relationale Hermeneutik sucht einen Weg zwischen der Skylla blinder Affirmation und der Charybdis vorschneller, allzu oft ein wenig arroganter und allenfalls selbstwertdienlicher Kritik, der es meistens bloß um den eher peinlichen Nachweis eigener Größe und Überlegenheit geht. Gegen derartige Abwege tut eine Prise Zurückhaltung gut. Man kann manches zwar nicht *nicht* bewerten und beurteilen, muss aber längst nicht alles und jedes auf den eigenen Gerichtshof zerren, in dem man immer selbst das Sagen und das letzte Wort hat. Für die relationale Hermeneutik gehören sparsam und bedächtig geübte Kritik zum Geschäft, und dies schließt selbstverständlich Selbstkritik nicht aus – ganz im Gegenteil. Jedes Verstehen ist stets auch ein Selbstverstehen, jede Kritik Selbstkritik. Nicht selten reicht es jedoch völlig aus zu verstehen, was mit den anderen und zumal mit den Fremden eigentlich so los ist, wie sie – im Vergleich mit einem selbst und seinesgleichen – eigentlich so »ticken«. Im Vorwort der ersten Teilbände zu einer handlungstheoretischen Kulturpsychologie habe ich geschrieben: »Oft ist es angebracht, den wertenden Blick auf andere und Fremde zu bändigen und ›einzuklammern‹. Das kann durchaus gelingen. Häufig kann man vieles und sehr Verschiedenes gelten und sein lassen« (Straub, 2021, S. 9). Und weiter heißt es am angegebenen Ort:

> »Erst einmal sorgfältig beschreiben, was in den zu erforschenden psychosozialen und soziokulturellen Wirklichkeiten der Fall ist und vor sich geht – damit kann man beginnen. Nicht selten ist das nicht nur das Wichtigste und Vordringliche, sondern das Einzige, was zu tun ist – zumal dann, wenn man die von Clifford Geertz 1973 (dt. 1987) geadelten ›dichten‹ Beschreibungen ohnehin gar nicht immer fein-säuberlich von verstehenden Erklärungen abgrenzen kann« (ebd.).

Dem ist nichts hinzuzufügen. Die Beschreibung des Vorfindlichen kommt genetisch und systematisch weit vor dem Beurteilen.

Auch in diesem Band gebe ich gegen Ende des einführenden Vorworts eine kurze Übersicht über die vier Bände mit »Schriften zu einer handlungstheoretischen Kulturpsychologie«. Sie befassen sich mit jenen Themen, die in den Titeln und Untertiteln prägnant zum Ausdruck gelangen:

- *Psychologie als interpretative Wissenschaft. Menschenbild, Wissenschaftsverständnis, Programmatik* (2021, 2 Bde.)
- *Verstehendes Erklären. Sprache, Bilder und Personen in der Methodologie einer relationalen Hermeneutik* (2022)
- *Musik, Politik, Psychotherapie und das Heilige. Exemplarische Studien und zeitdiagnostische Analysen* (Arbeitstitel, 2023)
- *Wegbereiter, Verwandte und Repräsentanten der Kulturpsychologie* (Arbeitstitel, 2023)

Wie gesagt folgt diese Buchserie bereits erschienen Bänden mit weiteren ausgewählten Schriften – und geht noch fertigzustellenden voraus. Im Einzelnen umfasst das Gesamtwerk außer den Schriften zur handlungstheoretischen Kulturpsychologie folgende Bücher (die gegebenenfalls in mehrere Bände aufgeteilt sind):

- *Das erzählte Selbst*
  - *Band 1: Historische und aktuelle Sondierungen autobiografischer Selbstartikulation* (2019)
  - *Band 2: Begriffsanalysen und pragma-semantische Verortungen der Identität* (2019)
  - *Band 3: Zeitdiagnostische Klärungen und Korrekturen postmoderner Kritik* (2019)
- *Das optimierte Selbst. Kompetenzimperative und Steigerungstechnologien in der Optimierungsgesellschaft* (2019)
- *Das kulturelle Selbst. Interkulturelle Kommunikation, Konflikte, Koexistenz und Kompetenz* (Arbeitstitel)
- *Kreatives Gedächtnis, erinnerte Geschichte, kontingentes Leben. Kulturpsychologische Analysen historischer und biografischer Sinnbildung* (Arbeitstitel)

Alle Monografien gehören zum Programm des Psychosozial-Verlags. Dass das Projekt so zügig verwirklicht werden kann, verdanke ich nicht nur der Ermunterung und Unterstützung durch den Verlag, namentlich Hans-Jürgen Wirth, Johann Wirth, Christian Flierl und David Richter (der auch dieses Mal wieder der Publikation den letzten Schliff verlieh), sondern auch unserem Team am Bochumer Lehrstuhl für Sozialtheorie und Sozialpsychologie. Dieses Mal haben Lena Dillenburg und Marie Scheliga als neue Lektorinnen einen wertvollen, ja unverzichtbaren Teil der Arbeit beigesteuert. Bei Bedarf sprangen auch Bent Schiemann, der mir in Lehre und Forschung vielfach zur Seite steht, und wie immer Irene Scamoni-Selcan im sogar in Covid-19-Zeiten funktionierenden Sekretariat mit Recherchen und korrigierenden Lektüren ein. Auch unsere Forschungspraktikantin im Sommer 2021 – Muriel Selina Barth, die in Basel Psychologie studiert – hat geholfen. Ihnen allen danke ich sehr. Die zahllosen Gespräche mit Kolleginnen und Kollegen sowie Mitarbeiterinnen und Mitarbeitern, speziell auch mit der großen Gruppe von empirisch arbeitenden Doktorandinnen und Doktoranden des Lehrstuhls, haben mir vielfach die Augen geöffnet und mich darin bestärkt, auch den naturgemäß etwas abstrakt geratenen Band zum verstehenden Erklären und zur relationalen Hermeneutik fertigzustellen. Es versteht sich von selbst, dass ich den Koautor_innen, die zu manchen der im vorliegenden Band publizierten Abhandlungen beigetragen haben, besonders danken möchte. Es war eine Freude, mit Sandra Plontke, Aglaja Przyborski, Paul Sebastian Ruppel und, schon vor längerer Zeit, mit Ralph Sichler gemeinsam nachdenken zu dürfen.

Wer Forschung passioniert betreibt, wird vielleicht auch das Buch über die Methodologie und Methodik einer interpretativen Wissenschaft spannend finden – vielleicht gerade dieses, sind Methodenfragen doch keineswegs nebensächlich und häufig schon beim zweiten Hinsehen viel komplexer und interessanter, als es zunächst scheinen mag. Die Frage nach dem *Wie*, nach klaren Regeln und methodischer Kontrolle in der eigenen Forschung, hat es in sich. Manche erwarten das nicht, begreifen es aber schnell. Die Frage nach dem *Wie* führt uns nicht nur ziemlich zügig an die *unüberwindbaren Grenzen* unseres Willens zur Methode und entlässt uns in die Freiheit spontanen, kreativen Denkens und Handelns. Sie ist, wie zuvor angedeutet, auch mit politischen, ethisch-moralischen und ästhetischen Fragen aufs Engste verknüpft. Man kann Forschung so gut wie niemals in einem machtfreien Raum betreiben, in dem es vermeintlich um nichts anderes als um reine Vernunft und objektive Erkenntnis geht. Das ist ein Ding der Unmöglichkeit. Auch für Wissenschaftler_innen steht nirgends ein völlig neutraler Standort und neutrales Instrumentarium parat. Auch ihnen bleibt eine von allen praktischen und politischen Niederungen unberührte *view from nowhere* ein für alle Mal verschlossen. Wenn Lesende des vorliegenden Buches an diese Einsicht herangeführt werden und am Ende sogar etwas mit ihr anfangen könnten, wäre sein oberster Zweck erfüllt. Wenn jede einzelne Person, die sich durch die vielen Seiten hindurchgearbeitet hat, zumindest einige *sie selbst überzeugenden* Antworten auf die vielfältigen, keineswegs nur unseren methodischen Sachverstand betreffenden Fragen, die in den folgenden Kapiteln aufgeworfen werden, gefunden hätte, dann hätte sich meine Arbeit vollends gelohnt.

Wie der Widmung zu entnehmen ist, habe ich das vorliegende Buch auch aus dem dort formulierten Grund meinem Freund und Kollegen Pradeep Chakkarath zugeeignet. Es gäbe eine Reihe weiterer Gründe für diese *petit hommage en passant* anzuführen. Dazu gehört ganz gewiss die langjährige, außergewöhnlich stabile und produktive Kooperation, die vieles am Bochumer Lehrstuhl für Sozialtheorie und Sozialpsychologie erst möglich gemacht hat, ganz besonders die vielfältigen Aktivitäten in dem von uns beiden geleiteten, von der Köhler-Stiftung generös geförderten *Hans Kilian und Lotte Köhler-Centrum für sozial- und kulturwissenschaftliche Psychologie und historische Anthropologie*.

Wie das Meiste von mir Geschriebene nahm auch das vorliegende Manuskript in der Toskana – in Pisa oder in der Nähe von Lucca – Gestalt an. Wenn man ein Buch auch noch einem Ort widmen könnte – einer Region, die ja nicht absichtlich etwas dazu beigetragen hat und auch fortan nichts intentional dazu beisteuern wird, dass einem Autor die eine oder andere Idee kommt und ab und zu eine gelungene Formulierung glückt –, dann täte ich dies herzlich gern und würde die mit einer Handvoll Häusern beglückte Hügellandschaft *Crocialetto di Loppeglia* wählen. Vielleicht ist es indes gar nicht so abwegig, die Autorschaft mit einer Landschaft zu teilen. Ihre Formen und Farben und Gerüche führen einem ja doch, wenn man ehrlich ist, sehr viel öfter die Feder, als man meint, während man schreibend zugange ist und dabei nicht nur etwas sucht und findet, sondern sich, in der eigentümlichen Anonymität des Denkens und Schreibens, doch immer auch ein wenig selbst verliert.

*Loppeglia, im Sommer und Herbst 2021,*
*Jürgen Straub*

## Literatur

Benjamin, Jessica (1990 [1988]). *Die Fesseln der Liebe. Psychoanalyse, Feminismus und das Problem der Macht.* Basel: Stroemfeld.

Benjamin, Jessica (1993). *Phantasie und Geschlecht. Psychoanalytische Studien über Idealisierung, Anerkennung und Differenz.* Basel: Stroemfeld.

Benjamin, Jessica (2017). *Beyond Doer and Done to Recognition Theory, Intersubjectivity and the Third.* London, New York: Routledge.

Benjamin, Jessica (2019). *Anerkennung, Zeugenschaft und Moral. Soziale Traumata in psychoanalytischer Perspektive. Hans-Kilian-Preis 2015.* Gießen: Psychosozial-Verlag.

Geertz, Clifford (1987 [1973]). Dichte Beschreibung. Bemerkungen zu einer deutenden Theorie von Kultur. In ders., *Dichte Beschreibung. Beiträge zum Verstehen kultureller Systeme* (S. 7–43). Frankfurt/M.: Suhrkamp.

Greenfield, Patricia M. (2004). *Weaving generations together: Evolving creativity in the Maya of Chiapas.* Santa Fe/NM: SAR Press.

Greenfield, Patricia M. (2018). Studying social change, culture, and human development: A theoretical framework and methodological guidelines. *Developmental Review, 50,* 16–30.

Habermas, Jürgen (1981). *Theorie des kommunikativen Handelns, Bd. 1: Handlungsrationalität und gesellschaftliche Rationalisierung.* Frankfurt/M.: Suhrkamp.

Jaeggi, Rahel (2013). *Kritik von Lebensformen.* Frankfurt/M.: Suhrkamp.

Jaeggi, Rahel & Wesche, Tilo (Hrsg.). (2009). *Was ist Kritik?* Frankfurt/M.: Suhrkamp.

Straub, Jürgen (1999a). *Handlung, Interpretation, Kritik. Grundzüge einer textwissenschaftlichen Handlungs- und Kulturpsychologie.* Berlin, New York: de Gruyter.

Straub, Jürgen (1999b). *Verstehen, Kritik, Anerkennung. Das Eigene und das Fremde in den interpretativen Wissenschaften.* Göttingen: Wallstein.

Straub, Jürgen (2010). Das Verstehen kultureller Unterschiede. Relationale Hermeneutik und komparative Analyse in der Kulturpsychologie. In Gabriele Cappai, Shingo Shimada & Jürgen Straub (Hrsg.), *Interpretative Sozialforschung und Kulturanalyse* (S. 39–99). Bielefeld: transcript [auch im vorl. Buch].

Straub, Jürgen (2021). *Psychologie als interpretative Wissenschaft. Menschenbild, Wissenschaftsverständnis, Programmatik.* 2 Bde. Gießen: Psychosozial-Verlag.

Straub, Jürgen (2023 i.V.). *Erscheinen und Verschwinden des Individuums. Notizen zur Individualität in der Geschichte Europas und der modernen Psychologie.* Gießen: Psychosozial-Verlag.

Straub, Jürgen & Shimada, Shingo (1999). Relationale Hermeneutik im Kontext interkulturellen Verstehens. *Deutsche Zeitschrift für Philosophie, 47*(3), 449–477.

# I
# Relationale Hermeneutik

# Das Verstehen kultureller Unterschiede

## Elementare Unterscheidungen und Operationen relationaler Hermeneutik

### Fortschritte und Aktualität des »Verstehens«: *Glimpses of the Past*

Vor gut einem halben Jahrhundert hat Theodore Abel (1948) »The Operation called *Verstehen*« einer wissenschaftstheoretischen Reflexion und Kritik unterzogen – und dabei gründlich missverstanden. In einer heute kaum mehr praktizierten Unbefangenheit betrachtete Abel das Verstehen als eine vermeintlich rein logische Denkoperation (vgl. Matthes, 1992a), die er dem naturalistischen Forschungsprogramm nomologischer Wissenschaften einzugliedern gedachte. Das Verstehen bekam dabei eine marginale Rolle im explorativen Vorfeld empirischer Untersuchungen zugewiesen. Es sollte als eine besondere Form der Wahrnehmung lediglich der Identifikation des Gegenstandes und der Findung von Hypothesen dienen, aber keinen eigenständigen Status als spezielle und unabdingbare Erkenntnisform mehr beanspruchen dürfen. Dieser Anspruch, der in den traditionellen Debatten über das Verstehen stets erhoben worden sei, könne aus guten Gründen *ad acta* gelegt werden. Das angeblich wissenschaftliche Verfahren sei, so Abel, abhängig von persönlicher Erfahrung und damit der Subjektivität des Forschers verhaftet, dessen bloße »Meinung« es zum Ausdruck bringe. Es sei bar jeder Objektivität und nachgewiesenen Gültigkeit. Das durch Verstehen geschaffene Wissen bestehe lediglich in Spekulationen darüber, was der Fall sein *könne*. Es beziehe sich auf bloße – häufig gleichermaßen plausible – *Möglichkeiten*, nicht aber auf erwiesene *Tatsachen*. Es füge unserem wissenschaftlichen Wissen im Übrigen nicht einen Deut *neuer* Einsichten hinzu, sondern erschöpfe sich in der Reproduktion des bereits Gewussten und Vertrauten. Das Verstandene wurde von Abel demgemäß als »misplaced familiarity« diskreditiert.

Des Kritikers Schlussfolgerung liegt auf der Hand. Die von ihm ausgemachten Irrtümer und Grenzen »preclude the operation of *Verstehen* as a scientific tool of analysis« (Abel, 1964 [1948], S. 186), und weiter: »The probability of a connection« – und damit meint Abel einen kausal-deterministischen oder korrelativ-statistischen Zusammenhang, den jeder Akt des Verstehens angeblich voraussetze und mit dem er operiere – »can be ascertained only by means of objective, experimental, and statistical tests« (ebd., S. 188).

Alle Varianten der obskuren Operation des Verstehens galten Abel und zahlreichen Kritikern vor und nach ihm als metaphysische und theologische Relikte. Bestenfalls waren sie psychologische oder »psychologistische« Irrläufer, die in der (neopositivistischen) Wissenschaftslehre so gut wie nichts mehr zu suchen hatten. Giambattista Vico und Auguste Comte, Wilhelm Dilthey und Max Weber, James Cooley und Florian Znaniecki, Pitirim Sorokin oder Robert MacIver und einigen anderen (wie etwa den Schülern Diltheys) wurde von Abel vorgehalten, viel Aufhebens um das »Verstehen« gemacht und es als eine unerlässliche Methode der Geistes-, Sozial- und Kulturwissenschaften eingeklagt, jedoch allzu wenig zur systematischen Klärung dieses Verfahrens beigetragen zu haben. *Dieser letzte Kritikpunkt* war und ist keineswegs unberechtigt: Es war in der Tat unklar, was genau denn unter dem Verstehen als einer wissenschaftlichen Methode verstanden werden könne. Abel brachte durchaus zu Recht sein Befremden darüber zum Ausdruck,

> »that, while many social scientists have eloquently discoursed on the existence of a special method in the study of human behavior, none has taken the trouble to describe the nature of this method. They have given it various names; they have insisted on its use; they have pointed to it as a special kind of operation which has no counterpart in the physical sciences; and they have extolled its superiority as a process of giving insight unobtainable by any other methods. Yet the advocates of *Verstehen* have continually neglected to specify how this operation of ›understanding‹ is performed – and what is singular about it. What, exactly, do we do when we say we practice *Verstehen*?« (ebd., S. 179).

Abels zentrale Frage, die er um zwei, drei weitere Punkte ergänzte, ist noch heute willkommen. Er selbst versuchte sich an einer Antwort. Die allerdings fiel dürftig aus, sodass auch Abels schließlich gefälltes Urteil als verfehlt gelten muss. Das Verstehen wurde häufiger – so auch von Abel – auf die psychologische Version des *empathischen* Verstehens reduziert, manchmal kurzerhand mit diesem gleichgesetzt. (Wobei Abel, wie angedeutet, den Nachweis zu führen suchte, dass Empathie just jene deterministisch oder probabilistisch formulierten Gesetzmäßigkeiten *voraussetze*, mit denen das Verstehen eben operiere, deren Gültigkeit jedoch allein mittels experimenteller und statistischer Verfahren geprüft werden können.) Für Abel war klar: Verstanden werden muss, was sich nicht von selbst versteht, jedoch vollzieht sich dieses Verstehen sodann just durch den Rekurs auf Selbstverständlichkeiten, meist trivialer Art! Ganz ohne methodische Kontrolle bringe der Interpret nämlich seine je eigenen, persönlichen Erfahrungen ins Spiel, die er freilich mit einer variablen Anzahl anderer Menschen teile. Für diese Leute sind ihre Erfahrungen eben *unhinterfragt gültig*. Der Interpret betrachtet also, so Abel, was ihm zunächst unverständlich, jedenfalls interpretationsbedürftig erscheint, einfach im Lichte der ihm (und einigen Zeitgenossen) vertrauten Möglichkeiten. Er plausibilisiert das Verhalten anderer, eventuell fremder Personen, indem er sich durch *analogisierende Übertragung* des eigenen (alltagsweltlichen) Erfahrungswissens *in diese einfühlt und hineinversetzt*. Die Anderen oder Fremden werden wohlgetan haben, was man selbst in derselben oder in vergleichbarer Lage eben auch getan hätte. Verstehen wird durch diese Art Empathie gesichert. Abel spricht ganz in diesem Sinne häufiger von »imagination« (ebd., S. 183f.). Verstehen wird durch das Imaginationsvermögen des Interpreten gesichert, kurz: durch eine, in seinen eigenen Erfahrungen wurzelnde, psychische Disposition, Fähigkeit und Fertigkeit, in empathischer Weise Analogien zu bilden.

In der Psychologie trifft man immer noch auf diese Auffassung: Dem als »Verstehen« ausgegebenen Akt der *Einfühlung und Einbildungskraft* kann zu Recht vorgehalten werden, er sei kaum klar bestimmbar und gäbe demzufolge für eine Logik und Methodologie erfahrungswissenschaftlicher Forschung nicht viel her. Anstatt die Transparenz und methodische Präzision wissenschaftlicher Erfahrungs- und Erkenntnisbildung zu fördern, verneble die Bezugnahme auf die Operation des Verstehens, was sie doch zu klären vorgäbe. Diese Kritik war im Jahr 1948 nicht mehr ganz neu. Sie markierte auch keinen Endpunkt der Debatte (zu deren Geschichte siehe Apel, 1978; Riedel, 1978; sodann Horstmann, 2004; Scholz, 2001; Schurz, 1988, 2004). Vom einfühlenden Verstehen (und verwandten »psychischen« Operationen, so etwa manchen Spielarten des »geistigen Nachvollzugs«; vgl. in Kürze: Schurz, 2004, S. 156f.) führt in der Tat *kein nachvollziehbarer* Weg zu Einsichten, die das Prädikat »wissenschaftlich« verdienen. *Dieses* Urteil ist wohl kaum zu widerlegen.[3]

Zum »Seelenleben« anderer, womöglich fremder Menschen gibt es bekanntlich keinen direkten Zugang. Hier versagen »introspection and self-observation« (Abel, 1964 [1948], S. 184), sodass nur der von Abel (im Anschluss an Alexander, 1935) unterstellte »emotional syllogism« zu bleiben scheint. Der damit verwobene Analogieschluss läuft jedoch Gefahr, eher einer kurzschlüssigen »Projektion« des Eigenen ins Andere und Fremde als einer reflektierten und geregelten Operation des Verstehens zu gleichen. Was Abel rekonstruiert und kritisiert, wird heute niemand mehr propagieren wollen. Wir sind uns heute mehr denn je darüber im Klaren, dass Abels »operation called Verstehen« die stillschweigend gemachten Voraussetzungen häufig nicht erfüllt.

Die – etwa von Dilthey gemachte – Unterstellung einer allgemeinen geistigen oder seelischen Verwandtschaft, die einfühlendes Verstehen zwischen allen Menschen relativ umstandslos ermöglichen soll, hat sich längst als unhaltbar erwiesen.[4] Gerade

---

3 Am getroffenen Urteil über das empathische Verstehen kann m. E. selbst dann festgehalten werden, wenn man die Rolle von Gefühlen und Akten der Einfühlung für das Verstehen (von Texten, Textanaloga wie Handlungen etc.) keineswegs völlig abstreiten möchte und diesbezügliche Reflexionen sogar als *Desiderat* einer zeitgenössischen Hermeneutik betrachtet.

4 Diltheys geisteswissenschaftliche oder verstehende, beschreibende und zergliedernde Psychologie, die er in seiner berühmten Abhandlung aus dem Jahr 1894 der naturwissenschaftlichen oder erklärenden Psychologie schroff gegenüberstellt, ist sehr viel mehr dem Modell einer *allgemeinen* Psychologie

erhebliche kulturelle Distanz kann diese Vorannahme zweifelhaft erscheinen lassen und das naiv unterstellte Fundament des empathischen Verstehens nachhaltig erschüttern. Die gestreuten Zweifel haben längst jeden Akt des Verstehens, allem voran die wissenschaftlich-methodische Hermeneutik, erfasst. Selbst wenn man davon ausgehen *muss*, dass auch die Psychologie an *irgendwelchen* universellen Gemeinsamkeiten im menschlichen Leben nicht vorbeikommt,[5] bewahrt uns diese Annahme nicht

und der Annahme universaler psychologische Gesetze verpflichtet, als es die Rezeptionsgeschichte erkennen lässt. Das ist gerade für die heutige Kulturpsychologie von Interesse. Diese kann sich keinesfalls bruchlos in Traditionen wie etwa die geisteswissenschaftliche Psychologie einreihen. Sie unterscheidet sich von ihr wohl ebenso sehr wie von älteren und neueren Versionen der naturwissenschaftlichen, nomologischen Psychologie. Daran ändert die Tatsache nichts, dass Vertreter der geisteswissenschaftlichen Psychologie – z. B. der in der Psychologie und Pädagogik wohl einflussreichste Schüler Diltheys, Eduard Spranger (z. B. 1921) – ihren Ansatz ausdrücklich auch als *Kultur*psychologie bezeichneten (vgl. dazu Straub, 2003a). Was Diltheys Schriften angeht, ist im vorliegenden Zusammenhang eine zu Lebzeiten des Autors niemals vollständig publizierte Arbeit mit dem Titel »Über vergleichende Psychologie« (Dilthey, 1957b [1895, 1906]) besonders wichtig. Wie an anderer Stelle angemerkt (Straub, 1999a, S. 337f.), erscheint dort jeder psychologische Vergleich völlig *unproblematisch*, weil für Dilthey das Seelenleben aller Menschen, ungeachtet aller manifester Variationen, im Grunde genommen einerlei ist. Ohne Einheit keine Vielheit. Bei Dilthey wirkt diese – wohlgemerkt: keineswegs unplausible Formel! – *vorschnell beruhigend*, weil sie Differenz zügig marginalisiert, den Vergleich bagatellisiert und alle psychologisch relevanten Unterschiede auf ein (zumindest im Wesentlichen) bekanntes Seelenleben »des« Menschen bezieht (das in Wahrheit doch nur das eigene, introspektiv erfasste seelische Erleben ist!). Diltheys Psychologie ist zunächst einmal eine universalistisch angelegte *Allgemeine Psychologie*, auf deren Fundament sich dann erst über Differenzierungen sprechen lässt (z. B. in entwicklungspsychologischer, persönlichkeitspsychologischer Hinsicht). Was die vermeintlichen Universalien angeht, kennzeichnet Diltheys Denken – *pars pro toto* – just jene euro- oder nostrozentrische Voreingenommenheit, die die (nomologische) *cross-cultural* und die (verstehend-interpretative) *cultural psychology* in der zweiten Hälfte des 20. Jahrhunderts *unisono* attackierten (vgl. Boesch & Straub, 2007; Straub, 1999a, 2001, 2003b, c, 2004a, 2007a; Straub & Chakkarath, 2010; Straub & Thomas, 2003).

5 Dieser Ausgangspunkt ist eine theoretische, logische und methodologische *Notwendigkeit*, wenn man hermeneutischen Übersetzungs- und Verstehens-

vor den beträchtlichen Komplikationen beim Verstehen kultureller Unterschiede. Mit einem »Verstehen«, von dem Abel (1964 [1948], S. 185) sagt: »At best it can only confirm what we already know«, kann man sich allzu leicht blamieren, wenn man sich in wissenschaftlicher Absicht anderen, fremden Kulturen bzw. den Erfahrungen und Erwartungen, dem Erleben, Denken, Fühlen, Wünschen, Wollen und Handeln der dieser Kultur zugehörigen Individuen und Gruppen nähert.

Kulturelle Differenz, Alterität und Alienität fordern, wenn Verstehen überhaupt möglich sein soll, Distanznahme gegenüber dem Eigenen. Das ist leichter gesagt als getan. Selbst wer die Vielfalt menschlicher Lebensformen als Variationen *einer* einheitlichen menschlichen Lebensform begreift – wie etwa Ludwig Wittgenstein nahelegt, wenn er den Begriff der »Lebensform« sowohl im distinktiven Plural als auch im vereinheitlichenden Singular verwendet (Wittgenstein, 1984; vgl. Liebsch, 2001; Lütterfelds & Roser, 1999) –, wird das Verstehen kultureller Unterschiede heutzutage als höchst anspruchsvolle Aufgabe betrachten. Doch was heißt hier nun »Verstehen«, wenn es sich nicht in Introspektion und Selbstbeobachtung, analogisierenden Übertragungen oder emotionalen Syllogismen, Empathie oder Einfühlung erschöpft? Was bedeutet es, *heute* von verstehender Psychologie zu sprechen und speziell die zeitgenössische Kulturpsychologie als eine interpretative, hermeneutische Wissenschaft aufzufassen?

Sobald man die Rede vom empathischen Verstehen als eine eher nebulöse Variante aus einem breiten Spektrum an Vorschlägen identifiziert hat, geraten Wege des Verstehens ins Blickfeld, die für die Kulturpsychologie sehr viel attraktiver erscheinen. Solche *alternativen* Konzepte sind seit langer Zeit verfügbar. Dabei ist keineswegs bloß an Martin Heideggers (1927) »Hermeneutik der Faktizität« zu denken, also an dessen »fundamentalontologische« Bestimmung des Verstehens als »ursprüngliche Vollzugsform des Daseins, das In-der-Weltsein ist« (Gadamer,

leistungen überhaupt eine Chance einräumen und nicht von vornherein eine Absage erteilen, also zu voreingenommenen Dogmen einer radikalen Inkommensurabilität Zuflucht nehmen will.

1986, S. 264). Diese vor allem in der philosophischen Hermeneutik Hans-Georg Gadamers fortwirkende, existenzial-ontologische Auffassung des Verstehens hat zwar unbestreitbar zu der heute weithin akzeptierten Vorstellung beigetragen, dass die Welt des Menschen *grundsätzlich* symbolisch verfasst und hermeneutisch vermittelt ist. Mit anderen Worten: Die menschliche Handlungs- und Lebenspraxis ist ohne unentwegte Akte der Deutung nicht denkbar. Sie ist hermeneutisch strukturiert – *lange bevor* das Verstehen als ein spezifisches Verfahren in den Wissenschaften bedacht und angewandt werden mag (Giddens, 1984). Bei der Bestimmung des Verstehens als »Existenzial« bzw. als lebenspraktische »Vollzugsform des Daseins« kann der Sprache eine besondere Rolle zugeschrieben werden. Dennoch braucht die Bedeutung anderer, »präsentativer« oder »vorprädikativer« Symbolsysteme für das Verstehen nicht verkannt werden (zu dieser Unterscheidung siehe Langer, 1965). Heidegger und Gadamer begriffen das lebens*praktische* Verstehen vorrangig als ein »Sich-verstehen-auf«, wie es sich zum Beispiel auch im versierten praktischen Umgang mit Dingen zeigt. Diese Auffassung war für das Selbstverständnis der Geistes-, Sozial- und Kulturwissenschaften und die Reflexion ihrer epistemologischen Besonderheiten wichtig (vgl. Grondin, 1991). Für die methodische Regelung wissenschaftlicher Erfahrungs- und Erkenntnisbildung bzw. die Klärung eines Verfahrens brachte sie aber wenig.

Die bereits durch Friedrich Nietzsches Polemik gegen alle »Tatsachen an sich« vorbereitete Einsicht, die die Sprache aus ihrer Dienerfunktion im Zeichen der *Adaequatio intellectus ad rem* befreite und den Blick für die »Interpretativität« auch aller *wissenschaftlichen* Bemühungen schärfte,[6] führte nämlich keines-

6 Darüber ist sich die (philosophische) Hermeneutik nicht nur mit ihrem einstigen Wegbereiter und bleibenden Verwandten, der Phänomenologie, sondern längst auch mit weiten Teilen der sprachanalytischen Philosophie der Gegenwart einig (vgl. z. B. Richard Rortys 1979 vorgelegte Analyse der epistemologischen Leitmetapher »Spiegel der Natur« oder Nelson Goodmans 1978 erschienene, 1984 ins Deutsche übertragene Reflexionen über »Weisen der Welterzeugung«; auch Rorty, 1982, 1989); siehe zu diesem Punkt auch die nachfolgende Abhandlung im vorliegenden Buch.

wegs zur Präzisierung des Verstehens als einer *geregelten Methode*, derer sich verschiedene Geistes-, Sozial- und Kulturwissenschaften aus guten Gründen bedienen. Bekanntlich verfolgten Heidegger und Gadamer nicht zuletzt das Anliegen, dem für die (modernen) Wissenschaften konstitutiven methodischen Bewusstsein *Grenzen zu ziehen* (und damit die Wissenschaften selbst in ihren Befangenheiten und Beschränkungen zu reflektieren). Obwohl insbesondere Gadamer niemals die Notwendigkeit methodischen Vorgehens (auch) in den Geisteswissenschaften bestritten hat, lag der wesentliche Beitrag der philosophischen Hermeneutik nicht in einer Klärung ihrer Methodik. Diesbezüglich waren nicht allein Arbeiten derjenigen relevanter, die Gadamer als Vertreter der »traditionellen« Hermeneutik – man denke etwa an Friedrich Schleiermacher, August Boeck, Gustav Droysen, Wilhelm Dilthey und dessen Nachfolger Georg Misch, Otto Friedrich Bollnow u.a. – in kritischer Absicht von seiner »philosophischen« Hermeneutik distanzierte (ebd.; Horstmann, 2004). Bereits im 19. und im frühen 20. Jahrhundert mehrten sich nämlich Beiträge, die sich um dezidiert sozial- und kulturwissenschaftliche Konzeptionen des Verstehens bemühten und sich dabei (ebenfalls) von den klassischen Philologien abgrenzten. Sie zielten expressis verbis auf eine sinnverstehende Methodologie und Methodik der *Sozial-* oder *Kultur*wissenschaften. Dabei nahmen sie den Anspruch ernst, dass wissenschaftliche Rationalität nicht zuletzt in der Transparenz explizit geregelter Verfahren zu gründen habe.

Ich erinnere kurz und wiederum zu exemplarischen Zwecken an die Arbeiten eines Max Weber, an die phänomenologische Soziologie eines Alfred Schütz oder an Karl Mannheims sogenannte genetische oder dokumentarische Methode der Interpretation, von der noch die Rede sein wird (vgl. dazu Bohnsack, 1991, 2003a, b, 2005, Bohnsack et al., 2001; Nohl, 2001b), schließlich an die ebenfalls bahnbrechenden Ansätze, die pragmatistisches Gedankengut (eines Charles Sanders Peirce oder George Herbert Mead) aufnahmen und verarbeiteten, namentlich etwa an den symbolischen Interaktionismus (etwa von Herbert Blumer, 1954, 1973) oder die etwas später in Erscheinung getretene Ethnomethodologie (z.B. von Harold Garfinkel, 1967, 2002; zum

Überblick über einige der zuletzt genannten Ansätze siehe den Sammelband der Arbeitsgruppe Bielefelder Soziologen, 1973; wichtige Aspekte erörtert Cappai, 2010). Die ethnomethodologischen Ansätze stellten wohl am konsequentesten die erkenntnistheoretische Leitfrage von der bisherigen *Was*-Frage (»Was ist Gesellschaft?«, »Was ist kulturelle/soziale/psychische Wirklichkeit?«) auf die *Wie*-Frage um (»Wie wird Gesellschaft bzw. kulturelle/soziale/psychische Wirklichkeit in der symbolischen Praxis der Handelnden hergestellt/stabilisiert/transformiert?«; vgl. dazu Bohnsack, 2003b, S. 556ff.). Nicht vergessen werden sollte auch die Bedeutung der Psychoanalyse für Entwicklung der sozial- und kulturwissenschaftlichen Hermeneutik. Um eine gewisse Integration verschiedener Ansätze bemühten sich verschiedene Autoren, seit den 1960er Jahren etwa Jürgen Habermas (z. B. in seinem 1967 erschienenen Literaturbericht *Zur Logik der Sozialwissenschaften*).

Das ist nun keineswegs schon die ganze Geschichte (wie man auch dem erwähnten Literaturbericht entnehmen kann). Die wenigen Hinweise auf Positionen einer nicht nur traditionell geisteswissenschaftlichen, sondern auch dezidiert sozial- und kulturwissenschaftlichen Hermeneutik vermitteln ein sehr unvollständiges Bild jener Ausgangspunkte und Entwicklungen, von denen auch die heutige Kulturpsychologie zehrt und weiterhin profitieren kann. Fortschritte beim »Verstehen des Verstehens« verdanken sich seit Mitte des 20. Jahrhunderts nämlich mehr und mehr auch einer philosophischen Strömung, deren zunehmende Konvergenzen mit den »traditionellen«, der »philosophischen« und neueren (fachwissenschaftlichen) Hermeneutiken mittlerweile offenkundig sind. Gemeint ist die (sprach-)analytische Philosophie, speziell in Gestalt jener Vertreter, die bis heute an das Spätwerk Ludwig Wittgensteins anknüpfen, insbesondere an dessen *Philosophische Untersuchungen* (1984b).[7]

7 Solche Konvergenzen gibt es sogar mit jenen neueren Varianten, aus deren Perspektive auch Gadamers und noch Habermas' Ansatz zur überlebten Tradition zu zählen und von einer »kritischen« Hermeneutik z. B. in der Nachfolge Michel Foucaults oder Richard Rortys abzusetzen ist (vgl. Kögler, 1992).

Von dieser Seite wurden *sprachphilosophische und wissenschaftstheoretische* Arbeiten vorgelegt, die, häufig in Verbindung mit *handlungstheoretischen* Überlegungen, unmittelbar für eine Theorie, Methodologie und Methodik der hermeneutischen, interpretativen Wissenschaften relevant sind. Ihnen verdanken sich Präzisierungen des Verstehens, die bis heute zur ungebrochenen Aktualität dieses Begriffs und zur damit verwobenen Methodologie und Methodik interpretativer Wissenschaften beitragen. Die hier vertretene Konzeption einer handlungstheoretisch fundierten, textwissenschaftlichen Kulturpsychologie ist, ganz im Sinne Jerome Bruners (1990) oder Ernst Boeschs (1991), eine *interpretative* Disziplin, für die die hermeneutische Problematik des Sinnverstehens zentral ist (vgl. Rabinow & Sullivan, 1979). Wie an anderer Stelle ausführlich dargelegt, kann eine Kulturpsychologie, die das sinn- und bedeutungsstrukturierte, *kulturelle Handeln* als *paradigmatischen* Gegenstand ihres Interesses begreift, von den handlungs- und sprachphilosophischen Beiträgen der um begriffliche und methodische Präzision bemühten »analytischen Philosophie« erheblich profitieren (vgl. Straub, 1999a; kürzer: 1999c).

Obwohl die fundamentalen Einsichten, die in den bahnbrechenden Arbeiten zum Beispiel von Peter Winch (1958), Arthur Danto (1965) oder Georg H. von Wright (1971) entwickelt wurden, bereits in den vorangegangenen Jahrzehnten und Jahrhunderten zumindest ansatzweise bekannt waren, sind entscheidende Fortschritte beim »Verstehen des Verstehens«, namentlich die *Differenzierung und Formalisierung* dieses so schillernden Grundbegriffs, diesen (und »geistesverwandten«) Autoren zu verdanken. Fortan war unübersehbar, dass das Verstehen nicht pauschal mit einem leidlich diffusen Akt der Einfühlung gleichgesetzt werden sollte. Es galt nun mehr und mehr als ein in klar unterscheidbaren Varianten rekonstruierbares methodisches Verfahren. Diese geregelte Operation schert zwar aus dem Modell der einst von Carl G. Hempel und Paul Oppenheim (1948; Hempel, 1942) formulierten Subsumptionstheorie der Erklärung aus, konnte deswegen aber keineswegs schon als »unwissenschaftlich« disqualifiziert werden. (Mit der wachsenden Kritik am Monopolanspruch der Subsumptionstheorie der Erklärung geriet auch die Idee einer alle Disziplinen überwölbenden »Einheitswissenschaft« und überhaupt eine bestimmte »neopositivistische« Wissenschaftsauffassung ins Wanken.)

Die genannten Namen – Winch, Danto, von Wright – stehen für einflussreiche Beiträge, die allesamt dazu führten, dass man sich unter *speziellen Varianten des »Verstehens« oder »verstehenden Erklärens«* eine – genau wie im Fall der deduktiv-nomologischen und induktiv-statistischen Erklärung – exakt explizierbare, sogar *schematisierbare und formalisierbare Prozedur* vorstellen konnte (verwandte Auffassungen formulierten viele, in besonders einflussreicher Weise William Dray, 1957). Diesen Autoren verdanken sich Präzisierungen jener Modelle, die wir uns als *regelbezogene*, *narrative* und *intentionalistische* Erklärung zu bezeichnen angewöhnt haben (Straub, 1999a; die Schemata finden sich auf den Seiten 103, 105, 110, 139, 148). In der Psychologie wurde lange Zeit eigentlich nur das Modell der intentionalistischen (oder teleologischen oder zweckrationalen) Erklärung zur Kenntnis genommen. Diese Aufmerksamkeit verdankte sich der zunehmenden Verbreitung (einer bestimmten Spielart) *handlungs*theoretischer Ansätze auch in dieser Disziplin (z. B. von Cranach & Harré, 1982; von Cranach & Tschan, 1997; Greve, 2004a, b; Groeben, 1986; Straub, 2010a; Straub & Weidemann, 2010; Werbik, 1978, 1984). Da die Handlungstheorie in der von Aristoteles begründeten Tradition steht, lag es nahe, Handlungserklärungen zunächst einmal in Gestalt eines *umgekehrten praktischen Syllogismus* – wie er in dessen Schriften analysiert wird – zu modellieren. Diesen Punkt produktiv ausgearbeitet zu haben, ist insbesondere der Verdienst von Wrights (1971; vgl. auch Mischel, 1968). Das Modell der intentionalistischen (teleologischen, zweckrationalen) Erklärung bezieht sich allerdings, wie die Debatte schnell erwies, lediglich auf *einen Typus* menschlichen Handelns. Differenzierungen, die durchaus an ältere Vorbilder – wie etwa Max Webers (1965) berühmte Typologie (dazu Straub, 1999a, S. 63ff.) – anknüpfen konnten, waren unausweichlich.

Ein mögliches Resultat solcher Unterscheidungen, die zu einer pluralistischen Theorie der Handlungserklärung führen (vgl. Straub, 1997,1999a, b), lässt sich folgendermaßen zusammenfassen: Sinn- und bedeutungsstrukturierte Phänomene – wie eben die paradigmatische Handlung – lassen sich durch die Rekonstruktion

a) von inhärenten Intentionen (Absichten, Zielen, Zwecken etc.) und korrespondierenden Annahmen (Wissen, Glauben oder Meinungen) über die Zweckdienlichkeit einer (instrumentellen, strategischen) Handlung *oder*
b) von dem Handeln jeweils zugrunde liegenden Regeln (insb. sozialen Normen und der sie fundierenden Werte) *oder*
c) von Geschichten, die das Handeln in seiner eigenen temporalen Komplexität (Danto) bildet oder in die es eingebettet ist,

*verstehend erklären*. Mit anderen Worten: Dem intentionalistischen (teleologischen) Schema lässt sich das Schema der regelbezogenen und der narrativen hermeneutischen Erklärung zur Seite stellen. Sobald sich die Kulturpsychologie eines dieser Erklärungsmodelle bedient, bringt sie *kollektive* Wissensbestände ins Spiel, die das sinn- und bedeutungsvolle Handeln der an einer kulturellen Lebensform partizipierenden Akteure strukturieren und leiten. Die *Struktur* dieser Wissensbestände lässt sich nun genau angeben: Neben kollektiven Wissens-, Glaubens- und Meinungssystemen, die sich auf Handlungsziele sowie auf (tatsächliche oder von den Akteuren unterstellte) Zweck-Mittel-Zusammenhänge beziehen, sind es eben Regeln oder aber Geschichten, die in einer Kultur geläufig und in einer Weise verbindlich sind, dass sie das Handeln der Einzelnen in »gleichsinniger« Weise leiten, aufeinander abstimmen, koordinieren und so zur sozialen Integration aller Akteure beitragen. Beispiele sind etwa: Wenn Menschen an einer kulturellen Lebensform teilhaben, zu der die Überzeugung gehört, dass »Regen« durch ritualisierte, magische Handlungen dazu befähigter Personen »gemacht« werden kann, werden die »Regenmacher« auf der Grundlage dieser angenommenen *Zweck-Mittel-Beziehungen* zu gegebener Zeit zur Tat schreiten. Analoges gilt für Handlungen beliebiger Personen, die in einer Kultur gültige *Regeln* (z.B. des Zusammenlebens zwischen Mann und Frau) befolgen. Und es gilt für Handlungen, die erst im Zusammenhang kollektiv bedeutsamer *Geschichten* bedeutungs- und sinnvoll, mitunter nur im Lichte von (erzählten) Geschichten möglich erscheinen (man denke z. B. an Gründungsmythen einer Kultur oder an Narrative, die andere Aspekte des kollektiven Geschichtsbewusstseins betreffen). In der Rekonstruktion und Bezugnahme auf solche Wissens-, Glaubens- oder Meinungsbestände, die in den verschiedenen hermeneutischen Erklärungsmodellen eine jeweils spezifische Struktur und Funktion besitzen, und ihrer Integration in ein logisch-argumentatives Schema der verstehenden Erklärung (von Handlungen) verdankt sich, was wir – im Vergleich mit Abels Ausführungen wesentlich differenzierter und präziser – »operations called Verstehen« nennen können. Der Begriff des Verstehens ist mithin ein Kollektivsingular. Seine Varianten dienen dem Beschreiben, Verstehen und Erklären verschiedener *Typen* von Handlungen.

Warum haben die genannten Erklärungsmodelle gerade auch in der *Kultur*psychologie ihren festen Platz? Es ist bekannt, dass insbesondere das intentionalistische Modell zunächst einmal dazu geeignet ist, den »subjektiv gemeinten Sinn« einer Handlung zu erfassen (wie dies bereits der »frühe« Wilhelm Dilthey, Max Weber und noch Alfred Schütz anstrebten). Allerdings kann bereits diese Variante, sodann auch das narrative Modell der verstehenden Erklärung von Handlungen (und Handlungsanaloga) den Rahmen des »subjektivistischen«, »individuozentrischen« Denkens sprengen. Sie tun dies, wie angedeutet, wenn die Intentionen einer Person (ihre Absichten, Ziele, Zwecke sowie die für zweckrationales Handeln unerlässlichen Auffassungen relevanter Zweck-Mittel-Beziehungen) als *sozial* konstituiert oder vermittelt aufgefasst werden. Dasselbe gilt für die im narrativen Modell zentralen Geschichten, die ein Akteur (oder Beobachter) erzählen mag, um das fragliche Tun und Lassen verstehend zu erklären. Der subjektivistische, individuozentrische Rahmen wird außerdem dann verlassen, wenn Intentionen (Absichten, Ziele, Zwecke etc.) oder Geschichten *unmittelbar* als *kollektive und sozial bedeutsame* Wissensbestände betrachtet werden. In diesem Fall gelten diese Wissensbestände als Grundlagen und Bestandteile einer *kollektiven* Praxis, in der *Gruppen* als Akteure fungieren oder aber Einzelne in ihrem *für eine Gruppe typischen* Verhalten, also als Stellvertreter derselben, betrachtet werden.

Für das Modell der regelbezogenen Erklärung gilt ohnehin, dass es hier prinzipiell um kollektives Wissen geht (da eine Regel bzw. das Regelfolgen, wie Wittgensteins berühmtes »Privatsprachenargument« zeigt, immer auf eine soziale Praxis bezogen ist; vgl. dazu z. B. Baker & Hacker, 1980, 1984; Kripke, 1987). Nicht zuletzt die Tatsache, dass die angeführten Modelle des verstehenden Erklärens auf kollektive Wissensbestände und Praktiken, Sprachspiele und Lebensformen Bezug nehmen können, macht sie gerade für die *Kultur*psychologie überaus interessant. Denn womit sonst, wenn nicht mit kollektivem Wissen und der damit verwobenen Lebensform, zu der auch bestimmte Weisen zu denken, zu fühlen, zu wollen und zu handeln gehören, sollte es die Kulturpsychologie zu tun haben? Wenn sich diese hermeneutische, interpretative Erfahrungswissenschaft damit befasst, was Menschen tun und lassen, was sie denken und empfinden, wünschen und ersehnen, vermeiden und befürchten, dann ist sie auf die Rekonstruktion und Analyse kollektiver Wissensbestände angewiesen. Kultur vergleichende Perspektiven sind an komparative Analysen jener Wissensbestände gebunden, die kollektiven Lebensformen und Praktiken »inhärent« sind. Ich komme darauf zurück. Generell lässt sich sagen: Die Kulturpsychologie fasst die sie interessierenden Verhaltensweisen als *acts of meaning* auf, indem sie sie mit kollektiven Wissensbeständen der besagten Art in Verbindung bringt.

Von *kulturellen* Handlungen sprechen wir genau dann, wenn die Sinn- und Bedeutungsstruktur durch die Bezugnahme auf *solche* Wissensbestände geklärt werden (und nicht lediglich auf individuelle, persönliche Motive, Intentionen, Gründe etc.). Man fasst dadurch eine Verhaltensweise als eine Handlung eines speziellen Typs auf und begreift diese zugleich als kollektiv verbreitetes und vertrautes Phänomen. Dabei wird man zwar berücksichtigen müssen, dass kulturelle Wissensbestände stets nur in der Gestalt subjektiver Repräsentationen handlungsleitend werden, also eine kreative, konstruktive »Aneignung« durch das Subjekt voraussetzen. Dadurch erhält, was wir als Kultur bezeichnen, eine »persönliche Note«, wird sie – aus der Sicht des Handelnden – zu »je meiner« Kultur (vgl. Boesch, 1991, 2008; Boesch & Straub, 2007). Das ändert nichts daran, dass alle als kulturelle Handlungen aufgefassten Verhaltensweisen ohne die maßgebliche Rolle transindividueller, eben kollektiver Wissenssysteme nicht denkbar sind. Es ist offenkundig, dass die Unterscheidung zwischen »kulturellen« und sonstigen Handlungen akzentuierend angelegt ist und es im Übrigen erlaubt, eine Verhaltensweise das eine Mal als kulturelle Handlung, das andere Mal (weitgehend) unabhängig von Bezugnahmen auf spezifisch kulturelle Wissensbestände eines Kollektivs aufzufassen.

Das Verstehen hat sich dank der zuvor angedeuteten Fortschritte bis heute nicht überlebt. Die Hermeneutik steht nach wie vor hoch im Kurs. Sie hat sogar in Gefilden wie der Kognitionswissenschaft unerwarteten Auftrieb erfahren (z. B. Kurthen, 1994; Varela, 1990; dazu Straub, 1992). Sie ist nicht zuletzt dort unverzichtbar geblieben, wo das Verstehen speziell von *kulturellen* Unterschieden auf der Agenda steht (vgl. Kögler, 1992; Straub, 1999c; Straub & Shimada, 1999; einflussreich waren und sind teilweise noch die in methodischer Hinsicht problematischen, in der Regel auf der Ebene von »Nationalkulturen« komparativen Analysen z. B. von Hall, 1959, 1966, 1976; Hall & Hall, 1990; Hofstede, 1993; Trompenaars & Hampden-Turner, 1994). Diese Aufgabe, die das traditionell stärker ausgeprägte (historische) Bemühen um die Übersetzung und Überbrückung *zeitlich* konstituierter Differenzen zwischen Lebensformen ergänzt, gehört seit einigen Jahrzehnten nicht allein zum Geschäft der Kulturpsychologie und kulturvergleichenden Psychologie. Sie steht längst im Zentrum zahlreicher Disziplinen, die sich heute als Kulturwissenschaften begreifen und auf eine interkulturelle Hermeneutik verpflichtet haben (vgl. Appelsmeyer & Billmann-Mahecha, 2001; Jäger, et al., 2004; Nünning & Nünning, 2003; Reckwitz, 2000; zur Psychologie als Kulturwissenschaft siehe Kramer, 2003; Straub, 2001, 2003b, 2004a; zur interkulturellen Hermeneutik siehe etwa Göller, 2000; Kögler, 1992).

Im Folgenden soll, im Anschluss an die bisherigen Überlegungen und Hinweise, ein für die interpretative Handlungs- und

Kulturpsychologie gangbarer Weg des methodischen Verstehens kultureller Unterschiede noch etwas genauer skizziert werden. Dazu ist zunächst eine zumindest grobe Vorverständigung über den Begriff der *Kultur* und das in der Kulturpsychologie verfolgte Interesse an kultureller Differenz, Alterität und Fremdheit unumgänglich. Ich beschränke mich auf jene Aspekte, die im vorliegenden Zusammenhang besonders wichtig sind (detaillierte Begriffsbestimmungen finden sich bei Straub, 1999a, S. 186ff.; Straub, 2003b, 2007b; s. a. Eagleton, 2001, der, wie ich selbst, nicht zuletzt auf die wichtigen, begriffsgeschichtlichen Arbeiten von Robert Williams, einem der Väter der *cultural studies* in Birmingham, Bezug nimmt).

»Im vorliegenden Zusammenhang« soll heißen, dass die ausgewählten Aspekte für die kulturpsychologische Analyse von Handlungen relevant sind. Handlungen übernehmen dabei eine exemplarische Funktion, stehen also pars pro toto für alle sinn- und bedeutungsstrukturierten Phänomene (z. B. auch Gefühle), auf die sich die psychologisch-interpretative Forschung ebenfalls richten und mit denen unser Handeln häufig sowieso untrennbar verwoben ist. Der Hinweis auf den Zusammenhang, in dem ein Begriff verwendet wird, ist nicht überflüssig, da sich mit wechselnden Kontexten die Zwecke der Begriffsverwendung und damit dessen Bedeutungen ändern. Die sogenannte Gebrauchstheorie der Bedeutung, die Wittgenstein zugeschrieben wird (vgl. Kenny, 1989; Schulte, 1989, 1990), bringt diese in einer durch Multi-, Inter- und Transdisziplinarität gekennzeichneten Forschungslandschaft wichtige Einsicht klar zum Ausdruck. Das trifft für die bunten »cultural studies« (im angelsächsischen Raum und deren Rezeption allerorts), die älteren und neueren »Kulturwissenschaften« (in Europa, zeitweise insbesondere in Deutschland; vgl. Jäger et al., 2004) und verwandte Unternehmen zu, in der sich alle möglichen Leute in wechselnden Perspektiven mit diesen oder jenen kulturellen Phänomenen beschäftigen.

Eigentlich sollte man die Explikation der Bedeutung des theoretischen Begriffs der *Kultur* – wie jedes Begriffs – stets an solche konkreten Analysen bestimmter Phänomene binden. Für diese Regel gibt es noch einen weiteren Grund: »Never just theorize, but allow the object ›to speak back‹«, schreibt Mieke Bal (2002, S. 18). Mit dieser metaphorischen Verwandlung beliebiger Objekte von Kulturanalysen in (Quasi-)»Subjekte«, die aufnahmebereite, theoretisch und methodisch versierte Kulturwissenschaftlerinnen und -wissenschaftler etwas zu *lehren* und sie zur *Arbeit an ihren Begriffen* zu »zwingen« vermögen, verweist die Kulturanalytikerin auf die besagte Einsicht, dass die Semantik von der Pragmatik, die Bedeutung eines theoretischen Begriffs mithin von seinem zweckvollen Gebrauch bei der Analyse konkreter Phänomene abhängt. Bal bringt damit auch die alte phänomenologische Einsicht zur Geltung, dass sich die Phänomene unseren Begriffen niemals ganz beugen, ihnen also eine Widerständigkeit anhaftet, die die Wissenschaftlerin als »Widerworte« zu artikulieren hat. Es ist schon richtig, wenn Bal als »professionelle Theoretikerin« behauptet, »dass Theorie im Bereich der Kulturforschung nur dann Sinn haben kann, wenn sie in enger Interaktion mit den Objekten, um die es ihr geht, zum Einsatz gebracht wird« (ebd.). Die auch für die Kulturpsychologie empfehlenswerte Methodologie der »grounded theory« (Glaser & Strauss, 1967; Glaser, 1978; Strauss, 1987) hat diese Einsicht längst aufgenommen (siehe nachfolgend).

Mit einer solchen phänomennahen Bestimmung des Kulturbegriffs kann ich hier indes nicht dienen. Ich muss es bei den gemachten Bemerkungen und dem *Hinweis* auf geeignete exemplarische Analysen belassen, die die folgenden Begriffsbestimmungen fundieren und konkretisieren, hie und da wohl auch zu Modifikationen und Differenzierungen Anlass geben könnten (z.B. Boesch, 1998, 2000, 2005). Eines wird im Folgenden jedoch schnell deutlich werden: Mit einer kurzen Definition ist es im Falle des Kulturbegriffs nicht getan. Um Transparenz und Präzision müssen wir uns kümmern, wenn wir den Kulturbegriff nicht ganz zu einem modischen Etikett verkommen lassen wollen, das jeden wissenschaftlichen Nutzen verliert. Klarheit und Genauigkeit sind in diesem wie im Fall einiger anderer theoretischer Grundbegriffe der Sozial- und Kulturwissenschaften allerdings nicht mit der eleganten Kürze von knappen Definitionen zu verwechseln, die in einem Satz angeben, was gemeint ist.

Es ist vielmehr so, dass die Bedeutung des Kulturbegriffs von der zuvor erwähnten Verwendung in einem speziellen Gebrauchszusammenhang abhängt, und dass dieser Zusammenhang (auch) in der Kulturpsychologie ein *höchst komplexes Feld zahlreicher Unterscheidungen* darstellt. Der Begriff gehört zu einem weitläufigen *Netz* von aufeinander verweisenden, vielfach »interdefinierbaren« Ausdrücken, die in ganz verschiedenen logischen Relationen zueinander stehen können – nicht bloß im Verhältnis von Gegensätzen, wie Bal (2002, S. 10), eine Lehre der poststrukturalistischen Kritik am Strukturalismus resümierend, zu Bedenken gibt. Von diesem pragma-semantischen Bedeutungsnetz, in das ein für die Psychologie nützlicher Begriff der Kultur eingespannt ist, wird im folgenden Abschnitt nur Weniges entsponnen und entfaltet. Für den verfolgten Zweck sollte es genügen.

## »Kultur« und die Analyse kultureller Handlungen: Theoretische und epistemologische Annotationen

»Kultur« kann als soziale, *wissensbasierte bzw. symbolisch vermittelte Praxis* aufgefasst werden, die ihre *Objektivationen* und *Objektivierungen* mit umfasst. Im Unterschied zu den in psychologischer Perspektive »äußerlichen« kulturellen Artefakten, die traditionell als *Objektivationen* bezeichnet werden – man denke an Dinge oder Apparate, Bauwerke, Straßen oder Plätze, an Kleidung oder eine Mahlzeit –, sind *Objektivierungen* die »in« den Subjekten selbst verfestigten Spuren kultureller Praktiken.[8] Als Beispiele können bestimmte psychosomatische Krankheiten und

8 Diese Unterscheidung kann mit derjenigen zwischen Externalisierung und Internalisierung verknüpft werden, insofern kulturelle Handlungen eben sowohl externe als auch interne Folgen haben können, also die in Objektivationen gefasste äußere Kultur schaffen oder umgestalten und zugleich das Subjekt selbst und sein Handlungspotenzial durch stets neue Objektivierungen verändern (vgl. Eckensberger, 1991, S. 13ff.). In neueren Arbeiten spreche ich nicht mehr von »Objektivierung«, sondern ersetze diesen Begriff durch die leichter verständliche »Subjektivierung« – selbst wenn man dann vor der Aufgabe steht, sich zu den an Michel Foucault anknüpfenden, seit einiger Zeit

deren Symptome dienen, die nachweislich in manchen Kulturen auftreten, in anderen nicht oder kaum. Man spricht diesbezüglich etwa von »Zivilisationskrankheiten« und verweist damit auf kulturelle Lebensformen, zu denen solche Krankheiten gehören und mit denen sie einen kohärenten, pragma-semantischen Sinnzusammenhang bilden. Beispiele für Objektivierungen sind auch kulturspezifische *Dispositionen*, in bestimmter, habitualisierter Weise zu denken, zu fühlen oder zu handeln. Solche Dispositionen werden im Prozess der Sozialisation, Enkulturation oder Akkulturation (dazu Berry, 2005; Sam & Berry, 2006) erworben. Sie sind veränderlich, gleichwohl relativ stabile, integrale Bestandteile der psychischen Struktur von Personen. *Kulturspezifische* Dispositionen kennzeichnen *typische* psychische Strukturen einer variablen Mehrzahl von Personen. Diese teilten und teilen gewisse »konjunktive« Erfahrungsräume und Erwartungshorizonte miteinander. Sie haben ein kommunikatives Wissen erworben, das der Verständigung, der Artikulation des eigenen Selbst- und Weltverständnisses sowie der Handlungskoordination dient. Auch die vom kollektiven Gedächtnis – sowohl vom kulturellen als auch vom kommunikativen Gedächtnis (vgl. Assmann, 1992) – abhängigen Erinnerungen können in der Form von Dispositionen »verfestigt« sein.

In der Kulturpsychologie gilt der Konnex zwischen »Psyche« und »Kultur« als »innerer«, pragma-semantischer Zusammenhang: Psychisches ist kulturell konstituiert, wie umgekehrt Kultur in allen ihren Aspekten als Produkt menschlichen Handelns, also einer sozialen, kollektiven Praxis, aufzufassen ist (Boesch & Straub, 2007; Miller, 1997). Kultur und Psyche – man denke stellvertretend für die »Psyche« stets an eine Handlung – verweisen aufeinander. Die Ausführung zahlreicher Handlungen – z. B.: »beim christlichen Ritual des Abendmahls eine Oblate verspeisen«, »ein Lamm schächten«, »Tennis spielen«, »Auto fahren« oder »heiraten« – setzt kulturelles Wissen voraus. Die an hermeneutische Leistungen, an Deutungs- oder Interpreta-

ziemlich modischen Konzepten der Subjektvierung zu verhalten (Stichworte dazu finden sich bei Straub & Ruppel, 2017).

tionsakte gebundene Identifikation und Beschreibung solcher Handlungen ist ohne Bezugnahme auf kulturelles Wissen ebenfalls unmöglich. Dies verbietet es, Kultur als eine *äußerliche Bedingung* (der Entstehung, Entwicklung, Veränderung oder Manifestation) von Psychischem aufzufassen. Eine Kultur »bedingt« oder »verursacht« nichts im Sinne eines kausalen Wirkfaktors (etwa eine Handlung, deren Sinn und Bedeutung). Diese (in der nomologischen kulturvergleichenden Psychologie gängige) kausalistische Auslegung von Kultur unterstellt, dass sich Kultur und Psyche, mithin die symbolisch vermittelte Lebensform eines Kollektivs einerseits, das sinn- und bedeutungsstrukturierte Handeln einer dieser Kultur zugehörigen Person andererseits, als logisch voneinander unabhängige Sachverhalte bzw. diskrete Variablen begreifen lassen. Nur unter dieser Annahme kann deren Zusammenhang im Rahmen experimenteller oder quasi-experimenteller Untersuchungsdesigns als kontingente empirische Beziehung erforscht werden. Genau diese Annahme teilt die Kulturpsychologie nicht.[9]

Jede kulturelle Praxis ist in einem »konstitutiven«, »intrinsischen« Sinn mit orientierungsstiftendem und handlungsleitendem Wissen verwoben (vgl. Straub, 1999a; Zielke, 2004). Das gilt für alle psychischen Phänomene, deren Entstehung, Entwicklung und je aktuelle Erscheinung unweigerlich kulturell

9 Zu den Schwierigkeiten, Kultur als Variable zu konzeptualisieren und kulturelle Bedingungen in experimentelle oder quasi-experimentelle Untersuchungsdesigns zu integrieren, vgl. wiederum die Hinweise – auch auf einschlägige Literatur – von Boesch & Straub (2007). – Die bislang vorgenommene Bestimmung macht im Übrigen sogar die eingespielte Unterscheidung zwischen Kultur und Natur schwierig (keineswegs aber obsolet). Wenn kulturelles Wissen die Grundlage dafür bildet, dass wir »etwas« – beliebige Phänomene – als etwas Bestimmtes auffassen, begegnen wir kaum mehr einer von kulturellen Leistungen unberührten Natur. Nicht allein, dass Menschen im Rahmen ihrer kulturellen Praxis Natur gestalten, so etwa den Wald oder ein sonstiges Naherholungsgebiet, das uns zu einem Ausflug in die »Natur« einlädt. Sobald nämlich die *Wahrnehmung* zwischen Natur und Subjekt vermittelt, erscheint erstere, da Wahrnehmung so gut wie nie ein rein biologischer, sondern stets auch kulturell geprägter Vorgang ist, stets im Gewand kultureller Formen, Symbole und Reaktionsmuster.

»imprägniert« ist. Häufig wird im interessierenden Zusammenhang implizites von explizitem Wissen unterschieden. *Implizites*, im engeren Sinne praktisches Wissen (vgl. Bourdieu, 1976, 1987; Gadamer, 1930; Giddens, 1984; Polanyi, 1962, 1969), zeigt sich in Fertigkeiten, in einem Können oder *Know-how*, das die Akteure benötigen, um an kulturellen Sprachspielen, Praktiken und Lebensformen teilhaben zu können. Sie sind dann imstande, im richtigen Moment das Richtige zu tun, Interaktionen durch sinnvolle Anschlusshandlungen fortzusetzen, Fragen zu beantworten, und sei es durch Gegenfragen, oder im Umgang mit Dingen Versiertheit zu demonstrieren. Implizites Wissen wird *im Zuge der Teilhabe* an kulturellen Lebensformen, also *empraktisch*, erworben. Es wird auf dem Weg wechselnder Erlebnisse »inkorporiert« und bildet einen integralen Bestandteil einer Person, ihres (mit anderen geteilten) Habitus (wie Bourdieu, z. B. 1976, sagt; vgl. Raphael, 2004). *Tacit knowledge* erlangt man stillschweigend, indem man Erfahrungen macht, Widerfahrnissen ausgesetzt ist und handelnd zur Welt Stellung nimmt. Praktisches, atheoretisches Wissen ist, so erläuterte bereits Aristoteles den Begriff der *empeiria* (experientia, Erfahrung) und die daraus erwachsende Wissensform der *phronesis* (prudentia, Klugheit), implizites Umgangswissen (vgl. Mittelstraß, 1974; Schwemmer 1987; Straub, 1989, S. 199–212).

Wissen steigert das Handlungspotenzial einer Person (zum Begriff des Handlungspotenzials siehe Boesch, 1991; Anwendungen dieses Begriffs finden sich z. B. in Boesch, 1998, 2000, 2005). Wichtig ist, dass implizites Wissen den Wissenden selbst nicht bewusst ist. Es ist Bestandteil einer Praxis, nicht der Vorstellungen bzw. des Bewusstseins, das sich die Akteure von dieser Praxis machen. Bohnsack (z. B. 2003b) spricht diesbezüglich – im Anschluss an Karl Mannheim (1980) und die von ihm begründete dokumentarische Methode der Interpretation – von *konjunktivem* Wissen. Dieses gründet in geteilten Erfahrungsräumen und Erwartungshorizonten. Es ist dem Handeln implizit, den Handelnden aber weder bewusst noch einfach zugänglich. Diese »wissen etwas« und können auf der Grundlage dieses impliziten Wissens kompetent handeln. Sie wissen aber nicht (genau), dass und was sie wissen. Exemplarisch und pointiert formuliert: Es sind die geübten Hände, die »wissen«, wie Beethovens *Sonate Nr. 111* auf dem Pianoforte gespielt oder wie ein Handschlag ausgeführt wird, sei es zum Gruß, sei es als Zeichen eines Vertragsschlusses. Es ist nicht das Bewusstsein, sondern das Gesicht als Teil des Leibes, das »weiß«, wie man seiner Hochachtung oder Verachtung eines Mitmenschen mimisch Ausdruck verleiht, wie man den Anderen seine Sehnsucht oder Abneigung, sein Vertrauen oder Misstrauen spüren lässt. (Dass wir hier vom »Spüren« reden, verweist ebenfalls auf den impliziten Charakter eines Wissens, das wir der präreflexiven und vorsprachlichen Vernunft handlungsfähiger Personen zuschreiben können; vgl. Pothast, 1988) Die Erforschung impliziten, handlungsleitenden Wissens ist eine zentrale, die vielleicht schwierigste und wichtigste Aufgabe rekonstruktiver Forschung in den Sozial- und Kulturwissenschaften, einschließlich der Kulturpsychologie. Auch die Kulturpsychologie rekonstruiert konjunktive Wissensgrundlagen des praktischen Welt- und Selbstverhältnisses von Gruppen oder Personen sowie deren lebensweltliche Normalitätskonstruktionen.

### Exkurs: Die normative Anerkennung von Normalität als Problem des Verstehens

Bohnsack (2003b, S. 552) hebt hervor, dass nicht alle Ansätze qualitativer Forschung bzw. die sie fundierenden Hermeneutiken die große *Vielfalt* kultureller, sozialer und psychischer Normalitäten unhinterfragt *gelten* lassen mögen. Sowohl Gadamers philosophische Hermeneutik als auch Habermas' Konzeption einer sozialwissenschaftlichen Hermeneutik bieten Beispiele dafür. Gadamer (1986) sieht ein wirkliches Gespräch nämlich nur dort gegeben, wo sich ein Dialog um die *Sache* dreht, um Wahrheitsansprüche im weitesten Sinn, nicht aber um ein (bloß psychologisches) Verstehen des Standorts und der Perspektive, der Welt und Weltanschauung des Gegenübers. Habermas (1981a, S. 153ff.) bindet das Sinnverstehen auf der Grundlage seiner Theorie kommunikativen Handelns bekanntlich an die zumindest virtuelle *Be-*

*urteilung* der, wie er sagt, allen Handlungen und Äußerungen von Menschen inhärenten *Geltungsansprüche* (auf faktische Wahrheit, normative Richtigkeit, ästhetische Wohlgeformtheit oder subjektive Wahrhaftigkeit). Er geht weiterhin davon aus, dass das Fremdverstehen unweigerlich eine virtuelle *Stellungnahme des Interpreten* zu solchen Geltungsansprüchen erfordert, also Zustimmung oder Widerspruch, Affirmation oder Kritik erheischt. Damit wird das Verstehen aufgrund theoretischer, universalistischer und rationalistischer Präsuppositionen an ein begründetes Urteil »in der Sache« gebunden. Es besteht demgemäß nicht allein in der Aufgabe der rekonstruktiven Analyse eines mit Normalitätsunterstellungen verknüpften Welt- und Selbstverhältnisses sowie seines praktischen Modus operandi.

Festzuhalten ist, dass die besagte *rekonstruktive* Aufgabe in jedem Fall *unabdingbar* ist – ungeachtet der Frage, ob dafür eigene normative Einstellungen in jeder Phase der Forschung komplett suspendiert werden müssen bzw. Geltungsansprüche einfach »eingeklammert« werden können (wie Bohnsack, 2003b, S. 552, es fordert). Egal, ob dies vollständig möglich oder tatsächlich notwendig ist bis zum ersehnten Ende einer »soziogenetischen« Interpretation der erforschten Lebenswelten, oder ob die normative Frage nach der »rational begründeten« Anerkennung unweigerlich in die Problematik des Sinnverstehens in den Sozial- und Kulturwissenschaften hineinspielt, so ist und bleibt die rekonstruktive Analyse des praktischen und diskursiven Selbst- und Weltverhältnisses kultureller Akteure das wichtigste Ziel auch der Kulturpsychologie.

Die skizzierte rationalitätstheoretische Problematik ist äußerst vertrackt, jeder Lösungsvorschlag höchst folgenreich. Wie schwer es ist, einen Weg zwischen der Skylla einer universalistischen und rationalistischen Verstehenskonzeption, die kaum mehr ist als ein verkappter Ethno- bzw. Eurozentrismus, und der Charybdis eines radikalen Relativismus, der nur eine Form rationalisierter Gleichgültigkeit gegenüber anderen, fremden Kulturen und deren Denk- und Lebensformen ist, zeigt jeder nähere Blick schnell. So argumentiert Bohnsack (2003b), wie gesagt, dafür, die wissenschaftlichen Aufgaben der rekonstruktiven Sozialforschung und Kulturanalyse ausschließlich an die Beschreibung und Erklärung des handlungsleitenden Wissens bestimmter Gruppen zu binden, normative Fragen und etwaige Geltungsansprüche dagegen vollständig »einzuklammern«. Entsprechend konstatiert er nicht nur *verschiedene Normalitäten*, sondern auch damit korrespondierende *Rationalitäten*. Dies bedeutet nun aber nicht allein, dass wissenschaftliche Rationalität keine *per se* höhere Form menschlicher Vernunft repräsentiert. (Diese Bescheidenheit kann begrüßt werden, auch wenn man am Überlegenheits*anspruch* wissenschaftlicher Erkenntnis gegenüber alltagsweltlichem Wissen festzuhalten gedenkt.) Es bedeutet darüber hinaus – und das ist durchaus fragwürdig –, dass man der wissenschaftlichen Praxis eine gegenüber beliebigen nicht-wissenschaftlichen Rationalitätsformen *einfach nur andere* Rationalität attestiert, die lediglich in der spezifischen Haltung des wissenschaftlichen Beobachters gründet (der sich, wenn er *up to date* ist, als »Beobachter zweiter Ordnung« nur noch damit befasst, wie irgendwelche Leute ihre soziokulturelle oder psychosoziale Wirklichkeit »aushandeln«, »herstellen«, »reproduzieren« oder »transformieren«. Aus dem Streit über Was-Fragen und der Diskussion über Geltungsansprüche, vor allem normativer Art, hält er sich heraus).

Diese Aufgabenbestimmung besagt am Ende, dass gerade so viele Rationalitäten bestehen wie Normalitäten, und dass diese wie jene einfach hinzunehmen sind, weil nicht nur die Wissenschaft keinen hierarchisch höherstehenden Standpunkt einnehmen kann, sondern weil sich *überhaupt nicht mehr* verständlich machen lässt, wie für oder gegen einen Standpunkt oder eine Perspektive, eine Äußerung oder Handlung *argumentiert* werden könnte. Wenn überall Rationalität waltet, nur eben eine womöglich andere Rationalität – das gilt dann konsequenterweise auch für Handlungen, die manche als bizarre Symptome pathologischer Funktionsstörungen betrachten mögen –, ist sie nirgendwo mehr anzutreffen. Der Rationalitätsbegriff verliert unter dieser Bedingung seine Unterscheidungsfunktion. So sympathisch die »egalitäre« Kritik an der voreingenommenen »Hierarchisierung des Besserwissens« ist (Luhmann, 1990, S. 510, zit. n. Bohnsack, 2003b, S. 558), so fragwürdig ist die Preisgabe der Möglichkeit,

Geltungsfragen auf der angesprochenen Ebene überhaupt rational behandeln und entscheiden zu können. Unter diesen prekären Voraussetzungen kann sich bekanntlich jeder hinter dem »Eigenen« verschanzen, dieses als Abwehrsystem instrumentalisieren und sich gegen »fremde Einmischungen« verwahren und immunisieren. Dies gilt nicht nur für Konstruktionen kultureller und sozialer Wirklichkeiten, sondern auch für das Selbst einer Person – jedes Selbst kann eine an Geltungsfragen, speziell am Anspruch auf Wahrhaftigkeit, orientierte psychologisch-therapeutische Kritik mitunter zu Recht als Produkt einer Selbst*täuschung* entziffern. (Vgl. dazu Ian Hackings überzeugendes Plädoyer dafür, wahre und falsche, also nicht einfach nur verschiedenen Rationalitäten verpflichtete Selbst-Konstruktionen zu unterscheiden; Hacking, 1995, 1999, Kap. 18. Dieses Geschäft mögen durchaus auch Wissenschaftler übernehmen, freilich ohne sich auf eine ausgemachte »Hierarchisierung des Besserwissens« berufen zu können.) Eine derartige Konstruktion zweiten Grades (Schütz, 1971, 1972) ist aber etwas anderes als die bloße, Geltungsfragen einklammernde Rekonstruktion der Konstruktionen ersten Grades.[10]

Ich schließe den Exkurs und rekapituliere vergleichsweise unumstrittene Aspekte (auch) kulturpsychologischer Forschung: Soziokulturelle Lebensformen, praktische Welt- und Selbstverhältnisse und damit verwobene psychische Dispositionen »verkörpern« verschiedene Formen von (historischer) »Nor-

10 Wie schwer die empfohlene Einklammerung von Geltungsfragen ist, sieht man im Übrigen meistens leicht, wenn man empirische Befunde und daraus erwachsene theoretisch-begriffliche Unterscheidungen zur Kenntnis nimmt. Ich verweise exemplarisch auf die m.E. unübersehbare normative Imprägniertheit vermeintlich neutraler begrifflich-typisierender Differenzierungen, die klären sollen, wie *verschieden* türkische Jugendliche in Berlin praktische Regelungen des Verhältnisses zwischen der sog. »inneren« und der »äußeren« Sphäre treffen können (Bohnsack, 2003a). Es wäre leicht anzugeben, welche dieser in einem Vier-Felder-Schema präsentierten Varianten die Autoren »komplexer«, »sympathischer«, »eleganter«, »richtiger« etc. finden, jedenfalls in einer Weise *beurteilen*, die nicht gerade von einer völligen Einklammerung oder Suspendierung von Geltungsfragen zeugt (s.a. Nohl, 2001a).

malität«. Um diese analysieren zu können, *muss* die empirische Forschung an die Praxis und das Wissen der Akteure anschließen – meistens in Gestalt von Dokumenten dieses Wissens oder Protokollen dieser Praxis (wie etwa audiotechnische Aufzeichnungen alltagsweltlicher Gespräche oder Konversationen, Transkripte von Gruppendiskussionen oder Interviews, Zeichnungen oder Bilder, Beobachtungsprotokolle in Form von Fotos, Videos etc.). Kulturpsychologische Forschung erschöpft sich aber nicht darin, das Selbst- und Welt*verständnis* der Forschungspartner einfach zu übernehmen und zu reproduzieren. Die Rekonstruktion von subjektiv oder sozial gemeintem Sinn (dazu Groeben, 1986) gehört zwar zu den Zielsetzungen der Handlungs- und Kulturpsychologie, ist aber nicht deren einzig möglicher Zweck. Die Kulturpsychologie interessiert sich, wie ausgeführt, gerade auch für implizites, praktisches, *habitualisiertes* Wissen. Dieses Wissen ist, wie gesagt, weder subjektiv, noch bewusst oder ohne Weiteres reflexiv zugänglich. Der Habitus ist »sozialisierte Subjektivität« in Aktion (Bourdieu & Wacquant, 1996, S. 7). Er ist ein von den Subjekten empraktisch angeeignetes Dispositionssystem, das fortlaufend modifiziert, neuen Gegebenheiten angepasst wird und zugleich das Handeln, routiniertes ebenso wie kreatives, leitet. Vornehmlich auf solche habitualisierten, impliziten Wissensbestände richten sich zum Beispiel die genetische oder dokumentarische Methode der Interpretation sowie verwandte Verfahren der interpretativen Forschung (s. u.). Diese Zielsetzung begründet den Anspruch, das praktische Selbst- und Welt*verhältnis* von Personen, die einem bestimmten Kollektiv zugehören, und nicht bloß deren *diskursives*, *reflexives* Selbst- und Welt*verständnis* rekonstruieren zu können.

Kultur als wissensbasierte soziale Praxis umfasst selbstverständlich auch *explizites*, diskursives, kommunikatives, reflexives, propositionales Wissen. Dieses ist für die symbolische Praxis von Menschen, für deren orientiertes Handeln, kaum weniger wichtig als das implizite. In hoch spezialisierter Form tragen auch die Wissenschaften zu diesem expliziten Wissen bei. (Bekannt ist, dass wissenschaftliche Erkenntnisse an die lebensweltliche Praxis adressiert werden und diese »kolonialisieren« können; vgl. Habermas, 1981b). Als empirische Sozial- und Kulturwissenschaften tun sie das nicht zuletzt dadurch, dass sie das explizite und implizite Wissen der einer Kultur zugehörigen, an kulturellen Sprachspielen, Praktiken und Lebensformen partizipierenden Akteure methodisch zu »rekonstruieren« trachten.[11]

Halten wir fest: Die Unterscheidung zwischen dem performativen Charakter praktischen Wissens und dem durch Bewusstheit und Artikulation gekennzeichneten Modus expliziten, diskursiven Wissens ist für die Erforschung kultureller Unterschiede, interkultureller Kommunikation und verwandter Phänomene überaus wichtig. Implizites Wissen lässt sich nicht abrufen, also etwa durch direkte Fragen in Erfahrung bringen. Es muss vielmehr durch die interpretative Analyse seiner praktischen Manifestationen, seiner Objektivationen und Objektivierungen, erschlossen werden. Explizites Wissen dagegen ist auch in wissenschaftlichen Kontexten relativ leicht abfragbar.

Alles in allem bezweckt die wissenschaftliche Erfahrungs- und Erkenntnisbildung eine systematische *Artikulation* von Kultur als wissensbasierter sozialer Praxis. Kulturelle Wirklichkeiten (exemplarisch wieder: Handlungen) sollen mithin in expliziter Bestimmtheit zur Sprache gelangen. Diese Bestimmtheit verdankt sich der Bezugnahme auf das explizite und implizite Wissen der an kulturellen Sprachspielen und Lebensformen teilhabenden Akteure. Die Übernahme der »emischen«, »indigenen« Perspektive ist dabei notwendig, jedoch nicht hinreichend. Sie bedarf der Ergänzung durch etische Perspektiven.[12]

---

**11** Die Rekonstruktion des impliziten Wissens geht dabei stets mit seiner Veränderung einher (vgl. Renn, 2005). Sie ist keine bloße Artikulation eines ehemals stummen Wissens. Sie ist keine Repräsentation von etwas, von dem vorher keinerlei Bewusstsein und Vorstellung bestand, sondern eine *Verwandlung* praktisch fungierenden und deswegen *notwendigerweise* impliziten Wissens in explizites, diskursives Wissen.

**12** Die viel zitierte Unterscheidung stammt von Pike (1954, 1967), der sie im Anschluss an die linguistische Abgrenzung der Phonemik von der Phonetik einführte und für die Methodologie der empirischen Sozial- und Kulturwissenschaften fruchtbar machte.

Bezogen auf das Ziel wissenschaftlicher Erfahrungs- und Erkenntnisbildung lässt sich nun präzisierend sagen: »Kultur« ist nicht allein eine summarische Bezeichnung für eine wissensbasierte, symbolisch vermittelte soziale Praxis. Auf der Ebene expliziten Wissens ist dieser Begriff nämlich auch ein auf diese Praxis Bezug nehmendes oder referierendes, sie in jeweils selektiven Hinsichten rekonstruierendes *Deutungs- oder Interpretationskonstrukt*, das andere (psychologische) Deutungs- oder Interpretationskonstrukte spezifiziert, zum Beispiel den Begriff der Handlung.[13] Diese sehr abstrakte Definition verdankt sich zunächst einmal der trivialen Einsicht, dass Kultur selbst dann, wenn man sich lediglich auf ausgewählte *Aspekte* kultureller Wirklichkeiten und nicht auf ein womöglich unterstelltes »Ganzes« namens Kultur bezieht, nicht objektivistisch reifizierbar und identifizierbar ist.[14] Kulturelle Phänomene sind keine »Dinge« und auch nicht »dingfest« zu machen. Aus gutem Grund wurden essenzialistische oder substanzialistische Kulturbegriffe in jüngerer Zeit ausrangiert und durch Alternativen ersetzt. Diese alternativen Begriffe gehen samt und sonders vom *konstruktiven* Charakter

13 Vgl. Boesch (1991); Bruner (1990); insb. Straub (1999a, S. 19ff.), wo die der »interpretationistischen« Philosophie von Hans Lenk (1978, 1987, 1993) und Günter Abel (1989, 1993) entnommenen Begriffe »Deutungs-« bzw. »Interpretationskonstrukt« erläutert werden. Alltagsweltliche *Deutungen* (Konstruktionen ersten Grades) unterscheide ich von wissenschaftlichen, selbstreflexiv strukturierten, systematischen und methodischen *Interpretationen* (Konstruktionen zweiten Grades).

14 Man kann hier an Tylors (1873, S. 1) berühmt gewordene Definition erinnern, in der bekanntlich »Cultur oder Civilisation im weitesten ethnographischen Sinne« bestimmt wird als »jener Inbegriff von Wissen, Glauben, Kunst, Moral, Gesetz, Sitte und allen übrigen Fähigkeiten und Gewohnheiten, welche der Mensch als Glied der Gesellschaft sich angeeignet hat.« Damit schließt Tylor nicht nur an in diesem Punkt vergleichbare holistische Konzepte an – denen Pufendorf und dann vor allem Herder den Weg bahnten (vgl. Müller, 2003) –, sondern führt diese Tradition in einer für die Ethnologie, Ethnografie, Kulturanthropologie, Soziologie und Psychologie wegweisenden Art fort (vgl. dazu Straub, 2007; zur Kritik nicht zuletzt holistischer Kulturkonzepte und ihrer [vermeintlichen] Implikationen siehe etwa Fuchs, 2001; Reckwitz, 2000; Welsch, 1999, S. 45–72). Zum genauen Sinn des Prädikators »objektivistisch« siehe Zitterbarth (1987, Kap. 1).

kultureller Tatbestände aus (vgl. Reckwitz, 2000).[15] Als konkrete, *näher bestimmte* kulturelle Tatbestände sind diese stets in Gestalt expliziten, diskursiven Wissens repräsentiert, mithin durch propositionale, prädikative Aussagen qualifiziert. Wissenschaftliche Erfahrungs- und Erkenntnisbildung zielt auf solche Bestimmungen ab. Kulturelle Sprachspiele, Lebens- und Handlungsformen etc. lassen sich in den Wissenschaften nur als sprachlich qualifizierte voneinander unterscheiden. Die »Intelligibilität« ihrer Besonderheiten und Gemeinsamkeiten ist auf sprachliche Artikulation und Identifikation angewiesen. Eindeutigkeit und abschließende, definitive Bestimmungen sind dabei allerdings nicht erreichbar.

Wie intentionale Handlungen, so stehen auch andere kulturelle Phänomene, um Elisabeth Anscombes (1957) berühmt gewordene Formel aufzugreifen, *als qualitativ bestimmte* Tatbestände notwendigerweise *unter einer Beschreibung*. Wie Handlungen, so können auch beliebige kulturelle Sprachspiele, Lebensformen, Praktiken und deren Objektivationen oder Objektivierungen *jeweils*, also in jedem einzelnen Fall, unter *verschiedene* Beschreibungen gebracht werden (also *so* oder *anders* identifiziert und repräsentiert werden). Beschreibungen, Identifikationen und Re-

15 Dass wir Kultur nicht nur als ephemere symbolische oder symbolisch vermittelte Praxis und darauf bezogenes Interpretationskonstrukt auffassen, sondern sie auch in materiellen Gegebenheiten, genauer: in materialisierten Hervorbringungen dieser Praxis (z.B. Gebäude, Bilder, Geräte) und in anderen »geronnenen« Produkten (z.B. Institutionen) *verkörpert* sehen, ändert an der erwähnten Einsicht nichts. Kulturelle Wirklichkeiten sind als *symbolisch*, z.B. *sprachlich bestimmte* (bezeichnete, prädizierte, identifizierte, qualifizierte, beschriebene, verstandene, erklärte etc.) Phänomene stets hermeneutisch vermittelte Konstrukte oder *diskursive* Tatbestände (vgl. Matthes, 1992a). Das heißt, wie ausgeführt, nicht, dass kulturelle Wirklichkeiten *ausschließlich* im Modus sprach-symbolischer Konstrukte »gegeben« sind und menschliches Denken, Fühlen, Wollen und Handeln bestimmen könnten. Kultur kann auch als implizites und speziell als *inkorporiertes* Erfahrungswissen leiblich Handelnder konzeptualisiert werden, wie zahlreiche Autoren von Friedrich Nietzsche über Maurice Merlau-Ponty und Helmut Plessner bis hin zu den neueren Ansätzen, sagen wir, eines Pierre Bourdieu oder Bernhard Waldenfels oder einer Käte Meyer-Drawe, die den *Leib* als Ort von Erfahrung und Wissen auszeichnen, nahelegen.

präsentationen sind also *in gewisser Weise unbestimmt*, wenngleich nicht willkürlich. Im wissenschaftlichen Diskurs erfordern die besagten Beschreibungen, Identifikationen und Repräsentationen eine *Bezugnahme* auf die zu beschreibende, zu identifizierende und zu repräsentierende kulturelle Praxis, und diese »Referenz« wird mit dem Anspruch auf Gültigkeit bzw. *empirische Triftigkeit* vorgenommen. Der Begründung dieses Anspruchs dienen die nachfolgend vorgestellten methodischen Operationen.

Wir können nun formulieren: Kulturen sind, zumal als explizite, handlungsleitende Wissensbestände, *Deutungs-* oder *Interpretationskonstrukte*. Ihre diskursive »Vergegenständlichung« ist prekär und dennoch unumgänglich. Prekär ist sie in mehrfacher Hinsicht und aus verschiedenen Gründen. Sie wirft bekanntlich eine ganze Reihe normativer Probleme auf. Diese wurden vor allem in der neueren Kulturanthropologie und Ethnografie, insbesondere im Rahmen der sogenannten »Krise der Repräsentation« und der *Writing culture*-Debatte, eingehend behandelt (Clifford & Marcus 1986; Berg & Fuchs 1993; s. a. Eggert et al., 1990). Dies geschah und geschieht unter macht- und herrschaftskritischen Vorzeichen, die den »Anderen« oder »Fremden« ein moralisches Recht auf – wie manche sagen: unbedingte – Anerkennung sowie ein politisches Mitspracherecht bei der »Repräsentation« ihrer selbst zusprechen.[16] Diese Rechte sind längst zum Stachel wissenschaftlicher Darstellungen von Anderen und Fremden geworden.

Die »Vergegenständlichung« kultureller Wirklichkeiten konfrontiert uns nicht allein mit normativen, moralischen und po-

16 Eine überzeugende Kritik dieses Anspruchs auf *unbedingte* Anerkennung von Anderen und Fremden (ihren Handlungsweisen und sogar ihrer Sprachspiele und Lebensformen) findet sich bei Charles Taylor (1993; vgl. auch Straub, 1999b). Er weist zu Recht darauf hin, dass diese Unbedingtheit impliziert, Andere oder Fremde bzw. ihre mit ihrem Sprechen, Handeln und Leben verwobenen Geltungsansprüche *nicht ernst zu nehmen*. Man beachtet und achtet andere nicht als Personen, wenn man sie *unbedingt* anerkennt, sondern behandelt sie gleichgültig, indem man alles und jedes als gleich »gültig« betrachtet. Alles von vornherein, ohne Auseinandersetzung als gleichermaßen wertvoll anzusehen, bedeutet nicht Anerkennung, sondern Vergleichgültigung und Missachtung.

litischen Problemen sozial- und kulturwissenschaftlicher Erfahrungs- und Erkenntnisbildung. Überzeugende epistemologische Argumente entziehen, wie angedeutet, allen objektivistischen Konzeptionen einer abbildtheoretisch modellierten Repräsentation von Tatsachen den Boden und fordern uns heraus, die sprachliche Bezugnahme auf kulturelle Wirklichkeiten anders zu denken, etwa in der von Paul Ricœur (1988, 1991) vorgeschlagenen Gestalt indirekter Referenz oder im Sinne von Hilary Putnams (1988, 1990, 1997) internem Realismus. Es ist hier nicht der Ort, solche komplexen philosophischen Begriffe der Bezugnahme zu erörtern. Die kurze Erinnerung daran mag jedoch hilfreich dabei sein, die ebenso verbreitete wie unhaltbare Vorstellung abzuwehren, konstruktivistische Epistemologien jedweder Provenienz unterliefen den erfahrungswissenschaftlichen Anspruch, in der empirischen Forschung und Erkenntnisbildung auf Wirklichkeiten zu referieren und nach getaner Arbeit fallible Tatsachenbehauptungen zu formulieren, die sich von Fiktionen und fiktionalen Äußerungen abgrenzen lassen. Dieser Anspruch und seine Einlösung mögen in den genannten Theorien komplexer und komplizierter gedacht werden, als es abbildtheoretischen, objektivistischen Modellen lieb ist, obsolet wird er dadurch nicht. Erfahrungswissenschaftliche Konstruktionen kultureller Wirklichkeiten sind keine bloßen Inventionen, die mit imaginativen Fiktionen einfach in einen Topf geworfen werden könnten. Solche Konstruktionen sind nicht beliebig, nur weil zwischen ihnen und der durch sie repräsentierten Wirklichkeit *kein direkter* Bezug im Sinne eines Abbildungsverhältnisses mehr behauptet wird (vgl. Hacking, 1999).

Das ist Sinn und Zweck von Ricœurs (1991) Auslegung des Begriffs der Repräsentation als *Stellvertretung*, womit sowohl die Vorstellung einer möglichen Identität als auch einer radikalen Differenz zwischen Repräsentant und Repräsentiertem, Signifikant und Signifikat, zurückgewiesen wird. Die unbestreitbare Tatsache, dass wissenschaftliche und literarische Sprachen und Praxen manches gemeinsam haben – wie etwa den Gebrauch metaphorischer Ausdrücke oder anderer Tropen, vielleicht auch die narrative Struktur mancher Texte –, war seit jeher ein schlechtes

Argument für die Verwerfung der akzentuierenden Unterscheidung zwischen erfahrungswissenschaftlicher Prosa und fiktionaler Literatur sowie der Prozesse, die zu diesen unter genetischen und systematischen Gesichtspunkten doch auch so verschiedenen Textsorten und deren spezifischen Funktionen und Geltungsansprüchen führen (vgl. Straub, 1993b).

Der Rekurs auf kulturelle Wirklichkeiten begründet und spezifiziert, wie erwähnt, zum Beispiel unsere Rede von sinn- und bedeutungsstrukturierten *Handlungen*. Solche Handlungen können wir in ihrer prozessualen Entfaltung, Abfolge und Interaktivität in sozialen, kommunikativen Situationen analysieren, um zum Beispiel Verständigungsschwierigkeiten auf die Spur zu kommen, die sich in Missverständnissen und Irritationen, Konflikten und Krisen manifestieren mögen (bzw. dies bereits getan haben). Kultur fungiert dabei als ein explikatives und explanatives theoretisches Konstrukt, sobald wir Handelnde bzw. deren soziale, wechselseitig aufeinander bezogene Handlungen (Gedanken, Gefühle, Motive etc.) unter dem Gesichtspunkt differenter kultureller Zugehörigkeit analysieren. Kulturelle Handlungen werden in ihrer *Sinn- und Bedeutungsstruktur* erkennbar, wenn Interpreten sie mit kulturellen Wissensbeständen verknüpfen, in deren Licht interpretieren, beschreiben, identifizieren und repräsentieren. Diese Wissensbestände können, wie die Erforschung interkultureller Kommunikation, Kooperation und Koexistenz vielfach gezeigt hat, erheblich differieren und Inkompatibilitäten, praktische Krisen und Konflikte erzeugen (zum Überblick siehe Bolten, 2001; Lüsebrink, 2005; Straub et al., 2007; Thomas, 2001; s. a. Chakkarath, 2007, 2010, der indigene Perspektiven ins Spiel bringt; zum interkulturellen Lernen siehe Straub, 2010b).

Es mag sein, dass die Handelnden kulturelle Differenzen *selbst* thematisieren, wenn sie in ihrer kommunikativen Praxis auf merkliche Hürden stoßen. Häufiger zeigen sie sich kommunikativ relevante kulturelle Unterschiede bloß vage an. In solchen Fällen können Forscher Äußerungen oder Hinweise aufgreifen und zum Ausgangspunkt ihrer weiterführenden empirsch-interpretativen Analyse interkultureller Kommunikation, Kooperation oder Koexistenz machen, einer Analyse jedenfalls, in der das methodische

Operieren mit kultureller Differenz, Andersheit und Fremdheit im Zentrum steht. In anderen Fällen bringen die Forscher aus gänzlich eigener Initiative festgestellte kommunikative Auffälligkeiten (Missverständnisse, Konflikte, Krisen) mit kulturellen Unterschieden in Zusammenhang. Das bedarf eines »close reading« der zu analysierenden Protokolle einer sozialen Praxis.

Ebenso trivial wie wichtig ist die Feststellung, dass sich weder im einen noch im anderen Fall kommunikativ relevante kulturelle Differenzen ausmachen lassen, indem *ausschließlich* das in den als Interpretanda vorliegenden Texten (Transkripten audiovisuell aufgezeichneter alltagsweltlicher Face-to-Face-Interaktionen etwa) artikulierte Wissen rekonstruiert und wiedergegeben wird. Egal, wie die theoretischen Ansätze auch heißen – kontrastive Pragmatik oder Theorie der Kontextualisierungshinweise in der (Sozio-)Linguistik, Theorie der Kulturdimensionen oder Kulturstandards sowie relationale Hermeneutik in der Psychologie oder Soziologie etc. –, sie arbeiten in ihren methodischen Analysen kultureller Unterschiede allesamt nicht bloß mit einem Wissen, das den empirischen Materialien, also den vorliegenden Untersuchungsgegenständen, einfach zu entnehmen wäre.

Jede Forschung, die die Praxis von Menschen, deren Denken, Fühlen, Wollen und Handeln mit differenten, »inkompatiblen« oder gar »inkommensurablen« Weltansichten, Sprachspielen und Lebensformen in Zusammenhang bringt, bringt stets auch *eigene*, dem Forscher verfügbare Wissensbestände, Unterscheidungen und Bestimmungen ins Spiel. Deswegen sind Kulturanalysen, Kulturvergleiche und Untersuchungen kulturellen Handelns oder interkultureller Kommunikation, Kooperation und Koexistenz stets auch *kulturelle* Analysen. Interpreten tragen notwendigerweise vielfältiges Wissen an die Texte heran, die sie als Objektivationen einer wissensbasierten kulturellen oder interkulturellen Praxis untersuchen. Die Gewinnung und Mobilisierung dieses die Interpretation ermöglichenden und leitenden Wissens erfordert intertextuelle Bezugnahmen, wobei jeder zu diesem Zweck herangezogene Text und jedes intertextuelle Referenzsystem auf praktische Kontexte verweist, aus denen sich die für die Interpretation nutzbar gemachten Wissensbestände speisen und auf die sie bezogen bleiben.

In der kulturpsychologischen Forschung rekonstruieren wir – der zuvor skizzierten differenziellen Typologie von Handlungsbegriffen und Modellen der Handlungserklärung folgend – vornehmlich Wissen, das

- kollektiv bedeutsame Ziele und Kenntnisse über zweckdienliche Mittel ebenso umfasst wie
- handlungsleitende Regeln, insbesondere soziale Normen und die sie fundierenden Werte, wie auch
- Geschichten, die ebenfalls zu einer kulturellen Lebensform und den damit verwobenen Sprachspielen gehören: Auch sie prägen das praktische Selbst- und Weltverhältnis der einer Kultur zugehörigen Menschen, bestimmen deren kollektive Identität (zu diesem problematischen Begriff siehe Straub, 1998, 2004a, b) und prägen die Sinn- und Bedeutungsstruktur zahlreicher Handlungen mitunter maßgeblich.

Dieses typologisch differenzierte Wissen variiert kulturell, und mit ihm variieren alle psychischen Phänomene, für die sich die Kulturpsychologie interessiert. Menschen denken, fühlen und handeln nicht zuletzt deswegen unterschiedlich, weil sich ihr implizites und explizites Wissen nur teilweise überlappt. Handelnde geben sich in ihrer sinn- und bedeutungsstrukturierten Praxis stets auch als Menschen zu erkennen, die an verschiedenen kulturellen Lebensformen und Sprachspielen kompetent teilzuhaben vermögen. Wie nun gehen wir vor, um solche Unterschiede in methodischer Weise zu erfassen?

## Komparative Analyse: Die Identifikation kultureller Handlungen als methodische Operation im Zeichen vergleichenden Denkens

»Kultur« ist ein relationaler Begriff. Das ist eine mehrdeutige Bestimmung. Sie verweist nicht allein auf die im kulturellen Austausch verwurzelte Konstitution, Tradition und Transformation einer jeden Kultur (vgl. Burke, 2000; Shimada, 1994, 2000; in viel diskutierter normativer Perspektive: Said, 1979). Diese Bestimmung schließt ebenfalls ein, dass das Verstehen kultureller Phänomene stets an *Unterscheidungsmöglichkeiten des Verstehenden* gebunden ist. Praktische, kulturelle Welt- und Selbstverhältnisse, egal, welche Aspekte gerade im Zentrum des Interesses stehen, lassen sich nur durch die Applikation und Explikation von Unterscheidungen erhellen, die dem Interpreten verfügbar sind. Dabei kommen immer auch dessen eigene »Sehepunkte« (Chladenius) und »Weltansichten« (Humboldt) ins Spiel. Anderes und Fremdes erscheint jedem wissenschaftlichen Blick aus der Perspektive des »Eigenen«. Es ist auch in diesem Sinne relational strukturiert und als *Übersetzung* zwischen Sprachspielen und Lebensformen angelegt (zu sprachpragmatischen Theorien der »Kulturübersetzung« vgl. Bachmann-Medick, 1993; Renn et al., 2002; Renn, 2006). Das heißt nicht zuletzt: Alle Bemühungen um Fremdverstehen sind an Vergleiche gebunden, die angestellt werden *müssen*, wenn über kulturelle und interkulturelle Phänomene überhaupt etwas Gehaltvolles soll gesagt werden können. Die sprachliche Benennung und qualitative Bestimmung eines beliebigen Sachverhalts, zum Beispiel einer kulturellen Handlung, setzt Unterscheidungen voraus. Was wir als Gebet oder Opfergabe, als Musik oder bildende Kunst bezeichnen, grenzen wir von anderen Handlungen und deren Objektivationen ab. Die Grenzen mögen in manchen Fällen schwierig zu ziehen sein. In keinem Fall sind sie historisch und kulturell invariant. Auffassungen dessen, was wir als Kunst betrachten, ändern sich ebenso wie unsere Vorstellungen vom Religiösen oder von jenen Handlungen, die wir als Gewalt thematisieren, verwerflich finden etc. Auch solche historischen Veränderungen vollziehen sich im Modus vergleichenden Denkens. Diese Einsicht ist trivial, gewiss. Weniger banal sind ihre Konsequenzen.

Eine allgemeine Theorie, Methodologie und Methodik der komparativen Analyse kulturellen Handelns rückt den hermeneutischen Begriff des *Vergleichshorizontes* in den Fokus der Aufmerksamkeit (vgl. dazu und zum Folgenden auch die nachfolgende Abhandlung im vorliegenden Buch). Auf der Grundlage der Unterscheidung verschiedener *Typen* von Vergleichshorizonten und deren Funktion für interpretative Analysen im Zeichen bestimmender und reflektierender Vernunft lässt sich darlegen, *was wir eigentlich tun und wie wir vorgehen*, wenn wir – von Einzelheiten abgesehen, die speziellen theoretischen Ansätzen und methodischen Techniken geschuldet sind – zum Beispiel Handlungen untersuchen, um sie zu identifizieren, zu beschreiben, zu verstehen und zu erklären. Was also ist eine interpretative Analyse, wie lässt sich das Interpretieren als methodisch geregeltes Handeln auffassen? Ich gehe im Folgenden weiter davon aus, dass es um die Analyse *textuell vermittelter* Phänomene geht. Man denke also zum Beispiel an ein Transkript eines narrativen Interviews bzw. einer Erzählung, in der auch von vielerlei Handlungen die Rede ist. Solche Repräsentationen also sollen näher bestimmt und analysiert werden.[17]

Die interpretative Analyse einer »protokollierten« Praxis bzw. Handlung, stellt eine komplexe Operation dar, die »Verstand, Gefühl, Einbildungskraft, Erfahrung und Erfahrungstätigkeit […] nachhaltig fordert« (Schutte, 1990, S. 6). Das teilt sie mit jedem Akt des Lesens und Verstehens. Als *wissenschaftliche Interpretation* bezeichne ich ein in absichtsvoller und bewusster Einstellung realisiertes, explizites, methodisch kontrolliertes, auf Transparenz und intersubjektive Zustimmungsfähigkeit angelegtes Bemühen um das Verstehen von Texten bzw. Textanaloga wie Handlungen und anderen praktischen oder pathischen Aspekten der menschlichen Existenz. Interpretationen werden in sogenannten handlungsentlasteten Situationen *ex post facto* vorgenommen, also dann, wenn die interessierenden Handlungen schon ausgeführt sind und die zu interpretierenden Texte vorliegen (Soeffner, 1989a, b; Straub, 1989, S. 213ff.). Wissenschaftliche Interpretationen sind selbstreflexiv strukturierte Deutungen. Sie weisen die Grundlagen, die sie fundieren, und die Gründe, die sie rechtferti-

17 Ich fasse – auf das hier verfolgte Darstellungs- und Argumentationsinteresse zugespitzt – erneut zusammen, was anderswo ausführlicher entfaltet wurde (vgl. Straub, 1999a, S. 201ff.). Beispiele aus der empirischen Forschungspraxis bieten etwa die – verschiedene Methoden einsetzenden – Studien von Arnold (2009), Kölbl (2004), Kölbl & Straub (2001, 2003), Straub (1993a), Straub & Seitz (1998) oder Weidemann (2004).

gen, ebenso aus wie die im Einzelnen zur Anwendung gelangenden Verfahren – soweit dieses Ziel eben erreichbar ist. Jede Forderung nach Transparenz stößt auch in der wissenschaftlichen Praxis auf ihre Grenzen, da niemals das gesamte Wissen, das Interpreten ins Spiel bringen, expliziert werden kann. Dennoch gilt: Interpretationen versuchen, die arbiträren Züge alltagsweltlicher Deutungs- und Verstehensleistungen methodisch zu kontrollieren.

Um den Vorgang der Interpretation genauer zu klären, stütze ich mich unter anderem auf Überlegungen von Bohnsack (1989, S. 343ff.; 1991, S. 127ff.; 2003b), die ich allerdings differenziere und erweitere (wodurch sich auch die Terminologie ändert). Bohnsack schließt seinerseits an Arbeiten Mannheims (1952, 1964, 1980), speziell an dessen dokumentarische Methode der Interpretation an. Die folgenden Erläuterungen können nicht zuletzt als Präzisierung der Methodologie der komparativen Analyse gelesen werden. Diese Methodologie zielt auf wissenschaftliche »Konstruktionen zweiten Grades« in Gestalt von Typisierungen, die ihrerseits in Typiken und Typologien eingebunden werden (in Kürze: Bohnsack, 2003b, S. 567; ausführlicher: Bohnsack, 1989, 2003a; Nentwig-Gesemann, 2001; Nohl, 2001b; Straub, 1993). Interpretative Forschung ist auch in der Kulturpsychologie an das systematische Programm einer typologischen Erfahrungs- und Erkenntnisbildung gebunden.[18]

**18** Das hat weder theoretisch noch methodisch und forschungspraktisch etwas mit Verfahren und Zielen überholter psychologischer Typenlehren gemeinsam (wie sie etwa in der zu Recht kritisierten Charakterologie gängig waren). Zu einem zeitgemäßen Programm typologischer Erfahrungs- und Erkenntnisbildung, das gegen den Monopolanspruch des nomologischen Modells *sowie* die seit jeher irreführende Alternative zwischen nomothetischer und ideografischer Forschung gerichtet ist, s. a. Gerhardt (1985, 1986) oder Kelle (1994) sowie Kelle & Kluge (1999). In der Psychologie ist die Gegenüberstellung zwischen ideografischen und nomologischen (bzw. nomothetischen) Ansätzen noch immer sehr beliebt, wobei erstere als Erforschung des Individuellen begriffen werden, letztere auf Erkenntnisse des Allgemeinen abzielen. Wenn diese verfehlte Gegenüberstellung dann auch noch mit der Unterscheidung zwischen qualitativen und quantitativen Methoden verknüpft wird, entsteht das anachronistische Zerrbild einer »qualitativen Forschung«, die lediglich mit der Individualität von Individuen oder anderen »einzigar-

Interpretative, sequenzielle Analysen lassen sich in struktureller und prozessualer Hinsicht in verschiedene Komponenten gliedern. Elementar ist die Unterscheidung zwischen zwei Schritten des Verstehens, die ich als *formulierende* und *vergleichende* Interpretation bezeichne. Letztere kann ihrerseits als *bestimmende* und *reflektierende* Interpretation differenziert werden (s. u.). Die Durchführung dieser Interpretationsschritte setzt einige schlichte Vorbereitungsschritte voraus, die hier nicht im Einzelnen beschrieben werden müssen. Man denke zum Beispiel an die Segmentierung des vorliegenden Textes (Transkriptes) nach inhaltlichen oder formalen Kriterien, an die Erstellung von Übersichten über die jeweils behandelten Themen oder die Zusammenstellung eines auf ein bestimmtes Thema fokussierenden Textkorpus etc.[19]

Die *formulierende* Interpretation abstrahiert vom zu interpretierenden Text so wenig wie möglich. Sie schafft ein erstes Verständnis des vorliegenden Textes bzw. abgegrenzter Segmente und einzelner Äußerungen in ihrem fortlaufenden Zusammenhang. Sie ist eine Art Paraphrase. Der Interpret gibt, indem er formulierende Interpretationen ausarbeitet, in Stichworten oder ausführlicheren Sätzen an, wovon in den einzelnen Segmenten die Rede ist. Die Ausführlichkeit, mit der solche *Paraphrasen* formuliert werden, richtet sich nach der Relevanz der jeweiligen Segmente. (Darüber befindet die Urteilskraft des oder der Interpreten.) Die ausführlicher paraphrasierten Segmente werden später vergleichenden Interpretationen unterzogen (s. u.). Insbesondere diese Segmente gehen also in die komparativen Analysen und die Konstruktion von Typisierungen, Typiken und Typologien ein.

Wichtig ist: Das zentrale Merkmal der formulierenden Interpretation besteht darin, dass der Interpret möglichst unmittelbar

tigen Einzelfällen« befasst ist, zu allgemeinen Erkenntnissen aber niemals vordringen kann. Die im Folgenden skizzierten Interpretationsschritte zielen dagegen auf begründete Verallgemeinerungen in Gestalt von Typisierungen und Typiken.

19 Über solche »handwerklichen«, eher »technischen« Angelegenheiten geben zahlreiche Lehr- und Methodenbücher hinreichend Auskunft (z. B. Deppermann, 1999; Deppermann & Lucius-Hoehne, 2002; Flick et al., 2005; Lamnek, 1995; Mayring, 1990; Przyborski & Wohlrab-Sahr, 2008; Strauss, 1991).

an den gegebenen Text anschließt und sich *innerhalb* des Erfahrungsraums und Erwartungshorizontes, mit anderen Worten: innerhalb des Zeichen-, Wissens- und Orientierungssystems des jeweiligen »Informanten« bewegt. Dessen Äußerungen werden wiedergegeben, eventuell zusammengefasst und verdichtet. Die formulierende Interpretation ist offenkundig ein *reproduktives* Verstehen des Selbst- und Weltverständnisses des Akteurs, sie ist »eine Art Interpretation, die sich innerhalb des Rahmens [...] derjenigen bewegt, deren Handeln und deren Texte Gegenstand der Interpretation sind. Deren Erwartungssystem [...] wird nicht transzendiert oder als solches thematisiert« (Bohnsack, 1989, S. 343). Durch die formulierende Interpretation wird also nichts Neues gesagt, kaum etwas jedenfalls, was der Sprecher nicht schon selbst zur Sprache gebracht hätte. Die formulierende Interpretation ist dennoch ein wichtiger methodischer Schritt des Verstehens, weil sie eine direkte Verbindung zwischen wissenschaftlicher Erkenntnis und den textuell vermittelten Handlungs-, Selbst- und Weltverständnissen der Forschungspartner knüpft. Dieser Schritt macht nachvollziehbar, wie man von den alltagsweltlichen Konstruktionen ersten Grades zu den angestrebten wissenschaftlichen Konstruktionen zweiten Grades gelangt.

Die reproduktive Prozedur der formulierenden Interpretation kann von der stärker produktiven oder kreativen, *vergleichenden* Interpretation unterschieden werden. Durch diesen extensiven Analyseschritt werden die detailliert reformulierten Segmente einer weitergehenden Betrachtung unterzogen. Häufig sind es nicht bloß einzelne, sondern mehrere aufeinanderfolgende oder aufeinander beziehbare Segmente, die nun bestimmte Erfahrungs-, Erwartungs-, Deutungs-, Orientierungs-, Handlungs- oder Entwicklungs*muster* erkennen lassen.

Die vergleichende Interpretation baut also auf der formulierenden Interpretation auf, erweitert und vertieft diese jedoch erheblich. Dies wird im Wesentlichen dadurch erreicht, dass nun, wie der Name dieses Interpretationsschrittes anzeigt, *komparative Perspektiven* ganz ausdrücklich eine zentrale Funktion erhalten. Einzelne Äußerungen oder Textpassagen werden also dadurch genauer verstanden, dass sie auf andere Äußerungen und Textpassagen bezogen werden. Sie werden im Prozess des vergleichenden Bedenkens als symbolische Gebilde mit jetzt präziser explizierbaren Sinn- und Bedeutungsgehalten erkannt. Vergleichende Interpretationen sind konstruktive semantische Operationen, die die Sinn- und Bedeutungsgehalte von Äußerungen durch Bezugnahme auf andere Texte bzw. Textteile erschließen. Prädikationen, Identifikationen, Reidentifikationen, Unterscheidungen, Relationierungen und die Konstruktion von Sinn- und Bedeutungszusammenhängen sind nur auf der Basis vergleichenden Interpretierens möglich. Glaser und Strauss (1967; Glaser, 1978; Strauss, 1991; Strauss & Corbin, 1990) bringen dies treffend zum Ausdruck, indem sie ihren Forschungsansatz und ihre Forschungstätigkeit kurzerhand als *komparative Analyse* bezeichnen.

Kulturelle Wissensbestände werden im Zuge vergleichender Interpretationen durch die kognitive Konstruktion von bedeutsamen Relationen zu anderen kulturellen Wissens- oder Erkenntnisbeständen verstanden.[20] Ein gegenüber den Ergebnissen der formulierenden Interpretation vertieftes Verständnis von Äußerungen bzw. den dadurch repräsentierten Sachverhalten wird nun dadurch erreicht, dass diese durch den Vergleich mit pragma-semantisch relevanten *Gegenhorizonten* erschlossen werden. Im Licht *kontrastiver Vergleichshorizonte* gelangt die komparative Analyse sukzessive zu immer reichhaltigeren Bestimmungen der Interpretanda bzw. Komparanda. Solche Bestimmungen bilden den Kern einer unweigerlich relationalen Hermeneutik. Die sukzessive Verwendung von Gegenhorizonten ermöglicht Differenzierungen, zunächst oft in Gestalt binärer Oppositionen, sodann in der Form subtilerer und komplexerer sprachlicher Unterscheidungen oder weit verzweigter pragma-semantischer Verweisungssysteme.

**20** Von Wissen ist hier wiederum in einem sehr weiten Sinn die Rede. Der Ausdruck umfasst erneut (a) wissenschaftliche Erkenntnisse und alltagsweltliches Wissen im engeren Sinne, also alle rational begründbaren, mit argumentativ einlösbaren Geltungsansprüchen verwobenen Aussagen und Aussagensysteme, (b) den Glauben, der dem Gläubigen allein subjektive Gewissheit verschafft, und (c) bloße Meinungen, für die keinerlei Geltung beansprucht wird bzw. nachgewiesen werden kann.

Generell sollten die in die Interpretation eingehenden Vergleichshorizonte möglichst explizit eingeführt, also in einer *methodisch kontrollierten und intersubjektiv nachvollziehbaren*, mithin kritisierbaren Weise verwendet werden. Von den Vergleichshorizonten, die dem Interpreten (oder der Interpretationsgruppe) verfügbar sind, hängt so gut wie alles ab. Kreative Interpretationen sind niemals frei von Kontingenz. Sie gründen in vielfältiger Weise im Wissen des (oder der) Interpreten. Über diese Abhängigkeit kann man sich Klarheit verschaffen. Genau an diesem Punkt liegt die Stelle, an der Vernunftansprüche auf methodische Transparenz ihren Platz haben, geltend gemacht oder zurückgewiesen werden können. Unweigerlich kontingente Momente in der wissenschaftlichen Praxis dürfen nicht mit bloßer Willkür verwechselt werden. Willkür ist vermeidbar, Kontingenz nicht (jedenfalls nicht vollständig). Interpreten handeln unweigerlich auf der Grundlage unterschiedlicher Wissensbestände. Auch ihre Kreativität und Fantasie, ihre Imaginations- und Urteilskraft, ihr logisches Vermögen, beim Interpretieren deduktive, induktive oder abduktive Schlüsse zu ziehen, sind nicht hintergehbare Aspekte ihrer Person, ihrer Subjektivität, mithin ihres Handlungspotenzials.

Wir operieren als Forschende stets auf einer Erfahrungs- und Wissensgrundlage, die in der soziokulturellen Praxis tradiert und von uns angeeignet wurde oder in anderer Weise im eigenen Leben verankert ist. Diese Grundlage ist in ihrer Totalität weder artikulierbar und reflektierbar noch suspendierbar. Teilweise entzieht sie sich dem Zugriff unserer Vernunft, unserer Begründungskompetenz und methodischen Kontrolle. Rationale Verfahren sind und bleiben ein wichtiges, aber stets auch unerreichbares Ideal. Methodische Rationalität ist eine regulative Idee und nützliche Vorschrift, die wir stets nur teilweise einzuhalten vermögen. Dies ist schon deswegen so, weil selbstverständlich auch Forschende auf der Basis ihres *impliziten* Wissens handeln (müssen).

Vergleichshorizonte dienen der »minimalen« oder »maximalen« Kontrastierung. Sie können einander sehr ähnliche Phänomene ausmachen oder aber solche, die starke Kontraste bilden. Unter bestimmten Gesichtspunkten Ähnliches oder annähernd Gleiches typisieren wir als solches, bezeichnen und beschreiben es in derselben Weise. Wir subsumieren es unter einen Typus, den wir von anderen abgrenzen. Thematisch relevante Typen – etwa solche, die sich auf kultur-, generations-, geschlechts- oder milieuspezifische Besonderheiten beziehen –, bilden zusammen eine Typik (Kultur-, Generations-, Geschlechts- oder Milieutypik). Eine Mehrzahl von Typiken kann als Typologie bezeichnet werden.

Um in der interpretativen Forschung zu Vergleichsmöglichkeiten zu gelangen, kann, wie angedeutet, auf verschiedene »Wissens-Quellen« zurückgegriffen werden. Die solchen Quellen zuzuordnenden Vergleichshorizonte (VH) lassen sich schematisch unterscheiden, wie in Abbildung 1 angegeben und nachfolgend erläutert wird. Wissen, insbesondere solches, das die Feststellung oder präzisierende und vertiefende Ausarbeitung psychologisch interessanter kultureller Unterschiede gestattet, kommt in der systematisch-schematischen Ordnung möglicher Vergleichshorizonte an verschiedenen Stellen ins Spiel. Es ist zu erkennen, dass die Reichhaltigkeit von Forschungsergebnissen, nicht zuletzt die empirische Triftigkeit der Bestimmung kultureller Besonderheiten, von einer ganzen Reihe von Wissens-Voraussetzungen abhängt, auf die Interpreten im Zuge ihrer komparativen Analysen zurückgreifen können.

vergleichende Interpretation

↓

Interpretation durch Referenz auf Vergleichshorizonte (VH)

| ↓ | ↓ | ↓ | ↓ |
|---|---|---|---|
| 1 | 2 | 3 | 4 |
| eigene empirische VH | weitere wissenschaftliche Erkenntnisse als VH | Alltagswissen des Interpreten als VH | imaginative, fiktive, utopisches VH |
| | ↓ | | |

theoretisches oder aus anderen Studien stammendes empirisches Wissen als VH

↓

formaltheoretische oder bereichsspezifische theoretische VH

Abb. 1: Wissens-Quellen bzw. Typen von Vergleichshorizonten (VH)

Da sind zunächst einmal die *explizit empirisch fundierten Vergleichshorizonte*, die den eigenen Forschungen bzw. empirischen Materialien entnommen werden. Sie gehören zum eigenen Textkorpus. Diese Vergleichshorizonte sind nicht nur deswegen auszuzeichnen, weil ihre Entstehung der eigenen methodischen Kontrolle unterstand, sondern auch deswegen, weil sich in ihnen das (kulturelle) Wissen *der Forschungspartner* manifestiert. Diese Vergleichshorizonte zeugen unmittelbar von *deren* Sprachspielen und Lebensformen. Sie symbolisieren das Denken, Fühlen, Wollen und Handeln der Anderen und potenziell Fremden. Die vergleichende Analyse dieser Materialien oder Daten ist die *Via regia* des Fremdverstehens. Hier liegt das Fundament einer Empirie, die die methodisch kontrollierte *Erfahrung der Erfahrung von Anderen und Fremden* gewährleisten soll (vgl. Matthes, 1992b). Nur wer Materialien gesammelt bzw. Daten erhoben hat, in denen sich in nennenswerter Weise das praktische Selbst- und Weltverhältnis anderer Menschen zur Geltung bringt, kann dem Anspruch einer im skizzierten Sinn gehaltvollen Empirie gerecht werden. Allerdings wird sich keine empirische Forschung *allein* auf das Wissen der Anderen und Fremden stützen können. Selbst wenn just dieses Wissen und die damit verwobene Praxis und Lebensform interessiert, werden sich Interpreten dem Anderen und Fremden stets auch vom Standpunkt und in der Perspektive des Eigenen nähern. Wer forscht, bringt zwangsläufig auch »eigene« Erkenntnis- und Wissensbestände ins Spiel, und zwar in verschiedenen Varianten.

Interpreten ziehen, um ein Interpretandum zu bestimmen und zu klären, mitunter empirische Erkenntnisse heran, die nicht eigenen Untersuchungen entstammen, sondern dem allgemein zugänglichen *Bestand wissenschaftlicher Publikationen empirischer Forschungsergebnisse*. Hier eröffnet sich ein mitunter reichhaltiges, manchmal – wie im Falle innovativer Forschungsprojekte zu bislang unbeachteten Themen – ein eher dürftiges Reservoir an produktiven Vergleichshorizonten. Darüber hinaus sind *Theorien* von Bedeutung, in deren Licht die interessierenden Materialien aufgefasst und näher analysiert werden. Theorien (bzw. einzelne theoretische Hypothesen) werden in der interpretativen Forschung nicht einfach getestet; sie besitzen vielmehr eine wichtige *heuristische*, oft sogar eine für die wissenschaftliche Erfahrungs- und Erkenntnisbildung *konstitutive* Funktion. (Diese Funktion untergräbt, nebenbei gesagt, die gängige Vorstellung eines »empirischen Tests« von Theorien. Das Verhältnis zwischen Theorie und Empirie ist hier nämlich nach dem Modell eines nicht vitiösen hermeneutischen Zirkels konzipiert, nicht aber als Beziehung zwischen »theoriefreien« empirischen Tatsachen [»facta bruta«] einerseits, theoretischen Hypothesen *über* diese Tatsachen und deren kontingenten Zusammenhang andererseits.)

Mit diesen Theorien sind, nebenbei gesagt, häufig spezielle *Methoden* verknüpft. Man denke etwa an tiefenhermeneutische Verfahren, die ohne irgendeine Spielart psychoanalytischer Theorie nicht denkbar sind. Diese Methoden werden ebenfalls nicht erst bei der Interpretation der Daten angewandt, sondern wirken häufig bereits an der Konstitution des Interpretandums mit. Wie dieses gebildet und aufgefasst wird, ist abhängig von Theorien und Methoden, die Interpreten im Zuge ihrer (komparativen) Analysen heranziehen – und häufig lange vorher nutzten, um erste Vorstellungen ihres Forschungsgegenstandes und Forschungsprojektes zu entwickeln.

Was die Theorien angeht, lassen sich, wie in Abbildung 1 ausgewiesen, allgemeine *formaltheoretische* Begriffe und Ansätze von *bereichsspezifischen materialen Theorien* unterscheiden. Im ersten Fall denke man exemplarisch an den Begriff der Handlung und Handlungstheorien, im zweiten etwa an psychologische Theorien über Entwicklungsaufgaben im Jugendalter oder Theorien der geschlechtsspezifischen Sozialisation.

Wissenschaftliche Interpretationen stützen sich nun aber keinesfalls ausschließlich auf Erkenntnisbestände, theoretische Denk- und methodische Arbeitsformen, wie sie im Diskurs der Scientific Community verhandelt werden und schließlich die konkrete Forschungspraxis prägen. Kaum zu überschätzen ist die Bedeutung des eigenen *Alltagswissens*, also das in *Lebenserfahrungen und deren Reflexion* gründende Wissen eines Interpreten. Niemand kann seine Lebenserfahrungen suspendieren oder unterschlagen, wenn er in wissenschaftlicher Absicht Texte oder

Textanaloga interpretiert. Er oder sie ist auch dabei ein Mensch, der jenes mitgemacht hat und von anderem verschont geblieben ist, eine Person, die durch Eigeninitiative und partiell autonomes Handeln ebenso Erfahrungen gesammelt hat wie durch willkommene und beglückende oder unerwünschte und leidvolle Widerfahrnisse. Was Interpreten in den methodischen Lektüren ihrer empirischen Materialien »lesen«, was sie ausfindig machen und bedenken (können), hängt zu einem nicht unerheblichen Teil von ihren eigenen Lebenserfahrungen und ihren diesbezüglichen emotionalen, affektiven und kognitiven Verarbeitungsprozessen und daraus erwachsenen Dispositionen, Fähigkeiten und Fertigkeiten ab. Nicht alles, was diesbezüglich relevant ist, muss man unmittelbar am eigenen Leib erfahren haben. Erfahrungen können auch in Lektüren gründen, durch Filme oder andere Medien vermittelt worden sein, nicht zuletzt durch das Erzählen von Geschichten, das nur eine von vielen Möglichkeiten bilden, die Zuhörer am Leben und Wissen anderer Menschen teilhaben und lernen zu lassen.

Eine gewisse, in eigenen und fremden Erfahrungen gründende Vertrautheit mit bestimmten Phänomenen ist, egal woher sie im Einzelnen rühren mag, eine unabdingbare Voraussetzung des Verstehens. Auch deswegen ist das Verstehen nie *ausschließlich* ein Verfahren, das jeder beliebige Mensch lehren und erlernen kann. Verstanden wird immer »etwas«. Der Ausdruck »verstehen« ist ein mindestens zweistelliger Prädikator. Er verweist auf Erlebnisse und Erfahrungen, die verschiedenen Menschen in unterschiedlichem Maß vertraut, mitunter auch »völlig fremd« sind. Interpreten mögen in diesen oder jenen Belangen aus eigener oder vermittelter Erfahrung klug geworden sein und ihr diesbezügliches Wissen zumindest teilweise auch artikulieren und kreativ nutzen können. Auch als Wissenschaftler machen sie unweigerlich davon Gebrauch. Sie bringen es als implizite oder explizite Vergleichshorizonte in ihre vergleichenden Interpretationen ein. Wer dieses Wissen vollkommen aus der empirischen Forschung, den komparativen Analysen zumal, herauszuhalten empfiehlt, bezeugt eine unrealistische und überdies kontraproduktive Auffassung wissenschaftlicher Erfahrungs- und Erkenntnisbildung.

Wer nach getaner empirischer Arbeit etwas zu sagen hat, verdankt dies nicht bloß seiner methodischen Akribie bei der Erhebung und Auswertung von Daten. Auch theoretische Expertise und Fantasie bieten noch keine Gewähr für nennenswerte Einsichten. Gehaltvolle, die Rezipienten bereichernde Befunde sind in der interpretativen Forschung nur dort möglich, wo Forschende ihre Lebenserfahrungen und ihr alltagsweltliches, praktisches Wissen als Vergleichshorizonte ins Spiel bringen können – und zwar nicht »irgendein« Wissen. Kreative Interpreten müssen vielmehr über ein Wissen »verfügen«, das bei der Bearbeitung eines bestimmten Themas tatsächlich *produktive* Vergleichshorizonte liefert. (Welches Wissen diesen Zweck erfüllt, ist vorab nie vollständig zu sagen. Manches lässt sich jedoch auch in der kulturpsychologischen Forschung von vornherein ausmachen, so etwa die Notwendigkeit von Sprachkenntnissen.) Ganz ohne ein Alltagswissen, das den auf bestimmte Problemstellungen gerichteten Blick des Interpreten schärft und strukturiert, das seine heuristische Fantasie, Imaginations- und Urteilskraft steigert, kommt hier niemand aus. Diese Tatsache erlaubt es, auch im Feld der interpretativen, komparativen Analyse empirischer Materialien den Kundigen vom Unbedarften, den Experten vom Novizen nicht allein unter dem Gesichtspunkt theoretischer und methodischer Versiertheit zu unterscheiden – selbst wenn wir uns mit einer Metrisierung dieser Differenzierung in aller Regel nicht abmühen, sondern uns mit akzentuierenden Unterscheidungen bescheiden werden. Manche Forschungsprojekte von, sagen wir, Clifford Geertz oder Ernst Boesch, hätten von »Nachwuchswissenschaftlern« aus Mangel an kulturellem, nicht zuletzt praktischem Wissen wohl kaum durchgeführt, ihre entsprechenden Bücher wohl kaum geschrieben werden können.

Das Alltagswissen des Interpreten ist eine notwendige, wenngleich nicht hinreichende Bedingung der Möglichkeit empirischer Erfahrungs- und Erkenntnisbildung in den interpretativen Wissenschaften. Es besteht kein Anlass, diese reichhaltige Quelle von Vergleichshorizonten gering zu schätzen oder gar zu ignorieren. Allerdings gibt es gute Gründe dafür, sich nicht nur ihre produktive Funktion, sondern auch ihre Risiken bewusst zu machen.

Die dem Alltagswissen des Interpreten angehörenden Vergleichshorizonte bilden zusammen mit den wissenschaftlichen, insbesondere den theoretischen Vergleichshorizonten ein breites Einfallstor für »Vergleiche«, die das Andere und Fremde vorschnell ans Eigene angleichen und dadurch verkennen, zumindest allzu sehr in dessen Licht auffassen. Die Grundlage des Verstehens ist auch der Boden, in dem Missverständnisse gedeihen.

Nostrozentrische Aneignungen von Anderem und Fremdem sind ein durch verschiedene Quellen komparativer Analysen genährtes Risiko, von dem sich keine interpretative Forschung freimachen kann. Das Alltagswissen des Interpreten hat seine besonderen Tücken, weil es in seiner Gesamtheit niemals artikuliert werden kann. Es ist, wie die Hermeneutik vielfach zeigte, in Form nicht ohne Weiteres zugänglicher *Vorurteilsstrukturen* organisiert (vgl. Gadamer, 1986; dazu Straub, 1999a, S. 250f., wo sich auch eine Auseinandersetzung mit Gadamers umstrittener Rehabilitierung des Vorurteils findet). Solche Vorurteile können allenfalls teilweise reflektiert und transzendiert werden (wodurch sie sich in wiederum nicht vollkommen bewusster Weise ändern). Offenkundig haben wir es hier also nicht nur mit Ermöglichungsbedingungen wissenschaftlicher Erfahrungs- und Erkenntnisbildung zu tun, sondern zugleich auch mit potenziellen Barrieren methodisch kontrollierten Fremdverstehens. Gerade auch das Alltagswissen des Interpreten eröffnet nicht bloß Vergleichsmöglichkeiten und Perspektiven, die unser Denken und Unterscheiden anregen, ja ermöglichen. Es versperrt unter Umständen auch den erwünschten Zugang zu anderen, fremden Lebensformen und jenen Menschen, die daran teilhaben.

Diese Gefahr lässt sich nicht ausschalten. Die interpretative Forschung kann sich jedoch dagegen wappnen und zumindest die evidenten und relativ leicht zu vermeidenden Irrwege umgehen. Dazu ist es erforderlich, sich von eigenem Wissen zu distanzieren, es (zumindest vorläufig, in bestimmten Phasen) zu suspendieren, soweit dies in der Beschäftigung mit fremdkulturellen Phänomenen eben angezeigt und möglich ist. Möglich ist es vor allem dann, wenn in komparativen Analysen *explizit empirisch fundierte* Vergleichshorizonte ins Spiel gebracht werden, solche Wissensbestände also, die als implizites und explizites Wissen andere, fremde Lebensformen symbolisieren (s. o.). Eine zusätzliche Maßnahme, die der Distanzierung »eigen-kultureller Selbstverständlichkeiten« dient, stellt auch die Bildung von Interpretations*gruppen* dar, an denen Angehörige der jeweils interessierenden Kulturen teilnehmen. (Trotz der geforderten »Internationalisierung« der Forschung und ihrer »interkulturellen« Ausrichtung und Organisation, sind solche Kooperationen nach wie vor seltene Ausnahmen. Wenn sie zustande kommen, erfüllen sie bisweilen lediglich »Alibifunktionen« – wirklicher kultureller Austausch und die in interkultureller Kommunikation sich aufdrängenden Auseinandersetzungen werden oft schon aus Zeitgründen vermieden. Das ist umso leichter möglich, je stärker die Kooperationspartner in ihrer wissenschaftlichen Sozialisation denselben »internationalen Stil« wissenschaftlichen Denkens und Forschens internalisiert haben.)

(Interkulturelle) Interpretationsgruppen bilden, jedenfalls potenziell, jenes Korrektiv gegen das Eigene und ein in seinem Zeichen stehendes assimilierendes Verstehen, das zuvor als nostrifizierende Aneignung problematisiert wurde (vgl. Straub, 1999b). Eine ähnliche Funktion kann eine *kommunikative Validierung* von Interpretationen übernehmen, an der jene Forschungspartner teilnehmen, deren Praxis und Wissen Gegenstand der Untersuchung ist. Auch dieser Strategie sind allerdings Grenzen gesetzt. Neben pragmatischen, insbesondere ökonomisch begründeten Einschränkungen gibt es unter anderem Grenzen, die mit hartnäckigen Übersetzungsproblemen zwischen wissenschaftlichen und alltagsweltlichen Sprachspielen oder auch mit ethisch-moralischen Fragen zu tun haben. Bekanntlich ist nicht jedes Forschungsergebnis kommentarlos kommunizierbar. Das ist im Übrigen insbesondere dann der Fall, wenn dadurch das Selbst- und Weltverständnis bestimmter Menschen hinterfragt und persönlich belastende oder kränkende Aspekte – wie z. B. Selbsttäuschungen, Gewissenskonflikte oder Schamgefühle – thematisiert werden.

Wie gesagt sind vergleichende Interpretationen in wissenschaftlicher Absicht ohne das Alltagswissen des Interpreten nicht denkbar. Dieses Wissen kann das angestrebte Fremdverstehen behindern oder befördern. Es verweist nicht allein auf die Subjektivität und Individualität des Forschenden, sondern signalisiert auch dessen Zugehörigkeit zu einer Kultur. Es repräsentiert also seinerseits stets auch *kollektive* Erfahrungs- und Wissensbestände, die durch die Teilhabe an einer Lebensform – bzw. an Lebensform*en* – erworben wurden. Für die kulturpsychologische Forschung ist es besonders wichtig, dass die lebensgeschichtlichen Selbst-Erfahrungen eines Menschen *selbst schon* ein Ergebnis der Erfahrung kultureller Differenz, Alterität und Alienität sein können. Personen unterscheiden sich bekanntlich auch diesbezüglich, und diese Unterschiede sind für wissenschaftliche Unternehmungen der hier interessierenden Art alles andere als irrelevant. Niemand macht sich als unbeschriebenes Blatt an die wissenschaftliche Aufgabe, andere, fremde Sprachspiele und Lebensformen sowie damit verwobene Weisen des Denkens, Fühlens, Wollens und Handelns zu verstehen. Dies geschieht stets auf der Grundlage von Erfahrungen und Orientierungen, deren Wurzeln sowohl in bisherigen eigenen Forschungen als auch in der Lebensgeschichte eines Menschen liegen. Mitunter sind Berufliches und Privates, Wissenschaft und Alltagswelt, methodische Empirie und informelle Erfahrung gar nicht säuberlich auseinander zu halten. Im Selbst des Forschers ist ungeschieden, was wir unter wechselnden Gesichtspunkten akzentuierend unterscheiden mögen – zum Beispiel als Vergleichshorizonte dieser oder jener Art.

Festzuhalten ist: Das Alltagswissen des Interpreten kann selbst schon von der Erfahrung kultureller Unterschiede, Andersheit und Fremdheit geprägt sein, in variablem »Umfang« in interkultureller Kommunikation, Kooperation und Koexistenz gründen, interkulturelle Kompetenz also in variablem Ausmaß ein- oder ausschließen. Beispiele für eine Form empirischer Forschung, in der auch solche Aspekte vergleichenden Interpretierens überaus deutlich werden, finden sich, wie gesagt, in zahlreichen Publikationen Boeschs (z. B. 2005). Manche Früchte wissenschaftlicher Bemühungen gedeihen nur auf dem Boden langwieriger und komplexer Lebenserfahrungen, die in das Alltagswissen eines Menschen eingehen und schließlich als Vergleichshorizonte in komparativen Analysen wissenschaftlicher Forschungen fungieren können. Man hat diesbezüglich zwar keinen Maßstab zur

Hand, an dem sich der Wert des Alltagswissens eines Interpreten für die kulturpsychologische Forschung *exakt* bestimmen ließe, schon gar nicht von vornherein. Im konkreten Fall ist den Rezipienten kulturpsychologischer Befunde aber schon ein Urteil darüber möglich, ob komparative Analysen von Lebenserfahrungen und Alltagswissensbeständen zehren, die der Sache eher zuträglich sind oder Einsichten verhindern oder verzögern.

Nach den bisherigen Überlegungen lässt sich resümieren und präzisieren: Vergleichende Interpretationen anzustellen heißt, das infrage stehende Interpretandum durch die auf Vergleichshorizonte gestützte Konstruktion von Beziehungen entweder der Ähnlichkeit oder der Differenz zu erschließen.[21] Die an den Akt des Vergleichens gebundene Interpretation kann sich dabei zweier verschiedener Formen der Urteilskraft bedienen, nämlich der *bestimmenden* und der *reflektierenden*. Immanuel Kant (1790), auf den ich mich hier (sehr selektiv) stütze, führte diese Unterscheidung in seiner *Kritik der Urteilskraft* ein. Die bestimmende Urteilskraft ist immer dann am Werk, wenn Phänomene (z.B. Handlungen) in vertrauten Worten identifiziert und beschrieben werden, also einem geläufigen Begriff, Schema oder Skript subsumiert werden. (Methodische Verfahren der Inhaltsanalyse etwa stützen sich auf die bestimmende Vernunft, indem sie empirische Daten in bekannte Rubriken einordnen und geläufigen Begriffen, Kategorien, Schemata oder Skripts unterordnen; vgl. Mayring, 1990).

Der Begriff der reflektierenden Urteilskraft ist nicht allein – wie bei Kant – für eine philosophische Ästhetik und Teleologie der Natur von Bedeutung, sondern ebenso für eine allgemeine Theorie und Methodologie empirischer Erkenntnisbildung in den interpretativen Wissenschaften. Kants Begriff lässt sich auf ein breites Feld von Erfahrungen beziehen, die sich nicht (ohne Weiteres) geläufigen Begriffen und Schemata subsumieren lassen.

21 Müller-Jacquiers (1986) Vorschlag aufgreifend, verschiedene Ergebnisse und Funktionen des Vergleichs in interkulturellen Überschneidungssituationen zu unterscheiden, ergeben sich folgende Varianten: Abordination, Kontraste, graduelle Differenzen, Negation/Nicht-Phänomen, Existieren, Meta-Vergleich.

Reflektierende Urteilskraft ist immer dann erforderlich, wenn wir Erfahrungen bilden bzw. artikulieren wollen, dies jedoch nicht umstandslos können, weil noch nicht hinreichend bestimmt ist, *was auf welche angemessene Weise als Erfahrung zur Sprache gebracht werden soll.*

Mit solchen noch unbestimmten, allenfalls vage umrissenen Phänomenen hat es die handlungs- und kulturpsychologische Forschung häufig zu tun, zumal dann, wenn sie mit der Erforschung von anderen, fremden Kulturen befasst ist. Sie bedarf des reflektierenden Vernunftvermögens an forschungsstrategisch entscheidenden Stellen. Sobald für den Interpreten *Neues* in Erfahrung und auf den Begriff gebracht werden soll, muss dieser seine reflektierende Urteilskraft bemühen.[22] Während die bestimmende Vernunft geläufige Begriffe (Kategorien, Schemata, Skripts) einfach anwendet und die fraglichen Phänomene dadurch identifiziert, unterlässt die reflektierende Vernunft solche Akte der *Subsumption* und *Assimilation.* Sie ordnet ein Phänomen nicht einem dem Forscher geläufigen Begriff zu, sondern verändert oder erweitert das dem Interpreten verfügbare Vokabular. Reflektierendes Interpretieren geht, wie Jean Piaget gesagt hätte, mit *Akkomodationen* einher. Die reflektierende Vernunft arbeitet sich, mit anderen Worten, am Nicht-Identischen ab.[23] Sie tut dies allerdings mit dem Ziel der Identifikation und Bestimmung des Neuen. Reflektierende und bestimmende Vernunft verhalten sich komplementär zueinander. Sie sind gleichermaßen notwendig. Die reflektierende Urteilskraft erweitert und differenziert den Horizont des Interpreten, bereichert seine symbolische Welt, seine Sprache zumal, in der er beschreibt, versteht und erklärt, was

---

**22** Die Verwandtschaft mit Charles Sanders Peirce' Konzept der Abduktion liegt auf der Hand (vgl. dazu Reichertz, 1993). Kants Konzept der reflektierenden Urteilskraft hat m. E. u.a. den Vorteil, dass es – im Gegensatz zur Abduktion – nicht als ein logisches Schlussverfahren eingeführt wird.

**23** Wie schwer und langwierig das ist, kann man an tausend Exempeln studieren. Vgl. etwa einige der originellen Arbeiten François Julliens, z. B. die 2002 ins Deutsche übertragene Publikation, in der sich auch ein aufschlussreiches Gespräch mit Foucault über dessen das eigene Denken herausfordernde »Reisen« nach China und Japan findet.

ihn als empirisches Phänomen interessiert. Die bestimmende und die reflektierende Vernunft liefern die Operationen, die für ein an komparative Analysen gebundenes Verstehen anderer, womöglich fremder kultureller Lebensformen und Sprachspiele, Weisen des Denkens, Fühlens, Wollens und Handelns gleichermaßen notwendig und produktiv sind.

## Notiz zur Güte der vergleichenden Interpretation kulturellen Handelns

Komparative Analysen bzw. vergleichende Interpretationen kulturellen Handelns können die Sache treffen oder sie misslingen. Selbst wenn wir nicht nach einer einzig wahren oder auch nur nach der besten Interpretation suchen – weil wir diese Suche wegen der Polyvalenz aller Lebensäußerungen und speziell wegen der Standpunkt- und Perspektivenabhängigkeit partiell kontingenter Lesarten beliebiger Protokolle menschlicher Praxis für verfehlt und vergeblich halten –, unterscheiden wir eher irreführende Interpretationen von triftigen. Man sieht das leicht am Beispiel von »negativen« Extremen. Wer diesen Aufsatz so interpretierte, als bestünde seine zentrale Aussage in der Ankündigung, das aus allgemein bekanntem, festlichem Anlass für den heutigen Abend geplante Feuerwerk fände nicht im Schlosshof, sondern im Ballsaal statt, läge vollkommen daneben. Er oder sie verdiente es noch nicht einmal, bezogen auf die unterstellte Textgrundlage, als »Interpret« bezeichnet zu werden. Unschwer lassen sich ähnliche – wenngleich weniger krasse – Beispiele für das Verstehen anderer, fremder Kulturen oder kultureller Handlungen finden. Wir können Praktiken, Lebensformen und Sprachspiele mit unseren Interpretationen verfehlen, wenngleich auf weniger skurrile Weise als in dem gegebenen, absurden Beispiel. Nicht alle Kulturen kennen – bspw. – anthropomorphe und anthropopathische Götter, und selbst eine »Religion« mag sehr Verschiedenes bedeuten, und vielleicht ist der beliebte Vergleichsbegriff für das auf den ersten Blick verwandte Phänomen sogar unangemessen und irreführend (vgl. z. B. Popp-Baier, 2006; Straub & Shimada, 1999).

Die Frage, wie sich bessere von schlechteren Interpretationen unterscheiden lassen, ist zweifellos ein mitunter schwieriges Unterfangen, für dessen Durchführung sich vielleicht gar keine allgemeinen Kriterien und Regeln angeben lassen. (Man hätte diesbezüglich erst einmal alle Ziele und Zwecke zu berücksichtigen, denen interpretative Analysen letztlich dienen sollen. Die Güte von Interpretationen ist nicht unabhängig von solchen Zielen und Zwecken zu bestimmen.) Ein *zentraler* Gesichtspunkt, der im Kontext empirisch-vergleichender Analysen kultureller Differenz, Alterität und Alienität und deren Bedeutung für die interkulturelle Kommunikation, Kooperation und Koexistenz zweifellos Aufmerksamkeit verdient, liegt nach den zuvor angestellten Überlegungen allerdings auf der Hand. Er ist für die Beantwortung der Frage, ob wissenschaftliche Interpreten das Interpretandum, ob sie also gewisse sprachliche Ausdrücke und Sprachspiele, Handlungs- und Lebensformen, angemessen übersetzt und erfasst haben, unerlässlich.

Wenn hier von »Übersetzung« die Rede ist, knüpfe ich an sprachpragmatische Theorien an, die die Übertragung von Ausdrücken und Äußerungen von einer Ausgangs- in eine Zielsprache als Übersetzung zwischen kulturellen Sprachspielen und Lebensformen begreifen, an denen Menschen *praktisch* teilhaben können. Damit wird eine *Mehrdimensionalität des Zugangs zu Kulturen* betont, die es erst ermöglicht, dass auch wissenschaftliche Darstellungen von Kulturen, kulturellen Sprachspielen, Handlungs- und Lebensformen als unangemessen kritisiert werden können. Durch die etwa von Joachim Renn (2005, 2006) mit Nachdruck hervorgehobene Unterscheidung zwischen dem praktischen Zugang zu einer Kultur, ihren Sprachspielen, Handlungs- und Lebensformen einerseits, der symbolischen, insbesondere sprachlichen Bezugnahme auf die Kultur als Forschungsgegenstand andererseits wird die *Erfahrung* als Richtschnur und mögliches Korrektiv jeder derartigen Bezugnahme und Repräsentation ausgewiesen. Dafür muss sich bekanntlich auch eine methodische Empirie – die Erfahrungen häufig nur in mehr oder minder restringierter Form zulässt – offenhalten. Paradoxerweise hebt eine »Erfahrung« jedoch mit einem noch unbegriffenen

Erleben an, mit einem »Spüren« oder »Gewahrwerden« möglicher kultureller Differenz, Andersheit und Fremdheit, wobei dieses Erleben erst als *artikulierte Repräsentation* zunächst bloß schemenhafter Gewahrnisse (Boesch, 2005) – als Erfahrung eben – zu bestimmten Revisionen bislang verfügbarer Repräsentationen zwingen kann. Erlebnisse macht man auf dem Weg eines praktischen Zugangs zu einer Kultur.

Wie dargelegt müssen Wissenschaftler nicht alle Erlebnisse und Erfahrungen, die ihren Befunden und empirisch gesättigten Theorien zugrunde liegen, am eigenen Leib gemacht haben. Ihr empirisches Wissen über andere, fremde Kulturen, über kulturelle Unterschiede und interkulturelle Kommunikation, Kooperation und Koexistenz stützt sich in der Regel nicht nur – oftmals gar nicht so sehr – auf eigenes *Erleben* und dessen reflexive Verarbeitung und Artikulation, sondern auf methodisch rekonstruierte Erfahrungen von Personen, die mit den interessierenden kulturellen Sprachspielen, Handlungs- und Lebensformen vertraut sind, ihr praktisches Wissen also als Korrektiv unangemessener Repräsentationen »mobilisieren« und ins Spiel wissenschaftlicher Forschungen und Diskurse einbringen können.

Wichtig ist: Über kulturelle Unterschiede und alle darin wurzelnden Phänomene kann ohne *pragmatische* Vergleiche und Übersetzungen nur sehr begrenzt geforscht werden (vgl. Renn, 2005, 2006). Wer den praktischen Zugang zu sprachlichen Ausdrücken und Sprachspielen, Handlungs- und Lebensformen aus dem Blick verliert und methodisch nicht mehr nutzt, läuft schnell Gefahr, sich in verfehlte, nostrifizierende Interpretationen zu verstricken, diese unreflektiert aufrechtzuerhalten und zu reproduzieren. Solche Interpretationen lassen keinen Raum für Anderes und Fremdes. Sie ordnen es dem Eigenen ein und gleichen es diesem an (z. B., indem sie es vorschnell als »äquivalent« auffassen). Derartige subsumptionslogischen Aneignungen bzw. Assimilationen des Differenten, Anderen oder Fremden sind keineswegs vollständig zu vermeiden. Der an stets riskante Übersetzungsleistungen gekoppelte Versuch des Fremdverstehens kommt ohne Nostrifizierung nicht aus, und dies wohl in keiner Phase einer ohnehin nur aus pragmatischen Gründen abzubrechenden, niemals jedoch abschließbaren Erfahrungs- und Erkenntnisbildung. Die ersten Verstehensschritte sind besonders gefährdet, bloß assimilierend auszufallen (oder die Gegenreaktion hervorzurufen, nämlich die vollständige Inkommensurabilität und Unverständlichkeit des Anderen und Fremden zu beschwören und ein »Geheimnis« aus ihm zu machen). Man kann offen sein und bleiben für das Erfahren der Erfahrungen Anderer oder Fremder sowie die praktischen Bedeutungen oder Implikaturen der Ausdrücke und Äußerungen, mit denen diese ihr kulturelles Welt- und Selbstverhältnis zum Ausdruck bringen.

Dabei helfen eine Theorie, Methodologie und Methodik der empirischen Forschung kultureller Unterschiede weiter, die den notwendigen Vergleich nicht nur an die bestimmende, sondern auch an die reflektierende Urteilskraft binden. Damit gewinnt die Achtsamkeit gegenüber der Versuchung Oberhand, vermeintliche *Tertia comparationis* nur noch anzuwenden. Demgegenüber müssen bei der Durchführung komparativer Analysen, die den praktischen Zugang zu kulturellen Sprachspielen, Handlungs- und Lebensformen offenhalten und nutzen, solche Bezugspunkte immer wieder aufs Neue entwickelt werden. Das macht die Akkommodation der eigenen Horizonte, Begriffe, Kategorien, Schemata und Skripts unumgänglich. Nicht zuletzt darin liegt der Neuheitswert und Gewinn wissenschaftlicher Erkenntnis. Fremdverstehen modifiziert das eigene Welt- und Selbstverständnis, mithin das Vokabular, in dem dieses zur Sprache gelangt.

Differentes, Anderes und Fremdes wird stets von jemandem und für jemanden verstanden. Es verlangt mitunter auch neue, eben kulturadäquate Verfahren und vielleicht sogar eine Modifikation der Zielsetzungen wissenschaftlicher Forschung und der »Anwendung« ihrer Ergebnisse. Verstehen ist situiert und an jemanden adressiert. Im gelingenden Fall modifiziert es nicht zuletzt das eigene, an sprachliche Unterscheidungsmöglichkeiten gebundene Handlungspotenzial (einer Person, eines Kollektivs). Erkenntnisfortschritt in der interpretativen Kulturpsychologie manifestiert sich in der Erweiterung des symbolischen Horizontes, insbesondere des sprachlichen Universums der Forschenden und schließlich der Scientific Community und all derer, die sich wissenschaftliche Einsichten aneignen und in ihr Selbst- und Weltverständnis integrieren.

## Ontische und radikale Unterschiede: Die normative Einhegung wissenschaftlichen Fremdverstehens

Das für jeden Vergleich notwendige *Tertium comparationis* kann nicht nur dazu führen, dass komparative Analysen unmerklich an einem Leitbegriff und Maßstab orientiert sind, deren kulturelle Herkunft und partikulare Bedeutung in einer performativen Kultur unbestreitbar sind. Das Verstehen von kultureller Differenz, Alterität und Alienität bringt nämlich noch eine weitere Herausforderung für jede als *Fremd*verstehen konzipierte Hermeneutik mit sich. Diese Herausforderung wird allerdings erst sichtbar, wenn man die Unterschiede, an denen wir Anderes oder Fremdes festmachen, zu unterscheiden beginnt.

Der in den empirischen Sozial- und Kulturwissenschaften in Anspruch genommene Begriff kultureller Differenz, Alterität und Alienität setzt die Verstehbarkeit des Anderen oder Fremden voraus – wie mühsam das angestrebte Verstehen auch sein und wie unvollkommen es enden mag. Dies bedeutet, dass *im Prinzip* alles verstehbar ist, nichts fremd bleiben muss. Differenz, Andersheit und Fremdheit werden demgemäß als Begriffe aufgefasst, die einen *überbrückbaren* Abstand, eine *überwindbare* Erfahrung anzeigen. Kulturelle Sprachspiele, Handlungs- und Lebensformen sind übersetzbar, und solange man sich vor unangemessenen Vorstellungen einer vollkommenen Äquivalenz von (theoretischen) Begriffen und Beschreibungssprachen hütet, kann und muss von der Verstehbarkeit des kulturell Differenten, Anderen und Fremden ausgegangen werden. So etwa lässt sich eine Voraussetzung formulieren, die auch die hier skizzierte Konzeption komparativer Analyse und vergleichender Interpretation im Rahmen einer relationalen Hermeneutik teilt.

Gegen die damit verbundene *Beruhigung* einer angesichts des Anderen und Fremden nicht nur leicht irritierten, sondern zutiefst verunsicherten wissenschaftlichen Vernunft, wenden sich philosophische Konzepte *radikaler* Differenz, Andersheit und Fremdheit. Es geht dabei nicht um die begriffslogisch inkonsistente Behauptung der Inkommensurabilität von Kulturen, die in der Tat einen Vergleich des angeblich Unvergleichbaren voraussetzt und sich damit in performative Selbstwidersprüche verstrickt (zum Begriff der Inkommensurabilität s.a. Rosa, 1991; Cappai, 2000). Bernhard Waldenfels und einige weitere Autoren verwenden nicht einfach einen Limesbegriff als reales Prädikat (so Renn, 2005), wenn sie die *Radikalität* mancher oder das *radikale Moment* in allen Erfahrungen hervorheben, die wir mit den oder dem Anderen und Fremden machen (auch in verschiedensten Kontexten interkultureller Kommunikation, Kooperation und Koexistenz). Sie versuchen vielmehr, Anderes und Fremdes »als solches« zu denken und zu bewahren, auch vor dem wissenschaftlichen Zugriff und seiner damit einhergehenden, durch Verstehen bewerkstelligten Eliminierung. Damit bewegen sie sich, das mag hier dahingestellt bleiben, vielleicht schon im Feld philosophischer Metaphysik. Sie artikulieren in phänomenologischer Perspektive jedoch auch eine, wenn schon nicht allen, so doch vielen Zeitgenossen zugängliche und nachvollziehbare *Erfahrung*. Im Kern handelt es sich dabei um die Erfahrung des *Entzugs* dessen, was verstanden werden soll, einschließlich des Selbst-Entzugs im Bemühen um Selbst-Verstehen und Selbst-Bewusstsein. Zu diesem Zweck, der offenkundig auch ethisch motiviert ist, werden (terminologisch uneinheitlich) mindestens *zweierlei* Begriffe der Differenz, des Anderen und Fremden akzentuierend unterschieden.

Von einer »lediglich« *ontischen*, *relativen* oder *komparativen* Differenz, Andersheit und Fremdheit wird eine *radikale* Variante abgegrenzt (Waldenfels, 1998). Deutlicher noch als bei Waldenfels wird dies bei Emanuel Lévinas und all jenen Autorinnen und Autoren, die seinem Denken des Anderen zumindest in dem hier interessierenden Punkt noch mehr verpflichtet bzw. verbunden sind, als dies in den Schriften von Waldenfels erkennbar ist. Radikale Differenz wird etwa von Burkhard Liebsch (2001, S. 155ff.) von jener bloß relativen Differenz zwischen Kulturen abgegrenzt, durch die sich Menschen gleichsam äußerlich voneinander unterscheiden, kategorisieren, sortieren, klassifizieren und in Gruppen einteilen lassen. (Zuvor war genau davon die Rede, wenngleich es vornehmlich um Handlungen ging, nicht um Akteure als Personen in ihrer »Ganzheit«.) Genau dies verbiete das Denken radikaler Differenz, das es mit einer »eigentlichen Anderheit« von Anderen zu tun habe, also nicht in jener relativen »Andersheit« aufgehe, wie sie auch vergleichbaren Dingen zugeschrieben werden kann. Die *vor* jedem Vergleich von Menschen (leiblich, präreflexiv und vorsprachlich) erfahrbare radikale Differenz ist prinzipieller und unaufhebbarer Art. Als *alle* Individuen unterscheidende *Anderheit* ist sie von deren mit Dingen und anderen Lebewesen geteilten, komparativen *Andersheit* verschieden. Der philosophische Begriff der Anderheit bewahrt die Bedeutung bleibender Differenz und Fremdheit – auch zwischen Kulturen, kulturellen Sprachspielen, Handlungs- und Lebensformen.

Radikale Differenz, Anderheit oder Fremdheit verdankt sich »nicht einem Vergleich, sondern einem Widerfahrnis [...], in das wir verwickelt sind, ohne bereits den Standpunkt eines Vergleichs von Verschiedenem einnehmen zu können« (ebd., S. 158; vgl. Waldenfels, 1999; Busch & Därmann, 2007). Diese radikale Verschiedenheit hängt nicht von bestimmten oder bestimmbaren Qualitäten und Eigenschaften der einzelnen ab, durch die sie sich im Zuge vergleichender Betrachtungen womöglich unterscheiden lassen. Radikale Differenz, Alterität und Alienität sind nicht wahrnehmbar, erinnerbar, beschreibbar, sagbar, symbolisierbar. *Wer* jemand im Sinne einer qualitativen Identität *ist* (in seinen oder anderer Leute Augen), ist er gerade nicht als (radikal) Anderer oder Fremder. Den Anderen und Fremden kennt niemand als ein bestimmtes oder bestimmbares Wesen. Dies gilt für die Mitmenschen, die einem am nächsten stehen und auf trügerische Weise vertraut sind, ebenso wie für jene anonymen Nebenmenschen, die wir spontan als fremd erleben mögen. Der Andere und Fremde entzieht sich stets, sei es im Zusammenleben mit Nahestehenden und Zughörigen, sei es im Aufeinandertreffen von einander fernstehenden, sich asymmetrisch oder wechselweise als Unzugehörige behandelnden Menschen. Er begegnet uns in der Erfahrung ausschließlich in der paradoxen Gestalt einer absenten Präsenz oder präsenten Absenz. Es gibt hier keine Anwesenheit ohne Abwesenheit. Just dieser Entzug, der phänomenologisch als *Erfahrung* ausgewiesen wird, ist, wie Lévinas (z.B. 1983) nicht müde wird zu betonen, *ethisch* von höchster Bedeutung (vgl. auch Waldenfels & Därmann, 1998).

Es ist dieser *Entzug*, der uns etwas angeht, anspricht, herausfordert und zur Aufgabe wird, die uns verantwortlich zu übernehmen »anbefohlen« sei, wie Lévinas sagt. Es ist der »Anspruch« des Anderen, der zu unserer Erfahrung als Widerfahrnis gehört und Antwort erheischt. *Er* konfrontiert uns mit radikaler Differenz bzw. Alterität und Alienität, und nicht der epistemisch-kognitive Vergleich, der ja stets ein Tertium Comparationis voraussetzt, einen jede radikale Differenz nivellierenden *gemeinsamen* Bezugspunkt also, an dem die in den Vergleich eingehenden »Comparanda« gemessen und als gleich oder verschieden bestimmt werden können.

Jedes Tertium Comparationis birgt eine Gemeinsamkeit und Gleichheit, die radikale Differenz, Anderheit und Fremdheit zwangsläufig »vernichtet« (Lévinas, 1982). Damit ist in der Tat ein ethisches Problem markiert. Aber vielleicht ist der besagte Entzug des Anderen und Fremden sowie der damit verwobene Selbst-Entzug *nicht nur ethisch* relevant. Er hat nämlich auch eine *psychologische* Bedeutung, die nähere Aufmerksamkeit verdient. Begegnungen zwischen Angehörigen verschiedener Kulturen, Austauschbeziehungen, die Übersetzungen zwischen kulturellen Sprachspielen, Handlungs- und Lebensformen verlangen und im gelingenden Fall die Horizonte und Handlungspotenziale aller Beteiligten erweitern, bergen auch eine Erfahrung, derer man sich gewahr bleiben kann, auch wenn produktive Vergleiche angestellt und praktisch bedeutsame Unterschiede festgestellt wurden, womöglich in einer neuen Sprache des durchsichtigen Kontrastes (vgl. Taylor, 1981). Das eben ist jene Erfahrung, von der die zitierten Phänomenologen sprechen und für die sie Begriffe wie radikale Differenz, Anderheit und Fremdheit reservieren.

Ich glaube, sie markieren damit ein Thema nicht zuletzt einer Handlungs- und Kulturpsychologie, die ihre Forschungen nicht nur auf die Feststellung ontischer, relativer oder komparativer kultureller Differenzen und deren psychosoziale Bedeutung beschränkt. Solche Feststellungen sind wichtig und, wie erörtert, ein methodisch schwieriges Unterfangen. Die Psychologie darf sich, sobald sie sich mit kulturellen Unterschieden befasst, jedoch nicht damit bescheiden, solche ontischen Differenzen aufzulisten, wie es, auf ihre Weise, auch andere Disziplinen tun. Denn gerade für sie steht die beunruhigende, das eigene Handlungspotenzial auch bedrohende Erfahrung des Entzugs des Anderen und Fremden sowie die Erfahrung des Selbstentzugs in der interkulturellen Kommunikation, Kooperation und Koexistenz mit im Zentrum des wissenschaftlichen Interesses (vgl. Boesch, 1998, 2000, 2005, 2021). Wer das vergisst, wird in interkulturellen Trainings und anderen Maßnahmen zur Förderung interkultureller Kompetenz, die allesamt auf der empirischen Erforschung kultureller Unterschiede aufbauen, eine meistens nur vage und schemenhaft zu Bewusstsein kommende Erfahrung unterschlagen und vergessen machen – ohne sie dadurch aus dem Erleben von Menschen und ihrer alltäglichen Handlungs- und Lebenspraxis entfernen zu können.

## Literatur

Abel, Günter (1989). Interpretations-Welten. *Philosophisches Jahrbuch, 96,* 1–19.

Abel, Günter (1993). *Interpretationswelten. Gegenwartsphilosophie jenseits von Essentialismus und Relativismus.* Frankfurt/M.: Suhrkamp.

Abel, Theodore (1948). The Operation Called *Verstehen. American Journal of Sociology, 54,* 211–218 [wiederabgedr. in: Hans Albert (Hrsg.). (1964), *Theorie und Realität* (S. 177–188). Tübingen: Mohr].

Alexander, Franz (1935). The Logic of Emotions and its Dynamic Background. *The International Journal of Psychoanalysis, 16,* 399–413.

Anscombe, G. Elizabeth M. (1957). *Intention.* Oxford: Blackwell.

Apel, Karl-Otto, Manninen, Juha & Tuomela, Raimo (Hrsg.). (1978). *Neue Versuche über Erklären und Verstehen.* Frankfurt/M.: Suhrkamp.

Appelsmeyer, Heide & Billmann-Mahecha, Elfriede (Hrsg.). (2001). *Kulturwissenschaft. Kulturwissenschaftliche Analysen als prozeßorientierte wissenschaftliche Praxis.* Weilerswiest: Velbrück.

Arbeitsgruppe Bielefelder Soziologen (Hrsg.). (1973). *Alltagswissen, Interaktion und gesellschaftliche Wirklichkeit.* Hamburg: Rowohlt.

Arnold, Maik (2009). *Das religiöse Selbst in der Mission. Kulturpsychologische Analysen missionarischen Handelns deutscher Protestanten.* Hamburg: Verlag Dr. Kovač.

Assmann, Jan (1992). *Das kulturelle Gedächtnis. Schrift, Erinnerung und politische Identität in frühen Hochkulturen*. München: C. H. Beck.

Bachmann-Medick, Doris (Hrsg.). (1993). *Übersetzung als Repräsentation fremder Kulturen*. Göttingen: Erich Schmidt.

Baker, Gordon P. & Hacker, Peter M. S. (1980). *Wittgenstein: Understanding and Meaning? An Analytical Commentary on the Philosophical investigations*. Oxford: Blackwell.

Baker, Gordon P. & Hacker, Peter M. S. (1984). *Skepticism, Rules and Language*. Oxford: Blackwell.

Bal, Mieke (2002). *Kulturanalyse*. Frankfurt/M.: Suhrkamp.

Berg, Eberhard & Fuchs, Martin (Hrsg.). (1993). *Kultur, soziale Praxis, Text. Die Krise der ethnographischen Repräsentation*. Frankfurt/M.: Suhrkamp.

Berry, John W. (2005). Acculturation: Living successfully in two cultures. *International Journal of Intercultural Relations, 29*, 697–712.

Blumer, Herbert (1954). What is Wrong with Social Theory? *American Sociological Review, 19*(1), 3–10.

Blumer, Herbert (1973). Der methodologische Standort des symbolischen Interaktionismus. In Arbeitsgruppe Bielefelder Soziologen (Hrsg.), *Alltagswissen, Interaktion und gesellschaftliche Wirklichkeit, Bd. 1* (S. 80–146). Reinbek: Rowohlt.

Boesch, Ernst E. (1991). *Symbolic Action Theory and Cultural Psychology*. Berlin u. a.: Springer.

Boesch, Ernst E. (1998). *Sehnsucht. Von der Suche nach Glück und Sinn*. Bern u. a.: Huber.

Boesch, Ernst E. (2000). *Das lauernde Chaos. Mythen und Fiktionen im Alltag*. Bern u. a.: Huber.

Boesch, Ernst E. (2005). *Von Kunst bis Terror. Über den Zwiespalt in der Kultur*. Göttingen: Vandenhoeck & Ruprecht.

Boesch, Ernst E. (2008). Book Review Reply: On Subjective Culture: In Response to Carlos Cornejo. *Culture & Psychology, 14*, 498–512.

Boesch, Ernst E. (2021). *Musik, Sprache und die Sehnsucht nach dem Paradies. Ausgewählte Schriften zur Handlungs- und Kulturpsychologie*. Hrsg. u. eing. v. Jürgen Straub. Gießen: Psychosozial-Verlag.

Boesch, Ernst E. & Straub, Jürgen (2007). Kulturpsychologie. Prinzipien, Orientierungen, Konzeptionen. In Gisela Trommsdorff & Hans-Joachim Korbadt (Hrsg.), *Kulturvergleichende Psychologie. Enzyklopädie der Psychologie* (S. 25–95). Göttingen: Hogrefe.

Bohnsack, Ralf (1989). *Generation, Milieu, Geschlecht. Ergebnisse aus Gruppendiskussionen mit Jugendlichen*. Opladen: Leske + Budrich.

Bohnsack, Ralf (1991). *Rekonstruktive Sozialforschung. Einführung in Methodologie und Praxis qualitativer Forschung*. Opladen: Leske + Budrich.

Bohnsack, Ralf (2003a). Differenzerfahrungen der Identität und des Habitus. Eine empirische Untersuchung auf der Basis der dokumentarischen Methode. In Burkhard Liebsch & Jürgen Straub (Hrsg.), *Lebensformen im Widerstreit. Integrations- und Identitätskonflikte in pluralen Gesellschaften* (S. 136–160). Frankfurt/M.: Campus.

Bohnsack, Ralf (2003b). Dokumentarische Methode und sozialwissenschaftliche Hermeneutik. *Zeitschrift für Erziehungswissenschaft, 6*, 550–570.

Bohnsack, Ralf (2005). Standards nicht standardisierter Forschung in den Erziehungs- und Sozialwissenschaften. *Zeitschrift für Erziehungswissenschaft, 8*(Beiheft 4), 63–81.

Bohnsack, Ralf, Nentwig-Gesemann, Iris & Nohl, Arndt-Michael (Hrsg.). (2001). *Die dokumentarische Methode und ihre Forschungspraxis*. Opladen: Leske + Budrich.

Bolten, Jürgen (2001). *Interkulturelle Kompetenz*. Erfurt: Landeszentrale für Politische Bildung.

Bourdieu, Pierre (1976). *Entwurf einer Theorie der Praxis auf der ethnologischen Grundlage der kabylischen Gesellschaft*. Frankfurt/M.: Suhrkamp.

Bourdieu, Pierre (1987). *Sozialer Sinn. Kritik der theoretischen Vernunft*. Frankfurt/M.: Suhrkamp.

Bourdieu, Pierre & Wacquant, Loïc J. D. (1996). *Reflexive Anthropologie*. Frankfurt/M.: Suhrkamp.

Bruner, Jerome S. (1990). *Acts of meaning*. Cambridge/MA: Harvard Univ. Press.

Burke, Peter (2000). *Kultureller Austausch*. Frankfurt/M.: Suhrkamp.

Busch, Katrin & Därmann, Iris (Hrsg.). (2007). *»pathos«. Konturen eines kulturwissenschaftlichen Grundbegriffs*. Bielefeld: transcript.

Cappai, Gabriele (2000). Kulturrelativismus und Übersetzbarkeit des kulturell Fremden in der Sicht von Quine und Davidson. Eine Beobachtung aus sozialwissenschaftlicher Perspektive. *Zeitschrift für Soziologie, 29*, 253–274.

Cappai, Gabriele (2010). Kultur und Methode – Über die Relevanz rekonstruktiver Verfahren für die Erforschung fremdkultureller Lagen. In Gabriele Cappai, Shingo Shimada & Jürgen Straub (Hrsg.), *Interpretative Sozialforschung und Kulturanalyse* (S. 129–155). Bielefeld: transcript.

Chakkarath, Pradeep (2007). Kulturpsychologie und indigene Psychologie. In Jürgen Straub, Arne Weidemann & Doris Weidemann (Hrsg.), *Handbuch interkultureller Kommunikation und Kompetenz* (S. 237–249). Stuttgart: Metzler.

Chakkarath, Pradeep (2010). Stereotypes in social psychology: The »West-East« differentiation as a reflection of Western traditions of thought. *Psychological Studies, 55*, 18–25.

Clifford, James & Marcus, George E. (Hrsg.). (1986). *Writing culture. The poetics and politics of ethnography*. Berkeley: Univ. of California Press.

Cranach, Mario von & Harré, Rom (Hrsg.). (1982). *The analysis of action. Recent theoretical and empirical advances*. Cambridge: Univ. Press.

Cranach, Mario von & Tschan, Franziska (1997). Handlungspsychologie. In Jürgen Straub, Wilhelm Kempf & Hans Werbik (Hrsg.), *Psychologie. Eine Einführung. Grundlagen, Methoden, Perspektiven* (S. 124–158). München: dtv.

Danto, Arthur C. (1980 [1965]). *Analytische Philosophie der Geschichte*. Frankfurt/M.: Suhrkamp.

Deppermann, Arnulf (1999). *Gespräche analysieren*. Opladen: Leske + Budrich.

Deppermann, Arnulf & Lucius-Hoehne, Gabriele (2002). *Rekonstruktion narrativer Identität. Ein Arbeitsbuch zur Analyse narrativer Interviews*. Opladen: Leske + Budrich.

Dilthey, Wilhelm (1957a [1894]). Ideen über eine beschreibende und zergliedernde Psychologie. In ders., *Gesammelte Schriften V: Die geistige Welt. Einleitung in die Philosophie des Lebens. Erste Hälfte. Abhandlungen zur Grundlegung der Geisteswissenschaften* (S. 139–240). Hrsg. v. Georg Misch. Teubner, Göttingen: Vandenhoeck & Ruprecht.

Dilthey, Wilhelm (1957b [1895, 1906]). [Über vergleichende Psychologie.] Beiträge zum Studium der Individualität. In ders., *Gesammelte Schriften V: Die geistige Welt. Einleitung in die Philosophie des Lebens. Erste Hälfte. Abhandlung zur Grundlegung der Geisteswissenschaften* (S. 241–316). Hrsg. v. Georg Misch. Teubner, Göttingen: Vandenhoeck & Ruprecht.

Dray, William (1957). *Laws and Explanation in History*. Oxford: Clarendon Press.

Eagleton, Terry (2001 [2000]). *Was ist Kultur? Eine Einführung*. München: Beck.

Eckensberger, Lutz H. (1991). Die Perspektive einer transkulturellen Psychologie und die Notwendigkeit, Psychologie als Kulturwissenschaft zu betreiben. Vortrag, gehalten a. d. Kongress »Erneuerungen der Psychologie«, 17.–20.02.1991 in Berlin, Saarbrücken: unv. Manuskript.

Eggert, Hartmut, Profitlich, Ulrich & Schierpe, Klaus R. (Hrsg.). (1990). *Geschichte als Literatur. Formen und Grenzen der Repräsentation von Vergangenheit*. Stuttgart: Metzler.

Flick, Uwe, Kardorff, Ernst von & Steinke, Ines (Hrsg.). (2005). *Qualitative Forschung. Ein Handbuch*. Reinbek: Rowohlt.

Fuchs, Martin (2001). Der Verlust der Totalität. Die Anthropologie der Kultur. In Heide Appelsmeyer & Elfriede Billmann-Mahecha (Hrsg.), *Kulturwissenschaft. Felder einer prozessorientierten wissenschaftlichen Praxis* (S. 18–53). Weilerswist: Velbrück.

Gadamer, Hans-Georg (1967 [1930]). Praktisches Wissen. In ders., *Kleine Schriften I: Philosophie, Hermeneutik*. Tübingen: Mohr.

Gadamer, Hans-Georg (1986 [1960]). *Wahrheit und Methode*. Tübingen: Mohr.

Garfinkel, Harold (1967). *Studies in Ethnomethodology*. Englewood Cliffs/NJ: Prentice Hall.

Garfinkel, Harold (2002). *Ethnomethodology's Program: Working Out Durkeim's Aphorism*. Lanham/MD: Rowman & Littlefield Publ.

Gerhardt, Uta (1985). *Patientenkarrieren. Eine medizinsoziologische Studie*. Frankfurt/M.: Suhrkamp.

Gerhardt, Uta (1986). Verstehende Strukturanalyse: Die Konstruktion von Idealtypen als Analyseschritt bei der Auswertung qualitativer Forschungsmaterialien. In Hans-Georg Soeffner (Hrsg.), *Sozialstruktur und soziale Typik* (S. 31–83). Frankfurt/M., New York: Campus.

Giddens, Anthony (1984 [1976]). *Interpretative Soziologie*. Frankfurt/M.: Campus.

Giddens, Anthony (1988 [1984]). *Die Konstitution der Gesellschaft. Grundzüge einer Theorie der Strukturierung. Mit einer Einführung von Hans Joas*. Frankfurt/M.: Campus.

Glaser, Barney G. (1978). *Theoretical Sensivity. Advances in the Methodology of Grounded Theory*. Mill Valley: The Sociology Press.

Glaser, Barney G. & Strauss, Anselm L. (1967). *The Discovery of Grounded Theory. Strategies for Qualitative Research*. Chicago: Aldine.

Göller, Thomas (2000). *Kulturverstehen. Grundprobleme einer epistemologischen Theorie der Kulturalität und kulturellen Erkenntnis*. Würzburg: Königshausen/Neumann.

Goodman, Nelson (1984 [1978]). *Weisen der Welterzeugung*. Frankfurt/M.: Suhrkamp.

Greve, Werner (2004a). *Handlungserklärung. Die psychologische Erklärung menschlicher Handlungen*. Bern: Huber.

Greve, Werner (2004b). Handeln in Widerfahrniskontexten. Handlungsabsichten, Handlungsbedingungen und Bedingungen von Handlungsabsichten. In Friedrich Jäger & Jürgen Straub (Hrsg.), *Handbuch der Kulturwissenschaften, Bd. 2: Paradigmen und Disziplinen* (S. 220–248). Stuttgart: Metzler.

Grondin, Jean (1991). *Einführung in die philosophische Hermeneutik*. Darmstadt: wbg.

Groeben, Norbert (1986). *Handeln, Tun, Verhalten als Einheiten einer verstehend-erklärenden Psychologie. Wissenschaftstheoretischer Überblick und Programmentwurf zur Integration von Hermeneutik und Empirismus*. Tübingen: Francke.

Habermas, Jürgen (1981a). *Theorie des kommunikativen Handelns, Bd. 1: Handlungsrationalität und gesellschaftliche Rationalisierung*. Frankfurt/M.: Suhrkamp.

Habermas, Jürgen (1981b). *Theorie des kommunikativen Handelns, Bd. 2: Zur Kritik der funktionalistischen Vernunft*. Frankfurt/M.: Suhrkamp.

Habermas, Jürgen (1982 [1967]). Ein Literaturbericht: zur Logik der Sozialwissenschaften. In ders., *Zur Logik der Sozialwissenschaften* (S. 89–330). 5., erw. Aufl. Frankfurt/M.: Suhrkamp.

Hacking, Ian (1995). *Rewriting the Soul. Multiple Personality and the Science of Memory*. Princeton: Univ. Press.

Hacking, Ian (1999). *Was heißt soziale Konstruktion? Zur Konjunktur einer Kampfvokabel in den Wissenschaften*. Frankfurt/M.: Fischer.

Hall, Edward T. (1959). *The Silent Language*. New York: Doubleday.

Hall, Edward T. (1966). *The Hidden Dimension*. New York: Doubleday.

Hall, Edward T. (1976). *Beyond Culture*. New York: Doubleday.

Hall, Edward T. & Hall, Mildred R. (1990). *Understanding Cultural Differences Germans, French and Americans*. Boston: Intercultural Press.

Heidegger, Martin (1927). *Sein und Zeit*. Tübingen: Max Niemeyer.

Hempel, Carl G. (1942). The Function of General Laws in History. *The Journal of Philosophy, 39*, 35–48.

Hempel, Carl G. & Oppenheim, Paul (1948). Studies in the Logic of Explanation. *Philosophy of Science, 15*, 135–175.

Hofstede, Geerd (1993). *Interkulturelle Zusammenarbeit: Kulturen – Organisationen – Management*. Wiesbaden: Gabler.

Horstmann, Alfred (2004). Positionen des Verstehens – Hermeneutik zwischen Wissenschaft und Lebenspraxis. In Friedrich Jäger & Jürgen Straub (Hrsg.), *Handbuch der Kulturwissenschaften, Bd. 2: Paradigmen und Disziplinen* (S. 341–363). Stuttgart: Metzler.

Jäger, Friedrich, Liebsch, Burkhard, Rüsen, Jörn & Straub, Jürgen (2004). *Handbuch der Kulturwissenschaften*. 3 Bde. Stuttgart: Metzler.

Jullien, François (2002). *Der Umweg über China. Ein Ortswechsel des Denkens*. Berlin: Merve.

Kant, Imanuel (1968 [1790]). *Kritik der Urteilskraft*. In ders., *Kants Werke. Akademie Textausgabe, Bd. V* (S. 165–486). Berlin: de Gruyter.

Kelle, Udo (1994). *Empirisch begründete Theoriebildung. Zur Logik und Methodologie interpretativer Sozialforschung*. Weinheim: Deutscher Studien Verlag.

Kelle, Udo & Kluge, Susanne (1999). *Vom Einzelfall zum Typus: Fallvergleich und Fallkontrastierung in der qualitativen Sozialforschung*. Opladen: Leske + Budrich.

Kenny, Anthony (1989 [1973]). *Wittgenstein*. Frankfurt/M.: Suhrkamp.

Kögler, Hans-Herbert (1992). *Die Macht des Dialogs. Kritische Hermeneutik nach Gadamer, Foucault und Rorty*. Stuttgart: Metzler.

Kölbl, Carlos (2004). *Geschichtsbewußtsein im Jugendalter. Grundzüge einer Entwicklungspsychologie historischer Sinnbildung*. Bielefeld: transcript.

Kölbl, Carlos & Straub, Jürgen (2001). Geschichtsbewußtsein im Jugendalter. Theoretische und empirische Analysen. *Forum Qualitative Sozialforschung/Forum Qualitative Social Research, 2*(3).

Kölbl, Carlos & Straub, Jürgen (2003). Geschichtsbewußtsein als psychologischer Begriff. *Journal für Psychologie, 11*, 75–102.

Kramer, Jürgen (2003). Kulturpsychologie und Psychoanalyse als Kulturtheorie. In Ansgar Nünning & Vera Nünning (Hrsg.), *Konzepte der Kulturwissenschaften. Theoretische Grundlagen – Ansätze – Perspektiven* (S. 225–247). Stuttgart: Metzler.

Kripke, Saul (1987 [1982]). *Wittgenstein über Regeln und Privatsprache. Eine elementare Darstellung*. Frankfurt/M.: Suhrkamp.

Kurthen, Martin (1994). *Hermeneutische Kognitionswissenschaft. Die Krise der Orthodoxie*. Bonn: Djre.

Lamnek, Uwe (1995). *Qualitative Sozialforschung, Bd. 1: Methodologie. Bd. 2: Methoden und Techniken*. Weinheim: PVU.

Langer, Susanne K. (1965 [1942]). *Philosophie auf neuem Wege. Das Symbol im Denken, im Ritus und in der Kunst*. Frankfurt/M.: Fischer.

Lenk, Hans (1978). Handlung als Interpretationskonstrukt. Entwurf einer konstituenten- und beschreibungstheoretischen Handlungsphilosophie. In ders. (Hrsg.), *Handlungstheorien interdisziplinär II. Handlungserklärungen und philosophische Handlungsinterpretation, 1. Halbbd.* (S. 279–350). München: Fink.

Lenk, Hans (1987). *Zwischen Sozialpsychologie und Sozialphilosophie* (S. 183–206). Frankfurt/M.: Suhrkamp.

Lenk, Hans (1993). *Philosophie und Interpretation. Vorlesungen zur Entwicklung konstruktionistischer Interpretationsansätze*. Frankfurt/M.: Suhrkamp.

Lévinas, Emmanuel (1983). *Die Spur des Anderen. Untersuchungen zur Phänomenologie und Sozialphilosophie*. Übers., hrsg. u. eing v. Wolfgang Nikolaus Krewani. Freiburg, München: Alber.

Liebsch, Burkhard (2001). *Zerbrechliche Lebensformen. Widerstreit, Differenz, Gewalt*. Berlin: Akademie Verlag.

Lüsebrink, Hans-Jürgen (2005). *Interkulturelle Kommunikation. Interaktion, Fremdwahrnehmung, Kulturtransfer*. Mannheim u. a.: J. B. Metzler.

Lütterfelds, Wilhelm & Roser, Andres (1999). *Der Konflikt der Lebensformen in Wittgensteins Philosophie der Sprache*. Frankfurt/M.: Suhrkamp.

Luhmann, Niklas (1990). *Die Wissenschaft der Gesellschaft*. Frankfurt/M.: Suhrkamp.

Mannheim, Karl (1952 [1931]). Wissenssoziologie. In ders., *Ideologie und Utopie* (S. 227–267). Frankfurt/M.: Klostermann.

Mannheim, Karl (1964 [1921/22]). Beiträge zur Theorie der Weltanschauungsinterpretation. In ders., *Wissenssoziologie* (S. 91–154). Neuwied: Luchterhand.

Mannheim, Karl (1980). *Strukturen des Denkens*. Unv. Manuskripte 1922–1925. Frankfurt/M.: Suhrkamp.

Matthes, Joachim (1992a). The Operation Called »Vergleichen«. In ders. (Hrsg.), *Zwischen den Kulturen? Die Sozialwissenschaft vor dem Problem des Kulturvergleichs* (S. 75–102). Göttingen: Schwartz.

Matthes, Joachim (1992b). Über das Erfahren von Erfahrung (oder: Von den Schwierigkeiten des erfahrungswissenschaftlich orientierten Soziologen, mit gesellschaftlicher Erfahrung umzugehen). In Hans Julius Schneider & Rüdiger Inhetveen (Hrsg.), *Enteignen uns die Wissenschaften? Zum Verhältnis zwischen Erfahrung und Empirie* (S. 101–123) München: Fink.

Mayring, Philipp (1990). *Qualitative Inhaltsanalyse: Grundlagen und Techniken*. Weinheim: Deutscher Studien Verlag.

Miller, Joan G. (1997). Theoretical Issues in Cultural Psychology. In John W. Berry, Ype H. Poortinga & John Pandey (Hrsg.), *Handbook of Cross-Cultural Psychology, Vol. 1: Theory and Method* (S. 85–128). 2. Aufl. Boston u. a.: Allyn & Bacon.

Mischel, Theodore (1968). Psychology and Explanation of Human Behaviour. In Norman S. Care (Hrsg.), *Readings in the Theory of Action* (S. 214–273). Blomington: Indiana Univ. Press.

Mittelstraß, Jürgen (1974). Erfahrung und Begründung. In ders., *Die Möglichkeit von Wissenschaft* (S. 56–83). Frankfurt/M.: Suhrkamp.

Müller, Klaus E. (2003). Das Unbehagen in der Kultur. In ders. (Hrsg.), *Phänomen Kultur. Perspektiven und Aufgaben der Kulturwissenschaften* (S. 13–48). Bielefeld: transcript.

Müller-Jaquier, Bernd (1986). Interkulturelle Verstehensstrategien – Vergleich und Empathie. In Gerhard Neuner (Hrsg.), *Kulturkontraste im DaF-Unterricht* (S. 33–84). München: Indicium.

Nentwig-Gesemann, Iris (2001). Die Typbildung der dokumentarischen Methode. In Ralf Bohnsack, Iris Nentwig-Gesemann & Arndt-Michael

Nohl (Hrsg.), *Die dokumentarische Methode und ihre Forschungspraxis* (S. 275–300). Opladen: Leske + Budrich.

Nohl, Arndt-Michael (2001a). *Migration und Differenzerfahrung. Junge Einheimische und Migranten im rekonstruktiven Milieuvergleich*. Opladen: Leske + Budrich.

Nohl, Arndt-Michael (2001b). Komparative Analyse: Forschungspraxis und Methodologie dokumentarischer Interpretation. In Ralf Bohnsack, Iris Nentwig-Gesemann & Arndt-Michael Nohl (Hrsg.), *Die dokumentarische Methode und ihre Forschungspraxis* (S. 253–273). Opladen: Leske + Budrich.

Nünning, Ansgar & Nünning, Vera (Hrsg.). (2003). *Konzepte der Kulturwissenschaften. Theoretische Grundlagen, Ansätze, Perspektiven*. Suttgart, Weimar: Metzler.

Pike, Kenneth L. (1954). Emic and Etic Standpoints for the Description of Behaviour. In ders. (Hrsg.), *Language in Relation to a unified Theory of the Structure of Human Behavior* (S. 8–28). Glendale/IL: Summer Institute of Linguistics.

Pike, Kenneth L. (1967). *Language in Relation to a unified Theory of the Structure of Human Behavior*. 2., erw. Aufl. The Hague: Mouton.

Polanyi, Michael (1962). *Personal knowledge. Towards a post-critical philosophy*. Chicago, London: Univ. of Chicago Press.

Polanyi, Michael (1969). *Knowing and being. Essays edited by Marjorie Grene*. Chicago, London: Univ. of Chicago Press.

Popp-Baier, Ulrike (2006). Zwischen Himmel und Erde: Kulturwissenschaftliche Überlegungen zur gegenwärtigen Religionspsychologie. Handlung, Kultur, Interpretation. *Zeitschrift für Sozial- und Kulturwissenschaften, 15*, 132–148.

Pothast, Ulrich (1988). *Philosophisches Buch. Schrift unter der aus der Entfernung leitenden Frage, was es heißt, auf menschliche Weise lebendig zu sein*. Frankfurt/M.: Suhrkamp.

Przyborski, Aglaja & Wohlrab-Sahr, Monika (2008). *Qualitative Sozialforschung. Ein Arbeitsbuch*. München: Oldenbourg.

Putnam, Hilary (1988). *Representation and Reality*. Cambridge/MA: MIT Press.

Putnam, Hilary (1990). *Realism with a human face*. Cambridge/MA: Harvard Univ. Press.

Putnam, Hilary (1997). *Für eine Erneuerung der Philosophie*. Stuttgart: Reclam.

Rabinow, Paul & Sullivan, William M. (1979). *Interpretative Social Science. A Reader*. Berkeley u. a.: Univ. of California Press.

Raphael, Lutz (2004). Habitus und sozialer Sinn: Der Ansatz der Praxistheorie Pierre Bourdieus. In Friedrich Jäger & Jürgen Straub (Hrsg.), *Handbuch der Kulturwissenschaften, Bd. 2: Paradigmen und Disziplinen* (S. 266–276). Stuttgart: Metzler.

Reckwitz, Andreas (2000). *Die Transformation der Kulturtheorie. Zur Entwicklung eines Theorieprogramms*. Weilerswist: Velbrück.

Reichertz, Jo (1993). Abduktives Schlußfolgern und Typen(re)konstruktion. In Thomas Jung & Stephan Müller-Doohm (Hrsg.), *»Wirklichkeit« im*

*Deutungsprozeß. Verstehen und Methoden in den Sozialwissenschaften* (S. 258–282). Frankfurt/M.: Suhrkamp.
Renn, Joachim (2005). Die gemeinsame menschliche Handlungsweise. Das doppelte Übersetzungsproblem des sozialwissenschaftlichen Kulturvergleichs. In Ilja Srubar, Joachim Renn & Ulrich Wenzel (Hrsg.), *Kulturen vergleichen* (S. 195–227). Wiesbaden: VS Verlag für Sozialwissenschaften.
Renn, Joachim (2006). *Übersetzungsverhältnisse. Perspektiven einer pragmatischen Gesellschaftstheorie*. Weilerswist: Velbrück.
Renn, Joachim, Straub, Jürgen & Shimada, Shingo (Hrsg.). (2002). *Übersetzung als medium des Kulturverstehens und sozialer Integration*. Frankfurt/M., New York: Campus.
Ricœur, Paul (1988). *Zeit und Erzählung, Bd. I: Zeit und historische Erzählung*. München: Fink.
Ricœur, Paul (1991). *Zeit und Erzählung, Bd. III: Die erzählte Zeit*. München: Fink.
Riedel, Manfred (1978). *Verstehen oder Erklären. Zur Theorie und Geschichte der hermeneutischen Wissenschaften*. Stuttgart: Klett-Cotta.
Rorty, Richard (1979). *Philosophy and the mirror of nature*. Princeton: Univ. Press.
Rorty, Richard (1982). *Consequences of pragmatism*. Minneapolis: Univ. of Minnesota Press.
Rorty, Richard (1989). *Contingency, irony and solidarity*. Cambridge: Univ. Press.
Rosa, Hartmut (1991). Lebensformen vergleichen und verstehen. Eine Theorie der dimensionalen Kommensurabilität von Kontexten und Kulturen. Handlung Kultur Interpretation. *Zeitschrift für Sozial- und Kulturwissenschaften, 8*, 10–42).
Said, Edward W. (1979). *Orientalism*. New York: Vintage.
Sam, David L. & Berry, John W. (Hrsg.). (2006). *The Cambridge Handbook of Acculturation Psychology*. Cambridge: Univ. Press.
Scholz, Oliver R. (2001). *Verstehen und Rationalität. Untersuchungen zu den Grundlagen von Hermeneutik und Sprachphilosophie*. Frankfurt/M.: Klostermann.
Schütz, Alfred (1971). *Gesammelte Aufsätze, Bd. 1: Das Problem der sozialen Wirklichkeit, Teil I*. The Hague u. a.: Martinus Nijhoff.
Schütz, Alfred (1972). *Gesammelte Aufsätze, Bd. 2: Studien zur soziologischen Theorie*. The Hague u. a.: Martinus Nijhoff.
Schulte, Joachim (1989). *Wittgenstein. Eine Einführung*. Stuttgart: Reclam.
Schulte, Joachim (1990). *Chor und Gesetz. Wittgenstein im Kontext*. Frankfurt/M.: Suhrkamp.
Schurz, Gerhard (1988). *Erklären und Verstehen in der Wissenschaft*. München: Oldenbourg.
Schurz, Gerhard (2004). Erklären und Verstehen: Tradition, Transformation und Aktualität einer klassischen Kontroverse. In Friedrich Jäger & Jürgen Straub (Hrsg.), *Handbuch der Kulturwissenschaften, Bd. 2: Paradigmen und Disziplinen* (S. 156–174). Stuttgart: Metzler.

Schutte, Jürgen (1990). *Einführung in die Literaturinterpretation*. Stuttgart: Metzler.

Schwemmer, Oswald (1987). *Handlung und Struktur. Zur Wissenschaftstheorie der Kulturwissenschaften*. Frankfurt/M.: Suhrkamp.

Shimada, Shingo (1994). *Grenzgänge – Fremdgänge. Japan und Europa im Kulturvergleich*. Frankfurt/M.: Campus.

Shimada, Shingo (2000). *Die Erfindung Japans. Kulturelle Wechselwirkungen und nationale Identitätskonstruktion*. Frankfurt/M., New York: Campus.

Soeffner, Hans-Georg (1989a). Alltagsverstand und Wissenschaft. Anmerkungen zu einem alltäglichen Mißverständnis von Wissenschaft. In ders., *Auslegung des Alltags – Der Alltag der Auslegung. Zur wissenssoziologischen Konzeption einer sozialwissenschaftlichen Hermeneutik* (S. 10–50). Frankfurt/M.: Suhrkamp.

Soeffner, Hans-Georg (1989b). Prämissen einer sozialwissenschaftlichen Hermeneutik. In ders., *Auslegung des Alltags – Der Alltag der Auslegung. Zur wissenssoziologischen Konzeption einer sozialwissenschaftlichen Hermeneutik* (S. 66–97). Frankfurt/M.: Suhrkamp.

Spranger, Eduard (1921). *Lebensformen. Geisteswissenschaftliche Psychologie und Ethik der Persönlichkeit*. 2., völlig neu bearb. u. erw. Aufl. Halle: Niemeyer.

Straub, Jürgen (1989). *Historisch-psychologische Biographieforschung. Theoretische, methodologische und methodische Argumentationen in systematischer Absicht*. Mit einem Vorw. v. Heiner Legewie. Heidelberg: Asanger.

Straub, Jürgen (1992). Von der Information zu Sprache und Praxis. *Handlung Kultur Interpretation. Bulletin für Psychologie und Nachbardisziplinen, 1*, 79–82.

Straub, Jürgen (1993a). *Geschichte, Biographie und friedenspolitisches Handeln. Biographieanalytische und sozialpsychologische Studien auf der Basis von narrativen Interviews mit Naturwissenschaftlern und Naturwissenschaftlerinnen*. Opladen: Leske + Budrich.

Straub, Jürgen (1993b). Zeit, Erzählung, Interpretation. Zur Konstruktion und Analyse von Erzähltexten in der narrativen Biographieforschung. In Hedwig Röckelein (Hrsg.), *Möglichkeiten und Grenzen der psychohistorischen Biographieforschung* (S. 143–183). Tübingen: edition diskord.

Straub, Jürgen (1997). Handlungstypologische Unterscheidungen und Formen der Handlungserklärung. In Heinz Mandl (Hrsg.), *Bericht über den 40. Kongreß der Deutschen Gesellschaft für Psychologie in München 1996. Schwerpunktthema Wissen und Handeln* (S. 891–895). Göttingen: Hogrefe.

Straub, Jürgen (1998). Personale und kollektive Identität. Zur Analyse des Begriffs. In Aleida Assmann & Heidrun Friese (Hrsg.), *Identitäten* (S. 73–104). Frankfurt/M.: Suhrkamp.

Straub, Jürgen (1999a). *Handlung, Interpretation, Kritik. Grundzüge einer textwissenschaftlichen Handlungs- und Kulturpsychologie*. Berlin, New York: de Gruyter.

Straub, Jürgen (1999b). *Verstehen, Kritik, Anerkennung. Das Eigene und das Fremde in den interpretativen Wissenschaften*. Göttingen: Wallstein.

Straub, Jürgen (1999c). Handlungsbegriff und Handlungserklärung – typologische Unterscheidungen unter besonderer Berücksichtigung des narrativen Modells. In Jürgen Straub & Hans Werbik (Hrsg.), *Handlungstheorie. Begriff und Erklärung des Handelns im interdisziplinären Diskurs* (S. 261–283). Frankfurt/M.: Campus.

Straub, Jürgen (2001). Psychologie und Kultur, Psychologie als Kulturwissenschaft. In Heide Appelsmeyer & Elfriede Billmann-Mahecha (Hrsg.), *Kulturwissenschaft. Kulturwissenschaftliche Analysen als prozeßorientierte wissenschaftliche Praxis* (S. 125–168). Weilerswist: Velbrück.

Straub, Jürgen (2003a). Sprangers Lebensformen. In Burkhard Liebsch & Jürgen Straub (Hrsg.), *Lebensformen im Widerstreit* (S. 217–296). Frankfurt/M., New York: Campus.

Straub, Jürgen (2003b). Was hat die Psychologie unter den Kulturwissenschaften verloren? In Klaus E. Müller (Hrsg.), *Phänomen Kultur. Perspektiven und Aufgaben der Kulturwissenschaften* (S. 131–156). Bielefeld: transcript.

Straub, Jürgen (2003c). Psychologie und die Kulturen in einer globalisierten Welt. In Alexander Thomas (Hrsg.), *Kulturvergleichende Psychologie* (S. 543–566). Göttingen: Hogrefe.

Straub, Jürgen (2004a). Kulturwissenschaftliche Psychologie. In Friedrich Jäger & Jürgen Straub (Hrsg.), *Handbuch der Kulturwissenschaften, Bd. 2: Paradigmen und Disziplinen* (S. 568–591). Stuttgart: Metzler.

Straub, Jürgen (2004b). Identität. In Friedrich Jäger & Burkhard Liebsch (Hrsg.), *Kulturwissenschaften. Ein Handbuch, Bd. 1: Kontexte und Grundbegriffe* (S. 277–303). Stuttgart: Metzler.

Straub, Jürgen (2007a). Historische Positionen und Entwicklungslinien einer Kultur integrierenden Psychologie. In Gisela Trommsdorff & Hans-Joachim Kornadt (Hrsg.), *Kulturvergleichende Psychologie. Enzyklopädie der Psychologie* (S. 119–178). Göttingen: Hogrefe.

Straub, Jürgen (2007b). Kultur. In Jürgen Straub, Arne Weidemann & Doris Weidemann (Hrsg.), *Handbuch Interkulturelle Kommunikation und Kompetenz* (7–24). Stuttgart: Metzler.

Straub, Jürgen (2010a). Handlungstheorie. In Günter Mey & Katja Mruck (Hrsg.), *Handbuch Qualitative Forschung in der Psychologie* (S. 107–122). Wiesbaden: Springer.

Straub, Jürgen (2010b). Lerntheoretische Grundlagen [interkultureller Kompetenz]. In Arne Weidemann, Jürgen Straub & Steffi Nothnagel (Hrsg.), *Wie lernt man interkulturelle Kompetenz? Theorie, Methoden und Praxis in der Hochschulausbildung* (S. 31–98). Bielefeld: transcript.

Straub, Jürgen & Chakkarath, Pradeep (2010). Kulturpsychologie. In Günter May & Katja Mruck (Hrsg.), *Handbuch Qualitative Forschung in der Psychologie* (S. 195–209). Wiesbaden: Springer.

Straub, Jürgen & Ruppel, Paul-Sebastian (2017). Vegan und kerosinfrei: Eine moralische Subjektivierungsform im 21. Jahrhundert. *psychosozial, 40*(2), 5–31.

Straub, Jürgen & Seitz, Hartmut (1998). Metaphernanalyse in der kulturpsychologischen Biographieforschung. Theoretische Überlegungen und empirische Analysen am Beispiel des »Zusammenschlusses« von Staaten. In Ralf Bohnsack & Winfried Marotzki (Hrsg.), *Biographieforschung und Kulturanalyse. Interdisziplinäre Zugänge* (S. 243–259). Opladen: Leske + Budrich.

Straub, Jürgen & Shimada, Shingo (1999). Relationale Hermeneutik im Kontext interkulturellen Verstehens. *Deutsche Zeitschrift für Philosophie, 47,* 449–477.

Straub, Jürgen & Thomas, Alexander (2003). Positionen, Ziele und Entwicklungslinien der kulturvergleichenden Psychologie. In Alexander Thomas (Hrsg.), *Kulturvergleichende Psychologie* (S. 29–80). Göttingen: Hogrefe.

Straub, Jürgen & Weidemann, Doris (2010). *Die verstehend-erklärende Psychologie und das Forschungsprogramm Subjektive Theorien.* Göttingen: Vandenhoeck & Ruprecht.

Straub, Jürgen, Weidemann, Arne & Weidemann, Doris (2007). *Handbuch Interkulturelle Kommunikation und Interkulturelle Kompetenz.* Stuttgart: Metzler.

Strauss, Anselm L. (1991 [1987]). *Grundlagen qualitativer Sozialforschung. Datenanalyse und Theoriebildung in der empirischen soziologischen Forschung.* Mit einem Vorw. v. Bruno Hildenbrand. München: Fink.

Strauss, Anselm L. & Corbin, Juliet M. (1990). *Basics of Qualitative Research. Grounded Theory Procedures and Techniques.* Newbury Park: Sage.

Taylor, Charles (1981). Understanding and the Explanation in the Geisteswissenschaften. In Steven H. Holtzmann & Christopher M. Leich (Hrsg.), *Wittgenstein: To Follow a Rule* (S. 191–210). London: Routledge/Kegan Paul.

Taylor, Charles (1993). Politik der Anerkennung. In Amy Gutman (Hrsg.), *Multikulturalismus und die Politik der Anerkennung.* Mit Komm. v. Amy Gutman, Steven C. Rockefeller, Michael Walzer, Susan Wolf. Mit einem Beitrag von Jürgen Habermas (S. 13–78). Frankfurt/M.: Fischer.

Thomas, Alexander (2001). Interkulturelle Kompetenz – Grundlagen, Probleme und Konzepte. *Erwägen Wissen Ethik – Streitformen für Erwägungskultur, 14,* 137–228.

Trompenaars, Fons & Hampden-Turner, Charles (1994). *Riding the Waves of Culture: understanding diversity in global business.* Chicago: Irwin.

Tylor, Edward B. (1871). *Primitive Culture.* London: J. Murrey.

Varela, Francisco (1990). *Kognitionswissenschaft – Kognitionstechnik. Eine Skizze aktueller Perspektiven.* Frankfurt/M.: Suhrkamp.

Waldenfels, Bernhard (1998). *Grenzen der Normalisierung. Studien zur Phänomenologie des Fremden, Bd. 2.* Frankfurt/M.: Suhrkamp.

Waldenfels, Bernhard (1999). *Topographie des Fremden. Studien zur Phänomenologie des Fremden, Bd. 1.* Frankfurt/M.: Suhrkamp.

Waldenfels, Bernhard & Därmann, Iris (Hrsg.). (1998). *Der Anspruch des Anderen. Perspektiven phänomenologischer Ethik.* München: Fink.

Weber, Max (1965). *Wirtschaft und Gesellschaft. Grundriß der verstehenden Soziologie.* 5., rev. Aufl., besorgt von Johannes Winckelmann. Tübingen: Mohr.

Weidemann, Doris (2004). *Interkulturelles Lernen. Erfahrungen mit dem chinesischen »Gesicht«: Deutsche in Taiwan.* Bielefeld: transcript.

Welsch, Wolfgang (1999). Transaktualität. In *Interkulturalität – Grundprobleme der Kulturbegegnung. Mainzer Universitätsgespräche Sommersemester 1998* (S. 45–72). Trier: Paulinus-Druckerei.

Werbik, Hans (1978). *Handlungstheorien*. Stuttgart: Kohlhammer.

Werbik, Hans (1984). Über die nomologische Auslegung von Handlungstheorien. In Hans Lenk (Hrsg.), *Handlungstheorien interdisziplinär III. Verhaltenswissenschaftliche und psychologische Handlungstheorien, 2. Halbbd.* (S. 633–651). München: Fink.

Winch, Peter (1958). *The Idea of a Social Science and its Relation to Philosophy*. London: Routledge/Kegan Paul.

Wittgenstein, Ludwig (1984b). *Philosophische Untersuchungen. Werkausgabe, Bd. 1*. Frankfurt/M.: Suhrkamp.

Wright, Georg H. von (1974 [1971]). *Erklären und Verstehen*. Frankfurt/M.: Athenäum.

Zielke, Barbara (2004). *Kognition und soziale Praxis. Der Soziale Konstruktionismus und die Perspektiven einer postkognitivistischen Psychologie*. Bielefeld: transcript.

Zitterbarth, Walter (1987). *Postmaterialismus und Lebensorientierung. Systematische Argumentation und exemplarische Erfahrungsbildung für eine Psychologie in kulturwissenschaftlicher Absicht*. Frankfurt/M.: Lang.

# Relationale Hermeneutik und komparative Analyse

## Vergleichendes Interpretieren als produktives Zentrum empirischer Forschung in Kulturpsychologie und Mikrosoziologie[1]

»Nicht nur in der Fortschreibung der hermeneutischen Tradition, auch im Horizont analytischer und wissenschaftstheoretischer Debatten hat sich eine ›interpretationistische‹ Lesart unseres Wirklichkeitsverständnisses herausgebildet, die den kreativen, perspektivischen und konstruktiven Charakter unseres Selbst- und Weltbezugs unterstreicht. In dieser starken Version ist der Interpretationsbegriff zu einer Signatur des Gegenwartsdenkens geworden.«

*Emil Angehrn (2005, S. 138)*

»So unschuldig und endlos wie das Vergnügen der Beobachtung sind die Reichtümer, welche die Angewohnheit schafft, das Leben zu analysieren.«

*Henry James (2015, S. 20)*

## Multiperspektivische Deutung und Interpretation als Ausgangspunkt

Die philosophische Abhandlung von Emil Angehrn (2005), der wir die treffende Diagnose entnommen haben, beginnt mit einer

1 Dieser Aufsatz wurde mit Paul Sebastian Ruppel verfasst. Er ging nicht zuletzt aus unserer mehrjährigen Zusammenarbeit in der universitären Lehre hervor. In einem Master-Seminar bemühten wir uns regelmäßig, Studierenden die Methodologie und Methodik der relationalen Hermeneutik und komparativen Analyse – auch im Sinne des *Grounded Theory*-Ansatzes – näherzubringen.

Erinnerung an Friedrich Nietzsches provozierende Behauptung: »Nein, gerade Thatsachen giebt es nicht, nur Interpretationen. Wir können kein Factum ›an sich‹ feststellen: vielleicht ist es ein Unsinn, so etwas zu wollen« (Nietzsche, 1999, S. 315).[2] Der Mann, der mit dem Hammer philosophierte, vermählte seine schöpferische Kraft auch in dieser Äußerung mit einem Akt der Zerstörung: Die in der abendländischen Philosophie und den Wissenschaften seit jeher verbindliche Unterscheidung zwischen Sein und Schein, zwischen der Wirklichkeit an sich und dem Reich bloßer Erscheinungen wird durch die Inthronisierung der Interpretation zwar nicht gänzlich *ad acta* gelegt, aber zumindest stark untergraben. Selbst wer Nietzsches Diktum allzu radikal findet – weil er (oder sie) die damit in Anspruch genommene Entgegensetzung von »Tatsachen« und »Interpretationen« für irreführend oder die resolute Absage an »Wahrheit« und »Werte« für wenig überzeugend hält –, wird zugestehen: Menschen, diese klugen Tiere, finden in ihren Bemühungen um Erkenntnis und Wahrheit niemals einen unmittelbaren Zugang zur Welt und zum Selbst. Darin sind sich heute so gut wie alle einig. Alles, was wir erfahren, erkennen, einsehen und ausdrücken können, ist symbolisch oder hermeneutisch[3] vermittelt, ein Resultat von Deutun-

2 Der Autor fährt übrigens mit einem Hinweis auf den prekären Status des Erkenntnis-Subjekts fort: »›Es ist alles subjektiv‹ sagt ihr: aber schon das ist Auslegung, das ›Subjekt‹ ist nichts Gegebenes, sondern etwas Hinzu-Erdichtetes, Dahinter-Gestecktes. […] Soweit überhaupt das Wort ›Erkenntniß‹ Sinn hat, ist die Welt erkennbar: aber sie ist anders deutbar, sie hat keinen Sinn hinter sich, sondern unzählige Sinne ›Perspektivismus‹. Unsre Bedürfnisse sind es, die die Welt auslegen: unsere Triebe und deren Für und Wider« (ebd.).

3 Wir sprechen von »hermeneutisch« und »Hermeneutik« zum einen im Sinne einer bestimmten, allerdings keineswegs homogenen Tradition in der Philosophie sowie den Geistes-, Kultur- und Sozialwissenschaften – die bspw. von Friedrich Schleiermacher, Wilhelm Dilthey und Eduard Spranger über Friedrich Bollnow bis zu Hans-Georg Gadamer oder Paul Ricœur, Manfred Riedel, Jean Grondin und vielen weiteren Zeitgenossen des 20. und 21. Jahrhunderts führt –, zum anderen in einem ganz allgemeinen Sinne, der auf das griechische Wort *hermeneuein* zurückgeht und dem lateinischen *interpretare* sowie dem deutschen *deuten*, *auslegen*, *interpretieren*, *verstehen* entspricht. Es geht jeweils aus dem Kontext hervor, in welchem Sinn die Prädikatoren bzw. Bezeichnungen verwendet werden.

gen oder Interpretationen eben. Jede Artikulation von etwas ist eine Auslegung. Alternative Sehweisen und Lesarten sind stets möglich. Auch Tatsachen – Sachverhalte also, die bestimmte Menschen einvernehmlich als gegeben oder wirklich betrachten, sodass sie fortan von ihnen ausgehen – setzen Deutungs- oder Interpretationsakte voraus und enthalten sie, unabhängig von der jeweiligen Form ihrer Repräsentation. Sie sind niemals mehr davon zu trennen. Kritik an Tatsachenbehauptungen ist stets auch eine Infragestellung der diese Tatsachen unweigerlich mit-konstituierenden hermeneutischen Akte.

Die althergebrachte Vorstellung, Sprache könnte direkt auf das Sein, auf die Wirklichkeit *an sich* zugreifen und sie in authentischen Abbildern realistisch reproduzieren, erweist sich in allen »interpretationistischen« Auffassungen unseres Selbst- und Weltbezugs als Illusion und Chimäre. Nackte Tatsachen in unmittelbar protokollierende, abbildende Aussagen oder andere Formen einer rein reproduktiven Repräsentation zu kleiden, das ist ein Ding der Unmöglichkeit. Wir Heutigen ringen nur noch um den bescheidener gewordenen Anspruch, pragmatisch angemessene und nützliche, epistemisch erhellende, intellektuell interessante oder kognitiv bereichernde, analytisch präzise und argumentativ begründete oder praktisch weiterführende, in der einen oder anderen Weise brauchbare Deutungen oder Interpretationen formuliert zu haben oder noch entwickeln zu können. Die vermessene Ambition, die absolute Wahrheit zu erringen sowie ein für alle Mal beweisen und bewahren zu können, ist ins Bodenlose gefallen. Sie wird in der Philosophie und den Wissenschaften von niemandem mehr verteidigt und verfolgt.[4]

4 Diese Auffassung teilt auch eine »Praxeologie der Wahrheit« (Kleeberg, 2019; auch Cain et al., 2019; Kleeberg & Suter, 2014), die Wahrheitsspiele grundsätzlich als Machtkämpfe auslegt und den betreffenden Akteuren – in sozialpsychologischer Perspektive – ausnahmslos ein gruppenspezifisches, mit anderen geteiltes Interesse an der Durchsetzung eigener Standpunkte und Sichtweisen zuschreibt. Dies geht mit der Homogenisierung und sozialen Festigung des Kollektivs einher, das bestimmte Wahrheitsansprüche erhebt. Während sich die Mitglieder dieser Gruppe in ihrem zur Geltung gebrachten Wahrheitsstreben nahekommen, einig sind und tatsächlich vereinen – sie

Es ist hilfreich daran zu erinnern, dass sich Menschen stets *zwischen* absoluten, unumstößlichen Gewissheiten einerseits, völlig willkürlichen und unverbindlichen, keinerlei Halt und Orientierung gewährenden Einfällen und Ansichten andererseits bewegen. Das gilt auch für Wissenschaftler_innen. Deren systematisch gebildete Erfahrungen und Erkenntnisse mögen zwar fehlbar und vergänglich sein – wie jedes andere menschliche Wissen auch, etwa unser praktisches Alltagswissen. Sie sind deswegen aber noch lange nicht vollkommen unzuverlässig und ungültig, schlicht wertlos. Ganz im Gegenteil, haben wir doch nach wie vor gute Gründe, wissenschaftlichem Wissen einiges zuzutrauen und es in bestimmten Situationen dem für unsere alltäglichen Belange meistens ausreichenden Alltagswissen vorzuziehen.

Warum man zumal in den Wissenschaften weiterhin kritisch mit Geltungs*ansprüchen* umgehen und dabei die jeweils angebotenen Wissensbestände bzw. Wissens*typen* – sowie Typen der Wissens*bildung* – voneinander unterscheiden und hierarchisieren kann sowie im Namen der Vernunft auch unbedingt auseinanderhalten sollte, hat mit folgenden, flexibel zu handhabenden Kriterien rational motivierter Erfahrungs- und Erkenntnisbildung zu tun, die es insgesamt erlauben, bestimmten Einsichten und Ansichten den Vorzug vor anderen zu geben. Nach der hier vertretenen Auffassung sind es im Wesentlichen

---

reduzieren interne Dissonanz –, setzen sie sich zugleich von anderen Gruppen ab. Diese soziale Differenzierung ist stets auch eine die eigene Bezugsgruppe stabilisierende und auszeichnende Distinktion und nicht selten eine Diskriminierung von anderen. Weshalb dieser praxeologische Ansatz nicht geradewegs in einen epistemischen und moralischen Relativismus oder Nihilismus führt und man trotz der machtanalytischen Perspektive am Anspruch der Überlegenheit bestimmter Wissenstypen – und schon bestimmter *Modi der Bildung* von Erfahrungen und Erkenntnissen – festhalten und dafür gute Gründe vorbringen kann, ist natürlich der neuralgische, entscheidende Punkt dieses Ansatzes. Unseres Erachtens muss man in diesem Feld an hierarchisierenden Unterscheidungen und wissenschaftlichen Überlegenheitsansprüchen festhalten (s. u.). Jedes Bemühen um Wahrheiten undifferenziert in den riesigen Topf eines allgemeinen Machtgeschehens zu werfen, hilft niemandem weiter. Eher wird dadurch das ehrenwerte Bestreben einer machtanalytischen Kritik der methodisch verfahrenden Wissenschaften desavouiert.

a) die methodisch kontrollierte, in expliziten Regeln verankerte, transparente und intersubjektiv nachvollziehbare, also auch kritisierbare und veränderliche Vorgehensweise,
b) die wiederum ganz ausdrücklich vorgenommene (meta-)theoretische Fundierung und Reflexion des interpretativen, hermeneutischen Zugriffs auf die interessierende Wirklichkeit,
c) die Offenheit für die Pluralität, Konkurrenz und mitunter für die bereichernde Komplementarität verschiedener Standpunkte und Perspektiven,
d) die Berücksichtigung, Erörterung und Einbeziehung möglichst vieler Sichtweisen und damit die systematische Ausweitung, tendenzielle Universalisierung des je eigenen Horizonts,
e) die Bewährung des als gültig anerkannten Wissens im darauf gestützten, erfolgreichen Handeln[5] sowie einer koordinierten sozialen Praxis und schließlich
f) die möglichst ausdrücklich vorgenommene, pragmatische Relationierung der jeweiligen Erfahrungen und Erkenntnisse – also ihre reflektierte Verwurzelung in bestimmten kulturellen Weltbildern und Lebensformen, existenziellen Orientierungen und sozialen Lagen (s. u.).

5 Vielleicht ist dies das heikelste Kriterium, das auch die Naturwissenschaften besonders stark von den Subjekt-, Sozial- und Kulturwissenschaften trennt. Während erstere mit einem Gegenstand zu tun haben, der sich erfolgreich beobachten (und auf der Grundlage wissenschaftlich begründeter Technologien) technisch bearbeiten lässt, ohne dass über die Kriterien dieses Erfolgs lang und breit gestritten werden müsste, schaut es mit Handlungserfolgen in der soziokulturellen oder psychosozialen Welt ganz anders aus. Diese hängen bekanntlich vom Tun und Mittun anderer ab, von Einstellungen und Ansichten, die keineswegs als objektive Eigenheiten der Natur in Stein gemeißelt sind. Verschwörungstheoretiker oder sonstige radikalisierte Personen können ihre von aller Komplexität und Komplikation befreite, höchst partikulare Welt- und Selbstsicht »erfolgreich« praktizieren, auch bzw. *gerade wenn* das anderen das Leben schwermacht oder sogar kostet. Warum und wie man epistemologische Kriterien wie »Handlungserfolg« oder »praktische Nützlichkeit« an Grundsätze einer universalistischen Ethik binden sollte, die es verbietet, um des eigenen Vorteils willen sogar über Leichen zu gehen, ist leider unklar.

Diese Aspekte und Ansprüche geben die maßgeblichen Kriterien dafür ab, welche – in jeweils besonderer Weise zustande gekommenen, qualifizierten – Wissensbestände als überlegen bzw. als *vernünftigerweise zu bevorzugen* gelten dürfen. Diese Überlegenheit und Präferenz ist stets vorläufig. Sie gilt bis auf Weiteres. Alles Unumstößliche, also auch ein von aller Kontingenz bereinigtes Wissensfundament, an dem sich unser Handeln und Leben ohne leiseste Spur eines Zweifels orientieren könnte, ist längst dahin. Damit ist allerdings nicht gleich alles völlig boden- und haltlos geworden, der nihilistische Sturz in die Leere eines sinn- und bedeutungslosen Daseins also keineswegs unabwendbar (auch wenn das noch in vielen heutigen Gegenwartsdiagnosen suggeriert wird). Absolute, unerschütterliche Gewissheiten sind nicht mehr verfügbar. Keine Anstrengung von Vernunft und Verstand mag daran noch etwas ändern. Manche sprechen auch deswegen von einer Schwächung des Subjekts und seiner Ansprüche speziell im Feld rationaler, methodisch kontrollierter und intersubjektiv nachvollziehbarer Erkenntnisbildung.

Dieses *pensiero debole* bezieht allerdings gerade aus seiner unumwunden eingestandenen Schwäche seine offenkundige Stärke. Es verwickelt die Menschen in jenes anhaltende, fortlaufende Gespräch, das sie nun einmal *sind*. Mehr ist dabei nicht zu gewinnen, aber genau dies ist nicht wenig, jedenfalls kein Verlust, den man bedauern und betrauern müsste, obwohl uns nun ja die Aussicht auf unumstößliche Einsichten und zweifelsfreie Eindeutigkeiten abhandengekommen ist. Just dies ist indes eine Befreiung, eine Loslösung von hypertrophen Ideen. Solche überzogenen Ideen koppelten die illusionäre Suche nach der einen und einzigen Wahrheit sowie ihren vermeintlich ewig währenden Besitz an die Sehnsucht nach bleibender Macht. Wer Deutungen oder Interpretationen für unabdingbare, integrale Bestandteile unseres Selbst- und Weltbezugs hält, öffnet dagegen die Pforten für ein nicht mehr stillzustellendes Denken von Ambivalenz und Polyvalenz. Plurale Sichtweisen und Lesarten werden zu notwendigen Ingredienzen eines *Multi*versums auch im Feld wissenschaftlicher Erfahrungs- und Erkenntnisbildung. Selbst an diesem Ort kultivierter Rationalität rücken – zumal in den hier interessierenden Disziplinen – allgemeine Übereinstimmungen, die keinen Widerspruch, keine Gegenstimme und alternative Sicht der Dinge mehr kennen, in weite Ferne. Irgendjemand sieht immer irgendetwas anders, wenn nicht schon heute, dann morgen. Das ist indes kein Desaster und noch nicht einmal unbedingt ein Defizit wissenschaftlichen Denkens und Forschens. Vielheit und Vorläufigkeit kann auch hier erwünscht und bereichernd sein. Auch in den Wissenschaften gibt es immer andersartige Sichtweisen und heterogene Auffassungen, außerhalb dieses gesellschaftlichen Subsystems sowieso.[6]

Nelson Goodman (1984, S. 14) hat einen derartigen Blick auf verschiedene »Weisen der Welterzeugung« in kritischer Anlehnung an Ernst Cassirer genauer erläutert und empfohlen: »Wir sprechen nicht von vielen möglichen Alternativen zu einer einzigen wirklichen Welt, sondern von einer Vielheit wirklicher Welten.« Damit plädiert auch er nicht für einen epistemischen Relativismus, für Beliebigkeit oder Gleichgültigkeit, sondern für die Einsicht, dass jede Beschreibung (Bezeichnung, Identifikation etc.) von etwas zu einem übergeordneten praktischen und symbolischen Bezugsrahmen gehört, also mit-

6 William James prägte das heute vor allem in der Physik geläufige Konzept des Multiversums in einer im vorliegenden Zusammenhang zwar interessanten, aber auch fragwürdigen Weise. In seiner späten, 1909 publizierten Schrift *A Pluralistic Universe* spricht er von einem solchen *Multiversum* und stellt damit die Frage nach der Einheit oder Vielheit der Wirklichkeit. Felicitas Krämer (2006) weist zu Recht darauf hin, dass sich James' Konzept des Multiversums leider nicht gut mit seinem noetischen (und methodischen) Perspektivismus und Pluralismus verträgt und letztlich Gefahr läuft, seine demokratisch motivierte, pluralistische Position gleichberechtigter Sicht- und Erfahrungsweisen »zugunsten einer panpsychistischen und damit letztlich monistischen Metaphysik des ›Lebensstroms‹ zu verraten« (ebd., S. 21). Damit zeichnet er die spekulative Philosophie als doch besonderen, privilegierten Zugang zur Wirklichkeit aus und stellt sie über die Modi der alltagsweltlichen Erfahrung des Pragmatismus sowie der Wissenschaft. Wir verwenden das Konzept des »Multiversums« dagegen stets im Sinne einer radikalen Pluralisierung von Weltbildern und Lebensformen sowie damit verwobenen Weisen der Erfahrungs- und Erkenntnisbildung.

samt den erhobenen Geltungsansprüchen *von diesem Rahmen abhängt*. Solche Bezugsrahmen fallen nicht nur im Alltag, in der Wissenschaft, Kunst oder Religion je anders aus, sondern können sich selbstverständlich auch innerhalb eines einzelnen Feldes erheblich unterscheiden. Äußerungen sind stets *in* solchen variablen Bezugsrahmen und in Abhängigkeit von den zugehörigen, ebenso diversen Weisen der Welterzeugung wahr oder falsch. Wie wir noch genauer darlegen werden, entspricht diese Auffassung dem nachfolgend zu entfaltenden Theorem der *Relationalität* – nicht: der Relativität – aller Erfahrungs- und Erkenntnisbildung:

> »Welten werden erzeugt, indem man mittels Wörtern, Zahlen, Bildern, Klängen oder irgendwelchen anderen Symbolen in irgendeinem Medium solche Versionen erzeugt, und die vergleichende Untersuchung dieser Versionen und Sichtweisen sowie ihrer Erzeugung ist das, was ich eine Kritik der Welterzeugung nenne« (ebd., S. 117).

Goodman fordert dazu auf, zu untersuchen, »wie Welten erzeugt, getestet und erkannt« sowie »anerkannt werden« (ebd., S. 19; vgl. auch Goodman & Elgin, 1989). Dieser Aufgabe verschreiben sich auch die hier interessierenden Erfahrungswissenschaften, namentlich die Kulturpsychologie und Mikrosoziologie. Dabei rekonstruieren sie – zum Beispiel lebensweltliche, aber auch beliebige professionalisierte – Weisen der Welterzeugung empirisch und beziehen schließlich auch *ihre eigenen*, in der alles andere als voraussetzungslosen empirischen Forschung zum Zuge kommenden Modi der Erzeugung, Testung und Erkenntnis fremder Welten ein.

Die menschliche Existenz als *fortwährendes, unabschließbares Gespräch* zu betrachten, in dem historisch situierte, vom kulturellen, sozialen und subjektiven Stand- und »Sehepunkt« abhängige Deutungs- oder Interpretationsvorschläge gemacht und verhandelt werden können, um andere an etwas teilhaben zu lassen, ihnen etwas nahebringen und sie vielleicht von etwas überzeugen zu wollen: Diese berühmt gewordene, an Martin Heideggers

(1927) existenzialontologische »Hermeneutik des Daseins« anknüpfende Formel Hans-Georg Gadamers (vgl. Gadamer, 1986; Bubner et al., 2001) genießt längst eine ungemein weite Anerkennung, und zwar auch bei denen, die sich – wie die Dekonstruktivisten, allen voran Jacques Derrida – mit der klassischen und der neueren Hermeneutik gern anlegten (vgl. dazu die interessante Debatte zwischen den beiden nachmetaphysischen Denkern, sowie wiederum die erhellenden Anmerkungen von Angehrn, 2005).[7]

Wir brauchen auf diese und andere Dispute hier nicht näher einzugehen, möchten jedoch festhalten, was Angehrn so treffend auf den Punkt bringt: Nietzsches ehemals provokative, das althergebrachte Denken zertrümmernde Auffassung ist zumindest im angeführten Punkt zum Allgemeingut geworden. Die Hermeneutik, die Dekonstruktion und sogar beachtliche Teile der analytischen Philosophie, Erkenntnis- und Wissenschaftstheorie sind sich längst darin einig, dass Deutungen oder Interpretationen *konstitutiv* für unseren Selbst- und Weltbezug sind. Es gibt lediglich Konkurrenten *in* diesem Feld, keine überlegene Alternative außerhalb, keine wie auch immer geartete *view from nowhere* (Nagel, 1992), keine Erkenntnis als »Spiegel der Natur« (Rorty, 1981), keinen übergeordneten »Super-Bedeutungsrahmen«, keine den Menschen zugängliche, absolute Sicht der Dinge und Geschehnisse. Das Grund-Wort in dieser Situation heißt also »Deutung«, der Grund-Begriff »Inter-

7 Die Debatte lässt sich in dem von Philippe Forget (1984) herausgegebenen Band nachvollziehen. Vergleiche zum etwas holprigen Disput zwischen Gadamer und Derrida, der vor allem wenig hilfreiche Unterstellungen, Verständigungsbarrieren und Missverständnisse enthält, etwa die Ausführungen von Grondin (2000b, 1999, insb. S. 365ff.). Er zählt zu den Autoren, die uns sachkundig über teilweise geradezu groteske Zerrbilder hermeneutischen Denkens aufzuklären vermögen. Im Übrigen gibt es dieses Denken ohnehin nicht im Singular, schon gar nicht als ein restauratives oder sogar reaktionäres Rettungsschiff für eine verstaubte Philosophie und Metaphysik oder, vollends absurd, als Rettungsanker für die verlorenen Seelen einer betagten Moderne, Menschen mithin, die mit dem Verlust unhinterfragter Traditionen und absoluter Autoritäten – und sei es in Gestalt einer überhöhten, überschätzten Vernunft – angeblich nicht zurechtkommen.

pretation«. So sehr sich Hermeneutik, Dekonstruktion sowie interpretationistische Ansätze in der analytischen Philosophie, Erkenntnis- und Wissenschaftstheorie widersprechen und sogar in vermeintlich scharfer Opposition bekämpfen mögen, so sehr drehen sie sich doch allesamt um einen gemeinsamen Grund ihrer Existenz und einen zentralen Punkt ihrer Bemühungen: Sie sind ausnahmslos

> »Konzepte unseres Rezipierens, Kritisierens, Auslegens von Sinngebilden (Sprachäußerungen, Texten, Handlungen, Traditionen, Kulturen etc.). Im Horizont dieser Fragestellung repräsentieren sie je unterschiedliche Optionen; sie behandeln und beantworten in je eigener Weise die Frage, wie wir Sinngebilde verstehen und wie unser Verstehen in unser Sein und Selbstverständnis eingeht« (Angehrn, 2005, S. 138f.; vgl. auch ders., 2003).

## Rekonstruktion, Dekonstruktion, Konstruktion: Verschieden und verbunden

An diese verbindende Übereinstimmung, die im Eifer des Gefechts weitgehend untergegangen und schon bald dem Vergessen anheim gegeben worden ist – auch aus theoriestrategischen Gründen, die zwar viel mit Machtpolitik, aber wenig mit systematischem Denken zu tun haben –, erinnert auch Jean Grondin, der unter anderem folgende französischen Denker in die Nähe von Grundüberzeugungen Nietzsches und der Hermeneutik Heideggers und vor allem Gadamers rückt:

> »So verschiedenartig sich die Ansätze von Sartre, Merleau-Ponty, Foucault, Deleuze, Ricœur und Derrida auch ausnehmen mochten, trafen sie sich doch in der Anerkennung des interpretatorischen Charakters unserer Welterfahrung. ›Alles ist Sprache‹, ›alles ist durch Paradigmen oder épistémés bedingt‹, ›es gibt keine Fakten, sondern nur Interpretationen‹ sind doch Schlagworte, die man gern mit ihrem Denken und ihrer Herausforderung identifiziert« (Grondin, 2000b, S. 158).

Um den Umgang mit Sinnbildungen und Sinngebilden, wie er in einer allgemeinen Theorie und Methodologie der Interpretation fokussiert wird, geht es hier überall.[8]

Das gilt nun nicht minder für konkurrierende interpretative Ansätze in den empirischen Subjekt-, Sozial- oder Kulturwis-

8 Grondin sucht auch an dieser Stelle nach einer Erklärung der weitgehend ausgebliebenen, allenfalls stockend verlaufenen Kommunikation zwischen französischer Philosophie und den (post-/strukturalistischen) *sciences humaines* einerseits (Ferdinand de Saussure, Claude Lévi-Strauss, Jacques Lacan, Louis Althusser, Michel Foucault u. a.) sowie Gadamers philosophischer und geisteswissenschaftlicher Hermeneutik andererseits. Er führt eine ganze Reihe von Gründen an, die plausibilisieren, warum Gadamers Position bei den Nachbarn im Westen eher als philosophisch und wissenschaftlich antiquiert sowie politisch rückständig und autoritär abgetan, also keineswegs angemessen rezipiert wurde (obwohl in Frankreich die deutsche Philosophie generell, speziell Nietzsches und Heideggers Werke, überaus geschätzt und vielfach angeeignet wurden). Unter diesen Gründen findet sich auch die der Rezeption der Hermeneutik Gadamers nicht gerade zuträgliche Tatsache, dass der deutsche Philosoph lieber von »Verstehen, Auslegung, Vorurteil und Horizont« sprach als von »Interpretation« und »Perspektive«, weil diese Konzepte einen in Frankreich gern gehörten, von Gadamer aber weniger gut gelittenen nietzscheanischen Klang besaßen (ebd.). Gadamer war gegenüber allen radikal-relativistischen und nihilistischen Auffassungen äußerst skeptisch und betrachtete sie im Grunde genommen als bloße Kehrseite einer cartesianischen Metaphysik und ihres Festhaltens an einem *fundamentum inconcussum* sowie den Ideen der »Letztbegründung«, absoluten Wahrheit und Gewissheit. Und so kam es eben – aus dem angeführten und anderen Gründen –, dass der sachlich naheliegende Dialog zwischen den neuen französischen Meisterdenkern und Gadamer niemals recht in Gang kam, trotz unübersehbarer, keineswegs bloß marginaler Gemeinsamkeiten. Derrida und Gadamer hätten sich gerade in der Auseinandersetzung über Nietzsche näherkommen und voneinander lernen können, meint Grondin. Und über das – in gegenseitiger Unkenntnis bestehende, also eigentlich niemals vorhandene – Verhältnis zu Foucault schreibt er, wiederum exemplarisch: »Auch wenn davon auszugehen ist, daß Gadamer von Foucaults objektivierendem Blick ebenso abgestoßen worden wäre wie Foucault von Gadamers Humanismus, gab es zweifelsohne verblüffende Ähnlichkeiten zwischen der ›Wirkungsgeschichte‹ Gadamers und der ›Episteme‹-Konzeption von Foucault, zumal beide nicht nur auf das tragende sprachliche Element, sondern auch auf die Grenzen des Bewußtseins abheben. Foucaults eklatante Rede vom Tode des Menschen fand auch einen Widerpart in Gadamers Destruktion des neuzeitlichen Bewußtseins« (ebd., S. 157).

senschaften, also etwa für die objektive Hermeneutik (Ulrich Oevermann), die dokumentarische Methode (Ralf Bohnsack, Aglaja Przyborski), die verschiedenen Varianten der Erzählanalyse (etwa in Gestalt der narrativen Biografieforschung im Sinne von Fritz Schütze), für die wissenssoziologische Hermeneutik (Hans-Georg Soeffner), die Grounded Theory Methodology (Barney Glaser, Anselm Strauss, Juliet Corbin), die systemtheoretisch inspirierte Hermeneutik (Armin Nassehi), die soziologische Makrohermeneutik (Joachim Renn), die psychoanalytische Tiefenhermeneutik (Alfred Lorenzer, Hans-Dieter König) oder auch für die relationale Hermeneutik. Auch sie machen verschiedene Vorschläge, wie das Interpretieren und Verstehen – in allen empirischen Disziplinen selbstverständlich möglichst methodisch kontrolliert – anzulegen und durchzuführen sei.[9]

Auch für die Erfahrungswissenschaften trifft zu, was Angehrn für die philosophischen Konkurrenten eindrucksvoll darlegt: Stets geht es darum, vielfältige Sinngebilde und Bedeutungsstrukturen zu interpretieren und zu verstehen, nur sind die Wege, auf denen das geschieht, womöglich ebenso verschieden wie die speziellen theoretischen Vorstellungen und praktischen Absichten, die die Hermeneutik, der analytische bzw. wissenschaftstheoretische Interpretationismus und schließlich die Dekonstruktion jeweils

9 Obwohl alle genannten und viele weitere Vertreter_innen interpretativer Ansätze in den Subjekt-, Sozial- und Kulturwissenschaften die Wichtigkeit methodischer Kontrolle hervorheben, fassen manche ihre Methodologie als eine *Kunstlehre* auf. Dadurch lenken sie die Aufmerksamkeit auf unüberwindbare *Grenzen* der methodischen Regelbarkeit des Verstehens als einer höchst vielschichtigen, voraussetzungsvollen und kreativen Praxis. Damit pflichten sie Gadamer bei, dem manchmal zu Unrecht nachgesagt wird, er habe die philosophische und wissenschaftliche Suche nach Wahrheit komplett von der Verpflichtung auf methodisches Denken und Handeln abgekoppelt. Diese Entgegensetzung von »Wahrheit und Methode« gäbe einen schlechten Philosophen und Philologen oder historisch denkenden Geisteswissenschaftler ab! Natürlich hält Gadamer an der Notwendigkeit des Einsatzes von geregelten Verfahren und einem systematischen Vorgehen in der Forschung fest – ohne allerdings den verfügbaren Methoden allzu viel zuzumuten und die Grenzen der methodischen Regelung einer ja stets auch schöpferischen, spontanen wissenschaftlichen Tätigkeit zu verkennen.

damit verbinden. Sieht man sich Angehrns Charakterisierung von drei typischen Optionen beim philosophisch reflektierten Umgang mit Sinngebilden genauer an, bemerkt man nicht allein, dass es sich dabei um *akzentuierende* Unterscheidungen handelt, also gerade nicht um logisch disjunkte Abgrenzungen, die Überschneidungen und Überlappungen, gewisse Gemeinsamkeiten dieser Varianten mithin, ausschlössen. Man erkennt nämlich außerdem, dass sich diese drei Optionen, Ansätze bzw. Zielsetzungen auch in der Theorie, Methodologie und Methodik der Interpretation empirischer Disziplinen finden lassen, mitunter sogar *innerhalb* eines einzigen Ansatzes (wie etwa der relationalen Hermeneutik). Das Unterschiedene kann also durchaus miteinander verbunden werden. Schauen wir uns Angehrns idealtypische, sehr aufschlussreiche und fürs erste hilfreiche Unterscheidung von dreierlei Konzepten und Zielen bei der Behandlung von Sinngebilden noch kurz an! Diese klare Gliederung hilft zu begreifen, worum es beim Interpretieren gehen kann, und sie zeigt, dass sich die verschiedenen Optionen in den interpretativen Wissenschaften gleichermaßen aufgreifen und verfolgen lassen, obwohl man sie natürlich unterschiedlich gewichten kann und sie auch nicht allesamt ohne Abstriche übernehmen muss. Die drei Wahlmöglichkeiten lauten: Rezeption und Rekonstruktion von Sinn; Destruktion falschen Sinns; Konstruktion von Sinn (Angehrn, 2005, S. 139).

Die erste Option bildet in den empirischen Disziplinen wohl den Standardfall. Nicht zufällig sprechen manche Vertreter_innen qualitativer Subjekt- und Sozialforschung lieber von *rekonstruktiven* als von qualitativen oder interpretativen Methoden. Diese Bezeichnung bevorzugt etwa Bohnsack, dessen dokumentarische Methode darauf abzielt, den in einer sozialen Praxis verkörperten, impliziten oder habitualisierten Sinn zu erschließen und nachzuzeichnen. Sein komplexes, mehrstufiges Verfahren – das mittlerweile als Bildinterpretation ebenso etabliert ist wie als Textinterpretation (siehe den Aufsatz »Qualitative Methoden der Bildinterpretation, Bildgebrauchs- und -wirkungsanalyse« in diesem Band) – zielt auf die Rezeption und Rekonstruktion von praktischem Wissen bzw. auf die in die Handlungs- und

Lebenspraxis bestimmter Kollektive eingelassenen und somit ihr inhärenten, wissensbasierten Bedeutungsstrukturen. Solche (Real-)Gruppen teilen gewisse konjunktive, verbindende Erfahrungsräume und Erwartungshorizonte, Orientierungsrahmen und Praktiken – ohne sich dessen vollkommen bewusst zu sein, also wissen zu müssen und angeben zu können, dass sie dies tun. Sie wissen etwas und handeln danach, ohne immer (genau) zu wissen, was sie wissen. Auch Oevermanns objektive Hermeneutik ist auf ihrer Suche nach den generativen Regeln, denen Interaktionspartner_innen (blind) folgen, ganz diesem rekonstruktiven Forschungsprogramm und zugleich der Suche nach latentem Sinn verpflichtet (ungeachtet vieler Unterschiede gegenüber der dokumentarischen Methode; vgl. etwa Wernet, 2006). Der Wille zur Rezeption und Rekonstruktion ist auch in ganz anderen Ansätzen zugange, zum Beispiel im hermeneutischen Intentionalismus, der – der alltagsweltlichen Auffassung des »Verstehens« wohl am nächsten kommend – darauf abzielt, zu erfassen, was eine Person mit dem, was sie sagt oder tut (gesagt oder getan hat), denn wohl meint oder bezweckt (gemeint oder beabsichtigt hat). Max Webers handlungstheoretische Soziologie zielt bekanntlich auf diesen subjektiv gemeinten Sinn ab. Norbert Groebens verstehend-erklärende Psychologie und das damit verwobene Forschungsprogramm Subjektive Theorien unternimmt ebenfalls und besonders akribisch just diese empirische Rekonstruktion subjektiven Sinns (wiederum mit einer anspruchsvollen, mehrgliedrigen Methodik, die sog. Struktur-Lege-Techniken zur Darstellung subjektiver Theorien beinhaltet; vgl. Groeben, 1986; dazu Straub & Weidemann, 2015).

Neben Konzeptionen, die den Blick auf die *intentio auctoris* richten, gehören auch all jene Ansätze ins Feld der rezeptiven, rekonstruktiven Unternehmungen, die darauf achten, was uns zum Beispiel ein Text – ganz unabhängig von den (bewussten) Intentionen des Autors, oft sogar stark von ihnen abweichend – wohl zu sagen hat, zeigen oder lehren will. Diese Ausrichtung auf die *intentio operis* kennzeichnet etwa die philosophische, wahrheitsorientierte Hermeneutik Gadamers, die davon ausgeht und hervorhebt, dass ein Text – zumal die klassischen, kanonisierten

Texte der Tradition, aber natürlich auch herausragende Werke der Gegenwart, einschließlich aller Kunstwerke und weiterer auffälliger Hervorbringungen sensibler Herzen und kluger Köpfe – stets mehr bedeutet, als es dem Schöpfer bewusst war und sein kann. Die Reduktion von Bedeutungen auf die *intentio auctoris* ist demnach eine unzulässige Verkürzung, die den springenden Punkt einer – nach Gadamer – recht verstandenen Hermeneutik verfehlen muss: Diese bringt uns nämlich nahe, dass wir jedenfalls von herausragenden Werken stets etwas lernen können. Sie haben uns noch nach Jahrhunderten oder Jahrtausenden etwas zu sagen, sind in ihren Bedeutungen also unerschöpflich und unvergänglich. Das macht ihren »klassischen Status« aus. Sie wissen stets mehr, als ein Autor oder eine Autorin zu denken und zu sagen vermag. Dies zu erkennen und zu konkretisieren, genau darum geht es Gadamers philosophischer Hermeneutik und verwandten Denkformen. Auch sie betonen also die rezeptive, rekonstruktive Haltung bei der Behandlung von Sinngebilden. Exakt dies ist das verbindende Band aller bislang – lediglich zu exemplarischen Zwecken – erwähnten Ansätze (die sich unter anderen Gesichtspunkten ja gravierend unterscheiden, schon deswegen, weil sie sich ja mit ganz verschiedenen Gegenständen befassen können: mit sozialem, subjektivem Sinn oder mit dem um bleibende Einsichten und profunde Wahrheiten zentrierten Werksinn eines Textes, Bildes oder sonstigen Kunstwerks etc.). Man sieht: Unterscheidungen in dieser oder jener Weise zu treffen, hat stets einen bestimmten Zweck. Man kann verschieden unterscheiden, sodass manchmal zusammengehört, was ein anderes Mal getrennt und sogar entgegengesetzt erscheint, etwa Interpretationen auf der Suche nach der *intentio auctoris* oder der *intentio operis* (vgl. Straub, 1999a, S. 236ff., wo auch noch die theoretisch-methodologische Ausrichtung an der *intentio lectoris* ergänzt und erläutert wird; wir kommen in der vorliegenden Abhandlung noch darauf zurück).

Für alle rezeptiv-rekonstruktiven Ansätze gilt, dass sie die Aufmerksamkeit auf einen in gewisser Weise ›vorgegebenen‹ Sinn richten, auf Bedeutungen mithin, die sich nicht – jedenfalls nicht allein – der sinngebenden Interpretation durch (wissenschaftliche)

Interpret_innen verdanken, sondern einer Hinwendung und Auslegung, die etwas *im Gegenüber*, im Gegenstand verortet, das es auf interpretativem Wege methodisch zu erschließen und zu artikulieren gilt. Diesem Gegenüber muss man sich öffnen, ihm gegenüber muss man sich offenhalten, man muss sich von ihm berühren, bewegen und ansprechen lassen, ihm vielleicht sogar mit detektivischem Spürsinn und abduktiven Schlussfolgerungen nachgehen.[10] Man darf ihm also gerade nicht bloß den eigenen Stempel, die eigene Sichtweise, Lesart und Auffassung aufdrücken. Wenn Theodor Adorno (1973, 1996) mit einem gewissen Pathos fordert, die Erfahrungs- und Erkenntnisbildung müsse sich auch in den empirischen Subjekt- und Sozialwissenschaften ihrem Gegenstand

10 Das epistemologische, theoretisch-methodologische Konzept der »Abduktion« stammt von Charles Sandres Peirce, dem pragmatistischen Philosophen, der diese spezifische Logik abduktiver Schlussfolgerungen den Prinzipien der Induktion und Deduktion zur Seite gestellt hat. Viele wissenschaftstheoretisch und logisch denkende Forscher_innen haben die qualitative, interpretative bzw. rekonstruktive Subjekt- und Sozialforschung oder Kulturanalyse im Lichte von Peirce' Konzept ausgelegt, um speziell die kreative und innovative, *neue* Aspekte der Welt erkennende Funktion dieser Art von Erfahrungs- und Erkenntnisbildung hervorzuheben. Abduktive Schlüsse folgen einem Eindruck oder Einfall, der etwas bislang Unbekanntes, eine überraschende Gegebenheit oder ein unerwartetes Ereignis in psychosozialen oder soziokulturellen Welten fokussiert. Abduktives Denken ist entdeckend, es schafft neue Begriffe für das noch Unbekannte und Unbegriffene. Es ist notwendig, weil und sobald sich etwas Neues, Unvertrautes dem bislang verfügbaren theoretischen Vokabular entzieht – und doch nach einer angemessenen Beschreibung und Erklärung verlangt. Nachdem man sich lange Zeit mit bloßen Hinweisen und knappen Behauptungen begnügt hat, wird das abduktive Denken in neueren Arbeiten genauer erläutert und seine herausragende Stellung in den sinnverstehenden Erfahrungswissenschaften detailliert begründet (vgl. etwa Kelle, 1997, 2002; Reichertz, 2013a). Damit sind keineswegs schon alle Desiderate beseitigt und Probleme behoben. Noch immer ist bspw. fraglich, ob denn die Abduktion tatsächlich ein logisches Schlussverfahren ist (wie die Induktion und Deduktion). Dieser Zweifel hat uns vor fast drei Jahrzehnten dazu bewogen, anstatt auf Peirce' Konzept zurückzugreifen, es mit Immanuel Kants Unterscheidung zwischen bestimmender und reflektierender Vernunft zu versuchen und die kreative Dimension innovativer Forschung, Begriffs- und Theoriebildung an den Gebrauch *reflektierender Urteilskraft* zu binden (z.B. Straub, 1999a, S. 211ff.). Wir kommen darauf zurück.

»mimetisch anschmiegen« und dabei vor der Gewaltsamkeit »identifizierenden Denkens« hüten, ist genau jene rezeptive Hingabe gemeint, die auf adäquate Rekonstruktionen eines im Anderen liegenden Sinnes größten Wert legt. Gerade auch Adorno insistiert auf einer noch fremden Bedeutung bzw. eines vom identifizierenden Denken noch nicht erschlossenen Sinn- oder Bedeutungsüberschusses.[11] Wer die Option der *Re*-zeption und *Re*-konstruktion wählt, verwahrt sich also dagegen, das Interpretieren als eine ganz oder weitgehend im interpretierenden Subjekt zu verortende und von diesem ausgehende und zu kontrollierende Tätigkeit aufzufassen, als subjektabhängige und subjektbestimmte, bloße Konstruktion (wie es in manchen konstruktivistischen Ansätzen, die Interpretationshandlungen und -ergebnisse ganz oder weitestgehend ins epistemische Subjekt verlegen, emphatisch betont wird). Das muss allerdings nicht heißen, dass rekonstruktive Ansätze die konstruktiven, kreativen oder produktiven Anteile *jeder* Interpretation verkennen oder vernachlässigen müssten. Das ist nicht unbedingt der Fall, wie umgekehrt konstruktivistische Perspektiven keineswegs völlig ausblenden müssen, dass jede Interpretation eine Interpretation *von etwas* ist und dieses »Etwas« nicht im interpretierenden Subjekt selbst bestehen oder allein dort verortet werden kann. Am Hinweis auf die Notwendigkeit der Re-

11 Adornos Denken konzentriert sich gewiss nicht primär auf theoretische und methodologische Probleme qualitativer, interpretativer Forschung in den Subjekt-, Sozial- und Kulturwissenschaften, kann aber für deren Bearbeitung noch immer außerordentlich hilfreich sein – und zwar weit über die Ergebnisse des sog. »Positivismusstreits«, in dem Adorno (et al., 1969) einer der zentralen Akteure war. Hilfreich ist bis heute sowohl die »negative Dialektik« (Adorno, 1973) und ihr übergeordnetes Ziel, »das Begriffslose mit Begriffen aufzutun, ohne es ihnen gleichzumachen« (ebd., S. 21), als auch Adornos Ästhetik (1996). Diese mit der Gesellschaftstheorie liierte Konzeption ist ja keineswegs nur auf die Kunst im engeren Sinne fixiert, sondern erklärt die ästhetische Erfahrung zu einem unverzichtbaren Bestandteil jeder Erkenntnisbildung, die auf lebendiger Erfahrung beruht und den Weg einer aufgeklärten Mimesis wählt: Intensive, sinnliche Wahrnehmung ermöglicht auch in den hier interessierenden Disziplinen eine »Anschmiegung« an einen Gegenstand, der sich bloß identifizierendem, subsumptionslogischen Denken und verfügbaren Begriffen entzieht.

zeption und die Pflicht zur Rekonstruktion ist wohl grundsätzlich etwas dran. Man kann diese Verpflichtung jedoch unterschiedlich stark akzentuieren und ernst nehmen. Auch dies ist eine Frage der Auslegung und Auffassung, ein Zeichen für *Spielräume* unseres Handelns und Verhaltens (Waldenfels, 1980).

Wer die Hauptaufgabe der Interpretation in die *Destruktion falschen Sinns* verlegt, also eine Art Aufklärung über die Selbsttäuschungen und sonstige Irrtümer besonders der anderen betreiben möchte, schreibt der Aufgabe der Rekonstruktion im zuvor dargelegten Sinn meistens keine allzu große Bedeutung zu. Dieser Ansatz legt das Gewicht vielmehr auf den Verdacht, dass der subjektiv oder sozial gemeinte Sinn oder der in einem Werk angeblich manifestierte Sinn etwas verbirgt – nämlich die *eigentliche* Bedeutung von Worten, Taten oder Werken. Davon haben die Handelnden, insbesondere die ihrem etwas naiven Alltagsbewusstsein verhafteten Leute in aller Regel keine Ahnung. Die von Paul Ricœur so genannte »Hermeneutik des Verdachts« macht die sicherlich zustimmungsfähige Einsicht, dass sich Menschen über sich selbst, ihr Handeln und vieles Weitere täuschen, also Illusionen machen können, zum Dreh- und Angelpunkt der Interpretation. Solche (Selbst-)Täuschungen mögen dem Selbstschutz und der Selbstachtung, dem Schutz der Ideologie und Identität der eigenen Gruppe zumal, dienlich sein. Für eine Hermeneutik, die uns alle im Verdacht hat, dass wir uns stets aufs Neue in solche Irrtümer verstricken, ist dies ein ›gefundenes Fressen‹. Friedrich Nietzsche, Sigmund Freud und Karl Marx sind die Altmeister dieser Verdachtshermeneutik. Sie alle haben ein je eigenes theoretisches Vokabular und eine heuristische Perspektive zur Dechiffrierung und Destruktion falschen Sinns entwickelt. Ihnen folgen Scharen von spitzfindigen Psychoanalytikern, Sprach- und Ideologiekritikerinnen bis heute. Poststrukturalistische Autor_innen etwa, die sich die Analyse verborgener Machtbeziehungen und -wirkungen (auch unabhängig von der Existenz sozialer Klassen im marxistischen Sinn) zur Aufgabe gemacht haben – man denke etwa an Jacques Lacan, Luce Irigaray, Michel Foucault, Pierre Bourdieu, Ernesto Laclau und Chantal Mouffe, an Judit Butler, Donna Haraway, Edward Said, Stuart Hall, Gayatri Chakravorty

Spivak, in der Psychologie etwa an den handlungs- und gesellschaftstheoretisch denkenden Klaus Holzkamp, sowie an zahlreiche weitere Repräsentant_innen »kritischer Theorien« –, ergänzen längst die illustre Reihe. Es gibt heute viele Interpret_innen, die sich auf Selbstmissdeutungen und Sinnverzerrungen, ihre »Genese und Funktion« (Angehrn, 2005, S. 140) konzentrieren. Offenbar geht es ihnen nicht um eine Rekonstruktion des subjektiv oder sozial gemeinten Sinns und dergleichen, sondern um latente, verborgene und versteckte Bedeutungen und Funktionen, um ihre schonungslose Aufdeckung und Kritik, Dekonstruktion und Destruktion.

Von beiden genannten Programmen und Projekten (Re- und Dekonstruktion) heben sich die Vertreter_innen der Konstruktion ab, wiederum im Sinne einer akzentuierenden Unterscheidung. Sie legen den Schwerpunkt, wie zuvor angedeutet, ganz auf das interpretierende Subjekt und seine konstruktiven Aktivitäten selbst. Sie betonen die entscheidende Rolle seines für jede Interpretation maßgeblichen Stand- und Sehepunktes sowie seines Willens, die eigene Sicht zur Sprache und zur Geltung zu bringen. Von einem »Sehepunkt« sprach übrigens schon Johann Martin Chladni (bekannt als Chladenius, 1710–1759), der seit 1749 an der Universität Erlangen als Professor für Theologie, Rhetorik und Dichtkunst tätig war. Dadurch bereicherte er das sich profilierende, historisch-hermeneutische Denken sehr frühzeitig durch die Einsicht, dass die Lage, Situation und Perspektive *des Interpreten* für die Interpretation maßgeblich seien. Das wiederum bahnte unter anderem einer produktiven *Multi*perspektivität den Weg, die einen dogmatisch verabsolutierten Pfad der Erfahrungs- und Erkenntnisbildung ebenso ausschloss wie die Idee einer ›Einbahnstraße‹ des Verstehens. In der Philosophie und anderen Disziplinen wird Chladenius (z. B. 1969 [1742]) längst als Klassiker hermeneutischen Denkens behandelt (z. B. Gadamer & Boehm, 1985; Nassen, 1982; Szondi, 1975); manchen gilt er auch als Wegbereiter der Wissenssoziologie (Proesler, 1954; Szondi, 1975; Nassen, 1982). Nur in der Psychologie wartet er bis heute auf seine Entdeckung, obwohl die gerade in dieser Fachwissenschaft überfällig wäre und ihr besonders gut zu Gesicht stünde, weil Chladenius ja die konstruktive Rolle des *Subjekts* hervorhob: keine Interpretation ohne Person und deren stets auch persönlichen Stand- und Sehepunkt! Das hätte offenbar ein erster Grund-Satz einer konstruktivistischen Wissens- und Wissenschaftspsychologie werden können, die das Interpretieren als Tätigkeit erlebnis- und handlungsfähiger Subjekte auffasst und als solche – *psycho*logisch eben – reflektiert. Das schließt eine sozial- und kulturtheoretische Konzeption der Person und des Handelns keineswegs aus, lässt aber Spielraum für die genuin individuellen Aspekte des Deutens und Interpretierens. Damit besäßen der Begriff der Konstruktion und konstruktivistische Ansätze subjekt- *und* sozial- *sowie* kulturwissenschaftlich interessante Bedeutungen, die gleichermaßen wichtig sind. Persönliche Perspektiven und Eigenheiten, soziale Merkmale, die sich den Gruppen- und Milieuzugehörigkeiten einer Person verdanken, sowie die kulturell vermittelten symbolischen Formen und Werkzeuge bestimmen allesamt, was beim Interpretieren jeweils herauskommen kann und tatsächlich resultiert. Diese Tätigkeit ist also in mehrfacher Hinsicht höchst voraussetzungsvoll und extrem vielschichtig. Ihre Geltungsansprüche bleiben an diese vielfältigen Voraussetzungen gebunden und von ihnen abhängig, wobei manche der Voraussetzungen eben subjektiver, persönlicher und mitunter sogar individueller Natur sind.

Deutungen und Interpretationen sind – wie man mit George A. Kelly (1955), einem bedeutenden Wegbereiter des Konstruktivismus in der Psychologie sagen könnte – stets auch »persönliche Konstrukte«. Damit weitet man die Bedeutung von Kellys Konzept natürlich aus. Man exportiert es aus der Persönlichkeits- und Sozialpsychologie in die allgemeine Epistemologie und speziell in die Wissens- und Wissenschaftspsychologie, wo es nun nicht mehr um die Wahrnehmung der eigenen Person (Selbstkonzept, Selbstbild) und der sozialen Umwelt im engeren Sinn geht, sondern um den auch persönlichen, subjektiv vermittelten Aufbau von Erfahrung und Erkenntnis in den empirischen Wissenschaften. Was in Kellys kognitivem Konstruktivismus übrigens – wie in einigen anderen Varianten der konstruktivistischen Epistemologie – unterbelichtet bleibt, sind die persönlichen Affekte,

Emotionen und Stimmungen, also Gefühle jedweder Art, mit denen Personen auf den Gegenstand ihrer Verstehensbemühungen (oft unmittelbar) reagieren. Dieser Punkt verweist auf ein allgemeines Desiderat in der Lehre vom Interpretieren und Verstehen von Sinngebilden: Wir deuten und interpretieren stets auch auf der Grundlage dessen, was wir in der Begegnung mit und der Wahrnehmung von etwas spüren oder fühlen (anziehend oder abstoßend findend, sympathisch oder unsympathisch, was wir begehren oder zu meiden trachten, wertschätzen oder gering achten usw.). Wir verstehen immer im Lichte eigener Erfahrungen und Erwartungen – die allesamt Gefühle beinhalten, wie etwa unsere beglückenden oder quälenden Erinnerungen, hemmenden Befürchtungen oder aber freudige Neugier zeigen. Wie die sogenannten »Korollarien«, mit denen Kelley seine Theorie erläutert und spezifiziert, zeigen, ließe sich diese Theorie auch auf die Tätigkeit wissenschaftlicher Interpret_innen anwenden: Auch ihre Wahrnehmungen und hermeneutischen Leistungen sind vom jeweiligen, selbstverständlich veränderlichen System persönlicher Konstrukte geprägt. Ebenso gilt: Auch das Verstehen der Gedanken und Gefühle, Handlungen und Lebensformen anderer Menschen ließe sich als gelungene Rekonstruktion von *deren* persönlichen Konstrukten auffassen (womit erneut deutlich wird, dass sich die theoretisch-methodologischen Konzepte der Konstruktion und Rekonstruktion keineswegs völlig ausschließen müssen).

Wir resümieren: So gut wie alle in unserer Gegenwart diskutierten Positionen sehen ein und sagen ausdrücklich, dass die Auffassung, die interpretative Erfahrungs- und Erkenntnisbildung könne nach dem Modell einer passiv-neutralen Widerspiegelung und reproduktiven, objektiven Widergabe von etwas umstandslos Gegebenem aufgefasst werden, rettungslos überholt und erfolgreich überwunden sei. Diese Auffassung heben konstruktivistische oder konstruktionistische Ansätze jedoch mit besonderer Emphase hervor. Die Interpretation wird in dieser Sicht zu einer eminent schöpferischen, die uns zugängliche Wirklichkeit ›eigentlich‹ erst erschaffenden Tätigkeit. Es gibt demnach kein Welt- und Selbstverhältnis ohne dieses aktive, kreative, konstruktive Moment: Verstehen heißt hier

> »eigene Muster der Strukturierung in Anwendung bringen, Lesarten entwerfen, Beschreibungen der Welt und unserer selbst hervorbringen; aus Fakten Geschichte machen – sie als eine Geschichte verstehen – ist auch ein Prozeß der Sinnbildung- [...] Von elementaren Schematisierungen bis zu umfassenden Weltbildkonstruktionen ist unser Selbst- und Weltverhältnis – auch – Resultat subjektiver Formierung. Verstehen ist solcher Konstruktion gegenüber kein nachträglicher Akt, sondern vollzieht sich im Modus des Hervorbringens, als Sinnstiftung. In radikalen Versionen, wie sie etwa im Gefolge Nietzsches formuliert worden sind, wird solches Hervorbringen zum Antipoden des Sinnvernehmens: So wenig sich Erkenntnis an feststehenden Essenzen und objektiven Weltstrukturen orientiert, so wenig ist Verstehen in dieser Sicht Nachvollzug konstituierter Sinngebilde, sondern vollzieht es sich *als* Konstruktion« (Angehrn, 2005, S. 140).

Wie auch immer solche Konstruktionen kulturell und sozial vermittelt oder speziell an je aktuelle Standards theoretisch-methodischer Rationalität gebunden sind, so sind und bleiben sie doch stets Handlungen eines Subjekts, einer Person und Persönlichkeit mithin, die ihre eigenen, in einstigen Erlebnissen, unlängst artikulierten Erfahrungen und heute gehegten Erwartungen begründeten Gefühle und Gedanken ins Geschäft der Interpretation einbringt – unweigerlich, jedoch nicht ohne jede Möglichkeit der Distanzierung, Reflexion und Kontrolle.

So weit, so gut. Hinzuzufügen bleibt nun noch, dass sich die erwähnten Varianten nicht nur im Hinblick auf die Radikalität des allseits anerkannten kreativen Moments unterscheiden ließen, sondern auch bezüglich anderer Aspekte, etwa im Hinblick auf die theoretische Konzeptualisierung des Konstruktionsvorgangs selbst. Die Spannweite reicht da von Theorien autopoietischer, geschlossener Systeme bis hin zu handlungstheoretischen Auffassungen, wobei die von Subjekten vollzogenen Konstruktionen als mehr oder weniger sozial oder kulturell vermittelt gedacht werden können. Das braucht uns hier nicht weiter zu beschäftigen. Wichtig und deswegen noch einmal festzuhalten ist dagegen Angehrns Systematisierung der Interpretation und des Verstehens im Rahmen von dreierlei »sich verflechtenden Polaritäten«. Im Einzelnen kann man ins Spiel bringen:

> »den Gegensatz zwischen Rezeption und Produktion, Sinnvernehmen und Sinnstiftung, Finden und Hervorbringen; zum zweiten den Gegensatz zwischen Vernehmen und Hinterfragen, Affirmation und Kritik, Tradieren und Zersetzen; schließlich den Gegensatz zwischen Konstruktion und Destruktion, Formierung und Auflösung. Die drei Figuren der Rezeption, Destruktion und Konstruktion lassen sich schematisch als Dreieck anordnen, in welchem jeder Begriff mit zwei Gegenbegriffen verbunden ist. Gleichzeitig ist ersichtlich, dass diese Verhältnisse nicht nur als ausschließende Gegensätze fungieren. Vielmehr bestehen zwischen den Opposita Verknüpfungen und Wechselwirkungen, worin etwa die Konstruktion oder die Auflösung im Dienste der Sinnerschließung stehen« (ebd.).

Angehrn macht die aufgezeigten Differenzen sowie die Überschneidungen, Austauschvorgänge und wechselseitigen Anregungen zwischen den drei Grundtypen an den Konstellationen der Hermeneutik, der analytischen Interpretationsphilosophie und der Dekonstruktion deutlich, wobei er Stärken und Schwächen dieser Ansätze herausstellt – natürlich mithilfe seiner persönlichen Urteilskraft, die bei aller Ausgewogenheit immer wieder eine bestimmte Position und Perspektive bevorzugt. Das wird etwa deutlich, wenn Angehrn radikal konstruktivistische Sichtweisen zurückweist, sobald sie die Interpretation *allein* als Aktivität eines zupackenden Konstrukteurs feiern, aber kaum mehr als eine das eigene Selbst zurücknehmende, zurückhaltende Tätigkeit eines hinhörenden und aufnehmenden Subjekts begreifen können. Dieser aktivistische, aktionistische Zug vernebelt die Tatsache, dass es bei aller Eigenleistung kreativer Interpret_innen immer *etwas* zu verstehen gibt, ein anderes und womöglich Fremdes, das als solches zu seinem Recht kommen und zur Sprache gebracht werden möchte. Das Interpretieren und Verstehen ist auch als konstruktiver Akt ein Antworten *auf etwas*, also keine selbstbezügliche Nabelschau von unaufhörlich um sich selbst kreisenden und lediglich sich selbst und die eigene Welt und Wirklichkeit aussprechenden Subjekten. Man kann sich Angehrns Votum für Ausgewogenheit nur anschließen: Es kommt darauf an, den Vorgang der Interpretation und des Verstehens so auszubalancieren und auszutarieren, dass »die drei unterschiedlichen Stoßrichtungen des Sinnbezugs« (ebd., S. 149) zunehmend aufeinander bezogen und in ihrer unauflöslichen Spannung schließlich doch vereinigt werden. Die Destruktion, die Konstruktion und die Rezeption bilden schließlich eine Art *Synthese des Heterogenen* und bezeugen so die Integrationskraft eines gelingenden Interpretierens und Verstehens, das mehrere Wege kennt und beschreiten kann. Angehrn bescheinigt nicht nur der Dekonstruktion eine derartige Kraft (die manchmal hinter den das eigene Tun und Ziel vereinseitigenden Selbstbeschreibungen der Vertreter_innen einer bestimmten Position vernebelt wird). Sieht man genauer hin, ist jede Position komplexer und sogar kompromissbereiter, als es die polemischen Abgrenzungen (zwischen Dekonstruktion und Hermeneutik, zwischen Konstruktion und Hermeneutik etc.)[12] zunächst vermuten lassen. Dies zu sehen ist außerordentlich wichtig. Es ist eine Lehre und Vorkehrung gegen jeden Dogmatismus in der Theorie und Methodologie der Interpretation und allen Kunstlehren des Verstehens. Die relationale Hermeneutik ist diesem antidogmatischen Credo verpflichtet. Sie bewegt sich zwischen den skizzierten Ansätzen, Positionen und Perspektiven hin und her und bemüht sich um ihr produktives Zusammenspiel: »Wie die Hermeneutik das Ineinander von rezeptivem Hören und eigenem Entwerfen, zwischen dem Offensein für das Andere und dem Hervorbringen von Auslegungen betont, so tritt in anderen Konzepten die Verknüpfung von Auflösung und Verstehen in den Vordergrund« (ebd.). In der relationalen Hermeneutik kann all das relevant sein und von Fall zu Fall in den Vordergrund

12 Angehrn analysiert das im Einzelnen; vgl. dazu insbesondere die klärenden Bemerkungen zum – gar nicht so schroff antagonistischen – Verhältnis zwischen Hermeneutik und Dekonstruktion (ebd., S. 146–149). Es wird auf diesen vier Seiten sehr deutlich, wie viel diese Ansätze miteinander teilen und voneinander haben, wenn sie sich nur füreinander öffnen und gemeinsam lernen (vgl. auch unsere Anm. in den Fn. 6 & 7).

treten. Ihre Protagonisten haben die Gründe für solche Relevanz- und Akzentsetzungen jeweils anzugeben. Werden interpretationstheoretische und methodologische Präferenzen begründet, dann können sie auch wechseln oder einander ergänzen.

Für all das und allerlei fruchtbare Kombinationen gibt es zahlreiche Beispiele, gewiss mehr als für den Versuch einer möglichst reinen Verkörperung der skizzierten Idealtypen (die ja ohnehin Grenzbegriffe sind, um etwas pointiert klarzumachen, was es in dieser Reinform gar nicht unbedingt gibt und geben muss). Die spannungsreichen Kreuzungen und ebenso das integrative Ineinanderweben verschiedener interpretativer, sinnverstehender Konzepte und methodischer Praktiken wird, wie gesagt, nicht nur fassbar, wenn man sich mit Schriften Friedrich Nietzsches, Jacques Derridas, Hans-Georg Gadamers, Paul Ricœurs, Hans Lenks oder Günter Abels beschäftigt, sondern auch mit den zuvor genannten sozialwissenschaftlichen Ansätzen, die die interpretative Analyse von Sinngebilden ins Zentrum ihrer methodischen Arbeit stellen. Überall dreht sich beinahe alles um die von Angehrn so luzide »exponierte Triade« (die auch in neueren Konzeptionen den Leitfaden fürs Interpretieren und Verstehen abgibt, so etwa bei Axel Honneth, Christoph Menke oder Albrecht Wellmer; ebd.). In der relationalen Hermeneutik tritt dieser pluralistische, hybride Zug vielleicht besonders deutlich hervor. Sie ist ein Paradebeispiel für die Unvoreingenommenheit und Offenheit einer Perspektive, in der »viele Wege des Verstehens« (Jauß, 1984, S. 8; Straub, 1999a, S. 5) ausgemacht werden können und sich die konkurrierenden Optionen oft als komplementär erweisen. Jedenfalls war die relationale Hermeneutik von Anfang an als ein derartiges Paradebeispiel für die antidogmatische Kunstlehre eines Interpretierens und Verstehens gedacht, das sich nicht auf einen Pfad festlegen lässt. Anstatt den vermeintlich einzig wahren Weg gegen lauter Ab- und Irrwege abzugrenzen, liegt ihr am Zusammenspiel von spannungsreichen Alternativen, die sich gleichermaßen etwas zu sagen und zu zeigen haben. Es gibt nicht nur mehrere Wege des Verstehens, wie Robert Jauß und viele andere konstatieren. Man kann und sollte sie auch alle auskundschaften und vielleicht nutzen, ohne ihre spannungsreiche Konkurrenz herunterzuspielen oder von Anfang an alles als gleichermaßen berechtigt zu betrachten und ohne begründetes Urteil ausnahmslos gut zu finden. Dabei sind Offenheit und die Bereitschaft zur Selbstkritik unabdingbar: »Denn das Denken findet sich gerade dort herausgefordert, wo das Gespräch schwierig ist. Die Dekonstruktion und die Hermeneutik, die dem anderen begegnen möchte, fängt immer mit sich selbst an« (Grondin, 2000b, S. 159; vgl. auch ders., 2000a). Das gilt nicht nur für diese einflussreichen Strömungen und die von ihnen bereiteten Wege des Verstehens. Es trifft auf jeden Versuch zu, andere zu verstehen, im Alltag so gut wie in der Philosophie und den empirischen Subjekt-, Sozial- und Kulturwissenschaften.

Mit bloßem Eklektizismus und persönlicher Willkür hat das nichts zu tun. Mit Aufgeschlossenheit und der Erfahrung, dass man manche Tätigkeiten, selbst wenn deren methodische Kontrolle unabdingbar sein mag, bisweilen an der Grenze zur Anarchie ansiedeln kann, ohne sie zügellos ausarten lassen zu müssen, dagegen sehr viel. Dazu zählen auch wissenschaftliche Beschäftigungen, die ja bekanntlich nicht ausschließlich von Regeln und Zwängen, Unterwerfung und Disziplin leben können – jedenfalls dann nicht, wenn sie innovativ sein, Neues entdecken und zustande bringen möchten.

Zusammenfassen lassen sich die philosophischen Brosamen und Vorbemerkungen zur Methodologie und Methodik vergleichenden Interpretierens und Verstehens im Rahmen einer relationalen Hermeneutik wie folgt: »Die Dreiheit von vernehmend-rekonstruktiver, auflösend-kritischer und auslegend-konstruktiver Potenz bildet den Horizont, innerhalb dessen der ›hermeneutische‹, der ›interpretationistische‹ und der ›dekonstruktive‹ Sinnbezug zu situieren und in ihrem Verhältnis zu reflektieren sind. Dieses Verhältnis wäre auf Gemeinsamkeiten und Differenzen hin zu verdeutlichen« (Angehrn, 2005, 149). Das ist indes nicht mehr unser Anliegen. Die Erinnerung an Angehrns systematische Unterscheidungen und sein kreatives Hinterfragen und Unterlaufen dieser Unterscheidungen führt uns mitten in die anstehende Aufgabe hinein, nun genauer zu entfalten und zu erläutern, was es denn mit dem Interpretieren und Verstehen in der relationalen Hermeneutik der Handlungs- und Kulturpsychologie und Mikrosoziologie genauer auf sich hat – und wie diese methodische Praxis in einer für andere nachvollziehbaren Weise zu bewerkstelligen ist.

An die skizzierte, zur Signatur bereits des 20. Jahrhunderts gewordenen Einsicht hält sich auch die vorliegende Abhandlung, wenn sie im Folgenden deren Bedeutung und einige mögliche Folgen für bestimmte Wissenschaften sondiert. Die relationale Hermeneutik ist Bestandteil der skizzierten Lage und trägt zu ihrer Ausgestaltung bei. Sie trägt den interpretationistischen Konsens in der zeitgenössischen Philosophie in die empirischen Subjekt-, Sozial- und Kulturwissenschaften und buchstabiert ihn dort genauer aus, stets für bestimmte Ziele oder Zwecke. Nicht nur die Modi des Verstehens variieren, auch sein Gegenstand und sein Telos. Verbunden bleiben alle Varianten in der gemeinsamen Praxis der Interpretation. In der relationalen Hermeneutik können die verschiedenen Spielarten aufeinandertreffen und alle ihren Platz finden. Wir werden diese Konzeption nun genauer erläutern.

## Prinzipien der relationalen Hermeneutik: Regeln und Kreativität

> »Es ist ein Unterschied, ob man einen Begriff suchen muß und vielleicht auch findet, oder ob der Begriff von vornherein verfügbar ist, dann aber – möglicherweise stärker als sonst – die Anschauung niederhält oder das Phänomen gar verschlingt.«
>
> *Max Imdahl (1996, S. 44)*

Was Max Imdahl von seiner bildwissenschaftlichen »Ikonik« sagt, das trifft, *mutatis mutandis*, auch auf die relationale Hermeneutik zu: Sie sei »nicht eigentlich eine Methode und erst recht nicht eine solche, die vor Irrtümern schützt. Ebenso wenig ist sie eine als sicheres Verfahren lehrbare und anwendbare Technik, wohl aber ist sie ein Anspruch« (ebd., S. 49). Sie ist eine anspruchsvolle Tätigkeit. Das erste Prinzip der relationalen Hermeneutik betrifft den Status methodischen Handelns und technischer Verfahren in einer Praxis, die keineswegs ausschließlich in der Befolgung von Regeln besteht. *Vollständige* Regelung: Das ist, wie hoch man den Stellenwert methodischer Kontrolle in den Wissenschaften auch ansetzen mag, grundsätzlich nicht möglich. Ohne ausgedehnte methodische Anleitungen ist zwar keine wissenschaftliche Forschung denkbar. Jede Forschungspraxis überschreitet aber unweigerlich den Rahmen des in Regeln und geordnete Anweisungen gegossenen Handelns. Wie andere nicht ausschließlich aus Routinen und Repetitionen bestehende Tätigkeiten, so zehrt auch die wissenschaftliche Erfahrungs- und Erkenntnisbildung ebenso sehr von der Spontaneität und Kreativität des Handelns der situierten Akteure wie von methodischen Regelwerken, denen sie meistens akribisch folgen. Die in der relationalen Hermeneutik in Anspruch genommene Theorie, Methodologie und Methodik der Interpretation begreift auch das Interpretieren als ein Handeln im umfassenden Sinne dieses typologisch differenzierten Konzepts (Straub, 1999a, 2021): Handeln kann nicht immer und nicht allein als Verfolgen vorab bestehender Ziele (und als Einsatz vermeintlich geeigneter, zweckdienlicher Mittel) oder aber als Befolgen bereits bestehender Regeln, Skripts oder Schemata aufgefasst werden. Diese Handlungstypen oder -modelle – das intentionalistische und das regelgeleitete, normative Handlungsmodell – decken nicht ab, was wir tagtäglich tun und lassen, was wir handelnd vollbringen, hervorbringen oder unterbinden. Das haben Bernhard Waldenfels (1990) und besonders ausführlich Hans Joas (1992) überzeugend dargelegt. Deren Einsichten in die Produktivität, Spontaneität oder Kreativität des Handelns übernehmen wir auch dort, wo es um die Klärung wissenschaftlichen Handelns im Kontext interpretativer Erfahrungswissenschaften geht. Wer zu wissenschaftlichen Zwecken Texte (z. B. autobiografische Erzählungen), Bilder jedweder Art oder sonstige Objektivationen einer individuellen oder kollektiven Praxis schafft und sodann interpretiert, folgt zweifellos zahlreichen Regeln, darunter einigen explizit formulierten und als Methode oder Technik kodifizierten (z. B. hält man sich an die »Technik des narrativen Interviews« oder geht »sequenzanalytisch« vor; s. u.). Zumal das Interpretieren eine anspruchsvolle Tätigkeit ist, ein zugleich geordnetes und schöpferisches Handeln. Einfallsreichtum und zündende Ideen, analytisches und synthetisches Denken, Imaginations- und Urteilskraft, die mitunter blitzartige Einsicht in pragma-semantische Zusammenhänge und ungeahnte Beziehungen verdanken sich auch in der wissenschaftlichen Forschung keineswegs allein methodischen Anweisungen und technischen Anleitungen. Das sollte man im Auge behalten, bevor man sich daranmacht, solche Regeln zu formulieren oder zu verfeinern – was ja selbst schon eine kreative Tätigkeit innovativer Köpfe sein kann. Zusammengefasst halten wir den ersten Grund-Satz der relationalen Hermeneutik wie folgt fest:

**Prinzip 1:** Die methodische Regelung interpretativer Forschung ist ebenso unerlässlich wie die Einsicht in jene *Grenzen der methodischen Kontrolle von Handlungen*, die die Individualität, Spontaneität und Kreativität des Handelns bezeugen. Die relationale Hermeneutik schätzt methodische Rationalität, ohne die Regelbarkeit innovativer, interpretativer Forschung zu überschätzen. Sie will regeln, was sinnvollerweise zu regeln ist, ohne daraus ein handlungstheoretisch nicht haltbares Dogma zu machen oder gar einem insbesondere in der Psychologie ohnehin stark ausgeprägten Methodenfetischismus zu huldigen. Jedes Interpretationsergebnis ist kontingent. Es erwächst komplex strukturierten Handlungen. Man kann nun auch sagen: Es steht in *Relation zum interpretierenden Subjekt* und seinem teilweise eben *unverwechselbaren, spontanen* und *kreativen, hermeneutischen Handeln.* Keine Interpret_in weiß vorab, was er_sie im Interpretandum entdecken und als Erkenntnis formulieren wird. Das gilt analog für Interpretationsgruppen: Mitunter muss man von bestehenden Regeln ablassen, sie sogar verletzen oder durchbrechen, um zu neuen, unerwarteten – und nicht antizipierbaren – Einsichten zu gelangen. Regeln, Methoden und Techniken können für eine gewisse Gleichförmigkeit wissenschaftlichen Tuns sorgen und seine intersubjektive Nachvollziehbarkeit gewährleisten. Eine Einmütigkeit sowie einstimmige und eindeutige Ergebnisse, die sich vom Handeln der Interpret_innen und damit von deren Individualität, Spontaneität und Kreativität völlig losgelöst hätten, erlangen sie indes kaum und wenn, dann eben nur aus kontingenten Gründen, die mit der Gleichförmigkeit der lebensweltlichen und wissenschaftlichen Sozialisation und Enkulturation der Akteure zu tun haben. In gewissem Ausmaß ticken diese Personen dann eben gleich und sehen die Dinge ziemlich ähnlich.

Das erste Prinzip der relationalen Hermeneutik redet keiner Methodenfeindlichkeit oder regellosen Hermeneutik das Wort, setzt dem methodischen Bewusstsein und Willen jedoch klare Grenzen. Die Rede von »fetischistischen« Neigungen und Haltungen der um methodische Kontrolle bemühten Interpret_innen mag übertrieben klingen, ist es aber, nüchtern betrachtet, keineswegs. Auch leidenschaftslos und rational wirkende Wissenschaftler_innen können Methoden aus dem Rang eines bloßen Mittels entlassen und zum Selbstzweck erheben. Sie können die möglichst vollständige Regelung des eigenen Tuns zum Ideal erklären und explizite, möglichst strenge Verfahren und sukzessive Abläufe anstreben, idealisieren und libidinös besetzen. Insbesondere der Behaviorismus nährte solche Illusionen einer kompletten Ausschaltung der Subjektivität handelnder Erkenntnissubjekte. Zur Wissenschaft gehört indes sicherlich beides: eine mitunter strenge Disziplin einerseits, andererseits aber auch jene Kreativität freisetzende Regel- und Zügellosigkeit eines beweglichen Geistes, der auf das freie Spiel seiner Fantasie und Imagination sowie das Ablassen von allzu angespannter Aufmerksamkeit und voller Konzentration angewiesen ist. Das wird auch im subjekt- und sozialwissenschaftlichen Diskurs über qualitative Methoden manchmal vergessen. Wohl gar nicht so selten stehen die Vertreter_innen qualitativer Forschung ihren Kolleg_innen im Feld quantitativer Verfahren in nichts nach, sobald es um die Rigidität des Methodenbewusstseins und den unbedingten Willen zur Regelung und Kontrolle wissenschaftlichen Handelns geht. Dass diesem strengen Wollen ein fetischistisches Begehren zugrunde liegen kann, dürfte schwerlich von der Hand zu weisen sein.[13]

Wie in anderen Handlungsfeldern, sollte auch in den Wissenschaften für beide Platz sein: für den Typus des ordnungsbesessenen Zwangsneurotikers und für den ins kreative Chaos vernarrten Schöpfer, der sich der »weicheren« Kunst ebenso nahe fühlt wie den »harten« Wissenschaften. Manche sprechen auch deswegen von der Hermeneutik als einer »Kunstlehre des Verstehens« – und nicht von einer Methodik oder Technik im engeren, strengen Sinn (wie in Fußnote 9 unter Bezugnahme auf Gadamer angemerkt wurde). Es wäre töricht, den einen gegen den anderen Typus auszuspielen, einseitig Sympathien zu verteilen und Partei zu ergreifen. Gute Wissenschaft bedarf beider. Im Übrigen rückt das Bedenken der Kreativität unseres Handelns die Tatsache in den Vordergrund, dass sich unsere Erfahrungs- und Erkenntnisbildung nicht immer bloßem Denken und reiner Vernunft verdankt, sondern auch in den sinnlichen Registern unserer Wahrnehmung und unseres Erlebens angesiedelt ist, mithin mit der Fähigkeit oder Fertigkeit, etwas zu *spüren* und *aufzuspüren* in Verbindung gebracht werden kann (vgl. hierzu Ulrich Pothasts einschlägigen Entwurf von 1988). Dieser in der Epistemologie bis heute unterschätzte, zu wenig bedachte Gesichtspunkt hat nichts mit einer dubiosen Rückkehr zum »einfühlenden Verstehen« oder einer Reduktion des Verstehens auf Empathie zu tun, wohl aber mit einer vorsichtigen Aufwertung nicht-kognitiver Vermögen und nicht rational kontrollierter Vorgehensweisen. Vor allem in jenen Wissenschaften vom Menschen, die sich wie die Psychologie und Soziologie mit dessen Erleben und Handeln befassen, sind Gefühle, die das interpretative Handeln bewegen, leiten und begleiten können, häufig wichtige oder sogar unerlässliche Bedingungen des Verstehens. Dasselbe gilt, nur scheinbar paradox, für das Gegenteil, nämlich für jenen kühlen Blick, der Distanz

13 Vgl. ganz allgemein zu einem nicht nur pathologisch verstandenen, sondern sehr divers auslegbaren »Fetischismus« Böhme (2006).

gegenüber spontanen Affekten und Emotionen voraussetzt, den eigenen so gut wie den Gefühlen anderer. Man muss sie sowohl ausklammern als auch zulassen und berücksichtigen, nutzen und bedenken können.[14]

Manche setzen diesen, andere jenen Akzent, wieder andere versuchen jedes Übergewicht von Kontrolle oder Kreativität zu vermeiden. Das alles ließe sich sehr gut am Fall des *Grounded Theory*-Ansatzes illustrieren. Da gibt es zum einen die Anhänger_innen, die unentwegt Regeln, Methoden und Techniken suchen und anwenden oder unendlich viel Energie in die vermeintlich präzise Erstellung von akribischen Grafiken zur Anordnung von Untersuchungsschritten oder von bunten Schaubildern zur Veranschaulichung begrifflicher, hypothetisch-theoretischer, semantischer und pragmatischer oder sogar vermeintlich kausaler Zusammenhänge fließen lassen. Zum anderen gibt es Vertreter_innen dieses Ansatzes, die glauben, dass sich das Interpretieren bzw. eine interpretative Erfahrungs- und Erkenntnisbildung, der sich am Ende tatsächlich nennenswerte, neue Einsichten verdanken, nicht vorwiegend durch das Sortieren und Anordnen von Wörtern, Pfeilen und anderen Zeichen bewerkstelligen lässt.[15]

---

14 Letzteres erhebt die Tiefenhermeneutik zu einem unabdingbaren methodischen Prinzip, wenn sie die spontanen affektiven, emotionalen Reaktionen von Interpret_innen zum Ausgangspunkt einer *psycho*-analytischen Untersuchung beliebiger Objekte macht (einschließlich der Erlebnisse und Handlungen anderer oder sonstiger Ereignisse). Die Bedeutungen von Objekten werden durch solche Gefühle angezeigt und ihre gemeinsame Reflexion in Interpretationsgruppen vermittelt – nicht durch bloßes Räsonieren. Diese Konzentration auf die Grammatik der (auch unbewussten) Affekte und Emotionen entspricht natürlich einer in der Psychoanalyse generell verbindlichen Perspektive (s. z. B. König, 1993, 2014, 2019).

15 Das hat nicht zuletzt in einer Debatte Ausdruck gefunden, in der sich die Begründer der *Grounded Theory Methodology* keineswegs mehr einig darüber waren, was denn eigentlich der unverzichtbare Kern dieses Ansatzes sei und worin die ihm verpflichtete Forschung im Wesentlichen bestehe. Barney Glaser wehrte sich vehement (und teilweise wohl allzu polemisch; s. Mey & Reimer-Gordinskaya, 2021) gegen die methodische Zurichtung eines Denkens und Forschungshandelns, das er eben durchaus anders verstand als Anselm Strauss, als sich dieser daranmachte (u. a. mit Juliet

Wie gesagt: Man kann und sollte wohl das eine tun, ohne das andere zu lassen. Und man sollte sich dabei bewusst bleiben, dass in der skizzierten Alternative durchaus eine gewisse Opposition steckt, die es uns gestattet, qualitative Forschung und auch Forscher_innen akzentuierend jeweils einem der zwei erwähnten Typen zuzuordnen. Nicht alle haben dieselben Präferenzen, Neigungen und Talente. Man kann pointierend durchaus sagen: Was die einen anzieht, versetzt andere in Angst und Schrecken. George Devereux (2018) ist den vertrackten Beziehungen zwischen »Angst und Methode« in seinen ethnopsychoanalytischen Studien in einer zwar lediglich exemplarischen, aber bis heute lehrreichen Weise nachgegangen.

---

Corbin, 1990), die Entwicklung oder »Emergenz« empirisch begründeter Konzepte und Theorien in lehrbuchartigen Anweisungen, schematischen Rezepten und strengen Skripten zu verstauen. Es hat schon seinen Grund, dass der besagte Ansatz mitunter als Forschungs*stil* und nicht als Methode oder Technik bezeichnet wird. Ein Stil ist als Stil erkennbar, auch wenn er den Handelnden und ihrem kontingenten Tun und Lassen deutlich mehr Spielräume lässt als eine Methode, die verfahrensmäßig exakt regelt, wie man korrekt vorzugehen hat – nämlich so, *nur und genau so!* Ronald Hitzler bspw. hat es mit seinem unverwechselbar persönlichen Forschungsstil – den er auch in öffentlichen Vorträgen und Diskussionen repräsentiert bzw. reinszeniert – zu einiger Berühmtheit gebracht. Sein unkonventionelles Vorgehen lässt manche von einer idiosynkratischen »Hitzler-Methode« sprechen. Das ist paradox, solange man davon ausgeht, dass der Begriff der »Methode« dafür reserviert ist, intersubjektiv nachvollziehbare und von mehr als einer Person anwendbare Verfahren zu bezeichnen. Klar ist, dass solche persönlichen Zuspitzungen zeigen, dass verschiedene Forschungsstile persönlichen Stärken und Schwächen in die Hände spielen können. Damit ist es stets auch eine psychologische Frage, *wer warum wie* forschen möchte und dann tatsächlich entweder *so* oder aber *anders* vorgeht! Der Grund für die Identifikation einer »Hitzler-Methode« dürfte tatsächlich eher in der persönlichen Darstellung des Dramaturgen und Wissenssoziologen liegen als in seinen Arbeiten: Geht es um die Erforschung von Szenen als posttraditionale Vergemeinschaftungsformen, so ist *Leben in Szenen* (2010, zusammen mit Arne Niederbacher) ein bis heute wichtiges Standardwerk, das stilistisch ohne größere Konventionsbrüche auskommt. Das Gleiche gilt für die methodischen Positionen, die Hitzler etwa in *Lebensweltanalytische Ethnographie* (2016, zusammen mit Paul Eisewicht) entfaltet.

## Forschungsgegenstand und -ergebnis als Beziehungstatsache: Relationalität schwächt die Subjekt-Objekt-Unterscheidung

> »[…] während für mich die von alldem ausgelöste psychische Erfahrung und damit die oft bedrohliche Wirkung des Werkes auf den Beschauer die primäre Qualität war.«
>
> *Max Imdahl (1996, S. 44)*

Wer interpretiert, tut das auf der Grundlage jeweils verfügbarer Wissensbestände. Das gilt für die Interpretation sprachlicher Äußerungen und praxischer Handlungen ebenso wie für die Analyse von Texten, Bildern, Bauten, Plätzen oder sonstigen Dingen, für die wir uns in der Kulturpsychologie und Mikrosoziologie interessieren mögen. Solche Wissensbestände – die wir nachfolgend in verschiedene Typen von Interpretations- oder *Vergleichshorizonten* differenzieren werden – bilden dabei nicht einfach nur die Basis, auf der Interpret_innen stehen, wenn sie die sie interessierenden Phänomene in Betracht ziehen und untersuchen, bestimmen, beschreiben oder verstehend erklären. Sie konstituieren nicht bloß eine spezifische Position und Perspektive, aus der wir *auf etwas* blicken, um es sodann genauer zu erkunden. Vielmehr ist das jeweils ins Spiel gebrachte Wissen und Vokabular maßgeblich, also ausschlaggebend dafür, was wir *als Phänomene welcher Art auffassen und auslegen* und wie wir diese Phänomene *en détail* und *im ständigen Vergleich* mit anderen analysieren, erschließen und erfassen. Jedes erarbeitete Verständnis bleibt dabei vorläufig und in einer nicht hintergehbaren Weise von den jeweils verfügbaren bzw. verwendeten Vergleichshorizonten abhängig. Genau das ist die zentrale Bedeutung des Prädikators »relational«. Die Wissensbestände, die in der interpretativen Forschung vom Erkenntnissubjekt aktiviert werden, sind schon an der *Konstitution des Forschungsgegenstandes beteiligt*. Es gibt keinen völlig unabhängig von diesem Wissen *erforschbaren* Gegenstand. Selbstverständlich gibt es allerlei, ganz gleich, ob sich Wissenschaftler_innen dafür interessieren und ein Bild davon machen oder nicht. (Dem meisten, das sie fraglos zur Welt oder Wirklichkeit zählen, bringen sie ja in der Tat keinerlei Aufmerksamkeit entgegen). Sobald es jedoch darum geht, dieses oder jenes Phänomen nicht nur als wirklich anzuerkennen, sondern in seinen Eigenheiten und Zusammenhängen zu erkennen oder seine Entstehung und Entwicklung verstehend zu erklären, greifen die jeweils ins Spiel gebrachten Vergleichshorizonte bereits in die elementare Struktur oder Beschaffenheit dieses nunmehr *symbolisch repräsentierten* Phänomens ein. In diesem sehr grundlegenden Sinn sind in der Forschung fokussierte und untersuchte Gegenstände unweigerlich *relationale Phänomene* – also keine Objekte, die so, wie sie *an und für sich* sind, erkundet werden könnten. Zu Erkenntnisgegenständen werden sie erst im Licht der besagten Wissensbestände, die sie ganz unmittelbar *in relationale Gegebenheiten verwandeln*. Etwas als etwas auffassen, geht nun einmal nicht, ohne eigenes Wissen zu aktivieren und ein je bestimmtes Vokabular zu verwenden, das es gestattet, dieses Etwas als dieses oder jenes zu identifizieren, zu bezeichnen, zu beschreiben, zu verstehen, zu erklären etc.

Wenn wir hier von einem »Vokabular« sprechen, dann sind damit nicht allein theoretische Begriffe oder komplexe theoretische Aussagesysteme gemeint (auf die auch Karl Popper, 1935, in seiner Konzeption des »kritischen Rationalismus« das Augenmerk lenkte; auch im logischen Empirismus findet sich diese Auffassung bereits, jedenfalls in elementarer Form). Auch andere Typen von Wissensbeständen, Interpretations- und Vergleichshorizonten – die nicht zum verfügbaren wissenschaftlichen, sondern bspw. zum Alltagswissen einer Person gehören (s. u.) – strukturieren die basale Auffassung eines Forschungsgegenstandes unweigerlich mit. Dieser *entsteht stets als Relation* und ist fortan nur als solche weiter erforschbar – selbst wenn dies bedeutet, den je eigenen Anteil in dieser Relation oder »Beziehungstatsache« reflektieren und identifizieren zu müssen. Das tut man, indem man andere Interpret_innen zu Wort kommen lässt und deren Ergebnisse mit den eigenen Befunden systematisch abgleicht. Ganz »herausrechnen« lässt sich dieser Anteil indes niemals. Er ist notwendig. Es gibt keinen Gegenstand interpretativer Erfahrungs- und Erkenntnisbildung, der »an und für sich« erfassbar wäre, neutral und objektiv, in völliger Unabhängigkeit von der Beobachterin und dem Betrachter.

Dieses fundamentale Prinzip der relationalen Hermeneutik macht im Übrigen besonders klar, dass jedes »Verstehen« hier nicht als psychischer Akt der Einfühlung bzw. als analogisierende Übertragung eigener seelischer Regungen auf andere, womöglich fremde Menschen konzeptualisiert wird – was ja bedeuten würde, dass alles, was wir an und in den Anderen und Fremden sehen können, immer nur etwas entspräche, das wir von uns selbst, aus unserem eigenen Leben und Erleben kennen. Diese Auffassung, der etwa Wilhelm Dilthey (1957a, b) in seinen früheren Schriften anhing, haben wir an anderer Stelle entschieden zurückgewiesen (Straub, 2010, auch im vorliegenden Band), nicht zuletzt in der Auseinandersetzung mit Wissenschaftstheoretikern wie Theodore Abel (1948), die die »Operation Called *Verstehen*« irrtümlicherweise ausschließlich im Sinne dieser Einfühlung und Analogiebildung zu begreifen vermögen. Im Gegensatz dazu fasst die relationale Hermeneutik das Verstehen als eine primär kognitive, *sprachliche* Aktivität auf, in der verschiedene Wissensbestände in Gestalt von Vergleichshorizonten, die das Interpretandum zu bestimmen und erschließen helfen, zueinander in Beziehung gesetzt werden. Wir sehen und begreifen etwas stets im Lichte solcher Wissensbestände, die wir – ziemlich flexibel, recht variabel – heranziehen und verwenden können. In systematischen Vergleichen oder komparativen Analysen wechseln nicht nur die Gegenstände der Interpretation, sondern auch die diese Gegenstände mit-konstituierenden Wissensbestände der Interpret_innen. Verschiedene Interpret_innen sehen die Dinge deswegen geradezu zwangsläufig auf verschiedene Weise und auch ein und der-_dieselbe Interpret_in sieht Verschiedenes, je nachdem, wann und wozu er_sie welche Wissensbestände als relevante Interpretations- und Vergleichshorizonte mobilisiert.

Das alles heißt nun nicht gleich, dass man die traditionelle Unterscheidung zwischen einem Subjekt und einem Objekt der Erkenntnis kurzerhand aufgeben sollte. Nur ist diese Differenzierung im Rahmen der relationalen Hermeneutik eben keine phänomenologisch absolut scharfe und logisch völlig disjunkte, sondern eine heuristische und akzentuierende Unterscheidung, die klarmacht, wer in einer bestimmten Konstellation und Situation was mit welchen Mitteln aktiv erkundet und erforscht – und dabei eben seine jeweils verfügbaren Wissensbestände ins Spiel bringt, und zwar in einer keineswegs neutralen Weise. Interpret_innen schaffen oder bilden mit, was sie zu untersuchen und darzustellen vorgeben. Vollkommene Neutralität gibt es in dieser Epistemologie und Methodologie interpretativer Forschung nicht mehr. Jede Erkenntnisbemühung, jedes Fremdverstehen gründet in einem auch das eigene Wissen und Denken aktivierenden und relevant setzenden Akt, in einer Mobilisierung mannigfaltiger Erfahrungs- und Wissensbestände, die es überhaupt erst erlauben, etwas fokussiert wahrzunehmen und als etwas Bestimmtes (Bestimmbares, zu Bestimmendes) aufzufassen und auszulegen.

Dieses Beharren auf der relationalen Struktur subjekt- und sozialwissenschaftlicher Erfahrungs- und Erkenntnisbildung bringt bereits die ersten wissenschaftlichen Beobachtungen der Erkenntnissubjekte – mithin diese Subjekte selbst – in Beziehung und Berührung mit dem bzw. den Beobachteten. Es gibt hier kein gänzlich unangetastetes Gegenüber, das einfach so wahrgenommen werden und bleiben könnte, wie es an und für sich ist. Wie gesagt bedeutet das keineswegs, dass es nun zu einer wilden Vermischung oder blanken Verwechslung von Erkenntnissubjekt und -objekt käme (als sollten Wissenschaftler_innen vor allem sich selbst zum Thema machen und erkunden. Wenn Ulrich Oevermann in Auseinandersetzungen mit Alfred Lorenzer der Tiefenhermeneutik genau diese absonderliche Selbstbezogenheit vorhielt und darüber spottete, tat er seinem Kontrahenten Unrecht. Der Tiefenhermeneutik geht es nicht um selbstgefällige Ersetzungen von Untersuchungsgegenständen, sondern um den methodischen Einsatz der affektiv-emotionalen Subjektivität der Interpret_innen zum Zweck der Erkenntnis der jeweiligen Gegenstände tiefenhermeneutischer Untersuchungen, speziell eben ihrer affektiv-emotionalen, unbewussten Bedeutungen. Interpretierende Subjekte werden in dieser in Gruppen vollzogenen Praxis zu einer Art Medium, nicht zum Gegenstand der Erkenntnisbildung gemacht; vgl. z. B. Lorenzer, 1988; H.-D. König, 1993, 2001, 2019; J. König et al., 2019; Straub, 1999a, S. 280ff.).

Man kann diese Positionen und Pole – Subjekt und Objekt – zwar weiterhin einigermaßen klar auseinanderhalten, allerdings in variablem Grad und mit wechselnder Schärfe sowie unterschiedlicher Genauigkeit. Streichen kann man das Subjekt aus dem aktiven Vorgang der hier interessierenden wissenschaftlichen Erfahrungs- und Erkenntnisbildung jedenfalls nicht. Genau das betonte auch der bedeutende Kunsthistoriker und Bildwissenschaftler Max Imdahl (1996, S. 45), als er schrieb, »daß die durch ein Kunstwerk vermittelte Erkenntnis eine solche ist, die das erkennende Subjekt als dieses selbst voraussetzt, dagegen [...] die Naturwissenschaft das erkennende Subjekt grundsätzlich austauschbar macht.« Dies zeigt im Übrigen auch ein Blick in die wissenschaftliche Literatur zur partizipativen Sozialforschung, in der die besagte Grenze – aus anderen Gründen – bewusst aufgeweicht und überschritten wird, wenngleich in möglichst klarer und methodisch kontrollierter Weise und zum übergeordneten Zweck, den sogenannten Forschungspartner_innen ein Mitspracherecht und konkrete Mitgestaltungsmöglichkeiten bei der Bildung von Erkenntnissen *über und durch sie* einzuräumen. Die in diesem Feld vorrangig bemühten Argumente, die die Möglichkeit oder das Recht zur Partizipation der Erforschten in erster Linie ethisch-moralisch und politisch begründen – um dadurch zu einer Art Öffnung und Demokratisierung des Wissenschaftsbetriebs beizutragen (was bekanntlich seine eigenen Probleme mit sich bringt) –, lassen sich also durch genuin epistemologische Gründe ergänzen.[16]

16 Die partizipative Sozialforschung ergänzt Überlegungen zur relativ leicht beurteilbaren Zweckmäßigkeit von Methoden durch solche zu deren Wertrationalität (wie man mit Max Webers handlungstypologischen Unterscheidungen sagen könnte; dazu Straub, 1999a, S. 63ff.). Das heißt u. a., dass man ihre Verwendung an ethisch-moralischen Kriterien des angemessenen Umgangs zwischen Menschen misst und beurteilt. Bekanntlich heiligt der übergeordnete Zweck der Erkenntnisbildung auch in der wissenschaftlichen Forschung nicht schon den Einsatz eines jeden Mittels. Prinzipiell sollte man auch zu Forschungszwecken Menschen nicht wie Dinge behandeln oder ge-

Die relationale Hermeneutik gründet in der Einsicht in die grundsätzlich relationale Struktur interpretativer Erfahrungs- und Erkenntnisbildung sowie der Aufmerksamkeit für den alles andere als neutralen, harmlosen Beitrag der Interpret_innen bereits bei der Konstitution des Forschungsgegenstandes. Diese ist stets eine Beziehungstatsache, Resultat eines relationalen Geschehens und des Aufeinander-bezogen-Seins von differenten Wissensbeständen.

---

gen ihre Würde oder gar gegen geltende Persönlichkeitsrechte instrumentalisieren. Neben der Verfahrensrationalität intersubjektiv nachvollziehbarer Forschung gibt es also auch eine Rationalität von Verfahren, die sich an der Frage bemisst, ob sich diese Methoden mit möglichst allgemeingültigen ethisch-moralischen Standards bei der Behandlung von Menschen (auch in Forschungskontexten) vertragen. Vgl. dazu neben vielen klassischen Arbeiten etwa die Überlegungen von Hella von Unger (2014, 2016; Roth & von Unger, 2018), die auch Fragen nach der möglichen *Einbeziehung* von Forschungspartner_innen in die Forschung sowie ihrer aktiven und *mitverantwortlichen Partizipation* an der wissenschaftlichen Erfahrungs- und Erkenntnisbildung nachgeht. Die aktuelle Renaissance und Revision partizipativer Sozialforschung hat sicherlich verschiedene Gründe. Zu ihnen zählen (a) die zunehmende ethische Sensibilisierung für das Recht von anderen, mit eigener Stimme sprechen zu dürfen, sobald es um sie selbst und ihre Welt geht, (b) die wachsende Forderung nach öffentlicher Transparenz auch in der sozial- und kulturwissenschaftlichen Erfahrungs- und Erkenntnisbildung, (c) der gesteigerte Sinn für Asymmetrien in einer durch diverse Ungleichheiten strukturierten Gesellschaft, die durch bestimmte Typen und Modi empirischer Forschung *nolens volens* bestätigt, reproduziert und gestärkt werden (man könnte von einer zweiten Entmündigung und Erniedrigung im Zuge wissenschaftlicher Erfahrungs- und Erkenntnisbildung sprechen), (d) die gestiegene Einsicht, dass ohne partizipative Anteile der eingespielte Nostrozentrismus einer Forschung fortgesetzt wird, in der Forschende stets ihre eigenen Perspektiven einnehmen und ihren eigenen Blick auf das Andere und Fremde durchsetzen sowie als Basis vermeintlich überlegener Einsichten verkaufen – um den Preis einer multiperspektivischen Sichtweise, die es ja erst möglich macht, die standort- und perspektivenabhängigen Ansichten und Einsichten zu vergleichen, aufeinander zu beziehen und voneinander abzugrenzen, zu bewerten und zu beurteilen in einer niemals stillzustellenden Konkurrenz der Interpretationen. Für diese Konkurrenz plädieren im Rahmen ihrer radikal pluralistischen Wissenschafts- und Erkenntnistheorien auch feministische Denkerinnen (z.B. Longino, 1990; Potter, 2006; Sieben, 2014, S. 43ff.; Sieben & Scholz, 2012, S. 27ff.).

Wir formulieren diesen Grundsatz der Relationalität als **Prinzip 2** zusammenfassend wie folgt: In der relationalen Hermeneutik wird zunächst einmal betont, dass die Wissenschaftler_innen als primäre Erkenntnissubjekte – die am Ende für ihre Forschungsberichte über die psychosozialen und soziokulturellen Wirklichkeiten anderer, mehr oder weniger fremder Menschen verantwortlich zeichnen –, bereits in die erste Auffassung ihres Gegenstandes verstrickt sind und durch den Gebrauch eines bestimmten Vokabulars selbst mit vorgeben, was sie als Gegebenes wahrnehmen und betrachten werden. Dieses Gegebene ist von vornherein ein relationaler Tatbestand, wie sehr wir als Wissenschaftler_innen auch am Anspruch festhalten müssen (oder sollten), in erster Linie von etwas Anderem und von Anderen zu sprechen, als von uns selbst und dem vertrauten Eigenen. Wir können uns aus unserem Fremdverstehen jedoch nicht völlig heraushalten oder herausnehmen. Wir sind involviert. Dadurch wird nichts einfach nur »subjektiv« (willkürlich, beliebig, unkontrollierbar etc.). Kontingent und relational strukturiert wird der Prozess interpretativer Forschung allerdings schon. Er ist zutiefst vom Erkenntnissubjekt und seinen persönlichen, sozialen und kulturellen Wissensvoraussetzungen abhängig, von der jeweiligen Position und Perspektive sowie dem verwendeten Vokabular (oder wie die Begriffe, die die Relationalität der hier interessierenden Erfahrungs- und Erkenntnisbildung zu fassen versuchen, sonst noch heißen mögen). Interpretative Forschung ist ein *Begegnungs- und Beziehungsgeschehen*, eine zutiefst *soziokulturelle Praxis*.

Ein schönes Beispiel für das Ausgeführte bilden zwei interpretative Analysen einer kurzen Erzählung Ernest Hemingways. Die Geschichte handelt von der kulturellen Tradition des *Wedding Day*, speziell vom Treiben des Bräutigams, der den bevorstehenden Abschied vom Junggesellendasein mit seinen Männerfreunden in einer letzten Nacht vor dem Hochzeitstag rituell inszeniert und nach kulturellen Vorgaben feiert. Der Psychoanalytiker und Tiefenhermeneutiker Hans-Dieter König entwickelt eine ganz andere Lesart dieser Geschichte, als es der Kulturpsychologe und indigene Psychologe Pradeep Chakkarath tut, der unter anderem auf traditionelle indische Wissensbestände Bezug nimmt, um seine – ebenfalls unverkennbar kulturell geprägte – Sicht des eigenartigen Geschehens zu artikulieren (König, 2006; Chakkarath, 2006). Dieses Beispiel zeigt nicht zuletzt sehr anschaulich, dass sowohl *theoretische* Vergleichshorizonte – die ja ihrerseits zum kulturellen Wissen einer beliebig großen Gruppe zählen, auch einer internationalen *Scientific Community* – maßgeblich dafür sind, was eine interpretative Analyse der erzählten Geschichte bzw. des narrativ entfalteten Erlebens und Handelns einiger über die Stränge schlagender junger Männer so alles ans Licht bringen kann, als auch *andere* kulturelle, soziale und persönliche Erfahrungs- und Wissensbestände, die Interpreten bewusst und methodisch kontrolliert oder aber stillschweigend und ohne reflexive Distanz zum eigenen Tun ins Spiel bringen. Die beiden genannten Interpreten tun das natürlich mit klarem Bewusstsein und führen einander und ihrer Lesendenschaft vor, wie die eigenen Wissensvoraussetzungen, Interpretations- und Vergleichshorizonte zwar nicht den Wortlaut der Geschichte Hemingways – oder sonst ein Attribut dieses Textes sowie des repräsentierten Geschehens – verändern, aber doch seine in den Augen bestimmter Leser_innen *überhaupt möglichen* Bedeutungen. Als zu deutendes bzw. interpretierendes Sinngebilde erscheint dieser Text den beiden exemplarischen Interpreten also von Anfang an als etwas jeweils Anderes, eben durch das eigene Wissen Mitkonstituiertes. Man kann eine beliebige Geschichte – jedes Ereignis und Erlebnis, jede Handlung, jedes Ding etc. – immer auch anders verstehen, und wir alle tun dies zwangsläufig im Laufe der Zeit und in wechselnden Situationen, in Abhängigkeit von den jeweils verfügbaren, in Anspruch genommenen Vergleichshorizonten. Das macht Interpretationen nicht willkürlich und unbrauchbar, unzuverlässig und unwissenschaftlich, sondern voraussetzungsvoll und relational.

Ein weiteres, ebenfalls erhellendes Beispiel sei noch erwähnt, wenngleich dieses Exempel noch gar nicht auf der Ebene der wissenschaftlichen Interpretation angesiedelt ist, sondern zunächst einmal die ebenfalls relational strukturierte Datenerhebung betrifft. Auch diese Erhebung ist offenbar ein relationales Geschehen, jede Datenkonstitution oder -produktion also ebenfalls eine zutiefst soziale, kreative Tätigkeit oder schöpferische Intervention. Wenn Christa Rohde-Dachser (2020) einige Forschungsergebnisse aus einem psychoanalytischen Projekt über »Aggression, Zerstörung und Wiedergutmachung in Fantasien« vorstellt, speziell die Resultate ihrer »tiefenhermeneutischen Auswertung von Geschichten zum thematischen Apperzeptionstest« (ebd., S. 283), dann präsentiert sie diese Befunde unter höchst aufschlussreichen Überschriften. Geradezu wie aus einem Lehrbuch zur relationalen Hermeneutik gliedert sie ihre Analysen sogenannter »Urszenengeschichten«[17] nämlich in »Geschichten, die Männer erzählen, wenn sie von einem Mann interviewt werden«, und solche, die »Männer erzählen, wenn sie von einer Frau interviewt werden«; diese jeweils typisierbaren Geschichten werden sodann von denen abgegrenzt, die »Frauen erzählen, wenn sie von einem Mann« oder aber »von einer Frau interviewt werden« (ebd., S. 291). Wie gesagt, hier geht es erst einmal um relational strukturierte Selbstthematisierungen in

17 Als »Urszene« wird jene Situation bezeichnet, in der das Kind »die Eltern erstmals als Paar in einer sexuellen Vereinigung fantasiert, aus der es selbst ausgeschlossen ist« (ebd., S. 285). Die Psychoanalyse verbindet dies in aller Regel mit dem traumatischen Verlust der symbiotischen Verbindung in der leiblichen Kind-Mutter-Einheit. Die Geburt ist demnach stets auch die erste schmerzliche Trennung, die viele Psychoanalytiker_innen sei es als »Urtrauma«, sei es als »apokalyptische Katastrophe [auffassen], die nicht nur mit Todesangst einhergeht, sondern auch eine archaische Aggression mobilisiert« (ebd., S. 284), die nach späteren, schweren narzisstischen Kränkungen wieder aufscheinen und aktualisiert werden kann. Wie immer die Auslegungen und Auffassungen dieses ersten Trennungserlebnisses variieren mögen, so besteht in der Psychoanalyse doch weitgehend Einigkeit darüber, dass dieses Erlebnis eben schmerzlich ist und eine unstillbare Sehnsucht nach der verlorenen Einheit in der Symbiose gebiert, nach einem alle Einsamkeit vertreibenden Verschmolzen-Sein mit dem Anderen – und eine komplementäre Wut gegen alles, was sich dieser Sehnsucht in den Weg stellt und das Begehren der Vereinigung und Einheit vereitelt (wie eben paradigmatisch der Vater in der Urszene).

Situationen, in denen wissenschaftlich verwertbare Daten geschaffen werden sollen. Solche Daten sind indes nichts irgendwo schon fix und fertig Vorliegendes, etwas, das man lediglich beobachten, abrufen oder einfach sammeln müsste, um es hernach auswerten, analysieren und interpretieren zu können. Daten werden geschaffen, und wenn dies im Zuge von Selbstthematisierungen – autobiografischen Erinnerungen und Erzählungen, persönlichen Assoziationen oder Konnotationen, Reflexionen etc. – geschieht, dann bedeutet das stets: Diese Selbstthematisierungen sind im Grunde genommen soziale Konstruktionen, sie sind, wenngleich sie von einem Individuum stammen und ihm zugeschrieben werden, zutiefst vom zuhörenden Gegenüber abhängig (und *dem Bild*, das sich die »Datenlieferant_innen« von diesem Gegenüber machen, von ihren auch unbewussten Vorstellungen und Erwartungen, die sie »Männern« oder »Frauen« gegenüber hegen). Die Geschlechtszugehörigkeit ist dabei lediglich eine exemplarische sozialtheoretische Kategorie, die wir als einflussreiche »Moderatorvariable« in einem schöpferischen Beziehungsgeschehen betrachten dürfen. Rohde-Dachser hätte auch anders unterscheiden können, etwa nach Interviews, die von einem alten oder jungen Menschen mit einem Kind oder einem Greis geführt wurden, oder von Personen mit weißer oder schwarzer oder gelber Hautfarbe, mit verschiedenen Muttersprachen und Dialekten usw. Natürlich spielen in den besagten Zusammenhängen neben kulturellen und sozialen Merkmalen auch persönliche, individuelle Eigenheiten eine Rolle – so, wie sie in den Augen des Gegenübers jeweils erscheinen. Solche Eigenheiten sind mithin wiederum nichts Objektives, schlicht Gegebenes und Feststehendes, sondern etwas in einer bestimmten Situation von bestimmten Subjekten Wahrgenommenes, Gebildetes, Konstruiertes, Imaginiertes, wobei bekanntlich (auch unbewusste) kulturelle Bilder ins Spiel kommen: Frauen- und Männerbilder, Vorstellungen von Alten und Jungen, hell- oder dunkelhäutigen, auffällig groß- oder kleingewachsenen Menschen usw.

Bereits die meisten unserer Daten sind relationale Tatbestände. Dasselbe gilt nun, *mutatis mutandis*, ganz offenbar für die Ergebnisse der Datenaufbereitung (z. B. die Transkription eines Interviews), sodann und ganz besonders der Datenanalyse oder -interpretation. Auch hier ist es von großer Bedeutung, wer jeweils was interpretiert, in welcher Situation und Lage, auf der Grundlage welcher Wissensbestände, Vorstellungen und Erwartungen, mit welchen sprachlichen und methodisch-technischen Instrumenten. Wie das Interpretandum, so variieren auch die Interpretationsergebnisse in Abhängigkeit der jeweiligen Betrachter_innen und Interpret_innen. Die von ihnen bemühten Vergleichshorizonte bringen oftmals Verschiedenes zutage. Sie lassen uns Unterschiedliches sehen, erfahren und erkennen. Das kann eine Bereicherung im Zeichen undogmatischer Offenheit und pluralistischer Toleranz bedeuten – aber auch eine fruchtbare Konkurrenz und produktive Auseinandersetzungen über die mit verschiedenen Interpretationen verwobenen Geltungsansprüche mit sich bringen. Ein Desaster ist der ausführlich gewürdigte Tatbestand lediglich für Wissenschaftler_innen und Wissenschaftstheoretiker_innen, die noch immer dem illusionären Glauben anhängen, ihr isoliertes Tun verlaufe in den völlig festgelegten Bahnen einer »objektiven« Wissenschaft. Für diesen Glauben hat sich der Name »Objektivismus« oder »Szientismus« eingebürgert.

## Praktische Impulse und psycho-sozio-politische Dimensionen einer epistemischen Relation

Karl Popper sah klar, dass die Gegenstände wissenschaftlicher Forschung unweigerlich theoretisch imprägniert sind – bestimmt durch unseren logischen Zugriff, durch die theoretische Sprache und Perspektive, der wir jeweils verpflichtet sind. Damit verabschiedete er sich – wie schon, *mutatis mutandis*, die Vertreter des logischen Empirismus – vom naiven Empirismus jener positivistischen Strömungen, die noch an die Erkennbarkeit nackter Tatsachen glaubten. Allerdings unterschätzte Popper drastisch, wie sehr – zumindest in weiten Bereichen der hier interessierenden Subjekt-, Sozial- und Kulturwissenschaften – nicht nur das theoretische Vokabular und Denken symbolisch mit-konstituiert und mit-formt, was wir als Gegenstand der Forschung auffassen und erkunden, sondern auch die alltags- oder lebensweltlichen Erfahrungen und die *damit* verflochtenen Wissensbestände des Erkenntnissubjekts (einschließlich der jeweiligen Alltags*theorien* oder »subjektiven Theorien«; man muss jedoch sehen, dass nicht das gesamte Alltagswissen im strengen Sinne theorieförmig organisiert ist. Es mag außerdem z.B. narrativ strukturiert sein, also die Gestalt von Geschichten besitzen, oder metaphorisch verfasst, also in sprachliche Bilder gekleidet sein, etc.).

Die Theorie und Methodologie komparativer Analysen bzw. produktiver Vergleichshorizonte, die nachfolgend noch genauer vorgestellt wird, trägt dieser Tatsache Rechnung und differenziert sie weiter aus. Bevor wir darauf eingehen, sei noch gesagt, dass die *epistemische* oder *kognitive Beziehung*, in der sich der jeweilige Forschungsgegenstand herausbildet und von den Forschenden untersucht sowie als etwas Bestimmtes begrifflich gefasst wird, in eine umfassendere *praktische Relation* eingebettet und auch davon geprägt ist. In aller Regel sind Erkenntnisbemühungen nicht frei von den Motiven und Gefühlen, Interessen, Anliegen, Zielen und Zwecken, Sympathien oder Antipathien, Attraktionen oder Abneigungen, Präferenzen und Wünschen, also von allerlei affektiv-emotionalen und motivational-volitionalen, praktischen und psychosozialen Regungen, die ebenfalls relevant werden, sobald der vermeintlich neutrale Forschungsgegenstand zur Sprache gebracht, genauer bestimmt, bezeichnet, beschrieben und analysiert wird. Das Prinzip der Relationalität ist in sich differenziert. Es fokussiert eine für spontane Anmutungen, die erste Auffassung des Gegenstandes sowie jede weitere begriffliche Annäherung an ihn maßgebliche, formgebende und inhaltlich qualifizierende *epistemische Relation*, die selbst noch in eine umfassendere *psychosoziale*, im Grunde genommen *politische Beziehung* eingebettet ist. Letzteres hat also auch mit – oftmals kaum bewussten, jedenfalls nicht vollständig transparenten – Haltungen und Wertbindungen, normativen und evaluativen Orientierungen sowie Begehren zu tun, die auch Wissenschaftler_innen niemals vollkommen aus ihrer professionellen Tätigkeit heraushalten können. Selbstverständlich stehen solche praktischen Relationen und die auch darin verwurzelten Repräsentationen von Anderen und Fremden, unsere Neugierde auf sie und unser Verlangen, sie zu verstehen, niemals außerhalb von Machtverhältnissen und Machtgeschehen (das ist nicht nur in der Ethnologie der Fall, wo das Problem der Repräsentation vielleicht besonders eindringlich als Machtproblem thematisiert wurde: Fuchs & Berg, 1993).

Das in diesem Abschnitt Ausgeführte können wir als *psycho-sozio-politisches Prinzip* der relationalen Hermeneutik formulieren – **Prinzip 3:** Der Umstand, dass sich Erkenntnissubjekte nicht vollständig neutralisieren und aus dem epistemischen Geschehen heraushalten können – als seien sie eine Art *tabula rasa*, ein unbeschriebenes Blatt, auf dem sich einfach aufzeichnen lässt, was man in der Empirie auffindet und antrifft –, macht auch aus der wissenschaftlichen Forschung eine zutiefst praktische, im Grunde genommen stets auch psycho- und sozio-politische Unternehmung. Die symbolische, in aller Regel sprachliche Fassung des durch komplexe, vielschichtige Bestimmungen mit-konstituierten Gegenstandes verwandelt die im engeren Sinne hermeneutische Erfahrungs- und Erkenntnisbildung der interpretativen Kulturpsychologie und Mikrosoziologie in eine politische Praxis, in der ausge*handelt* und ausge*macht* wird, wer wem oder was in welcher Weise begegnen kann, um die Erfahrungen der Anderen in Erfahrung bringen und in belastbare, publikationswürdige Erkenntnisse überführen zu können. Offenbar ist noch der Akt der Publikation selbst von politischer Bedeutung, also eine zwar der Wissenschaft und Wahrheit verschriebene, nichtsdestotrotz eminent praktische Intervention. Die Veröffentlichungen von wissenschaftlichen Forschungsergebnissen tragen zum Gespräch, das wir sind, bei und setzen es auf eigene, mitunter neue Akzente setzende Weise fort. Ein bloßer Bericht über unzweifelhaft Bestehendes ist eine solche Publikation eigentlich niemals, wenngleich ihre praktisch-politischen Implikationen, Folgen und Nebenfolgen natürlich erheblich variieren können.

## Komparative Analyse, vergleichendes Interpretieren

Das Prinzip der Relationalität wird in seiner Struktur und Funktion vollends klar, sobald man bedenkt, dass im Zentrum jeder interpretativen Praxis in der Subjekt-, Sozial- und Kulturforschung *komparative Analysen* stehen. Diese Bezeichnung einer zentralen Tätigkeit qualitativer empirischer Forschung geht vor allem auf Barney Glaser und Anselm Strauss zurück. Demgemäß verdankt auch die relationale Hermeneutik dem *Grounded Theory*-Ansatz wichtige Impulse. Dies betrifft eben nicht nur den stets auszuweisenden Erfahrungsbezug theoretischer Begriffe und weiterer Erkenntnisse: Theorien haben ihr empirisch erarbeitetes Fundament offenzulegen und so ihren jeweiligen Erfahrungsgehalt, ihre »empirische Sättigung« intersubjektiv nachvollziehbar zu machen, wie abstrakt sie am Ende auch formuliert sein mögen. Darüber hinaus haben Glaser und Strauss den Status und die Funktion komparativer Perspektiven im Rahmen des anhaltenden Vergleichens hervorgehoben wie – zumindest in den hier interessierenden empirischen Disziplinen – wohl niemand vor ihnen. Natürlich gab es schon zuvor tiefgründige theoretische und methodologische Reflexionen auf die sogenannte »Operation Called *Vergleichen*«, von Wilhelm Dilthey bis hin zu Joachim Matthes (1992), der diesen an Theodor Abels (1948) Aufsatz »The Operation Called *Verstehen*« angelehnten Titel gewählt hat, um mit der theoretisch und methodologisch naiven, häufig unbedacht *nostrozentrischen* Praxis des *Pseudo*-Vergleichens und des damit verbundenen, *lediglich vermeintlichen* Verstehens fremder Weltbilder, Lebensformen und Praktiken abzurechnen. Seine kritischen Überlegungen sind bis heute lesenswert und nicht zuletzt für die relationale Hermeneutik in der Kulturpsychologie maßgeblich gewesen; sowohl Dilthey als auch Abel werden durch Matthes' Bedenken in die Schranken verwiesen und, weil sie – unter anderem – der Notwendigkeit eines *neutralen tertium comparationis* beim Vergleichen und Verstehen nicht Rechnung tragen und unversehens eigene Standpunkte und Sehweisen zum »Maß aller Dinge« bzw. zum Vergleichsmaßstab erheben, an dem alles Andere und Fremde lediglich noch abgeglichen – und dabei oft abgewertet – wird (vgl. Dilthey, 1957b; Abel, 1948; Matthes, 1992; dazu Straub, 1999a, b, sowie ausführlich 2010, auch im vorliegenden Buch). Matthes war übrigens denkbar weit davon entfernt, seine Kritik am meistens impliziten Nostrozentrismus der *Operation called Vergleichen* vor allem als ein ethisch-moralisches und politisches Phänomen auszulegen, an dem sich ablesen lässt, *wie sehr* – und häufig: auf wie subtile Weise – auch subjekt-, sozial- und kulturwissenschaftliche Bemühungen in Herrschafts- und Machtverhältnisse eingebettet sind und am allgemeinen Willen zur Macht partizipieren. Bei aller notwendigen Kritik: Postkolonialer Moralismus und propriophobe Anklagen der »westlichen Wissenschaft« waren nicht seine Sache. Woran ihm jedoch gelegen war – und was heute unvermindert wichtig ist –, ist eine radikale *epistemologische* Kritik am nostrifizierenden Vergleichen und Verstehen. Wer alles andere und Fremde kurzerhand ins Eigene eingemeindet und nach dem im eigenen Vokabular steckenden Maß begreift und beurteilt, lernt nichts Neues kennen und verkennt, was doch zuallererst möglichst unvoreingenommen wahrzunehmen, zu beachten und zu erkennen wäre – vor aller Achtung und Anerkennung, über die man doch erst in einer nachgeordneten Phase nachdenken kann. Kenntnis und Erkenntnis kommen zeitlich und sachlich vor Respekt und Würdigung, Bewunderung gar. Andernfalls wären letztere blind und hohl, eigentlich für niemanden wirklich etwas wert. Richtig bleibt: Ohne Vergleichen geht gar nichts. Wichtig ist: Dieses Vergleichen sollte in der richtigen Weise vorgenommen werden, um das Prädikat »wissenschaftlich« zu verdienen.

Was meinen nun Glaser und Strauss, wenn sie *The Constant Comparative Method of Qualitative Analysis* als produktives Zentrum interpretativer Erfahrungs- und Erkenntnisbildung empfehlen. Wir gestatten uns einen kleinen Exkurs, um diese Frage zu beantworten – und dadurch die Nähe der relationalen Hermeneutik zur Konzeption der *Grounded Theory Methodology* (GTM) zu verdeutlichen.

## Exkurs zur Methode des ständigen Vergleichens in der GTM

> »The published word is not the final one, but only a pause in the never-ending process of generating theory.«
>
> *Glaser & Strauss (1967, S. 40)*

Die GTM gilt als Forschungsstil, der das Anstellen von Vergleichen zu einem zentralen Prinzip erhebt und zum Kern der systematischen Forschungspraxis erklärt. Bereits zu Beginn seiner Entstehung und noch vor seiner programmatischen Fassung in *The Discovery of Grounded Theory* (Glaser & Strauss, 1967) wurde der Ansatz von Barney Glaser (1965) als *Constant Comparative Method* (Methode des ständigen Vergleichens) skizziert. Diese Darstellung wurde später als Kapitel V in die wegweisende, zugleich einzige von Glaser und Strauss gemeinsam verfasste Buchpublikation integriert (Glaser & Strauss, 1967, S. 101–115; Strübing, 2014, S. 15).

Für die Entwicklung einer *Grounded Theory*, also einer gegenstandsbegründeten bzw. empirisch verankerten oder fundierten Theorie, die idealerweise als Resultat der konsequenten Umsetzung dieses Ansatzes ausgewiesen wird, wurden von Glaser und Strauss und später auch von Juliet Corbin (Strauss & Corbin, 1990), sodann etwa von Kathy Charmaz (2014) und Adele Clarke (2005), um nur einige wenige zu nennen, theoretisch-methodologische Überlegungen und praktische Verfahrensvorschläge unterbreitet, die in allen Phasen des Forschungsprozesses zum Tragen kommen und dabei auf komparative Analysen fokussieren. Die konstanten Vergleichsprozesse sind stets am Ziel einer empirisch »begründeten«, »fundierten« oder »gesättigten« Begriffs- und Theorieentwicklung ausgerichtet. Demgemäß ist häufig auch von einer theorie*generierenden* GTM die Rede (z. B. Pentzold et al., 2018).

Zu berücksichtigen ist an diesem Punkt allerdings, dass der in der GTM bemühte Theoriebegriff nicht immer präzise bestimmt ist. Er umfasst theoretische Begriffe oder Konzepte ebenso wie theoretische Aussagen und komplexere Aussagensysteme, in denen empirische Zusammenhänge – häufig auch hypothetisch angenommene oder vermeintlich nachgewiesene *kausale* Beziehungen, die Ursache-Wirkungs- oder Bedingungs-Folge-Beziehungen zumindest unterstellen – behauptet werden. Das ist indes in zweierlei Hinsichten problematisch. Zum einen wird manchmal nicht hinreichend zwischen verschiedenen Typen von »Zusammenhängen« oder »Beziehungen« unterschieden. Man denke neben (vermeintlich) kausalen Zusammenhängen etwa an semantische oder pragmatische, zum Beispiel an argumentative Beziehungen zwischen sprachlichen und nicht-sprachlichen Handlungen. Das wohl prominenteste Beispiel für die hier eingeforderte Differenzierung bietet die Unterscheidung von *Gründen für* und *Ursachen von* Handlungen. Handlungsgründe (oder auch einflussreiche Hintergründe von Handlungen) *bestimmen* zwar (mit), was Personen tun oder lassen mögen, *bedingen* ihr Handeln aber keineswegs im Sinne einer strikten kausalen Determination. Kausale *Bedingungen* und Notwendigkeiten, wie sie im deterministischen Modell unterstellt werden, sind ebenso wie korrelative Zusammenhänge – auf deren Erkenntnis die quantitative, statistische Datenanalyse abzielt, um die Einflüsse oder Effekte bestimmter unabhängiger Variablen auf abhängige zu erfassen, auf wahrscheinlichkeitstheoretischer Grundlage zu metrisieren und womöglich als signifikant auszuweisen – keine *Bestimmungsgründe* von Handlungen. Nur für letztere – die möglichen Gründe und Hintergründe von Handlungen – interessiert sich die interpretative Handlungs- und Kulturpsychologie oder die symbolisch-interaktionistische Mikrosoziologie. Lediglich sie, also *pragma-semantische* Beziehungen, kann sie mit den verfügbaren, sinnverstehenden Methoden erfassen. Um über kausale Notwendigkeiten oder statistische Wahrscheinlichkeiten sprechen zu können, müssen empirische Forschungen am experimentellen Paradigma ausgerichtet werden und – auch wenn nur Quasi-Experimente durchgeführt werden können sollten (dazu etwa Helfrich, 1993) – quantitative Verfahren der Datenanalyse vorsehen. Interpretative Text- oder Bildanalysen und dergleichen können grundsätzlich nicht mit Einsichten in kausale oder korrelative Zusammenhänge (im Sinne des deterministischen oder probabilistischen Modells) aufwarten – wie auch? Das bleibt Experimenten vorbehalten, wie sie in den Naturwissenschaften erfolgreich durchgeführt werden. Pragma-semantische Beziehungen sind Sinn-, Bedeutungs- oder Verweisungszusammenhänge, keine Ursache-Wirkungs- oder Bedingung-Folge-Beziehungen. Hermeneutische Methoden und Praxen erschließen pragmasemantische, keine kausalen oder korrelativen Zusammenhänge. Das ist indes nicht wenig und im Übrigen etwas Exklusives, das auch über unser alltagsweltliches Deuten und Verstehen hinausgeht. Auf systematischem, theoretisch begründetem und methodisch kontrolliertem Weg Einsichten in Sinn-, Bedeutungs- oder Verweisungszusammenhänge erlangen, das können eben *nur* hermeneutische, interpretative Verfahren. Dazu sind Experimente und statistische Untersuchungen nicht in der Lage (vgl. dazu etwa Aschenbach et al., 1983; Straub, 1999a, 2021; Weidemann, 2009). Behält man dies im Auge, steht der Feststellung einer engen Verwandtschaft zwischen GTM und relationaler Hermeneutik – speziell hinsichtlich der Rolle des ständigen Vergleichens – nichts mehr im Weg.

Im Folgenden wird knapp umrissen, wie Vergleichsprozesse in der GTM bereits bei der Fallauswahl im Zuge der Datenerhebung, sodann bei der Datenanalyse bedeutsam werden. Die Erhebungs- und Auswertungsphasen sind in einschlägigen Studien bekanntlich eng miteinander verknüpft. Dafür werden theoretische und methodologische Begründungen vorgetragen, die mit dem genannten Ziel der empirischen Fundierung und Sättigung der Theoriebildung zusammenhängen. Wir erörtern die in der Forschungspraxis eng aufeinander bezogenen und ineinander verschränkten Phasen hier allein aus Darstellungsgründen getrennt. Am Ende unseres Exkurses werden noch einige Folgen der Berücksichtigung heterogener Datensorten für Vergleichsprozesse angeführt.

### Vergleichsprozesse während der Datenerhebung: Fallauswahl

Die im Rahmen der GTM entwickelten Modi der Fallauswahl, speziell das sogenannte *Theoretical Sampling* (Glaser & Strauss, 1967, Kap. 3), sind, wie alle Schritte bei GTM-Studien, die der Durchführung systematischer Vergleiche dienen, an der Theorieentwicklung orientiert. *Lege artis* werden daher sukzessive weitere Fälle herangezogen, je nach dem sich erst im Forschungsprozess abzeichnenden Bedarf. Die Fallauswahl wird also nicht vorab festgelegt, etwa entlang soziodemografischer Merkmale wie Alter, Geschlecht, ethnische oder kulturelle Zugehörigkeit, Bildungs- und Ausbildungsabschluss oder Einkommen. Solche Merkmale können sich im Zuge der Analyse als theoretisch bedeutsam herausstellen und entsprechend bei der weiteren Fallauswahl berücksichtigt werden, müssen es aber nicht. Entscheidend für die Fallauswahl ist der erhoffte, antizipierte Beitrag des nächsten herangezogenen Falls für die Spezifizierung und Ausdifferenzierung der kontinuierlich in Entwicklung befindlichen *Grounded Theory*. Zu diesem Zweck erhebt und analysiert man zusätzliches Datenmaterial nach dem Prinzip des maximalen oder minimalen Kontrastes. Man sucht also in vergleichender Perspektive nach klaren Gemeinsamkeiten und Ähnlichkeiten oder aber nach deutlichen Unterschieden (in jeweils bestimmten, theorierelevanten Hinsichten).

Ein in der Literatur häufig zitiertes Beispiel mag dies veranschaulichen. Everett C. Hughes (1971) stellt in einem seiner berühmten Texte die Frage »How is a priest like a prostitute?« Er verweist mit dieser überraschenden Sprechhandlung auf das erkenntnisgenerierende Potenzial von stark kontrastiven Vergleichen, die auf den ersten Blick vielleicht absonderlich, sogar abwegig erscheinen mögen, auf den zweiten Blick jedoch durchaus relevante Gemeinsamkeiten entdecken lassen. Genau dies kann dann für beide Komparanda aufschlussreich, erhellend sein. Im Beispiel sind das etwa folgende Merkmale: das Erbringen einer öffentlichen Dienstleistung, die Wahrung von Verschwiegenheit und Vertrauen oder eine Kommunikation mit seelsorgerischem Duktus nicht selten auch bei Prostituierten. Dieses Vorgehen, immer wieder andere, auch abgelegen erscheinende Fälle und Vergleichshorizonte einzubeziehen, dient also letztendlich der Entwicklung immer differenzierterer, empirisch zunehmend gesättigter Theorien (vgl. etwa Mey & Mruck, 2009, S. 112; Strübing, 2014, S. 19f.). Wer zum Beispiel in Erfahrung bringen will, wo in unserer Gesellschaft seelsorgerische Dienstleistungen angeboten werden, ist gut beraten, sich nicht nur an religiöse Institutionen und ihre Vertreter_innen oder aber an säkular ausgerichtete psychotherapeutische Einrichtungen zu wenden. Durch die Kontrastierung (scheinbar) sehr unterschiedlicher Fälle in verschiedenen Handlungsfeldern kann die entstehende *Grounded Theory* eine große Variationsbreite, wachsende Differenziertheit und gleichzeitig Tiefe und Präzision erlangen. Man weiß am Ende Vieles, viel Verschiedenes und dennoch Zusammengehöriges, fasst es mit abstrakten theoretischen Begriffen und integriert es in eine komplexe Theorie. Die Fallauswahl und das sie leitende und begleitende, vergleichende Denken sind ganz dem »konzeptuellen Arbeiten« verschrieben. Empirische Forschung und begriffliche Differenzierung bzw. Konzeptentwicklung gehen Hand in Hand. Gängige Konventionen wie etwa die Beschränkung der Datenerhebung auf vorab festgelegte (Typen von) Personen und Gruppen oder aber die lediglich an äußerlichen oder numerischen Kriterien festgemachte Symmetrie oder Ästhetik des Samples – man wähle fünf Frauen und fünf Männer im Sample und ebenso viele Jugendliche und Erwachsene – spielen in der GTM keine Rolle (Mason, 2010).

Die in die Fallauswahl integrierte Vergleichslogik wendet sich gegen die Vorstellung der Angemessenheit einer *a priori* bestimm- und begründbaren Stichprobe. Auch der statistische Gesichtspunkt der Repräsentativität besitzt kein Gewicht. Vielmehr geht es hier um inhaltliche Aspekte eines empirischen Feldes, das in seiner Breite und Vielfalt erforscht werden soll, um möglichst innovative und differenzierte Begriffe, Konzepte sowie komplexe theoretische Aussagesysteme bilden zu können. Die Angemessenheit der Fallauswahl richtet sich also nach ihrem möglichen empirischen Beitrag für die Theoriegenerierung. Aus der sukzessiven Erhebung einzelner Fälle und ihrer anhaltenden komparativen Analyse »emergieren« immer wieder neue Perspektiven für theoretisch produktive Fallvergleiche. Diese Emergenz ist allerdings kein naturwüchsiges Geschehen, das sich ganz von selbst einstellte. Sie verdankt sich letztlich der Kreativität des Handelns einfallsreicher und erfahrener, innovativer Forscher_innen, die das schließlich vorliegende empirische Material ausgewählt und zusammengestellt haben und sodann vergleichend interpretieren:

> »Für die Grounded Theory ist das Mittel der Wahl zur Erarbeitung konzeptuell dichter Theorien die Methode des ständigen Vergleichens. Obwohl der Fall als eigenständige Untersuchungseinheit bei Strauss ausdrücklich herausgehoben wird, bekommt der Einzelfall seine theoretische Relevanz doch erst durch den systematischen Vergleich mit anderen Fällen/Ereignissen. Der beständige Wechsel der Vergleichsperspektive zwischen ähnlichen und unähnlichen Fällen/Ereignissen trägt dabei gleichermaßen zu einer sukzessive erhöhten Reichweite wie zu einer Steigerung der Dichte und Komplexität der entstehenden Theorie bei« (Strübing, 2014, S. 86f.).[18]

18 Diesen Standpunkt findet man in vielen interpretativen Ansätzen. So schreibt Fritz Schütze (2016) in einer lesenswerten Abhandlung, in der er »eine sehr persönliche generalisierte Sicht auf qualitative Sozialforschung« entfaltet, dass man zwar in diesem Feld auch auf Einzelfallstudien stoße – als Beispiel nennt er bekannte psychoanalytische Arbeiten Freuds (etwa die Geschichte vom »kleinen Hans« oder vom »Wolfsmann« und sogar die historisch ambitionierte Studie über den »Mann Moses«, den Ägypter) sowie die ebenso »berühmten sozialwissenschaftlichen Gemeindestudien von Middletown oder »Marienthal« –, um dann jedoch folgende Bilanz zu ziehen: »Da aber in Einzelfallstudien komplexe sozialwissenschaftliche Aussagensysteme über die allgemeinen Mechanismen des Zusammenwirkens unterschiedlicher Prozesslinien und Prozessebenen nur tentativ formuliert werden können, ist der explizite kontrastive empirische Vergleich unterschiedlicher Fallentfaltungen mit einem gemeinsamen thematischen Fokus die übliche Vorgehensweise in der qualitativen Sozialforschung« (ebd., S. 31). Dem pflichtet auch die mikrosoziologische und kulturpsychologische Subjekt-, Sozial- und Kulturforschung sowie die zugehörige relationale Hermeneutik bei, wenngleich wir im Hinblick auf soziokulturelle und psychosoziale Sachverhalte nicht von allgemeinen »Mechanismen« sprechen würden, sondern von den in einer globalen, gesellschaftlichen oder gemeinschaftlichen Praxis verbrei-

Was dabei als »Fall« bezeichnet wird, kann erheblich variieren. Wichtig und allgemein anerkannt ist dagegen die Idee, dass jeder Einzelfall in der GTM nicht als solcher, sondern hinsichtlich seines Beitrags für die Theoriegenerierung relevant ist. Erst im Kontext möglicher Vergleiche gewinnt er sein wissenschaftlich produktives Potenzial. Es geht in der empirischen Forschung im Sinne der GTM stets um das zweigliedrige wissenschaftliche Anliegen, immer feinere Unterscheidungen und zugleich erfahrungsgesättigte Verallgemeinerungen treffen zu können (die in der Feststellung von Gemeinsamkeiten und Ähnlichkeiten gründen). Die Fallzahlen in GTM-Studien fallen häufig vergleichsweise gering aus; ihre reine Größe ist nicht maßgeblich für ihr erkenntnisgenerierendes Potenzial. Ihre Produktivität hängt vielmehr von ihrer Vielfalt und den damit verbundenen Vergleichsmöglichkeiten ab. Das *Theoretical Sampling* ist genau darauf ausgerichtet. Im Übrigen können einzelne Fälle selbst substanzielle Bestandteile zu einer *Grounded Theory* beisteuern; auch deswegen sind sie wichtig. Die GTM ist letztendlich »category centered« (Riessman, 2009, S. 391). Hinsichtlich der Analyse, die im folgenden Abschnitt behandelt wird, drückt sich dies darin aus, dass bei der Datenauswertung weitgehend oder gänzlich auf eine mehr oder weniger systematische, sequenzielle Analyse des Datenmaterials verzichtet wird (Ruppel & Mey, 2015, S. 182f.). In der relationa-

teten Wissensbeständen und pragma-semantischen Zusammenhängen, insbesondere von Zielen, Regeln (vor allem sozialen Normen und ihnen zugrundeliegenden Werten) sowie von geläufigen Geschichten, die allesamt das Handeln bestimmter Menschen bestimmen und koordinieren, gleichsinnig ausrichten und dadurch kollektive Habitus und individuelle Dispositionen prägen können. Schütze nennt am angegebenen Ort im Übrigen ein paar sehr anschauliche Beispiele für produktive kontrastive Fallvergleiche in der soziologischen Biografie- und Identitätsforschung, wobei er sich nicht zuletzt auf methodologische Prinzipien und Konzepte der GTM bezieht (auf die im »kontrastiven Vergleich« angestrebte Einsicht in »theoretische Varianz« etwa). Vgl. zur angesprochenen Thematik auch die Abschnitte »Einzelfallorientierung und Primärmaterialien« sowie »Der Forschungsschritt der analytischen Abstraktion: das Einzigartige und das Allgemeine« (ebd., S. 23ff., 27ff.), in denen der Autor ebenfalls einige »interdisziplinär-allgemeine« Elemente bzw. »Grundzüge qualitativer Sozialforschung« (ebd., S. 21f.) erläutert.

len Hermeneutik wird dagegen ein sequenzanalytisches Vorgehen empfohlen, allerdings nicht dogmatisch vorgeschrieben (s. u.).

### Vergleichsprozesse während der Datenanalyse: Bevorzugung empirisch fundierter Vergleichshorizonte

Die Begriffs- und Konzeptbildung auf der Grundlage von empirischen Daten und »im Dialog« mit ihnen (Berg & Milmeister, 2008) stellt den Dreh- und Angelpunkt der interpretativen Arbeit im Rahmen von GTM-Vorhaben dar. Verschiedene Schritte greifen ineinander und führen mit der Zeit zu größerer theoretischer Abstraktion und Allgemeinheit. Die Phasen des Codierens und Bildens von Kategorien dienen diesem Zweck. Die Entwicklung von Codes und Kategorien, die genaue Spezifizierung ihrer Eigenschaften und Dimensionen und die empirisch rückgebundene Relationierung der Kategorien sowie ihre Integration in einer gegenstandsverankerten Theorie gründen auf mannigfaltigen Vergleichsprozessen. Für die Analyse prägend ist der Vergleich von Daten mit Daten, später der von Codes mit Daten bzw. von Codes mit weiteren Codes und schließlich der Vergleich von Kategorien mit Daten, Codes bzw. weiteren Kategorien: »The comparison of differences and similarities among groups not only generates categories, but also rather speedily generates generalized relations among them« (Glaser & Strauss, 1967, S. 39).

Die Vorgehensweisen beim »Konzeptualisieren« variieren zwischen den unterschiedlichen Spielarten der GTM. Eine umfassende Darstellung etablierter Codierprozeduren kann an dieser Stelle nicht erfolgen. Es soll lediglich exemplarisch auf einzelne Aspekte beim Codieren bzw. Konzeptualisieren hingewiesen werden, um zu verdeutlichen, dass – wie in der relationalen Hermeneutik – auf allen Ebenen Vergleiche angeregt und angelegt werden. Sie helfen bei der Identifikation konzeptueller Ideen und ihrer Weiterentwicklung zu elaborierten, ausdifferenzierten Theoremen und Theorien. Neben den im Rahmen der Fallauswahl bereits erwähnten minimalen und maximalen Vergleiche empfehlen Strauss und Corbin (1990, S. 84–91) in ihrer bekannten Publikation mit zahlreichen methodisch-technischen Vorschlägen für die komparative Analyse und die systematische Entfaltung theoretischer Sensibilität (vgl. Glaser, 1978) bspw. das Anstellen sowohl naheliegender als auch entfernter, zunächst vielleicht abwegig erscheinender Vergleiche *(close-in comparison* und *far-out comparison).* Oder sie raten zur sogenannten Flip-Flop-Technik *(flip-flop technique),* bei der man sich das Gegenteil des gerade betrachteten Datums bzw. Phänomens, seiner Eigenschaften oder Dimensionen vorstellen soll (zur »dimensional analysis« vgl. auch Schatzman, 1991). Man nimmt also Extremvergleiche auf verschiedenen Ebenen vor.

Im Zuge des sogenannten offenen, axialen und selektiven Codierens *(open, axial und selective coding)* in der Spielart nach Strauss und Corbin (1990) oder des initialen Codierens *(initial coding)* bei Charmaz (2014), das dem offenen Codieren bei Glaser ähnelt, sowie des sogenannten fokussierten Codierens *(focused coding),* das wiederum mit Glasers theoretischem Codieren *(theoretical coding)* verwandt ist, wird für die Theoriegenerierung maßgeblich und fast ausschließlich auf *empirisch fundierte* Vergleichshorizonte gesetzt. Diese entstammen idealerweise den eigenen Forschungen, sodass der Grad an methodischer Kontrolle aller Schritte in der Erfahrungs- und Erkenntnisbildung maximal ist. Diese Priorisierung oder Bevorzugung empirischer Vergleichshorizonte findet sich auch anderswo, etwa im Ansatz der dokumentarischen Methode (Bohnsack, 1983; Loos et al., 2013; Nohl, 2013; Przyborski & Slunecko, 2020). In der relationalen Hermeneutik sind diese Vergleichshorizonte selbstverständlich ebenfalls wichtig und werden wegen bestimmter Eigenheiten sehr geschätzt, jedoch nicht in der angegebenen Weise hierarchisiert und damit *prinzipiell* allen anderen Typen von Vergleichshorizonten vorgezogen. Wir kommen darauf noch zu sprechen.

Aber auch in der GTM sind empirische Vergleichshorizonte nicht alles, was in komparative Analysen eingeht und sie ausmacht. Die bereits genannten *gedankenexperimentell* vergleichenden Zugänge zu den Daten verweisen ja bereits darauf, dass hier nicht einem kruden Empirismus das Wort geredet und der Wert kreativer Fantasie und imaginativer Vergleichshorizonte nicht anerkannt würde. Einige Vertreter_innen der GTM wenden sich ganz entschieden gegen empiristische Naivitäten, die womöglich nahegelegt werden, wenn man auf dem unbedingten und engen Erfahrungsbezug bei der Entwicklung von theoretische Begriffen, Konzepten und komplexen Aussagesystemen beharrt und diese empirische Fundierung immer wieder betont. Ohne alltagstheoretische und wissenschaftlich-theoretische Perspektiven funktioniert indes keine Forschung. Von dieser Einsicht zeugen auch die bisweilen beim Codieren angewendeten heuristischen Modelle, etwa das sogenannte »Codierparadigma«. Generell stößt man in einschlägigen Publikationen immer häufiger auf ein ausgeprägtes Misstrauen gegenüber der Vorstellung, die empirische Welt würde sich vor den Augen der Forschenden ganz ohne theoretisches Zutun, also wie von selbst offenbaren und ordnen (vgl. hierzu Kelle, 2005). Im Laufe der Debatte wurde mehr und mehr die Rolle der Forschenden selbst betont, ihres theoretischen Wissens, aber auch ihrer Vorstellungs-, Einbildungs- und Urteilskraft sowie ihrer Lebensform und praktischen Beteiligung. Charmaz (2014) hebt empiristische Irrtümer in ihrer konstruktivistischen GTM hervor und problematisiert dabei – wie wir es zuvor schon getan haben – auch den Begriff der »Emergenz«:[19]

> »In the original grounded theory texts, Glaser and Strauss talk about discovering theory as emerging from data separate from the scientific observer. Unlike their position, I assume that neither data nor theories are discovered either as given in the data or the analysis. Rather, we are part of the world we study, the data we collect, and the analyses we produce. We *construct* our grounded theories through our past and present involvements and interactions with people, perspectives, and research practices« (ebd., S. 17, Herv. i. O.).

Es versteht sich nach unseren vorherigen Darlegungen von selbst, dass die relationale Hermeneutik diesen Standpunkt teilt (und

19 Wir lassen hier dahingestellt, ob Charmaz den beiden Pionieren und insbesondere Glaser – etwa seiner Hervorhebung »theoretischer Sensitivität« – in ihrer kritischen Auseinandersetzung vollkommen gerecht wird.

noch etwas genauer fasst und ausdifferenziert). Franz Breuer macht Reflexivität zum zentralen Attribut seiner Weiterentwicklungen des GTM-Ansatzes und spricht deswegen von einer »Reflexive Grounded Theory« (Breuer et al., 2019; zur [Selbst-] Reflexivität in der GTM s.a. Breuer et al., 2011). Auch hier liegt die enge Verwandtschaft mit der relationalen Hermeneutik auf der Hand. Die praktischen Selbst- und Weltverhältnisse sowie die hermeneutischen Selbst- und Weltverständnisse der Forschenden bzw. ihre Rolle für die Analyse, kurz die Alltagswissensbestände der Interpret_innen fungieren unweigerlich als wichtige Vergleichshorizonte. Komparative Analysen sind subjektgebundene Operationen, in denen die Interpret_innen ihr vielfältiges Wissen und in gewisser Weise sich selbst ins Spiel bringen – möglichst methodisch kontrolliert, theoretisch und praktisch (moralisch, politisch) reflektiert. Solche alltagsweltlichen Vergleichshorizonte sind unverzichtbar, jedenfalls nicht zu vermeiden. Daneben verweist auch Breuer bspw. noch auf fiktional-belletristische Literatur als Lieferant von womöglich produktiven Vergleichshorizonten (Breuer et al., 2019, S. 149ff.). Diese knappen Hinweise mögen genügen, um anzudeuten, dass neben empirisch fundierten Vergleichshorizonten in der GTM auch andere Typen mehr oder weniger systematisch integriert werden (die differenzierte Debatte des Umgangs mit weiteren wissenschaftlichen Erkenntnissen als Vergleichshorizonte im GTM-Diskurs muss an dieser Stelle nicht eigens ausgeführt werden; wir kommen aber auf diesen Punkt zurück, wenn wir den Systematisierungsvorschlag der relationalen Hermeneutik vorstellen). Trotz der letzten Ausführungen kann festgehalten werden, dass bei der GTM eine prinzipielle Priorisierung und andauernde Betonung der Wichtigkeit empirischer Vergleichshorizonte üblich ist. Dies war ja bereits für die Namensgebung entscheidend: *grounded theory* meint genau diese empirische Fundierung. Andere Vergleichshorizonte erscheinen damit zwar als willkommene Inspiration für das Konzeptualisieren, jedoch noch nicht als tragfähige Basis einer erfahrungswissenschaftlich gehaltvollen Begriffs- und Theoriekonstruktion.

Die im Kontext der relationalen Hermeneutik entfaltete, nachfolgend vorgestellte Typologie von Vergleichshorizonten hilft nicht nur dabei, die im Rahmen interpretativer Forschung womöglich oder tatsächlich angelegten Vergleichshorizonte genau zu explizieren und zu ordnen, sondern erlaubt es auch, für eine etwas offenere Atmosphäre zu sorgen, in der viel Wert auf die *Vielfalt* produktiver Vergleichshorizonte und auf ihren *kreativen* und *ungezwungenen*, nicht durch dogmatische methodologische Restriktionen eingeengten Einsatz gelegt wird. Das entspricht nicht zuletzt einem Bekenntnis zu einer gewissen methodischen Liberalität und zu einem schöpferischen Pluralismus, der den theoretisch-methodologisch unhaltbaren und forschungspraktisch kaum einlösbaren Anspruch abwehrt, die Genese einer gegenstandsbegründeten Theorie müsse sich möglichst weitgehend oder sogar ausschließlich den einen bestimmten Gegenstand optimal repräsentierenden Daten verdanken.

### Vergleichsprozesse unter Einbezug heterogener Datensorten: All is data?

Unseren Exkurs abschließend möchten wir noch kurz auf Glasers berühmtes Diktum »all is data« (Glaser, 2007) eingehen. Wir wollen insbesondere auf die Potenziale, aber auch auf ein paar Hürden und Herausforderungen hinweisen, die sich aus diesem Statement für vergleichende Interpretationen ergeben. Der Ausspruch bringt zunächst pointiert zum Ausdruck, dass die GTM dem Interesse an unterschiedlichen Datensorten keine Grenzen setzt. Das ist angesichts der Dominanz bestimmter Erhebungsverfahren (Interviews, Gruppendiskussionen) und einer allgemeinen Sprachzentriertheit und Textlastigkeit der subjekt- und sozialwissenschaftlichen Forschung willkommen und anregend. Aus gutem Grund wenden sich einige Repräsentant_innen auch der GTM in jüngerer Zeit Bildern jedweder Sorte zu, sodass die präsentative Symbolik und ikonisches Material in verschiedenen GTM-Studien eine erhebliche Aufwertung erfahren haben. In Forschungsprojekten können jeweils jene Datensorten herangezogen werden, die eben zur Beantwortung der Forschungsfragen besonders wichtig und ergiebig erscheinen. Auch die Nutzung heterogener Datensorten im Rahmen eines bestimmten Forschungsprojekts ist möglich – und wird mitunter als erstrebenswert markiert. Der Forschungsstil der GTM weist diesbezüglich also eine maximale Offenheit auf. Die theoretisch-methodologischen Begründungen und methodisch-technischen Verfahrensvorschläge für den Umgang mit heterogenen Datensorten stecken jedoch teilweise noch in den Kinderschuhen. Während das Codieren und Kategorisieren textueller Daten – man denke an Beobachtungsprotokolle, Interview- oder Gruppendiskussionstranskripte, an schriftliche Dokumente wie Archivakten etc. – gängige Praxis ist, bilden Analysen akustischer oder visueller oder audio-visueller Daten noch immer Ausnahmen (um von anderen Datensorten wie protokollierten Gerüchen oder Geschmäcken ganz zu schweigen). Das ist trotz der großen Aufschwünge in jüngerer Zeit – insbesondere in der subjekt- und sozialwissenschaftlichen Bildhermeneutik – unübersehbar.

Aber es gibt eben vielversprechende Entwicklungen und Integrationsversuche auch im Rahmen der GTM. Für den Einbezug von Bildanalysen in GTM-Projekte liegen bereits Vorschläge vor (Konecki, 2011; Mey & Dietrich, 2016; Dietrich, 2021), ebenso für die Analyse von Filmen, Videos oder weiterer visueller Daten (Habib & Hinojosa, 2016; vgl. generell dazu Straub et al., 2021; sowie den Aufsatz »Qualitative Methoden der Bildinterpretation, Bildgebrauchs- und -wirkungsanalyse« in diesem Band). Dass diese Erweiterung des Spektrums genutzter Daten Modifikationen der Codierprozeduren notwendig macht, ist evident – allein schon die Differenz zwischen der sequenziellen Ordnung eines Textes und der Simultanität unserer Bildwahrnehmung macht dies deutlich. Dazu kommen hybride Formen von Daten wie Websites oder Blogs, deren Organisationsform ebenso schwer zu bestimmen ist wie die jeweils geeignete multi-methodale Vorgehensweise bei der interpretativen Analyse. Die systematische, intersubjektiv nachvollziehbare Umsetzung sowie theoretisch-methodologische Begründung von komplexen Vergleichsprozessen, die Mediengrenzen vielfach überschreiten und alle möglichen Datensorten einbeziehen und aufeinander beziehen, bringen nicht nur große Anforderungen an die Durchführenden mit sich, sondern beanspruchen auch die Rezipient_innen von derartigen Studien in neuartiger Weise. Wenn forschungspraktisch aus diesen neuen Möglichkeiten der multiplen Datenanalyse der Eindruck entsteht, man müsse unbedingt in dieser Richtung weiter voranschreiten und zügig eine Institutionalisierung dieser multi-methodalen, auf heterogene Datentypen zugeschnittenen Forschungspraxis erlangen – so wie es vor einiger Zeit *en vogue* wurde, qualitative und quantitative Ansätze in einer Studie im Sinne eines Mixed-Methods-Ansatzes zu kombinieren –, dann sind zeitweilige Überforderungen nicht nur des wissenschaftlichen Nachwuchses wohl unvermeidbar. Gleichzeitig birgt diese Forschungspraxis das Potenzial, das forschende Handeln gerade aufgrund der Vielzahl involvierter unterschiedlicher Vergleichsoperationen selbst zu vergleichen und so der Reflexion und Kritik zuzuführen.

Wir gehen dieser Aufgabe hier nicht weiter nach und begnügen uns im Folgenden damit, vornehmlich auf Texte Bezug zu nehmen bzw. diese exemplarische Datensorte der Einfachheit halber vorauszusetzen, wann immer wir über empirisches Material und dessen interpretative, komparative Analyse sprechen. Im nächsten Abschnitt soll die angekündigte Systematisierung und Schematisierung verschiedener Typen von Vergleichshorizonten vorgestellt werden. Dies geschieht unter den Vorzeichen eines liberalen Pluralismus, der die nun zu erläuternden Typen im Prinzip für gleichermaßen produktiv und ergiebig hält. Im Einklang mit der GTM und anderen Ansätzen, die komparative Analysen ins Zentrum ihrer theoretisch-methodologischen Überlegungen und methodischen Forschungspraxis rücken, wollen wir an dieser Stelle das Prinzip des stetigen, ständigen Vergleichs wie folgt formulieren:

**Prinzip 4:** Das ständige Vergleichen ist die wohl wichtigste Tätigkeit in der interpretativen, empirischen Subjekt-, Sozial- und Kulturforschung. Es ist ihr produktiver, kreativer Kern. Es stiftet mannigfache Beziehungen und macht erneut klar, wie gut der Prädikator »relational« die hier interessierende Forschungspraxis trifft. Erfahrungen sammeln und Erkenntnisse bilden *heißt* Vergleichen.

Vergleichen ist: Unterschiede oder Gemeinsamkeiten und Ähnlichkeiten zwischen mindestens zwei als Vergleichsgrößen (Komparanda) fungierenden Sachverhalten feststellen. Das Erkennen erwächst fortgeführtem Vergleichen und Unterscheiden. Diese nicht zuletzt theoriebildende Tätigkeit und der Grad ihrer Produktivität hängen natürlich von den jeweils gegebenen Vergleichsmöglichkeiten bzw. -horizonten ab.

Deswegen wird auch deren systematische Unterscheidung und die Reflexion ihrer jeweiligen Eigenheiten, Stärken und Schwächen zu einer unerlässlichen Tätigkeit der relationalen Hermeneutik – und einem ihrer weiteren Prinzipien.

## Interpretation und eine Typologie möglicher Vergleichshorizonte

Vergleichend interpretieren, was heißt das genauer? Und überhaupt, was meinen wir mit dem Begriff der Interpretation? Was tun wir, wenn wir in wissenschaftlichen Arbeitszusammenhängen Texte interpretieren, oder andere Protokolle, Dokumente, Objektivationen menschlicher Praxis? Analog zur Unterscheidung zwischen Alltagswissen und wissenschaftlichem Wissen lassen sich »Deutungen« von »Interpretationen« unterscheiden. Diese Abgrenzung ist akzentuierend gemeint, trennt also keine völlig unverwandten Sphären und Handlungsmodi voneinander (die alltagsweltliche von der wissenschaftlichen Praxis, das Deuten vom Interpretieren). Die Interpretation ist vielmehr eine Art weiterentwickelte, unter bestimmte Ansprüche und Auflagen gestellte Form jener alltäglichen Deutungs- und Verstehensleistungen, die Menschen andauernd vollbringen, wenn sie etwas erleben oder handeln und interagieren, sich orientieren und zurechtzufinden versuchen in einer bedeutungs- und sinnstrukturierten Welt. Interpretationen sind mit Deutungen genetisch und sachlich verwandt: Erstere sind die differenzierteren, systematisierten und spezialisierten Abkömmlinge alltagsweltlicher Deutungen.

Wie Anthony Giddens (1984) zutreffend festgestellt hat, sind die Subjekt-, Sozial- oder Kulturwissenschaften einer »doppelten Hermeneutik« verpflichtet. Im Unterschied zu den Naturwissenschaften interpretieren sie diese oder jene Aspekte einer bereits in fortlaufenden Akten der alltagsweltlichen Deutung konstituierten Welt. Was genau unterscheidet nun Interpretationen von Deutungen, was zeichnet erstere als überlegene Handlungsmodi und Verfahren aus, die uns zu Recht den Anspruch erheben lassen, wissenschaftliche (empirische) Erkenntnisse seien unserem bloßen Alltagswissen in aller Regel vorzuziehen und sie ließen Einsichten erwarten, die uns schließlich auch bei der praktischen Bewältigung von besonders vertrackten Handlungs-, Interaktions- und Lebensproblemen weiterhelfen. Wissenschaftliche Erkenntnisse und darauf basierende professionelle Institutionen – wie etwa eine Beratungs- oder psychotherapeutische Praxis oder Konfliktmediationen in besonders harten Fällen – werden genau dann benötigt, wenn sich unser Alltagswissen als unzulänglich erweist und keine geeignete Grundlage mehr abgibt, um unser Handeln zu orientieren und zum gewünschten Erfolg zu führen. Das heißt allerding nicht, wissenschaftliche Erkenntnisse – Wissensbestände, die als wissenschaftliche ausgegeben werden oder es nach allgemeinem Verständnis auch sein mögen – seien in jedem Fall allen Konkurrenten *tatsächlich immer weit voraus* – dem Alltagswissen, der schönen Literatur und anderen epistemisch produktiven Künsten, den Religionen etc. Es bedeutet vielmehr: Ohne den *vindizierten* und zumindest häufig auch bestätigten Überlegenheitsanspruch wären Wissenschaften überflüssig. Sie würden ihrer entscheidenden Funktion beraubt. Sie sollten ja immer dann einspringen können und nützlich sein, wo das Alltagsbewusstsein sowie alltagsweltliche kognitive Leistungen versagen und uns bei der Bearbeitung und Bewältigung der anstehenden Probleme nicht mehr weiterhelfen. Auch wenn Wissenschaften zumindest dort, wo sie sich der Grundlagenforschung verschrieben haben, keine unmittelbar anwendungsfähigen Erkenntnisse schaffen, beanspruchen sie prinzipiell und generell, überlegenes Wissen hervorzubringen, das womöglich auch irgendwann zur Überwindung von lebenspraktischen Schwierigkeiten und Herausforderungen beiträgt, zunächst und zumindest zu ihrer triftigen Identifikation und präzisen Beschreibung.

**Prinzip 5:** Wissenschaften müssen beanspruchen, weiter zu blicken, tiefer zu sehen, genauer zu denken und schärfer zu unterscheiden, als es alltagsweltliche (literarische, künstlerische etc.) Mittel und Praktiken zulassen. Zur Erfüllung dieses Anspruchs trägt die Systematisierung und methodische Kontrolle wissenschaftlichen Handelns entscheidend bei, also auch die Tatsache, dass aus Deutungen *Interpretationen* werden. Als *wissenschaftliche Interpretation* bezeichnen wir ein

- in absichtsvoller und bewusster Einstellung realisiertes,
- explizites,
- methodisch kontrolliertes,
- auf Transparenz und intersubjektive Zustimmungsfähigkeit angelegtes,
- selbstreflexiv strukturiertes Deuten,

also ein in jedem einzelnen Schritt möglichst begründetes, systematisches und nachvollziehbares Bemühen um das Verstehen von textuell repräsentierten Handlungen oder beliebigen anderen Aspekten der menschlichen Lebenspraxis, zu der natürlich auch alle materiellen und immateriellen Objektivationen und Subjektivierungen gehören, die unser Handeln schafft.

Als Objektivationen bezeichnen wir alle äußeren Hervorbringungen (z. B. einen Tisch, einen Park, ein Konzert oder eine mathematische Formel), als Subjektivierungen die psychischen Konsequenzen in einer Person selbst (also etwa die Herausbildung oder Verfestigung von Dispositionen, Persönlichkeits- oder Charakterzügen). Wichtig ist zunächst, dass sich wissenschaftliche Interpretation auf Protokolle oder Dokumente einer Praxis beziehen, etwa in Form von Texten – z. B. von Transkripten, die den Wortlaut von Interviews oder Gruppendiskussionen oder sonstiger Gespräche wiedergeben –, aber auch in Gestalt von Bildern oder sonstigen

Gegenständen. Erst dieser protokollierende, dokumentarische Charakter der jeweils vorliegenden Daten ermöglicht es, dass sich interpretative Analysen beliebig oft und beliebig lange demselben Datenmaterial und Forschungsgegenstand widmen können (was eine wichtige Voraussetzung methodischer Kontrolle und intersubjektiver Nachvollziehbarkeit darstellt). Wir brauchen uns mit Transkriptionsverfahren oder anderen Übersetzungstechniken, die es erlauben, Protokolle oder Dokumente der interessierenden Handlungs- und Lebenspraxis herzustellen, hier nicht näher befassen (vgl. hierzu etwa Dittmar, 2004; Dresing & Pehl, 2020). Uns beschäftigt jedoch weiter die Frage nach Eigenarten der Interpretation als einer komplexen, Sinn und Bedeutung erschließenden und schaffenden, hermeneutischen Handlung. Dabei wollen wir nicht einfach nur vorschreiben und normieren, was idealerweise unter dem Titel der »Interpretation« verstanden und getan werden sollte. Eine empirisch begründete Theorie und Methodologie der Interpretation sollte vielmehr – ganz im Sinne des *Grounded Theory*-Ansatzes, den man ja auch im Feld der Wissenschaftsforschung und speziell bei der rekonstruktiven Analyse interpretativen Handelns im Kontext qualitativer Forschung bestens anwenden kann – Auskunft darüber geben können, was im Vollzug der Interpretation tatsächlich geschieht, was Interpret_innen also tun, wenn sie Texte oder andere Dokumente interpretieren.[20]

**20** Der Erstautor des vorliegenden Beitrags hat sich insbesondere in den frühen 1990ern mit dieser empirischen Frage befasst, jedoch nie systematische Untersuchungen angestellt, sondern neben der Analyse und Reflexion eigener Forschungserfahrungen auf sporadische Betrachtungen einschlägiger theoretisch-methodologischer Abhandlungen und Forschungsberichte gesetzt. Ob die so entwickelten Typisierungen interpretativen Handelns in der qualitativen Forschung der Kulturpsychologie und Mikrosoziologie Zustimmung finden und Einwänden standhalten, ist eine offene Frage. Zahlreiche Bestätigungen gab es jedoch nach Vorträgen und in Diskussionen mit Expert_innen, denen die nachfolgend wiedergegebene Typologie von Vergleichshorizonten vorgestellt wurde. Es ist übrigens bis heute unübersehbar, dass eine systematisch elaborierte Theorie der Interpretation noch immer ein Desiderat darstellt. Das ist – angesichts der zentralen Bedeutung des Themas – sehr erstaunlich. Warum man sich in der Kulturpsychologie und Mikrosoziologie um eine solche Theorie nur wenig gekümmert hat, ist

Es ist in diesem Zusammenhang hilfreich, zur Kenntnis zu nehmen, was Jürgen Schutte (1990) in seiner instruktiven Einführung in die Literaturinterpretation ganz allgemein über das Lesen sagt. (Wir vernachlässigen, dass sich eine Theorie der Interpretation mit dieser Fokussierung auf das Lesen zunächst einmal auf die Interpretation von Texten beschränkt und damit alle Besonderheiten der Bildinterpretation und weiterer ikonischer oder sonstiger Materialien außen vor lässt.) Der Autor hebt zunächst den aktiven, Sinn und Bedeutung schaffenden Charakter des Lesens hervor. Seine auf die Lektüre literarischer Texte und die Konstitution ästhetischer Erfahrung gerichtete Begriffsbestimmung kann verallgemeinert werden. Sie passt nämlich zu *jeder* an Lektüre gekoppelten Erfahrungs- und Erkenntnisbildung. Auch die wissenschaftliche Interpretation ist eine Handlung, die auf die Artikulation und Explikation einer Lese-Erfahrung abzielt. Und auch sie stellt eine komplexe Operation dar, die »Verstand, Gefühl, Einbildungskraft, Erfahrung und Erfahrungstätigkeit [...] nachhaltig fordert« (ebd., S. 6). Sie stellt im Kern eine aus dem routinierten Lesen ausdifferenzierte, sprachlich-kognitive und hermeneutische Handlung dar:

> »So wie das Lesen eine Keimform der Interpretation, so ist diese eine analytisch agierende, auf Darstellung der Lese-Erfahrung und Verständigung mit anderen Lesern und Leserinnen zielende Form der Lektüre. Sie versieht die Lese-Erfahrung und die kritische Stellungnahme mit Begründungen« (ebd., S. 10).

Dies gilt für die Interpretation von Texten aller Art, und zwar auch in jenen wissenschaftlichen Disziplinen, zu deren methodischem Rüstzeug nicht bloß die Analyse, sondern bereits die praktische Konstitution von Texten gehört (z. B. durch das Führen und Verschriften elektroakustisch aufgezeichneter Gespräche).

erklärungsbedürftig und lässt sich keinesfalls durch den zutreffenden Hinweis rechtfertigen, dass doch bei der Entwicklung konkreter Methoden und Techniken im letzten halben Jahrhundert erhebliche Fortschritte gemacht worden seien (wie jedes Lehr- oder Handbuch zeigt, s. etwa Przyborski & Wohlrab-Sahr, 2014; Mey & Mruck, 2020).

Stets expliziert und erläutert die Interpretation den Vorgang des Verstehens. Sie macht ihn ausdrücklich und verdeutlicht damit das Bedeutungs- und Sinnpotenzial eines Textes *aus der Perspektive des jeweils rezipierenden Subjekts*, der jeweiligen Leser_innen (die eben auch systematisch und methodisch vorgehende, wissenschaftliche Interpret_innen sein können). Interpretationen machen diesen Vorgang intersubjektiv nachvollziehbar und kritisierbar. Interpretationen sind subjektgebundene – das heißt nicht: bloß subjektive – semantische Operationen. Sie basieren stets auch auf transindividuellem, kulturellem und sozialem Wissen.

Wenngleich Interpretationen nicht rein subjektive Akte sind und sein können, zeugen sie doch auch von der Subjektivität und womöglich von der Individualität dieses Handelns. Das ist keineswegs bloß schlecht und verderblich, sondern ein wichtiger Faktor im Streit um die empirische Triftigkeit und rationale Annehmbarkeit von Interpretationen, die ja stets ausgehandelt und verhandelt werden müssen. Dass dies in einem im Prinzip nicht abschließbaren Prozess geschieht, verdankt sich nicht zuletzt der Individualität der Interpret_innen: »Individualität ist eine Instanz, und sie scheint die einzige zu sein, die der rigorosen Idealisierung des Zeichensinns zu einem instanten und identischen Widerstand entgegenbringt« (Frank, 1986, S. 130). Wir glauben zwar nicht, dass das Individuum die einzige Instanz für die nicht stillzustellende, auszuräumende Polyvalenz von Texten (oder Zeichen im Allgemeinen) ist. Eine wichtige und gerade in der Kulturpsychologie und Wissenschaftspsychologie nicht zu vernachlässigende ist es aber schon. Im Übrigen desavouiert die unhintergehbare Abhängigkeit der Interpretation von der Subjektivität und Individualität der Interpret_innen nicht das übergeordnete Ziel, intersubjektiv nachvollziehbare und allgemein zustimmungsfähige Erkenntnisse zu bilden. Mitunter gewinnen sogar zunächst eigenwillig und einmalig erscheinende Interpretationen einer individuellen Person breite Aufmerksamkeit und Anerkennung. Was sich der besonderen Lesart und unverwechselbaren Handschrift einer originellen Interpretin verdankt, kann bald schon Gemeingut sein. Ein widerspruchslos allgemeiner Konsens wird in den interpretativen Wissenschaften zwar fast immer ausbleiben, weil die individuellen, sozialen und kulturellen sowie historischen Voraussetzungen interpretativen Handelns zu verschieden sind, als dass sich eine rundum einvernehmliche Sicht der Dinge herstellen ließe. Als Anspruch und Ziel muss man diesen Konsens deswegen aber weder aufgeben noch schlechtmachen – selbst wenn man der Pluralität von Perspektiven, Auslegungen und Auffassungen grundsätzlichen Wert zuspricht. Solange man darauf achtet, dass sich unter dem Deckmantel des allgemeinen Konsenses nicht unversehens partikulare Sichtweisen und Interessen mächtiger Personen, Gruppen oder Institutionen durchsetzen, ist dieses Ziel nicht nur nützlich, sondern notwendig. Das ist schon deswegen so, weil es den Blick für Abweichungen Andersdenkender – anders interpretierender, anders sprechender und fühlender Interpret_innen – schärft und Differenzsensibilität fördern kann.

Wie dem auch sei, so lässt sich nun ergänzen: Die »aneignend-erkennende« Interpretation stellt eine wissenschaftliche Tätigkeit dar, durch die wir

> »etwas als ein bestimmtes Etwas phänomenal diskriminieren, Identifikationen und Re-Identifikationen vornehmen, Prädikate und Kennzeichen applizieren, Zuschreibungen durchführen, Zusammenhänge konstruieren, durch Einteilungen klassifizieren und in Bezug auf so formierte Welten dann über Meinungen, Überzeugungen und auch über ein gerechtfertigtes Wissen verfügen. Unsere Welten können darum als Interpretationswelten und diese als jene behandelt werden« (Abel, 1993, S. 14).

Das ist eine sehr abstrakte und allgemeine, gleichwohl hilfreiche definitorische Bestimmung. Sie setzt voraus, dass in einem Text (oder sonstigen Untersuchungsgegenstand) irgendetwas fraglich oder fragwürdig ist. Irgendeine Stelle des Textes ruft bei den jeweiligen Interpret_innen Irritationen hervor. Das Fragwürdige ist also kein objektives Merkmal des Textes selbst, sondern Ergebnis einer je besonderen Lesart. Interpret_innen sind, wie zuvor dargelegt, aktiv in die Konstitution des Interpretandums verwickelt. Dass damit Machtfragen gestellt sind, ist unabweisbar: Nicht alle finden dasselbe gleichermaßen relevant und bedenkenswert. Was einer extensiven und intensiven Interpretation unterzogen wird, muss entschieden werden. Solche Wahlen sind niemals ganz harmlos. Sie erklären etwas für wichtig, anderes für irrelevant. Dessen sollten sich Interpret_innen bewusst bleiben. Auch dieses Bewusstsein gehört zur Selbstreflexivität interpretativer Analysen, die ja nicht einfach einem Willen zur Macht und der Durchsetzung bestimmter Interessen und Aufmerksamkeiten dienen sollen.

Das Fragwürdige ist nicht einfach gegeben, sondern wird gesehen und mitunter regelrecht zum Fragwürdigen gemacht und erklärt. Manchmal ergibt sich das wie von selbst, mitunter keineswegs. Das Fremde kann das Ergebnis einer alles andere als selbstverständlichen, womöglich ebenso raffinierten wie aufwendigen Verfremdung sein. Das methodologische Prinzip der Fremdheit, das neben den Prinzipien der Offenheit und der Kommunikation zu den Grundpfeilern interpretativer Forschung gehört (Hoffmann-Riem, 1980), bringt dies treffend zum Ausdruck. Die subjekt-, sozial- und kulturwissenschaftliche Analyse hat nichts als selbstverständlich, sondern alles, also auch das, was zunächst vertraut erscheint, möglichst so aufzufassen, als *sei es fremd* oder *könne bei genauerem Hinsehen fremd werden*. Diese Auffassung des durch Verfremdung fremd Erscheinenden ist das Resultat einer artifiziellen Haltung und methodischen Einstellung, die als eine Art Vorsichtsmaßnahme gegen eigene Vorurteilsstrukturen fungiert, wenn sie das vermeintlich Vertraute distanziert und hinterfragt (im Vergleich mit anderem). Nur so lässt sich Phänomenen, die sich nicht in die verfügbaren und geläufigen Strukturen fügen, gerecht werden. Allerdings ist die Möglichkeit, fremdartigen Phänomenen so zu begegnen, dass deren Auffassung nicht durch die eigenen Vorurteilsstrukturen bestimmt wird, prinzipiell begrenzt. Es gibt keine Erfahrungs- und Erkenntnisbildung, die sich vollkommen unabhängig von Vorurteilsstrukturen vollzöge. Wichtig ist der hermeneutische Grundsatz, dass so gut wie alles auch anders verstanden werden kann, als es von diesen oder jenen Personen dereinst verstanden wurde oder heute verstanden wird. Die Hermeneutik steht auf dem Boden der Überzeugung, dass alle Phänomene polyvalent sind, mehr- oder vieldeutig, also offen für verschiedene und sich wandelnde Lesarten.

Um nun noch genauer zu erfassen, was wir tun, wenn wir beliebige Sinngebilde interpretieren, müssen wir die zentrale Rolle des Vergleichens ins Blickfeld rücken. Interpretative Analysen sind, so wurde zuvor in Anlehnung an die GTM ausgeführt, im Kern komparative Analysen. Sie zehren von den Vergleichshorizonten, die kreative Interpret_innen ins Spiel bringen – und auf der Basis ihrer jeweiligen Erfahrungen, die sie im Leben gemacht oder bei Lektüren als Erfahrungen anderer kennengelernt haben, mithilfe ihres Verstandes, ihres Gefühls und ihrer Einbildungskraft etc. ins Spiel bringen *können*. Mit den verfügbaren Vergleichshorizonten, die eine Person bei der Durchführung interpretativer Analysen aktivieren kann, gerät das erkennende Subjekt selbst in den Blickpunkt, allerdings als eine Art »Wissensreservoir«. Dieses Reservoir lässt sich im Rahmen einer Typologie von Vergleichshorizonten systematisieren. Was jemand sieht, erfährt und erkennt – auch beim Versuch, die Erfahrungen von anderen, Fremden vielleicht, zu erfahren und zu erkennen –, ist stets abhängig von den subjektiven, sozialen und kulturellen Wissensvoraussetzungen sowie den damit verwobenen praktischen Fähigkeiten und Fertigkeiten, die die Interpret_innen jeweils mitbringen. Sie müssen sich dieser Wissensgrundlagen dabei nicht gänzlich bewusst sein. Selbst wenn sie es wollten, wären sie nicht in der Lage, sie vollständig zu artikulieren. Irgendetwas bleibt immer implizit. Manches davon bemerkt man und kann es explizieren, sobald andere Interpret_innen, mit denen man sich austauscht, auf anderen Wissensgrundlagen stehen und mit anderen Wissensbeständen bzw. Vergleichshorizonten operieren, um sich zu verständigen und etwas zu verstehen.

Wir verzichten hier darauf, die Schritte einer reproduktiven, »formulierenden Interpretation«, die sich *innerhalb* des Wissens- und Orientierungsrahmens der jeweiligen Forschungspartner_innen bewegen und demgemäß bloße Paraphrasen hervorbringen, von der produktiven oder kreativen, »vergleichenden Interpretation« genauer abzugrenzen, weil wir das an anderer Stelle bereits ausführlich getan haben (Straub, 1999a, S. 201ff., insb. 211ff.; 2010, auch in diesem Buch, S. 60ff.). Dort wurden diese Schritte nicht zuletzt in das sequenzanalytische Vorgehen eingebettet, das die relationale Hermeneutik generell empfiehlt (allerdings weniger strikt und starr als andere Ansätze interpretativer Forschung).[21] Dasselbe gilt für die diversen Vorbereitungs-

---

**21** Die relationale Hermeneutik entstand in der Auseinandersetzung mit der »dokumentarischen Methode«, die der Erstautor dieser Abhandlung in den 1980er Jahren in Erlangen im Rahmen von u.a. Forschungswerkstätten von Ralf Bohnsack kennen- und erproben lernte. Diese Verwandtschaft ist ebenso evident, wie einige Abweichungen unübersehbar sind. Die wichtigsten Differenzen beziehen sich auf die theoretische Terminologie, auf zentrale, übergeordnete Erkenntnisziele – neben soziologischen auch psychologische – sowie den Status bestimmter Prozeduren. Hier nur so viel: Bohnsacks Unterscheidung zwischen der »formulierenden« und der »reflektierenden« Interpretation wurde in die Differenzierung zwischen »formulierender« und »vergleichender« überführt, wobei die vergleichende Interpretation – im Anschluss an eine Unterscheidung von Vernunftvermögen, die Kant in seiner *Kritik der Urteilskraft* (1790) entfaltet – in die »bestimmende« und »reflektierende« gegliedert wird. Dies bringt einen erheblichen Zuwachs an Präzision bei der Beschreibung der interpretativen Tätigkeit mit sich. Neben dieser erst im Jahr 2000 eingeführten terminologischen Abweichung zeichnet sich die relationale Hermeneutik auch dadurch aus, dass sie nicht auf das genuin soziologische Interesse an der praxeologischen Rekonstruktion konjunktiven, überwiegend impliziten Wissens bzw. der kollektiven Erfahrungsräume und Erwartungshorizonte von sog. Realgruppen beschränkt ist. Sie interessiert sich vielmehr für *alle möglichen Bedeutungen*, die Menschen mit ihrem gelebten und artikulierten, erzählten und erwarteten, erhofften oder befürchteten Leben, mit ihrem ehemaligen oder gegenwärtigen Erleben und Handeln verbinden mögen – als Individuen oder als Angehörige einer Gruppe, Gemeinschaft, Gesellschaft, Kultur oder eines »Kulturatops« (s. Straub, 2007). Als Gruppen kommen dabei nicht nur Kollektive in Betracht, wie sie gängige sozialtheoretische Begriffe fassen (Generation, Geschlecht, Klasse, Schicht, Milieu, Gruppen mit bestimmten Bildungsniveaus oder Migrationserfahrungen/-hintergründen etc.). Bestimmte Menschen können auch unabhängig von solchen sozialtheoretischen Klassifikationssystemen allerlei kontingente Gemeinsamkeiten aufweisen und allein deswegen interessante Vergleichsgruppen bilden. Man denke z.B. an Gruppen von traumatisierten Menschen – wobei auch die Art der Traumatisierung ein wichtiges Differenzierungsmerkmal bilden kann –, von Lotterie-Multimillionären, von Extremsportbegeisterten, von politischen Widerstandskämpferinnen oder von Transmenschen usw. Die relationale Hermeneutik stellt einen grundlagentheoretischen und methodologischen Rahmen zur Verfügung, der sich im Übrigen durch einen außergewöhnlich pluralistischen Geist und einen entsprechend liberalen Umgang mit verfügbaren Methoden, Techniken und Theorien – die auch als Vergleichshorizonte zum Einsatz kommen – auszeichnet.

schritte, die zu erledigen sind, bevor man sich an Sequenzanalysen und komparative Analysen machen kann (insb. die Transkription und die nach inhaltlichen oder formalen Kriterien vorzunehmende, segmentweise Gliederung des Textes).[22]

Vergleichende Interpretationen werden im Vollzug des sequenzanalytischen Vorgehens vorgenommen. Dieses der Chronologie des Gesprächsverlaufs folgende Verfahren ist ratsam, weil die interpretative Analyse dadurch

- der tatsächlichen Interaktionslogik und -dynamik folgt,
- die thematische Entwicklung des protokollierten Gesprächs – das über weite Strecken eine autobiografische Erzählung oder eine sonstige, monologisch wirkende, im

**22** Der Genauigkeitsgrad der Transkripte kann ebenso wie die Aufbereitung sonstiger Protokolle/Dokumente variieren; wie genau man transkribiert, hängt von den eingesetzten Interpretationsverfahren und -zielen ab. Zu verfügbaren Transkriptionssystemen vgl. Dittmar (2004); Dresing & Pehl (2020). Zur Vorbereitung der interpretativen Analysen im engeren Sinne ist häufig die Segmentierung des Datenmaterials angezeigt, sprich die Bildung von Sinn- bzw. Analyseeinheiten. Wie bei der Transkription bieten sich hier unterschiedliche Möglichkeiten an, die hinsichtlich der verfolgten Analyseziele und mit Blick auf die zu analysierenden Daten (insb. Text vs. Bild) variieren. (Die enge Bezogenheit zwischen Datenauf- bzw. -vorbereitung und -analyse verweist darauf, dass es sich bei der Unterscheidung dieser beiden Schritte im Arbeitsprozess bisweilen um eine analytische handelt. Praktisch geht das Hand in Hand.) Zur Segmentierung autobiografisch-narrativer Textdaten s. bspw. Detka (2005); zur Segmentierung visueller Daten s. Mey & Dietrich (2016), die u. a. Vorschläge zur Segmentierung aus der dokumentarischen Methode der Bildinterpretation (Bohnsack, 2009) und der Bildsegmentanalyse (Breckner, 2010) nutzen, um im Sinne des *Grounded Theory*-Ansatzes Verfahren nicht nur der Text-, sondern auch der Bildanalyse zu entwickeln. Zur Datenaufbereitung s. auch Kuckartz & Rädiker (2014); zu computerunterstützen Verfahren der Datenanalyse s. Kuckartz (2021). Selbstverständlich kann man je nach Bedarf solche *Hilfsmittel* in den Rahmen der relationalen Hermeneutik integrieren und sie, wenn nötig, den verbindlichen interpretationstheoretischen und methodologischen Prinzipien anpassen. Sie alle können das eigentliche Interpretieren strukturieren und erleichtern, jedoch nicht ersetzen. Es ist wichtig, diesen Vorgang und seine Ergebnisse fortlaufend zu ordnen; allein ausschlaggebend ist es jedoch nicht (vgl. auch Mey & Reimer-Gordinskaya, 2021; Mey warnt zu Recht davor, die GTM fälschlicherweise als Anleitung für »Codierautomaten« auszulegen).

Grund genommen aber doch dialogisch konstituierte Selbstthematisierung gewesen sein mag – nachzeichnet,

- ➢ alles Aufgezeichnete und Verschriftlichte von Anfang an und in seiner sich sukzessive vervollständigenden Gesamtheit erfasst, zugleich aber die Möglichkeit besteht, dass die allmähliche Verfertigung der Analyse
- ➢ im Sinne eines nicht-vitiösen hermeneutischen Zirkels immer wieder voran- und zurückschreiten kann, um neue Interpretationsanläufe zu starten, weil sich bekanntlich der Sinn früherer Textpassagen im Lichte des später Geäußerten verändern (erweitern, präzisieren) kann, sich Teile und Ganzes also wechselseitig erläutern und erschließen lassen.

Letzteres bedeutet im Übrigen eine gewisse Abweichung vom unseres Erachtens allzu strengen Prinzip der Sequenzanalyse, insofern dieses Prinzip mitunter dogmatisch vorschreibt, Bedeutungen ausschließlich in der tatsächlichen Reihenfolge der zu interpretierenden Äußerungen zu erfassen. Nicht nur, dass früher Geäußertes durch spätere Äußerungen seine Bedeutung verändern oder seinen ›eigentlichen‹, ›tieferen‹ Sinn erst erhalten kann. Es ist ja auch so, dass wir uns manchmal gar nicht für Interaktions- und Kommunikationsabläufe interessieren, sondern einfach für bestimmte Sachverhalte oder Phänomene, wie sie eben in bestimmten Textpassagen artikuliert werden. Solche Passagen lassen sich isolieren und als solche vergleichend analysieren. So kann man sich zum Beispiel für die seelische Wirkung von Beleidigungen oder den Umgang mit demütigenden Erlebnissen interessieren und nur nach einschlägigen Artikulationen suchen. Man muss nicht immer alles in langwierige Geschichten einbetten und entsprechend lange Texte insgesamt zur Kenntnis nehmen (das ganze Interview, die vollständige Gruppendiskussion etc.).

In jedem Fall bewegen sich interpretative Analysen im Medium vergleichenden Denkens. Ohne Vergleich geht hier gar nichts. Wie vergleichende Interpretationen im Einzelnen beschaffen sein und von welchen typisierbaren Wissensbeständen sie zehren können, erläutert die angekündigte Typologie von Vergleichshorizonten. Sie erst macht verständlich, was wir eigentlich tun, wenn wir interpretieren – und warum Interpretationsergebnisse, die von sehr verschiedenen Voraussetzungen abhängen, so unterschiedlich ausfallen können, wie sie es häufig tun. Sieht man sich diesen Sachverhalt genauer an, versteht man, warum die in der relationalen Hermeneutik so wichtige Relationalität wissenschaftlicher Erfahrungs- und Erkenntnisbildung niemals allein auf die Beziehung zwischen Personen oder Gruppen verweist, sondern auch und zuvorderst auf die Relationierung von unterschiedlichen Wissensbeständen aufmerksam macht, ohne die keine vergleichende Interpretation auskommt. Vor allem diesen in gewisser Weise »unpersönlichen« Sachverhalt untersucht und differenziert die relationale Hermeneutik als *Vielfalt typisierbarer Vergleichshorizonte*, die eben mitbestimmen und sogar maßgeblich dafür sind, was im interpretativen Prozess systematischer Erfahrungs- und Erkenntnisbildung jeweils herauskommt und herauskommen kann. Die jeweils ins Spiel gebrachten Komparanda entscheiden über die Resultate komparativer Analysen. Die je möglichen Erkenntnisse über ein beliebiges Objekt sind abhängig vom Wissen, das Interpret_innen jeweils verfügbar ist und das sie als kreativ Handelnde aktivieren und relationieren, um etwas Auffälliges, Interessantes, Relevantes am Objekt ausfindig und einsichtig, intelligibel zu machen und sodann genauer darstellen, beschreiben, verstehen oder erklären zu können.

Die formale Theorie interpretationsrelevanter Typen von Vergleichshorizonten erläutert, was dies genauer heißen soll. Sie schärft und differenziert das Bewusstsein für den unhintergehbar relationalen Charakter jeder Interpretation. Sie weitet dabei das Beziehungsnetz erheblich aus, das im Prozess der Interpretation eine Rolle spielen kann. Neben dem Erkenntnissubjekt und -objekt sowie deren Wissensbeständen kommen nun nämlich auch Wissensvorräte ins Spiel, die weit über den Bewusstseinshorizont der forschenden und der erforschten Personen hinausweisen. Was wir – auch als wissenschaftliche Interpret_innen – wissen, ist stets mehr, als das explizite Wissen, über das wir bewusst verfügen. Das wird an der nun vorzunehmenden Differenzierung interpretationsrelevanter Vergleichshorizonte deutlich. Generell zeigt sich: Man sieht nur, was man sehen kann, man vermag nur zu erkennen, was man auf der Basis der eigenen Erfahrungs- und Wissensvoraussetzungen zu erfassen vermag – zu denen natürlich auch die Erfahrungs- und Wissensbestände anderer Menschen gehören mögen, die Interpret_innen kennen oder kennenlernen, sich aneignen und fortan verwenden können. Das bedeutet natürlich nicht, man könne niemals etwas bislang Unbekanntes, tatsächlich Neues entdecken. Doch ist eben auch dieses Neue bzw. seine Entdeckung von den Vergleichshorizonten abhängig, die es erst zu etwas Neuem machen und in bestimmter Weise zur Sprache und auf den Begriff bringen lassen. Neues erkennen bedeutet stets, den eigenen Horizont und das eigene Vokabular zu erweitern – das individuell, sozial oder kulturell verfügbare Reservoir an Vergleichshorizonten.

Die für die relationale Hermeneutik verbindliche Typologie interpretationsrelevanter Vergleichshorizonte – die wir hier noch einmal wiedergeben – lässt sich schematisch zusammenfassen, wie in Abbildung 1 angegeben. Vergleichsmöglichkeiten lassen sich verschiedenen »Wissens-Quellen« zuordnen. Wir betrachten das Interpretandum stets im Lichte von Wissensbeständen, mit denen wir es vergleichen, um Gemeinsamkeiten und Ähnlichkeiten oder aber Unterschiede herauszustellen. Wir vergleichen eine Äußerung also zum Beispiel mit anderen Äußerungen, wie wir sie im eigenen

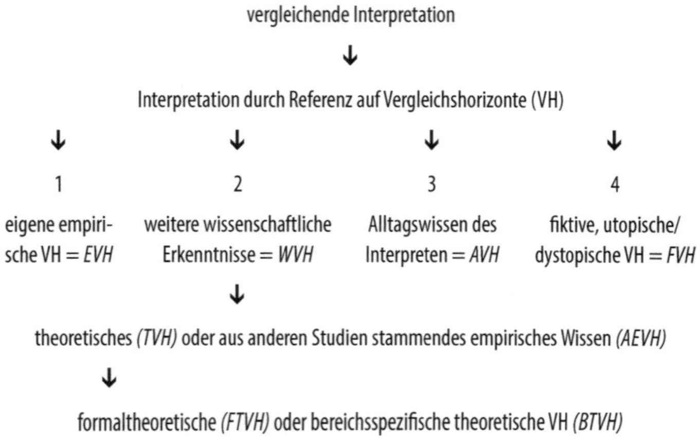


Abb. 1: Wissens-Quellen bzw. Typen von Vergleichshorizonten (VH)

empirischen Material – etwa in anderen Interviews – vorfinden. Eigene empirische Vergleichshorizonte (EVH) bieten ein Maximum an methodischer Kontrolle, weil wir in diesem Fall die Entstehungsbedingungen sowie die Art und Weise, in der diese in den Vergleich einbezogenen Materialien geschaffen oder zusammengestellt wurden, genau kennen. Wir wissen, was wir miteinander vergleichen, wie das Verglichene zustande kam, methodisch kontrolliert erhoben oder in den Korpus einbezogen wurde.

Das gilt für empirische Vergleichshorizonte, die anderen – und von anderen Personen durchgeführten – empirischen Untersuchungen entstammen (AEVH), nur noch in eingeschränktem Maße. Wir müssen uns in diesem Fall auf die in aller Regel beschränkten Informationen zur durchgeführten Praxis der Datenerhebung und -aufbereitung verlassen und darauf vertrauen, dass die uns verfügbaren Angaben zuverlässig sind. Aber immerhin, dieses Vertrauen ist im Umgang mit wissenschaftlich konstruiertem, das heißt in methodisch kontrollierten Praxen der Datenkonstitution entstandenem Wissen gemeinhin groß, jedenfalls vergleichsweise. Obwohl wir schon alle von Datenfälschungen in der Wissenschaft gehört haben, gehen wir normalerweise davon aus, dass wir auf solche Daten bauen, sie also bedenkenlos verwenden können (weil wir wissen, mit welchen verlässlichen Methoden sie gebildet wurden). Wir halten die Entstehung dieser Daten für intersubjektiv nachvollziehbar und oft sogar für reproduzierbar – selbst wenn dies ein Stück weit eine Illusion sein mag, weil sich in den hier interessierenden Wissenschaften, im Gegensatz zu den experimentellen Naturwissenschaften, viele Daten nicht exakt und beliebig oft reproduzieren lassen. Wir bringen den rezipierten Forschungsberichten und Datenkorpora meistens einfach Vertrauen entgegen und gehen davon aus, dass sie triftige symbolische Artikulationen und Repräsentationen der uns interessierenden Phänomene sind und sich womöglich mit den eigenen Daten gut vergleichen lassen.

Im zweiten Typ von Vergleichshorizonten – den wir als »weitere wissenschaftliche Erkenntnisse« zusammengefasst haben – finden sich neben solchen empirischen Materialien und Forschungsergebnissen von Kolleg_innen nun auch noch *theoretische* Wissensbestände, in deren Lichte wir unsere eigenen Daten auffassen und analysieren können. Dies geschieht wiederum in vergleichenden Operationen, wobei nun eben die in Theorien – auch in einzelnen theoretischen Begriffen – kondensierten und abstrahierten Erfahrungen als Vergleichshorizonte dienen. Zuvor haben wir auf psychoanalytische Perspektiven, Konzepte und Theorien verwiesen, ohne die nie und nimmer gesehen, analysiert und interpretiert werden könnte, was sich erst in solchen Perspektiven zeigt und mit dem verfügbaren Vokabular begreifen lässt. Man denke etwa an eine »Urszene« in ihrer ganzen pragma-semantischen Bedeutung, oder an einen beliebigen »Abwehrmechanismus« sowie andere »unbewusste« Verhaltensweisen. Ein weiteres Beispiel: Unterscheidungen zwischen verschiedenen praktisch-kommunikativen Selbst- und Weltbeziehungen, die in bestimmten Theorien die Namen »Totalität«, »Identität« und »Multiplizität« tragen (Straub, 2019), sind zwar selbst empirisch fundiert – *empirically grounded* –, ermöglichen es aber fortan, die begrifflich unterschiedenen Selbstformen zu erkennen, wo immer dies sachlich angezeigt und nützlich ist. Solche identitätstheoretischen Differenzierungen erlauben es uns erst, die sich in Texten – etwa in autobiografischen Erzählungen – jeweils manifestierenden Selbst- und Weltverhältnisse zu begreifen und genauer zu beschreiben, zu analysieren, zu verstehen und zu erklären. Ein letztes, wiederum willkürlich herausgegriffenes Beispiel bietet die theoretische Unterscheidung zwischen zwei verschiedenen Formen moralischen Denkens, nämlich einem abstrakten, an universalen (Gleichheits- und Gerechtigkeits-)Prinzipien ausgerichteten Urteilsmodus oder aber eine konkretere Denkweise, die bei der moralischen Qualifizierung und Bewertung einer Handlung Spezifika des Kontextes bzw. der je gegebenen Situation stärker berücksichtigt. Diese zweite Konzeption moralischen Denkens ist vor allem durch Carol Gilligan stark gemacht und geschlechtsspezifisch codiert worden, als Einspruch gegen Lawrence Kohlbergs klammheimlich am moralischen Denken von Männern orientiertes, kantianisches Modell (das er dann kurzerhand zum universellen Maßstab und zum normativen Zielpunkt der moralischen Entwicklung erhob). Auch hier erlauben es erst die verfügbaren theoretischen Unterscheidungen, im vorliegenden empirischen Material entsprechend zu differenzieren – im Zuge des sorgfältigen, vergleichenden

Interpretierens bzw. einer anhaltenden komparativen Analyse, die sich verfügbaren theoretischen Wissens bedient.

Was interpretationsrelevante Theorien angeht, können wir nun noch bereichsspezifische, »inhaltliche« Theorien von formalen unterscheiden. Die zuletzt gegebenen Beispiele repräsentieren den zweiten Typ, ebenso wie Handlungstheorien, die gewisse formale Handlungstypen auseinanderhalten, also etwa das zweckrationale vom wertrationalen oder regelgeleiteten Handeln abgrenzen, ohne über konkrete Handlungen und ihre inhaltlichen Qualitäten sprechen zu müssen. Inhaltlich gehaltvolle, aussagekräftige Theorien machen dagegen Aussagen darüber, welche Entwicklungsaufgaben und lebenspraktischen Herausforderungen in verschiedenen Lebensphasen – etwa in der Adoleszenz oder im höheren Erwachsenenalter – gemeinhin ins Zentrum rücken und die gesteigerte Aufmerksamkeit eines Menschen beanspruchen. Oder sie befassen sich mit gehäuft auftretenden Lebensproblemen von drogensüchtigen Menschen oder den charakteristischen Beschädigungen des Selbst im Fall schwer traumatisierter Personen, die (im Krieg, auf der Flucht, im Gefängnis, in der eigenen Familie etc.) exzessive Gewalterfahrungen haben machen müssen.

Damit ist das Reservoir möglicher Vergleichshorizonte noch nicht erschöpft. Nicht nur wissenschaftliche, empirische und theoretische Erkenntnisse bilden eine reichhaltige Quelle, aus denen Interpret_innen schöpfen und ihre Vergleichshorizonte beziehen können. Die anderen im Schema angeführten Typen sind nicht weniger wichtig – wenngleich sie die Komplexität der Interpretation erheblich steigern und ihre methodische Kontrolle deutlich erschweren. Das gilt ganz besonders für das nur teilweise bewusste – und prinzipiell nur partiell bewusstseinsfähige – *Alltagswissen* der Interpret_innen. Dieses besteht zu einem erheblichen Teil aus Selbstverständlichkeiten und unhinterfragten Normalitätsannahmen. Es ist über weite Strecken implizit, orientiert und leitet unser Handeln und Leben also, ohne dass wir dies wüssten und ohne Weiteres wissen und sagen könnten. Es ist gleichwohl konstitutiv oder maßgeblich für unsere tagtägliche Sicht der Welt und der Dinge, auch des eigenen Selbst und des Tuns und Lassens der Anderen. Auf der Grundlage dieses praktischen

Wissens handeln und reagieren wir üblicherweise, meistens recht spontan. Das Alltagswissen ließe sich selbst noch unterscheiden und genauer charakterisieren. Der Alltag schaut ja nicht für alle Menschen ganz gleich aus, schon gar nicht in den modernen, kulturell und sozial komplexen, stark differenzierten Gesellschaften unserer Gegenwart. Kulturelles Wissen kann weit verbreitet sein oder als Geheimwissen in sektiererischen Gruppen zirkulieren. Wie auch immer man unterscheidet, so bleibt eines doch immer gleich: Alltagswissen ist implizites, praktisches Wissen. Vieles von dem, was wir wissen, wissen wir, ohne es zu wissen. Wir analysieren jedoch auch als Wissenschaftler_innen jedes beliebige Interpretandum auf der Grundlage dieses in seiner Gesamtheit niemals zu explizierenden und zu kontrollierenden Wissens. Wir handeln auch als wissenschaftliche Interpret_innen in den hier interessierenden Disziplinen stets so, wie wir es eben gelernt haben und als Gewohnheitstiere zu tun pflegen – also scheinbar ›naturwüchsig‹ und ein wenig ›blind‹. Daran kann keine Einsicht allzu viel ändern. Wenn wir uns der beschriebenen Tatsache bewusst werden und bleiben, bedeutet das jedoch, dass wir für die Kontingenz und erneut für die Relationalität jeder Interpretation sensibel sind. Das kann uns anregen, diese Kontingenz und Relationalität zu reflektieren und zum Ausgangspunkt unserer Verständigung über miteinander unverträgliche, konkurrierende Interpretationsergebnisse zu machen. Die besagte Einsicht kann uns dazu bewegen, just darin etwas zu sehen, das uns bezüglich der eigenen Erkenntnisse bescheiden macht. Sie stehen niemals auf unerschütterlichen, allgemein anerkannten Grundlagen. Sie wurzeln nicht zuletzt in einer alltäglichen Praxis, die wahrlich nicht für alle dieselbe ist. Alltagswissen variiert auch in *scientific communities* erheblich. Darüber sollte und muss man sich verständigen, wenn man einander verstehen will – und in Erfahrung bringen will, warum ein allgemeiner Konsens in der Erfahrungs- und Erkenntnisbildung interpretativer Disziplinen allenfalls ein Ideal oder eine Illusion sein kann. In Interpretationsgruppen wird das schnell offensichtlich. Sie müssen nur heterogen genug zusammengesetzt sein, also kulturelle, soziale und individuelle Alltagswissensbestände einbeziehen, die schwerlich miteinander verträgliche Perspektiven, Auslegungen und Auffassungen zutage fördern. In der relationalen Hermeneutik muss man das nicht bedauern und betrauern. Einigung und Einigkeit ist zwar oft eine gute Sache. Notwendig und immer erreichbar ist sie aber keineswegs.

**Prinzip 6:** In den interpretativen Subjekt-, Sozial- und Kulturwissenschaften ist mitunter ein in seiner Genese und Struktur reflektierter Dissens rational und annehmbar – und vielleicht obendrein produktiver als ein allgemeines Einvernehmen, das keinen Anlass für weitere Forschungen bietet und niemanden motiviert, weiter zu machen und es dabei mitunter auch im Widerspruch und Widerstreit auszuhalten (dazu allgemein: Reichenbach, 2020).

## Interpretationsgruppen zwischen Einfallsreichtum, Multiperspektivität und Gruppenzwang: Schlussnotiz zur relationalen Struktur der Erkenntnisbildung

Interpretationsgruppen sind in den hier fokussierten Forschungszusammenhängen längst üblich (für empirische Analysen gemeinsamen Interpretierens s. Reichertz, 2013b; Berli, 2017; zur konzeptionellen Rahmung und praktischen Realisierung einer »Projektwerkstatt qualitativen Arbeitens« s. Mruck & Mey, 1998; Mey, 2021; Einblicke in frühe Formen des werkstattförmigen Arbeitens in der Tradition der Chicagoer Schule gibt Riemann, 2011). Oft gelten sie als unabdingbar, jedenfalls äußerst hilf- und ertragreich. Sie fördern nicht nur die erstrebte intersubjektive Nachvollziehbarkeit und untermauern die allgemeinen Geltungsansprüche der entwickelten Erkenntnisse. Sie schaffen auch einen Perspektiven- und Ideenreichtum, dem selbst schöpferische Individuen selten das Wasser reichen. Viele Augen sehen mehr. Das für die Rekonstruktion und Analyse der Erfahrung Anderer, Fremder zumal, erforderliche Denken und Fühlen gewinnt an Weite und Tiefe, wenn es sich im Austausch einer Gruppe vollzieht und von mehreren Personen beständig reflektiert wird. Mitunter werden die Grenzen zwischen Personen in solchen Polylogen so porös oder fluide, dass das Konzept der Inter-Subjektivität einen besonderen Sinn annimmt. Vieles spielt sich in Interpretationsgruppen tatsächlich weniger in Personen als in den Zwischenräumen zwischen ihnen ab, in permanenten Übergängen, Überschneidungen, Überkreuzungen und Überlappungen. Ergebnisse interpretativer Forschungen entziehen sich dadurch exakten individuellen Zuständigkeiten und sind mitunter tatsächlich kaum mehr Einzelnen zurechenbar. Wo diese aus der Vereinzelung heraustreten und den Schreibtisch verlassen, um in Interpretationsgruppen tätig zu werden, vermengen und vermischen sich Ideen und Interpretationen, Analysen und Argumente. Oft vermehren sie sich, werden vielfältiger – allerdings ist das nicht immer und zwangsläufig so. Gruppen können Gruppendruck und -zwänge erzeugen, die abweichende Einsichten marginalisieren und letztlich unterdrücken.

**Prinzip 7:** In jeder Gruppe, auch in Forschungs- und Interpretationsgruppen, sind Machtbeziehungen vital. Machtkonstellationen können wahrgenommen und bezüglich ihrer unerwünschten Effekte bedacht werden. Solche Kontrollen und Korrekturen sind rational, in der Wissenschaft stets willkommen. Immer möglich und vollständig durchführbar sind sie indes niemals. In der relationalen Hermeneutik wird diese Erfahrung ernst genommen – und als ein letzter, keineswegs unwichtiger Aspekt der zutiefst relationalen Struktur wissenschaftlicher Erfahrungs- und Erkenntnisbildung in Disziplinen wie der interpretativen Kulturpsychologie und Mikrosoziologie betrachtet.

## Literatur

Abel, Günter (1993). *Interpretationswelten. Gegenwartsphilosophie jenseits von Essentialismus und Relativismus.* Frankfurt/M.: Suhrkamp.

Abel, Theodor (1948). The Operation Called *Verstehen. American Journal of Sociology, 54,* 211–218.

Adorno, Theodor W. (1973 [1966]). *Negative Dialektik. Jargon der Eigentlichkeit. Gesammelte Schriften, Bd. 6.* Frankfurt/M.: Suhrkamp.

Adorno, Theodor W. (1996 [1958]). *Ästhetische Theorie. Gesammelte Schriften, Bd. 7*. 6. Aufl. Frankfurt/M.: Suhrkamp.
Adorno, Theodor W., Dahrendorf, Ralf, Habermas, Jürgen & Popper, Karl R. (1969). *Der Positivismusstreit in der deutschen Soziologie*. Darmstadt, Neuwied: Luchterhand.
Angehrn, Emil (2003). *Interpretation und Dekonstruktion. Untersuchungen zur Hermeneutik*. Weilerswist: Velbrück.
Angehrn, Emil (2005). Interpretation zwischen Hermeneutik und Dekonstruktion. In Ingolf Dalferth & Philipp Stoellger (Hrsg.), *Interpretation in den Wissenschaften* (S. 137–150). Würzburg: Königshausen & Neumann.
Aschenbach Günter, Billmann-Mahecha, Elfriede, Straub, Jürgen & Werbik, Hans (1983). Das Problem der Konsensbildung und die Krise der »nomothetischen« Psychologie. In Gerd Jüttemann (Hrsg.), *Psychologie in der Veränderung. Perspektiven für eine gegenstandsangemessene Forschungspraxis* (S. 103–142). Weinheim, Basel: Beltz.
Berg, Charles & Milmeister, Marianne (2008). Im Dialog mit den Daten das eigene Erzählen der Geschichte finden. Über die Kodierverfahren der Grounded-Theory-Methodologie [47 Absätze]. *Forum Qualitative Sozialforschung/Forum: Qualitative Social Research, 9*(2), Art. 13.
Berli, Oliver (2017). Diszipliniertes Interpretieren. Zur Praxeologie des gemeinsamen Interpretierens qualitativer Daten. *Soziale Welt: Zeitschrift für Sozialwissenschaftliche Forschung und Praxis, 68*(4), 431–448.
Böhme, Hartmut (2006). *Fetischismus und Kultur. Eine andere Theorie der Moderne*. Berlin: Rowohlt.
Bohnsack, Ralf (1983). *Alltagsinterpretation und soziologische Rekonstruktion*. Opladen: Westdeutscher Verlag.
Bohnsack, Ralf (2009). *Qualitative Bild- und Videointerpretation. Die dokumentarische Methode*. Opladen: Budrich.
Breckner, Roswitha (2010). *Sozialtheorie des Bildes. Zur interpretativen Analyse von Bildern und Fotografien*. Bielefeld: transcript.
Breuer, Franz, Mruck, Katja & Mey, Günter (2011). Subjektivität und Selbst-/Reflexivität in der Grounded-Theory-Methodologie. In Günter Mey & Katja Mruck (Hrsg.), *Grounded Theory Reader* (S. 427–448). 2., akt. u. erw. Aufl. Wiesbaden: VS Verlag für Sozialwissenschaften.
Breuer, Franz, Muckel, Petra & Dieris, Barbara (2019). *Reflexive Grounded Theory. Eine Einführung für die Forschungspraxis*. 4. Aufl. Wiesbaden: Springer VS.
Bubner, Rüdiger, Teufel, Erwin, Rorty, Richard, Vattimo, Gianni, Theunissen, Michael, Habermas, Jürgen, Figal, Günter & Gumbrecht, Hans Ulrich (2001). *»Sein, das verstanden werden kann, ist Sprache«: Hommage an Hans-Georg Gadamer*. Frankfurt/M.: Suhrkamp.
Cain, Friedrich, Hüchtker, Dietlind, Kleeberg, Bernhard & Surman, Jan (Hrsg.). (2019). Introduction. A New Culture of Truth? On the Transformation of Political Epistemologies since the 1960s in Central, Eastern, and South-Eastern Europe. *State of Affairs, 17*(2), 9–21.

Chakkarath, Pradeep (2006). Zur Kulturabhängigkeit von »Irritationen« – Anmerkungen zur Psychoanalytisch-tiefenhermeneutischen Textanalyse am Beispiel von H.D. Königs »Wedding Day«-Interpretation. *Handlung, Kultur, Interpretation. Zeitschrift für Sozial und Kulturwissenschaften, 15*(2), 246–272.

Charmaz, Kathy (2014). *Constructing Grounded Theory*. 2. Aufl. London: Sage.

Chladenius [Chladni, Johann Martin] (1969 [1742]). *Einleitung zur richtigen Auslegung vernünftiger Reden und Schriften*. Hrsg. u.eing. v. Lutz Geldsetzer. Düsseldorf: Stern.

Clarke, Adele E. (2005). *Situational Analysis – Grounded Theory after the Postmodern Turn*. London: Sage.

Detka, Carsten (2005). Zu den Arbeitsschritten der Segmentierung und der Strukturellen Beschreibung in der Analyse autobiographisch-narrativer Interviews. *Zeitschrift für qualitative Bildungs-, Beratungs- und Sozialforschung, 6*(2), 351–364.

Devereux, George (2018 [1967]). *Angst und Methode in den Verhaltenswissenschaften*. Gießen: Psychosozial-Verlag.

Dietrich, Marc (2021). Forschungsfotografie und Sammlung. Eine interpretative Annäherung an (Bourdieus) Bilder und Strategien ihrer Erschließung aus der Perspektive der Visuellen Grounded-Theory-Methodologie. In Marc Dietrich, Irene Leser, Katja Mruck, Paul S. Ruppel, Anja Schwentesius & Rubina Vock (Hrsg.), *Begegnen, Bewegen und Synergien stiften: Transdisziplinäre Beiträge zu Kulturen, Performanzen und Methoden* (S. 249–269). Wiesbaden: Springer VS.

Dilthey, Wilhelm (1957a [1895/96]). [Über vergleichende Psychologie.] Beiträge zum Studium der Individualität. In ders., *Gesammelte Schriften V: Die geistige Welt. Einleitung in die Philosophie des Lebens. Erste Hälfte. Abhandlungen zur Grundlegung der Geisteswissenschaften*. Hrsg. v. Georg Misch (S. 241–316). Stuttgart: Teubner; Göttingen: Vandenhoeck & Ruprecht.

Dilthey, Wilhelm (1957b [1894]). Ideen über eine beschreibende und zergliedernde Psychologie. In ders., *Gesammelte Schriften V: Die geistige Welt. Einleitung in die Philosophie des Lebens. Erste Hälfte. Abhandlungen zur Grundlegung der Geisteswissenschaften*. Hrsg. v. Georg Misch (S. 139–240). Stuttgart: Teubner und Göttingen: Vandenhoeck & Ruprecht.

Dittmar, Norbert (2004). *Transkription. Ein Leitfaden mit Aufgaben für Studenten, Forscher und Laien*. Wiesbaden: Springer VS.

Dresing, Thorsten & Pehl, Thorsten (2020). Transkription. Implikationen, Auswalkriterien und Systeme für psychologische Studien. In Günter Mey & Katja Mruck (Hrsg.), *Handbuch Qualitative Forschung in der Psychologie, Bd. 2: Designs und Verfahren* (S. 835–854). Wiesbaden: Springer.

Forget, Philippe (1984). *Text und Interpretation*. Dt.-franz. Debatte mit Beiträgen v.J. Derrida, P. Forget, M. Frank, H.-G. Gadamer, J. Greisch & F. Laruelle. München: Fink/UTB.

Frank, Manfred (1986). *Die Unhintergehbarkeit von Individualität. Reflexionen über Subjekt, Person und Individuum aus Anlaß ihrer ›postmodernen‹ Toterklärung*. Frankfurt/M.: Suhrkamp.

Fuchs, Martin & Berg, Eberhard (1993). *Kultur, soziale Praxis, Text. Die Krise der ethnographischen Repräsentation*. Frankfurt/M.: Suhrkamp.
Gadamer, Hans-Georg (1986 [1960]). *Wahrheit und Methode*. Tübingen: Mohr.
Gadamer, Hans-Georg & Boehm, Gottfried (Hrsg.). (1985). *Seminar: Die Hermeneutik und die Wissenschaften*. Frankfurt/M.: Suhrkamp.
Giddens, Anthony (1984 [1976]). *Interpretative Soziologie*. Frankfurt/M.: Campus.
Glaser, Barney G. (1965). The Constant Comparative Method of Qualitative Analysis. *Social Problems, 12*(4), 436–445.
Glaser, Barney G. (1978). *Theoretical Sensitivity: Advances in the Methodology of Grounded Theory*. Mill Valley: Sociology Press.
Glaser, Barney G. (2007). All is Data. *Grounded Theory Review, 2*(6).
Glaser, Barney G. & Strauss, Anselm L. (1967). *The Discovery of Grounded Theory*. Mill Valley: Sociology Press.
Goodman, Nelson (1984 [1978]). *Weisen der Welterzeugung*. Frankfurt/M.: Suhrkamp.
Goodman, Norman & Elgin, Catherine Z. (1989 [1988]). *Revisionen: Philosophie und andere Künste und Wissenschaften*. Frankfurt/M.: Suhrkamp.
Groeben, Norbert (1986). *Handeln, Tun, Verhalten als Einheiten einer verstehend-erklärenden Psychologie. Wissenschaftstheoretischer Überblick und Programmentwurf zur Integration von Hermeneutik und Empirismus*. Tübingen: Francke.
Grondin, Jean (1999). *Hans-Georg Gadamer. Eine Biographie*. Tübingen: Mohr Siebeck.
Grondin, Jean (2000a). *Einführung zu Gadamer*. Stuttgart: UTB.
Grondin, Jean (2000b). Hans-Georg Gadamer und die französische Welt. In Günter Figal (Hrsg.), *Begegnungen mit Hans-Georg Gadamer* (S. 147–159). Stuttgart: Reclam.
Habib, Sabrina, & Hinojosa, Ramon (2016). Video-based Research and Grounded Theory: Practical Tips and Insights. In Claudia Equit & Christoph Hohage (Hrsg.), *Handbuch Grounded Theory. Von der Methodologie zur Forschungspraxis* (S. 441–461). Weinheim: Beltz Juventa.
Heidegger, Martin (1927). *Sein und Zeit*. Tübingen: Max Niemeyer.
Helfrich, Hede (1993). Methodologie kulturvergleichender psychologischer Forschung. In Alexander Thomas (Hrsg.), *Kulturvergleichende Psychologie. Eine Einführung* (S. 81–102). Göttingen: Hogrefe.
Hitzler, Ronald & Eisewicht, Paul (2016). *Lebensweltanalytische Ethnographie – im Anschluss an Anne Honer*. Weinheim: Beltz Juventa.
Hitzler, Ronald & Niederbacher, Arne (2010). *Leben in Szenen. Formen juveniler Vergemeinschaftung heute*. 3., vollst. überarb. Aufl. Wiesbaden: VS Verlag für Sozialwissenschaften.
Hoffmann-Riem, Christa (1980). Die Sozialforschung einer interpretativen Soziologie. Der Datengewinn. *Kölner Zeitschrift für Soziologie und Sozialpsychologie, 32*(2), 339–372.
Hughes, Everett C. (1971). *The Sociological Eye: Selected Papers*. Chicago: Aldine.

Imdahl, Max (1996). Autobiographie. In Heinz Liesbrock (Hrsg.), *Die Unersetzbarkeit des Bildes. Zur Erinnerung an Max Imdahl* (S. 40–55). Münster: Westfälischer Kunstverein.

James, Henry (2015 [1893]). *Die mittleren Jahre. Erzählung.* Salzburg: Jung und Jung.

Jauß, Hans Robert (1994). *Wege des Verstehens.* München: Fink.

Joas, Hans (1992). *Die Kreativität des Handelns.* Frankfurt/M.: Suhrkamp.

Kant, Immanuel (1977 [1790]). *Kritik der Urteilskraft.* Hrsg. v. Wilhelm Weischedel. Frankfurt/M.: Suhrkamp.

Kelle, Udo (1997). *Empirisch begründete Theoriebildung. Zur Logik und Methodologie interpretativer Sozialforschung.* 2. Aufl. Weinheim: Deutscher Studien Verlag.

Kelle, Udo (2002). Abduktion und Interpretation. In Hans-Georg Ziebertz, Stefan Heil & Andreas Prokopf (Hrsg.), *Abduktive Korrelation* (S. 111–126). Münster: LIT.

Kelle, Udo (2005). »Emergence« vs. »Forcing« of Empirical Data? A Crucial Problem of »Grounded Theory« Reconsidered [52 Absätze]. *Forum Qualitative Sozialforschung/Forum: Qualitative Social Research, 6*(2), Art. 27.

Kelly, George A. (1955). *The Psychology of Personal Constructs, Vol. I & II.* New York: Norton.

Kleeberg, Bernhard (2019). Post-Post Truth. Epistemologies of Disintegration and the Praxeology of Truth. *State of Affairs, 2*(17), 25–52.

Kleeberg, Bernhard & Suter, Robert (2014). »Doing Truth«. Bausteine einer Praxeologie der Wahrheit. *Zeitschrift für Kulturphilosophie, 8*(2), 211–226.

Konecki, Krzysztof T. (2011). Visual Grounded Theory: A Methodological Outline and Examples from Empirical Work. *Revija za Sociologiju, 41*(2), 131–160.

König, Hans-Dieter (1993). Die Methode der tiefenhermeneutischen Kultursoziologie. In Thomas Jung & Stefan Müller-Doohm (Hrsg.), *»Wirklichkeit« im Deutungsprozeß. Verstehen und Methoden in den Kultur- und Sozialwissenschaften* (S. 190–222). Frankfurt/M.: Suhrkamp.

König, Hans-Dieter (2001). Tiefenhermeneutik als Methode psychoanalytischer Kulturforschung. In Heide Appelsmeyer & Elfriede Billmann-Mahecha (Hrsg.), *Kulturwissenschaft* (S. 168–194). Weilerswist: Velbrück.

König, Hans-Dieter (2006). Hochzeit als männliches Initiationsritual. Psychoanalytisch-tiefenhermeneutische Rekonstruktion einer Kurzgeschichte von Ernest Hemingway. *Handlung, Kultur, Interpretation. Zeitschrift für Sozial- und Kulturwissenschaften, 15*(2), 212–246.

König, Hans-Dieter (2014). *Affekte.* Gießen: Psychosozial-Verlag.

König, Hans-Dieter (2019). Dichte Interpretation. Zur Methodologie und Methode der Tiefenhermeneutik. In Julia König, Nicole Burgermeister, Markus Brunner, Philipp Berg & Hans-Dieter König (Hrsg.), *Dichte Interpretation. Tiefenhermeneutik als Methode qualitativer Forschung* (S. 13–86). Wiesbaden: Springer VS.

König, Julia, Burgermeister, Nicole, Brunner, Markus, Berg, Philipp & König, Hans-Dieter (Hrsg.). (2019). *Dichte Interpretation: Tiefenhermeneutik als Methode qualitativer Forschung.* Wiesbaden: Springer VS.

Krämer, Felicitas (2006). *Erfahrungsvielfalt und Wirklichkeit. Zu William James' Realitätsverständnis*. Göttingen: Vandenhoeck & Ruprecht.

Kuckartz, Udo (2021). *Einführung in die computergestützte Analyse qualitativer Daten*. 4. Aufl. Wiesbaden: Springer VS.

Kuckartz, Udo & Rädiker, Stefan (2014). Datenaufbereitung und Datenbereinigung in der qualitativen Sozialforschung. In Nina Baur & Jörg Blasius (Hrsg.), *Handbuch Methoden der empirischen Sozialforschung* (S. 383–396). Wiesbaden: Springer VS.

Longino, Helen (1990). *Science as Social Knowledge. Values and Objectivity in Scientific Inquiry*. Princeton: Univ. Press.

Loos, Peter, Nohl, Arnd-Michael, Przyborski, Aglaja & Schäffer, Burkhard (Hrsg.). (2013). *Dokumentarische Methode: Grundlagen – Entwicklungen – Anwendungen*. Opladen: Barbara Budrich.

Lorenzer, Alfred (1988). Tiefenhermeneutische Kulturanalyse. In ders. (Hrsg.), *Kultur-Analysen. Psychoanalytische Studien zur Kultur* (S. 11–98). Frankfurt/M.: Fischer.

Mason, Mark (2010). Sample Size and Saturation in PhD Studies Using Qualitative Interviews [63 Absätze]. *Forum Qualitative Sozialforschung/ Forum: Qualitative Social Research, 11*(3), Art. 8.

Matthes, Joachim (1992). The Operation Called Vergleichen. In ders. (Hrsg.), *Zwischen den Kulturen? Die Sozialwissenschaften vor dem Problem des Kulturvergleichs* (S. 75–102.) Göttingen: Schwartz.

Mey, Günter (2021). Qualitative Forschung findet immer in Gruppen statt. Das ist nicht einfach, aber produktiv – Reflexionen zur »Projektwerkstatt qualitatives Arbeiten«. In Carsten Detka, Heike Ohlbrecht & Sandra Tiefel (Hrsg.), *Anselm Strauss – Werk, Aktualität und Potentiale. Mehr als Grounded Theory* (S. 125–144). Opladen: Barbara Budrich.

Mey, Günter & Dietrich, Marc (2016). Vom Text zum Bild – Überlegungen zu einer visuellen Grounded-Theory-Methodologie [61 Absätze]. *Forum Qualitative Sozialforschung/Forum: Qualitative Social Research, 17*(2), Art. 2.

Mey, Günter & Mruck, Katja (2009). Methodologie und Methodik der Grounded Theory. In Wilhelm Kempf & Markus Kiefer (Hrsg.), *Forschungsmethoden der Psychologie. Zwischen naturwissenschaftlichem Experiment und sozialwissenschaftlicher Hermeneutik, Bd. 3: Psychologie als Natur- und Kulturwissenschaft. Die soziale Konstruktion der Wirklichkeit* (S. 100–152). Berlin: Regener.

Mey, Günter & Mruck, Katja (Hrsg.). (2020). *Handbuch Qualitative Forschung in der Psychologie*. 2., akt. u. erw. Aufl. Wiesbaden: Springer.

Mey, Günter & Reimer-Gordinskaya, Katrin (2021). »Wir sind keine Kodierautomaten«. Positionen und Potenziale der Grounded-Theory-Methodologie [13 Absätze]. *Forum Qualitative Sozialforschung/Forum: Qualitative Social Research, 22*(2), Art. 10.

Mruck, Katja & Mey, Günter (1998). Selbstreflexivität und Subjektivität im Auswertungsprozeß biographischer Materialien – zum Konzept einer »Projektwerkstatt qualitativen Arbeitens« zwischen Colloquium, Supervision und Interpretationsgemeinschaft. In Gerd Jüttemann & Hans Thomae (Hrsg.), *Biographische Methoden in den Humanwissenschaften* (S. 284–306). Weinheim: Beltz/PVU.

Nagel, Thomas (1992 [1986]). *Der Blick von nirgendwo.* Frankfurt/M.: Suhrkamp.

Nassen, Ulrich (Hrsg.). (1982). *Klassiker der Hermeneutik.* Paderborn: Schöningh.

Nietzsche, Friedrich (1999). *Nachgelassene Fragmente. Kritische Studienausgabe, Bd. 12: Nachlaß 1885–1887.* Hrsg. v. Giorgio Colli & Mazzino Montinari. München: dtv.

Nohl, Arnd-Michael (2013). *Relationale Typenbildung und Mehrebenenvergleich. Neue Wege der dokumentarischen Methode.* Wiesbaden: Springer VS.

Pentzold, Christian, Bischof, Andreas & Heise, Nele (Hrsg.). (2018). *Praxis Grounded Theory. Theoriegenerierendes empirisches Forschen in medienbezogenen Lebenswelten. Ein Lehr- und Arbeitsbuch.* Wiesbaden: Springer VS.

Popper, Karl (1935 [1934]). *Logik der Forschung. Zur Erkenntnistheorie der modernen Naturwissenschaften.* Wien: Springer.

Pothast, Ulrich (1988). *Philosophisches Buch. Schrift unter der aus der Entfernung leitenden Frage, was es heißt, auf menschliche Weise lebendig zu sein.* Frankfurt/M.: Suhrkamp.

Potter, Elizabeth (2006). *Feminism and Philosophy of Science. An Introduction.* Abingdon: Routledge.

Proesler, Hans (1954). Chladenius als Wegbereiter der Wissenssoziologie. *Kölner Zeitschrift für Soziologie und Sozialpsychologie, 6,* 617–622.

Przyborski, Aglaja & Slunecko, Thomas (2020). Dokumentarische Methode. In Günter Mey & Katja Mruck (Hrsg.), *Handbuch Qualitative Forschung in der Psychologie, Bd. 2: Designs und Verfahren* (S. 537–554). 2., akt. u. erw. Aufl. Wiesbaden: Springer.

Przyborski, Aglaja & Wohlrab-Sahr, Monika (2014). *Qualitative Sozialforschung. Ein Arbeitsbuch.* 4., erw. Aufl. München: Oldenbourg.

Reichenbach, Roland (2020). *Grenzen der Verständigung. Eine Kommunikationskritik.* Gießen: Psychosozial-Verlag.

Reichertz, Jo (2013a). *Die Abduktion in der qualitativen Sozialforschung. Über die Entdeckung des Neuen.* 2., akt. u. erw. Aufl. Wiesbaden: Springer VS.

Reichertz, Jo (2013b). *Gemeinsam interpretieren. Die Gruppeninterpretation als kommunikativer Prozess.* Wiesbaden: Springer VS.

Riemann, Gerhard (2011). Grounded theorizing als Gespräch: Anmerkungen zu Anselm Strauss, der frühen Chicagoer Soziologie und der Arbeit in Forschungswerkstätten. In Günter Mey & Katja Mruck (Hrsg.), *Grounded Theory Reader* (S. 405–426). 2., akt. u. erw. Aufl. Wiesbaden: VS Verlag für Sozialwissenschaften.

Riessman, Catherine K. (2009). Considering Grounded Theory. Categories, cases, and control. *Symbolic Interaction, 32*(4), 390–393.

Rohde-Dachser, Christa (2000). Aggression, Zerstörung und Wiedergutmachung in Fantasien, die um die Urszene kreisen. In dies., Spuren des Verlorenen. Beiträge zur klinischen Psychoanalyse und zur Geschlechterdifferenz (S. 283–323) Gießen: Psychosozial-Verlag.

Rorty, Richard (1981 [1979]). *Der Spiegel der Natur. Eine Kritik der Philosophie.* Frankfurt/M.: Suhrkamp.

Roth, Wolf M. & Unger, Hella von (Hrsg.). (2018). Research Ethics in Qualitative Research. *Forum Qualitative Social Science Research/Forum Qualitative Sozialforschung, 19*(3).

Ruppel, Paul S. & Mey, Günter (2015). Grounded Theory Methodology – Narrativity Revisited. *Integrative Psychological and Behavioral Science, 49*(2), 174–186.

Schatzman, Leonard (1991). Dimensional Analysis. Notes on an Alternative Approach to the Grounding of Theory in Qualitative Eesearch. In David R. Maines (Hrsg.), *Social Organizations and Social Processes. Essays in Honour of Anselm Strauss* (S. 303–314). New York: Aldine de Gruyter.

Schutte, Jürgen (1990). *Einführung in die Literaturinterpretation.* Stuttgart: Metzler.

Schütze, Fritz (2016). *Sozialwissenschaftliche Prozessanalyse. Grundlagen der qualitativen Sozialforschung.* Hrsg. v. Werner Fiedler & Heinz-Hermann Krüger. Opladen: Barbara Budrich.

Sieben, Anna (2014). *Geschlecht und Sexualität in klassischen psychologischen Theorien. Eine historisch-systematische Untersuchung.* Bochum: Westdeutscher Universitätsverlag.

Sieben, Anna & Scholz, Julia (2012). *(Queer-)Feministische Psychologien. Eine Einführung.* Gießen: Psychosozial-Verlag.

Straub, Jürgen (1999a). *Handlung, Interpretation, Kritik. Grundzüge einer textwissenschaftlichen Handlungs- und Kulturpsychologie.* Berlin, New York: de Gruyter.

Straub, Jürgen (1999b). *Verstehen, Kritik, Anerkennung. Das Eigene und das Fremde in den interpretativen Wissenschaften.* Göttingen: Wallstein.

Straub, Jürgen (2007). Kultur. In Jürgen Straub, Arne Weidemann & Doris Weidemann (Hrsg.), *Handbuch Interkulturelle Kommunikation und Interkulturelle Kompetenz* (S. 7–24). Stuttgart: Metzler.

Straub, Jürgen (2010). Das Verstehen kultureller Unterschiede. Relationale Hermeneutik und komparative Analyse in der Kulturpsychologie. In Gabriele Cappai, Shingo S. Shimada & Jürgen Straub (Hrsg.), *Interpretative Sozialforschung und Kulturanalyse* (S. 39–99). Bielefeld: transcript [auch im vorl. Buch].

Straub, Jürgen (2019b). *Das erzählte Selbst. Konturen einer interdisziplinären Theorie narrativer Identität. Bd. 2: Begriffsanalysen und pragma-semantische Verortungen der Identität. Ausgewählte Schriften.* Gießen: Psychosozial-Verlag.

Straub, Jürgen (2021). *Psychologie als interpretative Wissenschaft. Menschenbild, Wissenschaftsverständnis, Programmatik.* 2 Bde. Gießen: Psychosozial-Verlag.

Straub, Jürgen, Przyborski, Aglaja & Plontke, Sandra (2021). Bildtheorie. Eine sozialwissenschaftliche, handlungs- und kulturpsychologische Perspektive im Kontext multi- und interdisziplinärer Bildwissenschaften. In Jürgen Straub, *Psychologie als interpretative Wissenschaft. Men-*

*schenbild, Wissenschaftsverständnis, Programmatik, Bd. 2. Schriften zu einer handlungstheoretischen Kulturpsychologie* (S. 539–595). Gießen: Psychosozial-Verlag.

Straub, Jürgen & Weidemann, Doris (2015). *Handelnde Subjekte. »Subjektive Theorien« als Gegenstand der verstehend-erklärenden Psychologie.* Gießen: Psychosozial-Verlag.

Strauss, Anselm L. & Corbin, Juliet M. (1990). *Basics of qualitative research. Grounded theory procedures and techniques.* Newbury Park: Sage.

Strübing, Jörg (2014). *Grounded Theory. Zur sozialtheoretischen und epistemologischen Fundierung eines pragmatistischen Forschungsstils.* 3. Aufl. Wiesbaden: Springer VS.

Szondi, Peter (1975). *Einführung in die literarische Hermeneutik.* Frankfurt/M.: Suhrkamp.

Unger, Hella von (2014). *Partizipative Forschung.* Wiesbaden: Springer VS.

Unger, Hella von (2016). Reflexivity beyond Regulations. Teaching Research Ethics and Qualitative Methods in Germany. *Qualitative Inquiry, 22*(2), 87–98.

Waldenfels, Bernhard (1980). *Der Spielraum des Verhaltens.* Frankfurt/M.: Suhrkamp.

Waldenfels, Bernhard (1990). Der Logos der praktischen Welt. In ders., *Der Stachel des Fremden* (S. 83–102). Frankfurt/M.: Suhrkamp.

Weidemann, Arne (2009). Pragma-semantische Analysen zur Erforschung interkultureller Kommunikation [108 Absätze]. *Forum Qualitative Sozialforschung/Forum: Qualitative Social Research, 10*(1), Art. 37.

Wernet, Andreas (2006). *Einführung in die Interpretationstechnik der Objektiven Hermeneutik.* Wiesbaden: Springer VS.

# II
# Narrationsanalyse:
## Erzähltes Leben

# Das erzählende Tier in den Sozial- und Subjektwissenschaften

## Das narrative Interview als Medium der Erkenntnisbildung, des emanzipatorischen *Voicing* und als Machttechnik

»Mit Walter Benjamin beklagten wir den verhängnisvollen Wandel, der die Menschheit in ein Stadium führen könnte, wo man sich vor lauter Erfahrungsarmut nichts mehr mitzuteilen hätte. Angesichts dessen haben wir selbst mit Frank Kermode unserer Zuversicht Ausdruck gegeben, daß das Metamorphosevermögen der Erzählung ihr es noch lange erlauben werde, dem Schisma zu wehren.«

*Paul Ricœur (1991, S. 431)*

»Statt also die ethische Pointe im Übergang vom Erzählen *im* Leben zur Erzählung *des* eigenen Lebens zu sehen, plädiere ich am Ende für ein Erzählen, das das eigene Leben nicht zu umgreifen beansprucht.«

*Dieter Thomä (1998, S. 25)*

»Die Erzählung ist kein sicherer Weg zum Selbst und findet seine Rechtfertigung nicht in diesem Ziel; sie hängt vielmehr ab von einem praktischen Kriterium – mit Nietzsche davon, ob sie zur ›Zufriedenheit mit sich‹ beiträgt.«

*Dieter Thomä (1998, S. 156)*

## Geschichten erzählen als polyvalente Praxis in Lebenswelt und Wissenschaft

Der Mensch unterscheidet sich von anderen Tieren nicht zuletzt dadurch, dass er Geschichten zu erzählen vermag. Wie im Falle weiterer Tätigkeiten, die in selbstbezüglichen Formen vollzogen werden können, schließt dies die Fähigkeit ein, vom Erzählen erzählen zu können. Mit Geschichten verweisen Menschen auf allerlei, auch auf die Geschichte des Erzählens selbst. Im Folgenden wird eine solche Reflexion auf die Rolle der Narration in den Wissenschaften vom Menschen angestellt. Damit wird das Buch einer Wissenschaftsgeschichte aufgeschlagen, in der sich, erstaunlich genug, in den hier interessierenden Disziplinen erst in den letzten Jahrzehnten merkliches Interesse am Erzählen regte. Diese endlich erwachte Neugierde war allerdings derartig unbändig, dass sehr zügig wissenschaftliches Neuland erschlossen werden konnte und es möglich wurde, auf einigermaßen gefestigtem Boden eine integrative Anthropologie anzuvisieren, deren Leitsatz bis heute lautet: *narrare necesse est.* Weil diese Notwendigkeit speziell das Leben des Menschen kennzeichnet, darf das alle weiteren Forschungen leitende Prinzip ebenso heißen: *narrare humanum est.* Erzählen ist menschlich. Diese kulturelle Leistung gehört, wie die Sprache im Allgemeinen, zur Natur des Menschen.[1]

1 Beiträge zu einer multi-, inter- und transdisziplinären Anthropologie des (sich selbst) erzählenden Menschen gibt es – seit Wilhelm Schapps (1953, 1959) wegweisenden Arbeiten – mittlerweile viele. Ich nenne zunächst zwei m.E. herausragende Autoren. Neben dem Standardwerk Paul Ricœurs (1988, 1989, 1991, auch 1996, insb. S. 173ff.) empfehle ich – gewissermaßen konträr dazu – Dieter Thomäs (1998) kritische Untersuchung der »Lebensgeschichte als philosophisches Problem«. Er diskutiert am Leitfaden einer vielschichtigen Analyse der narrativistischen Aufforderung »Erzähle Dich selbst« wichtige Schriften zur Anthropologie des sich selbst erzählenden Tiers, vor allem von Søren Kierkegaard, Jürgen Habermas und John Rawls (unter dem Aspekt der Selbstverantwortung und -bestimmung), von Alasdair MacIntyre (unter dem Aspekt der Selbstfindung), von Richard Rorty und Friedrich Nietzsche (unter dem Aspekt der Selbsterfindung) oder, Epochen umgreifend, von Aristoteles, Jean-Jacques Rousseau, Georg Lukács, Michail Michajlovič Bachtin und Walter Benjamin (unter dem Aspekt der Selbstliebe). Auch viele weitere Au-

*Narrare necesse est:* Wer sich bei dieser Feststellung an den aus dem Lateinischen überlieferten, als philanthropische Formel lesbaren Satz erinnert fühlt, dass *Irren menschlich ist (errare humanum est)*, wechselt keineswegs automatisch das Feld. Das Erzählen kann bekanntlich Selbsttäuschungen Ausdruck verleihen oder regelrecht zu solchen prekären Irrtümern über das eigene Handeln, Leben und Selbst führen und verführen. Das ist wohl ebenso unvermeidlich, wie es andere, teils unüberwindbare Grenzen der auf Einsicht und Wissen zielenden Bemühungen des Menschen gibt. Zu diesen Bemühungen gehört das Erzählen, aber eben nicht in ungetrübter Weise. Erzählungen können auch Täuschungen anderer Personen bezwecken oder bewirken. Virtuose Erzähler sind, zumal wenn es um Selbstdarstellungen und selbstwertdienliche Inszenierungen besonderer Ereignisse geht, bekanntlich nicht immer die engsten Freunde der Wahrheit und Wahrhaftigkeit. Das Erzählen kann jedoch nicht bloß Fehleinschätzungen und Falschmeldungen den Weg bahnen, sondern, wie angedeutet, ebenso der Selbsterkenntnis, dem Selbstbewusstsein, der Selbstbehauptung und Selbstbestimmung oder vernunftorientierten Selbstformung dienen (vgl. Straub, 2019b, S. 227ff.). All das ist

tor_innen kommen hier zu Wort, von Augustinus über John Dewey, Hannah Arendt und Michel Foucault bis hin zu Charles Taylor, Harry Frankfurt oder Martha Nussbaum, und fast immer geht es dabei ums lebensgeschichtliche Erzählen und seine prekäre, fragliche Beziehung zum Konzept eines guten, erfüllten, gelingenden Lebens im Zeichen einer recht verstandenen – nicht als narzisstischer Selbstbezug missverstandenen – Selbstliebe (die Thomä auch als »Freundschaft mit sich« oder »Selbstbefreundung« auffasst; ebd., S. 296, Fn. 17). Von Thomäs Skepsis gegenüber überzogenen Kohärenz- und irreführenden Totalitätsansprüchen mancher narrativistischer, nicht zuletzt sprachfixierter Konzepte eines gelingenden Lebens können auch sozial- und subjektwissenschaftliche Forschungen zum sich erzählenden und erzählten Selbst eine Menge lernen – ohne die zweifellos wichtig bleibende erzähltheoretische Perspektive aufgeben zu müssen. Ein- und Überblicke bieten seit dem Auftakt von Mitchel (1981) z. B. Brockmeier (2015), Bruner (1990, 2002), McQuillan (2000), Herman (2007), Hühn et al. (2009), Koschorke (2012), Martínez (2017), außerdem einschlägige multi-, inter- und transdisziplinär ausgerichtete Fachzeitschriften wie etwa *Narrative Inquiry* (seit 1991; bis 1997 unter dem Titel *Journal of Narrative and Life History*) oder *DIEGESIS. Interdisziplinäres E-Journal für Erzählforschung/Interdisciplinary E-Journal for Narrative Research.*

offenbar nicht nur für die betreffende Person, sondern auch für ihre Mitwelt und Umwelt wichtig. Wer jemand geworden ist, derzeit ist und künftig sein möchte, erkennen auch die Anderen nicht zuletzt in den Geschichten, die jemand erzählt. Narrative Selbstthematisierungen sind unerlässlich für die Artikulation personaler Identität (Straub, 2019a–c). Die Erfinder der Technik des narrativen Interviews waren sich dieser psychosozialen Tatsache bewusst. Sie haben daraus höchst einflussreiche methodische Konsequenzen für die empirische Subjekt- und Sozialforschung gezogen.

Solche das Selbst – bzw. die personale Identität als eine spezifische Form des partiell autonomen Selbst (Straub, 2019b, S. 55ff.; Straub & Niebel, 2021, S. 65ff.) – bildenden und umgestaltenden, artikulierenden und reflektierenden Erzählungen bevölkern unseren Alltag (Brockmeier, 2015; Brockmeier & Carbaugh, 2001; Bruner, 1986, 1990, 1998; 2002; McAdams, 1993; Seitz, 2003). Sie sind zumal als ausgedehnte autobiografische Narrative oder Ego-Dokumente, die von wichtigen Ereignissen, Passagen und Veränderungen im Leben eines Menschen handeln, zwar keine anthropologischen Universalien, aber in vielen Kulturen, gerade auch in modernen Gesellschaften im »globalen Westen«, feste Bestandteile der informellen sowie der institutionellen Praxis. Dabei geht es bekanntlich nicht allein um so komplexe Funktionen wie die Bildung, Artikulation und Reflexion personaler Identität oder um hochgesteckte kognitive Ansprüche, die in emergierenden Selbsterkenntnissen erfüllt oder in nicht intendierten Selbsttäuschungen verfehlt werden können. Erzählungen können vieles bezwecken und bewirken, sie sind in der Tat extrem multifunktional (vgl. dazu Straub, 2022, wo eine kondensierte Liste wichtiger narrativer Funktionen präsentiert wird). Dabei kann ein und dieselbe Erzählung bzw. Geschichte mehrere Funktionen zugleich erfüllen (etwa jemanden unterhalten, dabei aber auch unterrichten und belehren, überreden oder überzeugen). Ihre Bedeutungen sind wohl immer multipel – also beim besten Willen nicht auf einen einzigen Sinn zu reduzieren. Nicht selten bedeuten Geschichten und ihre Bestandteile (Ereignisse, Figuren etc.) nicht etwas Einziges und Eindeutiges, das sich ein für alle

Mal ausfindig machen und festlegen ließe. Das Geschichtenerzählen und seine Resultate sind notorisch polyvalent (Boesch, 1991, 2021; Allolio-Näcke, 2018).[2] Dies gilt indes nicht allein für das Erzählen sowie seine Ergebnisse und Folgen, sondern, in variablem Grad, für zahlreiche Phänomene, mit denen sich die interpretative Mikrosoziologie oder die Handlungs- und Kulturpsychologie beschäftigen.

Neben anderen Funktionen spielt das Erzählen häufig eine herausgehobene Rolle, wenn es darum geht, auf dem Boden gesammelter Erfahrungen orientierungsstiftende und praxistaugliche Einsichten zu erringen. Ein Teil unseres belastbaren, handlungsleitenden Wissens ist narrativ verfasst. Das gilt nun keineswegs bloß für die Lebenswelt, in der wir tagtäglich auf Geschichten treffen. Das Erzählen kann nicht zuletzt in den Wissenschaften ein unverzichtbares Mittel und unvergleichliches Medium der methodischen Erfahrungs- und Erkenntnisbildung sein. Ich werde mich nachfolgend auf diese *wissenschaftliche Verwendung* einer sehr komplexen Sprachform konzentrieren.

Die Grundlage für die Entwicklung narrativer Methoden der Datenerhebung und wissenschaftlicher Verfahren der Erzählanalyse bildet die skizzierte Auffassung: Der Mensch ist das erzählende Tier. Sein Wirklichkeits- und Möglichkeitssinn wären ohne Bezugnahme auf die Fähigkeit, Geschichten zu erzählen und zu verstehen, schlicht unverständlich. Weder das, was in vielerlei wandelbaren Wirklichkeiten tatsächlich der Fall ist, noch das, was nach Maßgabe unstillbarer Wünsche und Begehren, bewegender Gefühle, überbordender Fantasien und einer mitunter auch von Vernunft beseelten Imaginationskraft noch werden könnte oder sein sollte, ließe sich ohne Bezugnahme auf das Erzählen von Geschichten kaum begreifen. Kulturen, Gesellschaften und Gemeinschaften sind geschichtlich existierende Kollektive, die in Geschichten, die sie bilden und beständig umbilden, leben und handeln, denken und fühlen, ihre Erinnerungen, Gegenwarts-

2 Ernst Boesch gehörte zu jenen Psychologen, die sich eingehend mit dem *Homo narrator* und seiner namensgebenden Erzähltätigkeit befasst haben (s. zu seinem Denken auch Straub, 2020; Straub et al., 2020).

deutungen und Antizipationen, ihre Wünsche und ihren Willen artikulieren, ihre inneren und äußeren Konflikte und Kämpfe austragen und vieles mehr bewerkstelligen. Eines der eindrucksvollsten Beispiele für all das behandelt Stephen Greenblatt (2018) in seiner Analyse eines enorm einflussreichen Mythos der Menschheit, nämlich der Geschichte von Adam und Eva, deren Vertreibung aus dem Paradies ja erst den Eintritt in die Geschichte des Menschen, wie wir ihn kennen, markiert (dazu auch Boesch, 2021, S. 209ff.; Straub, 2021b). Was für die Geschichte der Gattung zutrifft, gilt, *mutatis mutandis*, für die Individuen, die ihre je persönliche Geschichte ›haben‹ und ihre eigenen Geschichten erzählen, immer wieder neue und andere im Laufe ihres sich wandelnden Lebens. Manchmal sind es auch immer wieder die anscheinend gleichen Geschichten, jedoch anders erzählt – nur ein wenig oder aber ganz anders, sodass sich ihr Sinn mal weniger, mal mehr verändert und mitunter völlig neue Bedeutungen des Erzählten, des Erfahrenen und Erwarteten auftauchen, sodass man spätestens dann nicht mehr von der gleichen, lediglich anders erzählten Geschichte sprechen kann. Es versteht sich von selbst, dass die erinnerten und erzählbaren Geschichten der Einzelnen sowie diejenigen von Kollektiven nicht unabhängig voneinander sind. Das historische und das autobiografische Bewusstsein berühren sich (Straub, 1998a, b).

Das Erzählen und die Analyse seiner unüberschaubaren Praxis in ihren höchst verschiedenen Formen, Ergebnisse und Folgen, nicht zuletzt die Untersuchung der all dem zugrunde liegenden »narrativen Kompetenz« (Straub, 2000a, b) liefern den Schlüssel, der eine Tür zur Welt menschlicher Erfahrungen und Erwartungen, Widerfahrnisse und Handlungen, Institutionen und Identitäten in gewissen Hinsichten erst öffnet. Mittlerweile sind sich die Philosophie und die zuständigen Wissenschaften darüber im Klaren. Sie achten aufmerksam auf das Geschichtenerzählen, haben sich ihm zugewandt und nutzen es für die eigenen Aufgaben und Ziele. Empirische Subjekt-, Sozial- und Kulturwissenschaften untersuchen nicht nur individuelle und kollektive Erzählungen dieser oder jener Art, literarische oder fiktionale ebenso wie lebensgeschichtliche oder historische sowie andere auf intersubjektiv nachvollziehbare Tatsachen gerichtete Narrative. Erzählte Geschichten geraten ihnen nicht allein als *Gegenstand* ihrer Forschungsarbeit ins Blickfeld. Sie setzen das Erzählen vielmehr auch als *Methode und Medium* ihrer eigenen Erfahrungs- und Erkenntnisbildung ein. In den Sozialwissenschaften ist dies in systematischer Form seit Mitte der 1970er Jahre der Fall.

Ich werde auf ein herausragendes Beispiel aus der zeitgenössischen Soziologie genauer eingehen, nämlich auf die bahnbrechende Erfindung des narrativen Interviews. Diese äußerst erfolgreiche Methode der Datenerhebung zeitigte weit über den Bereich der Methodenentwicklung hinaus Folgen. Andere Beispiele einer produktiven Verwendung des Erzählens in der eigenen epistemischen Praxis der Wissenschaften könnten ebenfalls untersucht werden. Man denke etwa an die autoexplanative Funktion des Erzählens, wie sie in der von mir vertretenen Handlungs- und Kulturpsychologie seit Ende der 1980er Jahre postuliert und nutzbar gemacht wird, sobald es um verstehende Erklärungen von temporal komplexen Phänomenen oder von Aspekten unserer Praxis geht, die unmissverständlich von der Geschichtlichkeit oder Kreativität des Handelns zeugen. In beiden Fällen *müssen* wir narrative Erklärungen bilden (vgl. Straub, 1999). Die hier vertretene interpretative Psychologie hat sich insbesondere von der avancierten Geschichtstheorie belehren lassen und begreift das Erzählen seither auch als eigenständige wissenschaftliche Erklärungsform (die man ebenso präzise schematisieren kann wie eine deduktiv-nomologische, induktiv-statistische, intentionalistische oder regelbezogene Erklärung; zu diesen Unterscheidungen s. a. die Beiträge zur Handlungserklärung in Straub, 2021a; zum angedeuteten Sachverhalt siehe neben Ricœurs Arbeiten z. B. Angehrn, 1985; Danto, 1974; Rüsen, 1990; Straub & Werbik, 1999; Waldenfels, 1990, 1999). Auf der Grundlage dieser theoretischen und methodologischen Überlegungen habe ich mehrfach nicht nur für eine *mit Erzählungen befasste*, sondern tatsächlich selbst *narrativ verfahrende*, also für eine erzählende und just durchs eigene Geschichtenerzählen verstehend-erklärende Psychologie plädiert (die sich in dieser Hinsicht der schönen Literatur annähert und damit die Grenzen zwischen Wissenschaft und Kunst etwas weicher auslegt, als es gemeinhin üblich ist, sie aber keineswegs aufhebt; vgl. exemplarisch Straub, 2019d, wo Natalia Ginzburgs Erzählung *È stato così* als narrative Erklärung eines Mordes analysiert wird). Ich werde das alles hier nicht wiederholen, sondern lediglich gegen Ende meiner Ausführungen noch einmal kurz auf das Programm einer in diesem Sinne narrativen Wissenschaft zurückkommen.

In der vorliegenden Abhandlung steht vor allem die Soziologie im Fokus, wobei sich der Blick in diese Disziplin fast ausschließlich auf den bereits erwähnten Meilenstein – die Entwicklung narrativer Methoden – richten soll (Schütze, 1976, 1977). Das narrative Interview hat Schule gemacht wie kaum ein zweites Verfahren der Datenerhebung – und dabei zahlreiche fruchtbare Debatten angeregt sowie Entwicklungen angestoßen, die selbstverständlich auch im Feld der erzählanalytischen Datenauswertung angesiedelt sind (beispielhaft: Schütze, 1981, 1983, 1987, 2016a; Lucius-Hoene, 2010; Lucius-Hoene & Deppermann, 2002; in der Psychologie sehr frühzeitig: Wiedemann, 1986).

Bevor ich darauf näher eingehe, sollen ein paar wissenschaftshistorische Annotationen verdeutlichen, dass der Aufstieg des Erzählens in der Philosophie und den Wissenschaften durchaus radikale, revolutionäre Züge besitzt. Sobald man im *narrative turn* (Bachmann-Medick, 2006) nicht nur eine intensivierte Hinwendung zu einem bislang vernachlässigten *Gegenstand* der multi-, inter- oder transdisziplinär angelegten Narratologie und empirischen Erzählforschung erkennt, handelt es sich bei dieser Wende nämlich um eine bemerkenswerte Neuorientierung und tiefgreifende Umwälzung, die die Grundlagen und Prinzipien unseres wissenschaftlichen Denkens berührt. Sie kann unser Wissenschaftsverständnis sowie unsere Forschungspraxis erheblich verändern. Das sagt sicherlich nicht allen zu. Wer eine szientistische Wissenschaftsauffassung befürwortet oder sich gar mit ihr identifiziert, wird vehementen Widerspruch und energischen Widerstand gegen manche dieser Neuerungen anmelden, ganz besonders gegen eine narrative Ausrichtung bestimmter Domänen oder Disziplinen selbst.

## Rehabilitierung des Erzählens in den Wissenschaften vom Menschen[3]

Ohne durch das Erzählen in Geschichten verwandelt zu werden, bliebe das Meiste von dem, was geschieht, bedeutungslos und nichtig (Bruner, 1990, 1998; Pagnucci, 2004). Solche und verwandte Einsichten zirkulieren heute in mannigfachen Gestalten in vielen Disziplinen. Das Interesse gilt dabei dem lebensweltlichen Erzählen, daneben auch einer institutionell eingebetteten Praxis, die Geschichten aller Art hervorbringt, etwa in Gestalt öffentlicher Erinnerungen an denkwürdige Ereignisse; wir alle kennen Gedenktage oder Gedenkstätten. Als eine *in den Wissenschaften* angesiedelte Praxis, deren epistemische, kognitive Qualitäten gewürdigt und genutzt werden können, muss das Erzählen deswegen noch lange nicht geschätzt werden. Der etwas distanzierte, ja abfällige Blick auf die Verfertigung von Geschichten hat dort sogar Tradition. Das »bloße Erzählen« habe, so heißt es in fast allen Disziplinen bis heute, mit wissenschaftlicher Erfahrungs- und Erkenntnisbildung im eigentlichen Sinne nun wirklich nichts gemeinsam. Man könne sich zwar mit Erzählungen befassen – sie zum Gegenstand wissenschaftlicher Forschung machen –, dürfe in den Wissenschaften aber keinesfalls das Erzählen mit dem Erkennen verwechseln. Diese Ansicht halte ich für falsch, auch wenn sie von weit herkommt und nach wie vor hartnäckig vertreten wird.

Die Narration besaß in akademischen Gefilden, wie die Metapher und andere Tropen, über Jahrhunderte hinweg keinen besonders guten Ruf.[4] Aus dem Feld einer genuin wissenschaftlichen

3 Insbesondere in den ersten Absätzen dieses Abschnitts werden ein paar Formulierungen aus einem im *Handbuch Qualitative Methoden in der Psychologie* publizierten Beitrag übernommen (Straub, 2011, revidiert 2020).

4 Es ist kein Zufall, dass die Metapher und Narration im 20. Jahrhundert zur gleichen Zeit zu Gegenständen einschlägiger Studien wurden und dabei eine Art Rehabilitierung nicht zuletzt ihrer kognitiven, epistemischen Leistungen vorgenommen wurde. Metapher und Narration weisen Berührungspunkte und Überkreuzungen auf. Besonders deutlich ist das in Ricœurs Werk, in dem die bereits erwähnte Beschäftigung mit dem inneren Zusammenhang

Erfahrungs- und Erkenntnisbildung war die Erzählung als eine spezifische Sprachform und kommunikative Gattung jedenfalls weitgehend verbannt. Wissenschaften erzählen keine Geschichten. Sie entdecken vielmehr Gesetze, verifizieren oder falsifizieren sie – Gesetze der Natur, des gesellschaftlichen oder seelischen Lebens etc. Darüber war man sich in der gesamten Neuzeit ziemlich einig, die meisten stimmen dieser Ansicht auch heute zu. Sogar die Geschichte sollte auf Gesetze zurückgeführt, also nomologisch erklärt und vorhergesagt werden – was sich jedoch schnell als besonders hoffnungsloses Unterfangen erwies. Selbst als Gegenstand disziplinärer und interdisziplinärer Forschung gerieten das Erzählen als Praxis sowie die schließlich erzählten Geschichten bis weit in die zweite Hälfte des 20. Jahrhunderts hinein, sieht man einmal von literaturwissenschaftlichen und linguistischen Domänen ab, kaum ins Blickfeld. Der hier entscheidende Punkt ist jedoch: In ihrer ganzen Radikalität wird die in jüngster Zeit diagnostizierte narrative Wende erst sichtbar, wenn es um das Verhältnis des Geschichtenerzählens zur wissenschaftlichen Forschung und zur Darstellung von Forschungsergebnissen selbst geht, also nicht nur um einen interessanten Forschungsgegenstand.

Die Psychologie und Soziologie schwiegen zu den meisten Aspekten des *narrative turn* bis weit in die zweite Hälfte des 20. Jahrhunderts hinein, vor allem zu den epistemologischen, methodologischen und methodischen Fragen, die die Rolle des Erzählens in der Erfahrungs- und Erkenntnisbildung selbst betreffen. Auch diese relativ jungen Wissenschaften waren klammheimlich mit einer dominanten Tendenz des abendländischen Logos verbündet. Das Geschichtenerzählen kam als Verfahren der Bildung und Vermittlung belastbarer Erfahrungen und Erkenntnisse, speziell auch als Modus der wissenschaftlichen Erklärung, nicht in Betracht. Der Ausschluss der *narratio* aus einer für die methodische

zwischen »Zeit und Erzählung« sowie dem teils narrativ verfassten »Selbst als einem Anderen« direkt auf die Auseinandersetzung mit der »lebendigen Metapher« (Ricœur, 1986) folgte (vgl. hierzu auch die Beiträge zur Metapher und Metaphernanalyse in diesem Band).

*ratio* reservierten Welt wissenschaftlichen Denkens und Handelns war durchschlagend. Das ist noch in der Gegenwart überdeutlich. Hartmut Essers (1999) an der kurzen Leine einer etwas rigiden Wissenschaftstheorie geführte Soziologie gibt ein schönes Beispiel für diese dogmatisch befestigte Aversion ab. Das lebensweltliche, informelle und das institutionalisierte Erzählen sowie die dabei hervorgebrachten Geschichten mögen zwar wissenschaftlicher Untersuchungen wert sein (das konzediert man nun gern, natürlich auch Esser). Eine wissenschaftliche Praxis selbst könne aber, so lautet der hegemoniale Konsens, in keiner der existierenden oder noch zu erfindenden Varianten des Geschichtenerzählens gesehen werden. Erzählungen haben, so heißt es dann eben, insbesondere mit dem höchsten Ziel aller Wissenschaften, nämlich mit der Erklärung und Vorhersage jener Phänomene, für die jeweils einzelne Disziplinen zuständig sind, rein gar nichts zu tun. Die mythischen Zeiten, in denen den zauberhaften Geschichten noch solche anspruchsvollen epistemischen Aufgaben zugemutet wurden, seien ein für alle Mal vorbei. Erzählen und Erklären seien zweierlei, eben grundverschiedene Angelegenheiten. Diese Tätigkeiten seien strukturell verschieden und erfüllten verschiedene Funktionen.

Selbstverständlich *argumentiert* Esser für seinen – trotz mancher hermeneutischen Konzessionen im Wesentlichen dem Kritischen Rationalismus verpflichteten – Standpunkt. Seine Argumente sind indes nicht stark genug, um die Position und Perspektive, der allein er Wissenschaftlichkeit attestieren möchte, zu begründen und zu festigen. Sie illustrieren vielmehr, wie subtile oder grobe Dogmen operieren und – zu einer unantastbaren Position zusammengefasst – funktionieren. Auch Essers Suche nach den »Möglichkeiten und Bedingungen von sinnverstehenden Erklärungen gesellschaftlicher Prozesse« (ebd., S. IX) mündet in eine nomologische Wissenschaft, in der für Erzählungen kein Platz vorgesehen ist. Sein »Grundmodell der soziologischen Erklärung« baut ausschließlich auf eine Logik der Situation, der Selektion und der Aggregation, die allesamt ohne narrative Formen auskommen: »Es geht um die allgemeine Erklärung des Handelns und damit letztlich um den für die soziologische Erklärung nötigen universalen nomologischen Kern« (ebd., S. X). Die philosophische Debatte über die Differenz zwischen dem Verstehen und dem Erklären von Sachverhalten bzw. über den logischen sowie methodologischen Unterschied zwischen Gründen und Ursachen (William Dray u. a.) erledigt Esser mit einem Handstreich, indem er die ihn nicht überzeugende Position mehrfach auf »einfache Denkfehler« (ebd., S. 210) zurückführt. Manchen Opponenten hält er auch vor – so etwa Hans Joas –, dass sie Wesentliches schlicht »vergessen« hätten, zum Beispiel eben die angebliche Notwendigkeit, Handlungen in der einen oder anderen Weise auf »Gesetze« zurückzuführen (etwa »Selektionsgesetze«). Damit »verpasst« Esser allerdings den Witz einer Theorie der »Kreativität des Handelns« (Joas, 1992) und der damit verwobenen erklärungstheoretischen Reflexionen (wie ich sie erstmals 1999 ausführlich ausgearbeitet habe, indem ich die besagte Handlungstheorie an eine Theorie der autoexplanativen Erzählung *ex post festum* gekoppelt habe).

Wenn man »Kreativität« terminologisch an prinzipiell nicht auf Gesetze zurückführbare und schon gar nicht vorhersehbare kontingente Ereignisse bindet, *muss* man nachträglich erzählende Rekonstruktionen aufbieten, um den interessierenden Gang der Dinge verstehend erklären zu können. Anders geht das nicht. Esser hat für »narrative Elemente« allenfalls *innerhalb* des Schemas einer nach dem nomologischen Modell ausgelegten »historisch-genetischen Erklärung« Platz (ganz im Sinne von Wolfgang Stegmüllers wissenschaftstheoretischer Position; vgl. dazu Esser, 2000, S. 405ff.). Es verhält sich allerdings gerade umgekehrt: Nomologische Elemente mögen selbstverständlich in beliebig komplexen narrativen Erklärungen Platz finden, ohne diese eigenständige Erklärungsform jemals ersetzen zu können. Sie ist unumgänglich, wo immer wir es mit temporal komplexen Phänomenen oder aber mit der Kreativität des Handelns zu tun bekommen. Esser schließt das Erzählen von Geschichten jedoch kategorisch aus der Welt wissenschaftlich-methodischer Rationalität aus. Mit dem verstehenden Erklären hat das Geschichtenerzählen angeblich nichts gemeinsam, jedenfalls nicht in wissenschaftlichen Gefilden. Wie viele Sozialwissenschaftler_innen schiebt auch Esser die Tätigkeit des Erzählens und ihre äußerst vielfältigen Ergebnisse und Leistungen in die vorwissenschaftlichen Zeiten vergangener Jahrhunderte oder in die anachronistischen Refugien zurückgebliebener Leute von heute ab. Das erscheint mir unvernünftig.[5]

Solche etwas rigiden, dogmatisch verengten Auffassungen wie diejenige von Esser blenden vieles aus, was in der zeitgenössischen – auf die wissenschaftliche Forschung und Wissenschaftstheorie selbst angewandten – Erzähltheorie und Erzählforschung seit mehr als einem halben Jahrhundert intensiv diskutiert wird. Dabei müssen sie die eigenen Vorurteilsstrukturen abschatten. Dazu gehört nicht zuletzt die für vielerlei Zwecke außerordentlich fruchtbare und nützliche, also »viable«, nichtsdestotrotz aber metaphysische Annahme, die dem Menschen zugängliche Welt sei *durch und durch* kausal strukturiert. Essers auch in diesem Punkt paradigmatische Soziologie zehrt von einer impliziten On-

5 Wäre dies zu rechtfertigen, sähe es um den wissenschaftlichen Status der Geschichtswissenschaften übrigens schlecht aus. Die Erzählung bildet dort nämlich den Grund und Boden sowie den weitesten Rahmen nicht nur der Darstellung von Geschichte, sondern auch der Beschreibung und Erklärung geschichtlicher Ereignisse, Veränderungen oder Entwicklungen. Daran ändert es nichts, dass die historischen Disziplinen – namentlich etwa die sozialwissenschaftlich ausgerichtete, mit quantitativen Verfahren operierende Geschichtsforschung der sog. Bielefelder Schule (für die Namen wie Hans-Ulrich Wehler oder Jürgen Kocka stehen) – natürlich noch anderes tun als ›bloß‹ Geschichten erzählen, die sie in integrierter Form schließlich als Geschichte präsentieren, etwa als Geschichte der Weimarer Republik. Vgl. zu diesem Themenkomplex die bereits zitierten Arbeiten von Angehrn, Danto, Ricœur und Rüsen oder auch von Frank Ankersmit (1983), Hayden White (1990, 1991) u. v. a., die die philosophische und wissenschaftliche Geschichtstheorie, die Geschichtsforschung und -darstellung in erzähltheoretischer Perspektive begründen und – teils auch kritisch – reflektieren (wie White, 1990, der sich dabei allerdings in epistemologische Ungereimtheiten verstrickt, wenn er der Erzählung vorhält, einer realistischen Ontologie nicht gerecht zu werden und den zeitlichen Verlauf der Dinge, den die Chronik angeblich angemessen wiedergebe, einer verfälschenden, irreführende Bedeutungen erzeugenden narrativen Form unterzuordnen. Aus der Feder des Autors der – im Original bereits früher erschienen – *Metahistory* erscheinen solche Vorhaltungen geradezu kurios; dazu Straub, 1996; insgesamt sehr interessant in diesem Zusammenhang ist auch Fludernik & Ryan, 2020).

tologie und Anthropologie, in der jede wissenschaftlich erforschbare Welt durch kausale Gesetze konstituiert und bewegt wird, nichts anderes sonst. Demgemäß bestehe Forschung just in der findigen ›Entdeckung‹ sowie im empirischen Test der Geltung hypothetisch formulierter Gesetzmäßigkeiten – in nichts anderem sonst. Diese Gesetze müsse man in den Wissenschaften – auf dem Weg beharrlicher Falsifikationsbemühungen – zu erkennen suchen, selbst wenn man dabei, gerade in Fachwissenschaften wie der Soziologie oder Psychologie, lediglich bis zu statistischen Regelmäßigkeiten vorstoßen mag. Zur Erreichung dieses unverzichtbaren und höchsten Ziels habe das Erzählen von Geschichten nun leider gar nichts beizutragen.

Das allerdings ist wahr: Erzählungen sind in der Tat keine nomologischen Erklärungen und dienen ihnen auch nicht. Dagegen können deterministische und statistische Erklärungen durchaus in autoexplanative Narrationen integriert werden; man kann sie in Erzählungen in Anspruch nehmen, um den Fortgang einer Geschichte an bestimmten Stellen zu plausibilisieren. Erzählungen erklären nichts nomologisch oder subsumptionslogisch, ihr spezifischer Erklärungswert stützt sich nicht auf Gesetze. Das trifft zu. Voreingenommen und fragwürdig ist jedoch die erwähnte metaphysische Grundannahme und die damit verwobene Behauptung, Erzählungen könnten keine wissenschaftlich verwendbaren, übrigens auch präzise schematisierbaren Erklärungen eigener Art darstellen (siehe dazu als *locus classicus* Danto, 1974; außerdem Angehrn, 1985; Straub, 1999). Sie ist falsch im Sinne einer unnötig einseitigen, dogmatischen Setzung. Es spricht nichts dafür, dass man, sobald von »Zusammenhängen« oder »Beziehungen« (zwischen Zuständen, Ereignissen, Handlungen etc.) die Rede ist, ausschließlich an Kausalbeziehungen zu denken hätte. Mathematische, logische, argumentative, pragma-semantische oder eben narrative Zusammenhänge folgen nicht den Gesetzen der Kausalität. Das nomologische Schema ist nicht immer und überall angemessen. Das gilt jedenfalls für jene Welten, für deren Qualifizierung wir Prädikatoren wie »kulturell«, »sozial« oder »psychisch« bereithalten (oder zusammengesetzte Ausdrücke wie »soziokulturell«, »psychosozial«, »psychohistorisch« etc.).

Wer sein Vorstellungsvermögen und seine Aufmerksamkeit auf die zweifellos wichtigen kausalen Zusammenhängen oder Beziehungen begrenzt und *jede* Relation nach dem etablierten Muster eines experimentell rekonstruierbaren Ursache-Wirkungs-Zusammenhangs denkt, verfängt sich unweigerlich in dogmatischen Setzungen und ideologischen Welt- oder Menschenbildern, die die möglichen *wissenschaftlichen* Perspektiven für die Erklärung menschlichen Handelns – und handlungsanaloger, ebenfalls sinn- und bedeutungsstrukturierter Phänomene – drastisch reduzieren. Das ist nicht ihr einziger Nachteil, jedoch der im interessierenden Zusammenhang größte und folgenreichste. Im vorliegenden Buch wird mit der Konzentration auf ein – in sich differenziertes – Konzept des *verstehenden Erklärens* ein ganz anderer Ansatz und Weg gewählt. Die narrative Erklärung ist ein Typ dieses Modus wissenschaftlicher Erklärung.

Subjekt- oder sozialwissenschaftliche Erklärungen müssen sich keineswegs immer auf deterministische Gesetz- oder probabilistisch formulierte Regelmäßigkeiten stützen. Sie können zum Beispiel auch mit rekonstruierten Regeln, etwa mit sozialen Normen und den sie fundierenden Werten, arbeiten, um Handlungen verstehend zu erklären (vgl. das Kapitel zur relationalen Hermeneutik in diesem Band). Regeln sind keine Regelmäßigkeiten, Geschichten auch nicht. Sie haben in Disziplinen wie der Soziologie und Psychologie gleichwohl Erklärungskraft. Wer diesen liberaleren, pluralistischen Standpunkt vertritt und demgemäß *mehrere* gleichermaßen rationale, schematische und systematische Erklärungsformen zulässt und nutzt, hat mit der Ablehnung wissenschaftlicher Ansprüche nichts zu schaffen. Zurückgewiesen wird lediglich die Vorstellung einer angeblich alternativlosen Form wissenschaftlichen Denkens und Handelns (insbesondere im Feld der Erklärung), eben jener Version, die auch Esser so sehr hochhält, schätzt und empfiehlt. Wer anders vorgeht, macht sich keines unwissenschaftlichen Vergehens schuldig. Er oder sie greift vielmehr – zumindest in vielen, selbstverständlich genau zu spezifizierenden Fällen – sogar zur besseren, angemessenen und überlegenen Alternative: Nicht immer ist die Gesetzeserklärung oder statistische Erklärung der *best account* (Taylor, 1981).

Gerade soziologische oder sozial- und kulturpsychologische Erklärungen zum Beispiel von Handlungen sind häufig just auf die Kenntnis der konstitutiven oder regulativen Regeln angewiesen, die als soziale Normen eben etwas Anderes sind als statistische Regelmäßigkeiten oder gar Naturgesetze (vgl. wiederum Straub, 1999, sowie die Beiträge zur Handlungserklärung in Straub, 2021, S. 305ff., 321ff.; auch Boesch & Straub, 2007). Analoges gilt, *mutatis mutandis*, für weitere Modelle des verstehenden Erklärens, die ebenfalls aus dem nomologischen Schema ausscheren und jeweils eigenständige, nicht aufeinander reduzierbare oder ineinander überführbare Erklärungsformen bilden. Ich werde auf das Modell der narrativen Erklärung, in dem Geschichten eine autoexplanative Funktion zugeschrieben wird, noch einmal kurz zurückkommen – das Plädoyer für eine tatsächlich erzählende Wissenschaft ist auf dieses zentrale Argument angewiesen.

Bis zu diesem Punkt sollte gezeigt werden: Ein umsichtiger und toleranter Pluralismus ist auch im interessierenden Feld die vernünftigere Position als ein dogmatischer Szientismus. Dieser Standpunkt hat übrigens nichts mit jener Willkür und Beliebigkeit feiernden *anything goes*-Haltung zu tun, die kurzerhand *alle* Kriterien für eine genuin wissenschaftliche Vernunft und Praxis verschmäht und verwirft. Zu diesen unabdingbaren Kriterien gehören etwa Transparenz, Systematik, intersubjektive Nachvollziehbarkeit und Zustimmungsfähigkeit sowie ein an methodischer Rationalität orientiertes Vorgehen. Das pragmatische, normative Modell einer »offenen Wissenschaft« hat sich gegen seine resoluten Gegner noch nicht wirklich durchsetzen können. Es spricht heute zwar vieles dafür, dass einige der bislang hart verteidigten Grenzen szientistischer Borniertheit etwas durchlässiger werden – und vieles bereits erreicht wurde. Am Ende ihres Wegs sind die Befürworter eines wissenschaftlichen Pluralismus aber keinesfalls.

Die Erzählung und alles, was man mit dem Erzählen von Geschichten *auf wissenschaftliche Weise* bewerkstelligen kann, ist dem dominanten Dogma einer am nomologischen Modell orientierten Einheitswissenschaft lange Zeit zum Opfer gefallen. Essers Soziologie steht, wie gesagt, für diese hegemoniale Position. In der Psychologie bietet Theo Herrmanns (1979) Apologie des nomologischen Ansatzes immer noch ein besonders klares Beispiel dafür. Auch er argumentiert exklusivistisch: Andere Denkformen als die von ihm selbst präferierte hält er kurzerhand für vor- oder unwissenschaftlich. Punktum. Für gleichermaßen brauchbare, nützliche Alternativen ist da kein Platz. Das ist kein Beschluss, der auf eine unvoreingenommene Prüfung der Leistungsfähigkeit alternativer Denk- und Erklärungsformen folgte. Es ist eine dogmatische Setzung, eine apologetische Abwehrformation zum Schutz und zur Durchsetzung eigener Überzeugungen. Selbstverständlich sind auch wissenschaftliche Diskurse hegemoniale Praxen. Wahrheitsansprüche sind wohl selten vollständig unabhängig von expliziten oder impliziten Machtansprüchen.

Das Erzählen von Geschichten gilt in den nomologischen Wissenschaften und der ihnen zur Seite gestellten Wissenschaftsphilosophie also bis heute als alltags- oder lebensweltliche, irgendwie minderwertige Form der Darstellung und Kommunikation (verglichen mit wahrhaft wissenschaftlichen Denkformen, rationalen Prinzipien und methodischen Operationen). Oder man betrachtet das Geschichtenerzählen als eine literarische Praxis, wobei diese Kunst dann strikt von der Wissenschaft abgegrenzt wird. Keinesfalls aber tauge, so heißt es schließlich, der narrative Modus unseres Denkens dazu, Berührungspunkte, Verbindungen und Verwandtschaften zwischen diesen Gefilden auszumachen, zumal solche, die von einem geteilten Interesse am Erzählen und vielleicht sogar daher rühren, dass zumindest manche Subjekt-, Sozial- und Kulturwissenschaften ebenso wie die schöne Literatur und andere Künste vom Erzählen bzw. einer je eigenen erzählerischen Praxis *abhängig* sein könnten (wie es neuere Apologien der poetischen Dimension sozial- und kulturwissenschaftlichen Denkens nahelegen, eben solche, die die *Forschungs*praxis in der einen oder anderen Weise aufs Erzählen verpflichten). Diese Abhängigkeit ergibt sich, so behaupten narrativistische (Erkenntnis- und Wissenschafts-)Theorien, unter anderem just daraus, dass manche Disziplinen auf Beschreibungen und Erklärungen *temporal komplexer* Phänomene oder auf das ebenso zur Nachträglichkeit verurteilte verstehende Erklären der Kreativität des Handelns aus sind (Straub, 1999). Weil dies so ist, *müssten* sie – ob sie wollen oder nicht – auch Geschichten erzählen. Veränderungen und Zeugnisse der Kreativität des Handelns ließen sich nun einmal nicht anders darstellen und begreifen, beschreiben und erklären.

Ausnahmen wie die »dramatische Psychologie« Georges Politzers (1974, 1978) vermochten an der zuvor skizzierten, hegemonialen und dogmatischen Auffassung jahrzehntelang nichts zu ändern. Erst in jüngster Zeit kommt in der Soziologie merklicher Gegenwind auf. So empfiehlt etwa Wolfgang Knöbl (o. J.), sich auch in der Soziologie der Bedeutung der Erzählung bewusster zu werden. James Clifford (2019) lotet ebenfalls Grenzen aus und hält für legitim und produktiv, was andere am liebsten verbieten würden – wie eben das Geschichtenerzählen als wissenschaftliche Tätigkeit). Ein besonders interessantes Beispiel für die innovative Kraft eines soziologischen Denkens, dass gleich aus mehreren überlieferten Einzäunungen wissenschaftlicher Vernunft ausbricht, bietet gegenwärtig Andrew Abbott (2020). Dieser zupackende Autor scheut in der Konzeption seiner radikalisierten Prozesssoziologie noch nicht einmal davor zurück, der Soziologie eine *lyrische* Seite nahezulegen (s. a. Hoebel et al., 2020, die die deutsche Übersetzung einiger wichtiger Arbeiten von Abbott sehr würdigend einleiten – unter dem das Werk dieses Autors treffenden, spannungsgeladenen Titel »Reputation und Randständigkeit«).

Provozierende Einsprüche gegen die traditionelle Verachtung der *doxa* und speziell gegen die Vertreibung des Erzählens aus den modernen Wissenschaften wurden über Säkula hinweg von einer defensiven und marginalisierten Position aus vorgetragen, wenn überhaupt. Gehör fanden sie kaum. Das hat sich ein wenig geändert, zumindest in kleinen Zirkeln. Die treibende Kraft war dabei keineswegs die Literaturwissenschaft, die sich selbstverständlich stets mit dem Erzählen, seinen (ästhetischen) Formen, Verfahren und Resultaten, Funktionen und Folgen befasst hat, sondern zunächst die Geschichtstheorie bzw. Geschichtsphilosophie. Die narrative Struktur historischer Erkenntnis galt zunehmend und gilt noch heute, wie zuvor dargelegt, als weitester Rahmen und unhintergehbare Bedingung der historischen Forschung und

Geschichtsschreibung sowie, so kann man diese Einsicht generalisierend ergänzen, *ebenso aller anderen Disziplinen*, die – wie die Psychologie oder Soziologie – mit *temporal komplexen* Phänomenen, kurz: mit *Veränderungen* befasst sind, speziell mit Veränderungen in jener Welt, die eben von handlungsfähigen »Erfahrungstieren« bewohnt wird (um einen Ausdruck Michel Foucaults [1996] zu bemühen, auch wenn der wohl seine redliche Mühe damit gehabt hätte, diese Spezies auch als »Erzähltiere« aufzufassen, die in den Wissenschaften den ihnen gebührenden Raum einnehmen dürfen; vgl. aber Fn. 7).

Bevor ich das Plädoyer für eine erzählende Wissenschaft beende, speziell für eine narrative Soziologie und Psychologie, die klar aus dem nomologischen Projekt ausscheren (ohne den Wert dieses Programms zu verkennen), möchte ich mich, wie angekündigt, mit bestimmten Errungenschaften der Soziologie befassen, die als Präludium zur radikalen Innovation einer Umwälzung bzw. pluralistischen Erweiterung unseres Wissenschaftsverständnisses aufgefasst werden können. Auf den ersten Blick scheint die Erfindung der Methode oder Technik des narrativen Interviews der subjekt- und sozialwissenschaftlichen Werkzeugsammlung lediglich ein neues Instrument der Datenerhebung hinzugefügt zu haben. Das ist jedoch eine verkürzte Sichtweise, die der überaus vielschichtigen, in der zweiten Hälfte der 1970er Jahre sich vollziehenden Neuerung nicht gerecht wird. Das narrative Interview ist zwar ein Erhebungsinstrument, gehört aber zu jener Sorte von Verfahren, die die gesamte Forschungspraxis, in der sie eingesetzt werden, schnell zu hinterfragen nahelegen. Wer Menschen ziemlich oder gänzlich frei erzählen lässt, wer ihnen aufmerksam zuhört, ihre mündlichen Geschichten aufzeichnet und in Gestalt von Abschriften sammelt, verstößt nicht nur gegen die in den nomologischen Wissenschaften geforderte Standardisier-, Kontrollier- und Reproduzierbarkeit der Datenkonstitution. Wer so vorgeht, muss sich nämlich schon bald über Auswertungsverfahren Gedanken machen, die diesem empirischen Datenmaterial angemessen sind – und erneut von den eingeschliffenen Prinzipien und Verfahren nomologischer Erfahrungs- und Erkenntnisbildung abweichen. Mit dem narrativen Interview schlägt die

Stunde systematischer Transkriptions- und *interpretativer Analyseverfahren*, und nicht zuletzt stellt sich, wo Erzähltexte eingehend untersucht werden, schon bald die grundsätzliche Frage nach dem *Status des Erzählens in der Wissenschaft selbst*.

Doch der Reihe nach! Ich werfe noch einmal einen Blick zurück auf die Einführung der Methode oder Technik des narrativen Interviews. In der Psychologie ist diese Neuerung eine längere Zeit lang gar nicht angekommen. Im deutschsprachigen Raum lag das nicht zuletzt daran, dass Hans Thomae seine »biografische Methode« (1952, 1969) als einen nicht revisionsbedürftigen Ansatz über Jahrzehnte hinweg wie eine Trutzburg verteidigte und dabei die soziologischen Innovationen als überflüssig abtat und unverblümt als unsachliche Einmischungen in psychologisches Hoheitsgebiet brandmarkte (vgl. dazu Straub, 1989, S. 9ff.). Andere taten es ihm nach und sahen jedenfalls keine Notwendigkeit, mit der methodischen Erhebung autobiografischer Erzählungen die Forschungsmethodologie vom nomologisch-experimentellen auf das Paradigma einer *interpretativen Textwissenschaft* umzustellen. Was andere als innovativen *linguistic turn*, *interpretive turn* oder *narrative turn* betrachteten und tatkräftig unterstützen, nahmen die meisten Psycholog_innen eher erstaunt und etwas hilflos zur Kenntnis – ohne zu merken, dass das (meta-)theoretische Fundament ihres eigenen wissenschaftlichen Denkens und Handelns zumindest in bestimmten Feldern wie der Biografieforschung zunehmend brüchig, ja anachronistisch wurde. Die »biografische Methode« Thomaes war jedenfalls – trotz ihrer unzweifelhaften Errungenschaften – schon weitgehend veraltet, als in der deutschsprachigen Soziologie ein neuer Aufbruch ins »interpretative Paradigma« zu beobachten war. Diese Methode war zu sehr mit überholten geisteswissenschaftlichen Ansätzen des späten 19. und frühen 20. Jahrhunderts verbandelt, nicht zuletzt mit politisch höchst fragwürdigen Strömungen (an denen Thomae leider mehr Anteil hatte, als er zeitlebens gestand; vgl. zu seinen unrühmlichen Verstrickungen ins nationalsozialistische System: Postert & Hanzig, 2017; ich komme darauf zurück). In der Psychologie beharrte man allzu lange und starrköpfig auf verbrauchten Traditionen, anstatt die vielversprechenden Neuerungen einer Soziologie zur Kenntnis zu nehmen, die aus dem Reservoir insbesondere des amerikanischen Pragmatismus, des symbolischen Interaktionismus, der Ethnomethodologie und anderer innovativer Strömungen schöpfte.

Die Anerkennung der Eigenständigkeit von qualitativen Methoden, die nun eben nicht mehr bloß heuristische Funktionen im explorativen Vorfeld der ›eigentlichen‹, (quasi-)experimentellen bzw. hypothesenprüfenden Forschung erfüllten, setzte sich in der Psychologie erst spät durch. Man bewegte sich lediglich in überschaubaren Milieus an den Rändern der Disziplin auf die soziologischen Innovationen zu. Im 21. Jahrhundert ist dieser qualitative Zweig empirischer Forschung, den das narrative Interview geradezu paradigmatisch und *pars pro toto* repräsentiert, jedoch auch in dieser Fachwissenschaft halbwegs etabliert, nicht zuletzt in der sogenannten »narrativen Psychologie« (siehe bereits Sarbin, 1986; sodann etwa Brockmeier, 2015) und, besonders deutlich, in der Biografieforschung. Symptomatisch für diesen Erfolg sind etwa die von Günter Mey und Katja Mruck (2010, revidiert und erweitert 2020) herausgegebenen Handbücher sowie das *Forum Qualitative Sozialforschung* (FQS), das als eine der größten und einflussreichsten Online-Fachzeitschriften gelten darf. Auch für die Ankunft qualitativer, interpretativer oder rekonstruktiver Forschung in der Psychologie war die außergewöhnliche Karriere des vorrangig von Fritz Schütze und seinem Team entwickelten narrativen Interviews wichtig und sogar maßgeblich.

An diesem Paradebeispiel eines »offenen« Interviews lässt sich ganz allgemein zeigen, wie manche Methoden sukzessive weit über ihre eigentliche Funktion und Aufgabe hinaus Folgen zeitigen können, teils wohl nicht intendierte und nicht vorhersehbare. Das ist bemerkenswert, wenngleich die erstaunliche Innovationskraft eines Verfahrens natürlich nichts daran ändert, dass die Technik des narrativen Interviews zunächst einmal eine ungemein produktive Revolution im Feld der methodischen Datenerhebung verkörperte. Das war jedoch noch nicht alles.

Wer narrative Interviews führt, muss die allgemeine Gültigkeit und Verbindlichkeit des nomologischen Modells nicht unbedingt anzweifeln. Man kann diese Methode durchaus verwenden, ohne zum Abtrünnigen zu werden. Ganz so leicht und selbstverständlich ist das allerdings nicht. Dieses offene Verfahren der Datenerhebung gehört nämlich seit seiner Erfindung und Erprobung in den Kontext einer aufsteigenden, interpretativen Soziologie, die sich aus prinzipiellen Gründen kritisch gegenüber allen szientistischen Dogmen verhält und ganz entschieden am Projekt *to bring men back into the humanities* mitwirkt. Die Erfinder des narrativen Interviews begnügten sich nicht mit ein paar kosmetischen Veränderungen an der Oberfläche eines eingefahrenen Wissenschaftsbetriebs, routinemäßiger sozialwissenschaftlicher Forschung und Berichterstattung. Bleiben wir zunächst beim narrativen Interview selbst, das in so gut wie allen Subjekt- und Sozialwissenschaften eine erstaunliche Karriere gemacht und als offenes Datenerhebungsverfahren fest etabliert ist. Sogar in einigen Kulturwissenschaften, die mittlerweile ebenfalls empirische Forschung im Stil der Sozialwissenschaften betreiben, wird diese Methode verwendet – etwa dann, wenn Romanistinnen symbolträchtige »Gedächtnisorte« in Frankreich oder Italien untersuchen und sich dabei besonders für die Bedeutung interessieren, die diese Orte im kollektiven oder individuellen Gedächtnis und in der lebendigen Erinnerung bestimmter Menschen einnehmen; oder dann, wenn junge Archäologen, die in ihren Ausgrabungsstätten längst nicht mehr nur nach Scherben und anderen Überresten untergegangener Völker und Kulturen suchen, sondern sich zum Beispiel auch für den sozialen Wandel in Gegenden interessieren, in denen Vertreter des eigenen Berufsstandes graben und dabei nicht nur keinen Stein auf dem anderen lassen, sondern womöglich auch eingesessene Gemeinschaften und jahrhundertealte Lebensformen unter Veränderungsdruck setzen. Narrative Interviews sind also immer mehr für alle da, die in irgendeiner Weise empirische Sozialforschung betreiben möchten. Das gilt natürlich nicht allein für dieses Erhebungsinstrument, sondern auch für Verfahren der Auswertung von Erzählungen bzw. Erzähltexten (sowie andere Methoden der Datenkonstitution und -analyse).

## Einblicke in methodische Errungenschaften einer narrativ verfahrenden Soziologie

Ich werde nur wenige Schritte bzw. ausgewählte Aspekte der »narrativen Wende« in der Soziologie kommentieren, nämlich solche, die mit der Erfindung des narrativen Interviews zusammenhängen. Dies dient dem zentralen Zweck darzulegen, in welcher Weise der Mensch in dieser Disziplin sukzessive als *Homo narrator* in Erscheinung trat. Ich beschränke mich auf die deutschsprachige Soziologie. Das ist kein Zeichen eines allzu behäbigen, regional verengten Bemühens. Die sehr selektive Rückschau hat durchaus gute Gründe, wurden gerade hierzulande einige der besonders einflussreichen methodischen Weichenstellungen vorgenommen. Das geschah natürlich in engem Austausch mit internationalen Debatten, aber doch auf eigenständige und originelle Weise. Das narrative Interview, das zunächst vor allem der soziologischen Forschung enormen Auftrieb bescherte – insbesondere in Interaktionsfeldstudien und in der Biografieforschung, danach in immer mehr Bereichen –, ist wohl das berühmteste Beispiel einer bahnbrechenden Innovation im Feld qualitativer Methoden.

## Methodische Neuerung in den 1970ern: Das *storytelling animal* im narrativen Interview und in der soziologischen Erzählanalyse

Während in der Philosophie und Geschichtswissenschaft eine weit über den Tellerrand der Literaturwissenschaft und Linguistik hinausblickende Debatte bereits in vollem Gange war, näherte man sich dem Geschichtenerzählen in der Soziologie – die Psychologie befand sich noch im Winterschlaf einer »Zeit ohne Erzählung« – auf eigene, besondere Weise. In Deutschland tüftelte man, mit vergleichsweise riesigen Tonbandgeräten ausgestattet, an der Etablierung einer Interviewform, in deren Rahmen Menschen zu Stegreiferzählungen animiert wurden. Dafür waren die guten persönlichen Kontakte zum Beispiel der Bielefelder

Arbeitsgruppe zu Vertretern der interpretativen Soziologie in den Vereinigten Staaten sicherlich wichtig, namentlich etwa zu Anselm Strauss und anderen Vertreter_innen des schon seinerzeit vielbeachteten, bald schon enorm wirkmächtigen *Grounded Theory*-Ansatzes. Die international eher zögerliche Rezeption der innovativen Beiträge aus der deutschsprachigen Soziologie und Soziolinguistik verdankte sich wohl auch der Tatsache, dass wegweisende Forschungsarbeiten längere Zeit fast nur als deutschsprachige Veröffentlichungen erschienen – falls man bei einigen dieser Arbeiten überhaupt von »Veröffentlichungen« sprechen kann, handelte es sich doch um (teils sehr umfangreiche) Texte in Gestalt von sogenannten »grauen Papieren« (z. B. Schütze, 1976, 1977). Die zirkulierten zwar in Fachkreisen, waren aber nicht für eine allgemeine Öffentlichkeit publiziert worden. Demzufolge waren sie auch nicht so leicht zugänglich wie die üblichen Publikationen.

Insbesondere die Arbeitsgruppe Bielefelder Soziologen (1973) hatte den Boden bestellt. Ihr wichtiger Sammelband erschloss vor allem Ansätze der US-amerikanischen interpretativen Soziologie einem breiteren Fachpublikum im deutschen Sprachraum, in dem der symbolische Interaktionismus, die Ethnomethodologie, Krisenexperimente oder ethnografische Verfahren etc. noch keineswegs so vertraut und geläufig waren, wie es heute der Fall ist. Im Rahmen des »interpretativen Paradigmas« gewannen »offene« Verfahren der Datenerhebung – die Martin Kohli (1978) in einem viel zitierten Aufsatz gegen (eher) »geschlossene« Verfahren abgrenzte – erheblich an Bedeutung. Dafür gab es eben systematische, theoretisch-methodologische Gründe, die viele als zwingend betrachteten. Noch heute gilt: Wer davon ausgeht, dass Menschen ihren Alltag als sinnhafte, bedeutungsstrukturierte Welt erleben und gestalten und fortlaufend reproduzieren oder modifizieren, muss zunächst einmal Datenerhebungsverfahren erfinden, die dieser anthropologischen oder sozialontologischen Tatsache Rechnung tragen. Man muss dann eben Methoden entwickeln, die einen Zugang zu diesen – möglichst unverfälschten, methodisch nicht restringierten – subjektiven und sozialen »Sinnwelten« oder holistisch strukturierten »Bedeutungsuniversen« eröffnen. Diese Einsicht wurde zügig zum Prinzip erhoben und fand weit über die überlieferte Hermeneutik oder Phänomenologie hinaus Verbreitung und Anerkennung.

In dieser auf Neuerungen drängenden Lage wurde die »Technik des narrativen Interviews« ersonnen und erprobt. Sie wurde schon bald zum Paradebeispiel eines Verfahrens, das die methodisch kontrollierte, gerade auch die dezidiert subjektwissenschaftliche Sozialforschung *pars pro toto* repräsentierte. In ihr spiegelte sich der Vorsatz *to bring men back into the humanities* geradezu ideal. Dabei konnte und kann man sich bis heute darüber streiten, ob Bezeichnungen wie »Methode« oder erst recht »Technik« vollends angemessen sind. Zwar handelt es sich beim narrativen Interview ganz zweifellos um ein durch klare Regeln definiertes Verfahren. Diese – trotz der Anerkennung und partiellen Nachahmung wichtiger Regeln der Alltagskommunikation – durchaus artifizielle Praxis der Gesprächsführung ist aber niemals vollständig kontrollierbar, sodass sich die methodischen Regularien zumindest teilweise besser als situationsflexibel zu beachtende, also spontan und kreativ zu befolgende Anleitungen verstehen lassen, die man niemals eins zu eins umsetzen kann, steif und starr, als handle es sich um die maschinelle Befolgung eines Algorithmus. Völlige Standardisierung ist hier ausgeschlossen. Eine Praxis bleibt eben eine Praxis, selbst wenn sie durch kluge, zweckmäßige Prinzipien und Regeln methodisch eingehegt, beschränkt und gebahnt wird.

Im narrativen Interview werden die ausdrücklich zum Erzählen aufgeforderten, animierten Menschen ganz offensichtlich zu Ausgaben des *Homo narrator*. Sie werden von geschulten Interviewerinnen und Interviewern einfach und freundlich darum gebeten, von sich und ihrer Welt, von ihrem Leben, ihren Erfahrungen und Erwartungen, kurz: von all dem zu erzählen, was zu dieser oder jener Zeit bzw. in diesem oder jenem Kontext geschehen war, was sie unternommen hatten oder was ihnen widerfahren und ihnen bis heute im Gedächtnis, womöglich wichtig geblieben ist. Die Interviewten sollen möglichst spontan erzählen, »frei von der Leber weg«, in ihrer eigenen Sprache, nach persönlichen Relevanzsetzungen und in ihrem individuellen Stil, ohne äußere

Einschränkungen oder Manipulationen und ohne innere Zensur (wie sie etwa moralische Vorschriften bzw. Scham- oder Schuldgefühle auferlegen). Personen dürfen und sollen, seit es das narrative Interview gibt, in den hier interessierenden Wissenschaften offen und frei erzählen.

Dabei konzentrieren sie sich meistens auf ein bestimmtes Thema, wenngleich auch gänzlich unreglementierte, thematisch völlig offene Selbstthematisierungen vorgesehen sein können. Das also war die historische Stunde, in der in den Subjekt- und Sozialwissenschaften protokollierte, mündliche (Selbst-)Erzählungen angeregt und *kultiviert* wurden. Es ist bemerkenswert, dass ein wissenschaftliches Interviewverfahren just diese Praxis der narrativen Selbstthematisierung erheblich gefördert hat und dadurch auch zu ihrer Formgebung und einer gewissen Vereinheitlichung beigetragen haben dürfte. Das narrative Interview ist auch in diesem Sinne eine machtvolle Methode. Diese Technik erlaubt es nicht nur zu registrieren, was im materiellen, sozialen und seelischen Raum bestimmter Leute so alles der Fall ist und vor sich geht. Sie greift nämlich auch in die gesellschaftlichen, soziokulturellen und psychosozialen Wirklichkeiten ein, die sie doch lediglich zu beobachten vorgibt. Interviews sind stets auch Interventionen in psychische, soziale und kulturelle Wirklichkeiten. Sie lassen die interessierenden Welten *in the long run* nicht unverändert. Sie schaffen also heute ein Stück weit selbst mit, was sie morgen beobachten, registrieren und analysieren. Zumindest die heute geläufige Form der Selbstthematisierung ist – nach und neben dem enormen Einfluss psychologischer und psychotherapeutischer Techniken der Gesprächsführung – durch die in der Soziologie entwickelte und etablierte Methode des narrativen Interviews geprägt. Auch ihre möglichen Inhalte sind wohl nicht ganz unabhängig von den Themen sozial- und subjektwissenschaftlicher Forschung. Das gilt nicht zuletzt für die lebensgeschichtlichen Erzählungen.

Im Grunde genommen ist es ungenau, die unmittelbaren Ergebnisse bzw. Produkte narrativer Interviews als autobio*grafische* Narrative zu bezeichnen. Es wird im Interview ja einfach nur erzählt, ganz so, wie es orale Kulturen vorsehen. Geschrieben (griech.: *graphein*) oder aufgeschrieben wird erst einmal nichts, abgesehen von den Notizen der Interviewerin. Das erzählte Leben nimmt erst in einem weiteren Schritt die Gestalt einer Abschrift an, nämlich dann, wenn die – seinerzeit ebenfalls noch hoch innovativen – Tonbandaufzeichnungen verschriftet, transkribiert wurden. Damit kam natürlich auch die Entwicklung oder Präzisierung von regelgeleiteten Transkriptionssystemen in Schwung.

Seine Lebensgeschichte oder von bestimmten Erfahrungen und Erwartungen erzählen: Dies geschieht im narrativen Interview in der Gegenwart eines (in aller Regel) anonymen Gegenübers, der irgendwann einmal als »Narrationsanimateur« etikettiert werden sollte. In kritischer Absicht tat das Heinz Bude (1985), der neben Schützes in der Tat unhaltbarem Theorem einer »Homologie« zwischen erzählter und erlebter Welt auch mit einigen das Interviewverfahren begründenden oder stützenden Annahmen hart ins Gericht ging. Dazu gehörten etwa die sogenannten »Zugzwänge des Erzählens«, die eine Erzählung keineswegs so zwangsläufig bestimmten und dadurch für ihre Authentizität sorgten, wie Schützes Theorie das unterstellte. Im Einzelnen sind das in der Theorie des narrativen Interviews der Kondensierungs-, der Detaillierungs- und der Gestaltschließungszwang, die allesamt weniger unausweichliche Zwänge darstellen als implizite Regeln, gegen die Erzähler auch verstoßen können (bewusst oder unbewusst). Weitere Einwände wurden formuliert, auch solche, die sich auf die erzählanalytische Auswertungsmethodik bezogen. Dazu gehörte etwa die Kritik an Schützes Anweisung, narrative Passagen von allen beschreibenden und argumentativen Ausführungen zu trennen und exklusiv auszuwerten (was Schütze unter anderem mit dem Argument begründete, dass das in eine Erzählung eingebettete Argumentieren lediglich der »sekundären Legitimation« – zum Beispiel von Handlungen – diene, nicht aber einer realistischen Repräsentation, die auch die in der erzählten Zeit tatsächlich wirkmächtigen Motive und Absichten umfasst; vgl. etwa Straub, 1989, S. 144ff.; sowie die heutige Korrektur gerade auch dieses Theorems durch Schütze, 2016b, S. 66ff.).

Wichtig an der maßgeblich von Schütze – in enger Zusammenarbeit mit Fachkollegen wie etwa Peter Alheit oder dem Soziolinguisten Werner Kallmeyer – entwickelten Methode der Datenerhebung ist im hier interessierenden Zusammenhang, dass die Technik des narrativen Interviews ganz auf die allgemeine, in einem bestimmten Alter normalerweise verfügbare Fähigkeit des Menschen setzt, Geschichten erzählen und verstehen zu können, insbesondere: *sich selbst* und *seine materielle, kulturelle, soziale und seelische Welt* in Geschichten artikulieren, sich und sein Leben »darstellen« oder »kommunizieren« zu können wie andere »Sachverhalte« auch (so lauten Schützes *Termini technici*, die die vielschichtige performative Dimension dieser »Kommunikations-« oder »Sachverhaltsdarstellungsschemata« offenbar etwas zu kurz kommen lassen). Festzuhalten ist: Das Erzählen rückte damit als eine einzigartige Sprachform mit besonderen Voraussetzungen, Funktionen und Potenzialen – als ein in soziolinguistischer Perspektive von anderen Kommunikationsschemata wie dem »Beschreiben« oder »Argumentieren« klar unterscheidbarer Modus der Verständigung – in den Mittelpunkt der subjekt- und sozialwissenschaftlichen Aufmerksamkeit. Es eröffnete der methodisch kontrollierten Datenerhebung einer interpretativen Soziologie und ihren Nachbardisziplinen ganz neue Perspektiven und Chancen – die offenbar auch von technischen Entwicklungen getragen, also von der Verfügbarkeit transportabler Tonbandgeräte abhängig waren.

Man interessierte sich fortan mit einem bis dato unbekannten Elan für die erzählte oder erzählbare Welt von allerlei Menschen und nahm diese adjektivischen Bestimmungen dabei sehr ernst, achtete also nicht so sehr auf das, was Personen beschreibend zum Ausdruck oder was sie argumentierend zur Geltung bringen mögen. Ganz im Gegenteil: Insbesondere argumentative Passagen sollten, wie erwähnt, bei der Analyse von Erzählungen markiert, nicht weiter berücksichtigt bzw. als bloß nachträgliche Legitimationen oder rechtfertigende Begründungen verdächtigt und eingeklammert werden. Sie verklärten oder trübten, so glaubten Schütze und andere Vertreter_innen des soziologischen Narrativismus ein paar Jahrzehnte lang, die angeblich exklusiv im

Erzählen zur Sprache kommenden geschichtlichen und lebensgeschichtlichen Tatsachen. Wer argumentiert, so hieß es, habe häufig etwas zu verschleiern oder zu verdecken, zu beschönigen vielleicht (das eigentliche Motiv damaligen Handelns etwa). Dass es jedoch gar nicht möglich ist, narrative Passagen von nicht-narrativen zu trennen, ohne den Sinn eines Textes zu entstellen und aus der *Bedeutung schaffenden Verflechtung* verschiedener Kommunikationsschemata unverständliche Fragmente zu machen, wurde übersehen. Im Übrigen erschöpft sich Kommunikation keineswegs im Erzählen, Beschreiben und Argumentieren. Es gibt analytische oder reflektierende Formen des Sprechens, die keineswegs die Form eines Arguments besitzen, oder ironische und zynische Äußerungen sowie allerlei sonstige rhetorische Formen und ästhetische Stilmittel, die ebenso wenig in das dreigliedrige, unterkomplexe Kategoriensystem der soziolinguistischen Kommunikationstheorie Schützes und Kallmeyers passen.

Der erzählende Mensch war und ist in der hier erinnerten Art empirischer Forschung also vornehmlich ein sich selbst und seine persönlichen, aber stets auch seine kulturell imprägnierten und sozial geteilten Erfahrungen und Erwartungen *in Geschichten repräsentierender Datenproduzent* und *Datenlieferant* – sei es in Interaktionsfeldstudien, sei es in der Biografieforschung oder in anderen Branchen einer innovativen Soziologie, die seinerzeit noch mit dem Anspruch auftrat, eine Art »Leitwissenschaft« für spätmoderne Gesellschaften zu sein und ihnen brauchbares Orientierungswissen zur Verfügung zu stellen. Die erzähltheoretisch gerüsteten Soziolog_innen wurden auf diesem Weg zu empirischen Sozialforscher_innen, die den Subjekten in partnerschaftlicher Weise ihre »eigene Stimme« zurückzugeben trachteten. Das geschah nach der düsteren Zeit einer nicht nur mit standardisierten Verfahren operierenden, sondern dadurch auch stark normierend in soziale Welten eingreifenden und ihre Bewohner bevormundenden Wissenschaft. Diese nun zu überwindende, in gewisser Weise autoritäre Wissenschaft hatte ihren Forschungs*objekten* die im Kontext der Datenerhebung *überhaupt sagbaren* Wörter eigentlich von vornherein »in den Mund gelegt« (z.B. in Form vorgefertigter Fragebögen oder strukturierter Leitfadeninterviews, die die Antwortmöglichkeiten deutlich einschränkten). Solche mehr oder weniger geschlossenen Verfahren ermöglichen oder evozieren nicht nur bestimmte Äußerungen, sondern begrenzen drastisch, was in der Erhebungssituation überhaupt sagbar ist. Da helfen auch die sogenannten »freien Antwortmöglichkeiten« zum Beispiel in Fragebögen nur wenig, da sie bekanntlich in Inhalt und Umfang wiederum nur sehr limitierte Äußerungen zulassen.

Das narrative Interview dagegen öffnet den Raum des Sprechens in einer bis dahin unbekannten Weise. Dieses Verfahren lässt es nicht nur zu, sondern regt ausdrücklich dazu an, dass die Erzählenden sogar die Fragen, auf die sie antworten, selbst stellen. Selbstthematisierungen in narrativen Interviews sollen bekanntlich nach eigenen, subjektiven Relevanzsetzungen erfolgen. Interviewer_innen sollen ihr Gegenüber ausdrücklich dazu ermuntern, selbstbestimmt zu erzählen. Sie sollen ein möglichst selbstläufiges Erzählen lediglich in Gang halten (durch affirmative, wertschätzende und motivierende Kommentare in Gestalt parasprachlicher oder nonverbaler Zeichen). So lernen professionelle Interviewer_innen dann auch schnell, sich über weite Strecken auf Begleiterscheinungen des Sprechens zu beschränken und vor allem eines zu tun: aufmerksam zuhören, um allenfalls später noch ein paar passende »immanente« Nachfragen stellen zu können, die an das Gehörte anschließen. Die Interviewten sollen den Faden ihrer Erzählung möglichst selbst spinnen, auch Ergänzungen und Details nachtragen, solange ihnen noch irgendetwas einfällt. »Exmanente« Nachfragen sind nur für den letzten Teil des Interviews vorgesehen, kurz bevor die Ausführungen vielleicht noch einmal bilanziert und die Datenerhebung abgeschlossen werden. Es ist leicht zu sehen: Dieses offene Verfahren der Datenerhebung war ein riesiger Schritt in die Richtung einer demokratisierten, partizipativen Sozialforschung, in der die interessierenden Subjekte ihre Interessen, Anliegen und Relevanzen zum Leitfaden des eigenen Erzählens machen dürfen – und sollen. Offenbar besteht just darin auch eine Art Macht einer Erhebungsmethode, die Subjekten in Datenerhebungssituationen Freiheiten lässt, Entscheidungen zumutet und sie dadurch auch ein Stück weit formt. Das narrative Interview wirkt an der fortlaufenden Sozialisation und Subjekivierung von Subjekten mit, *nolens volens*. Die heute so angesehene, moralisch und politisch geadelte Praxis des *Voicing* muss keineswegs so neutral und nett, emanzipatorisch und rundum harmlos sein, wie sie vorgibt. Dass sie in offenen, um Gleichheit und Gerechtigkeit bemühten Gesellschaften wichtig ist, dürfte ebenso unbestritten sein wie die heute klar erkennbare Tatsache, dass die Erfinder des narrativen Interviews zu den Pionieren dieser radikaldemokratischen, keineswegs nur postkolonialen Praxis gehören.

Es ist ein kaum zu überschätzendes Verdienst der Arbeitsgruppe um Fritz Schütze und eines stetig sich ausweitenden Kreises kooperierender Kolleginnen und Kollegen in der Soziologie und ihren Nachbardisziplinen, vor allem in der Erziehungswissenschaft, dass die Technik des narrativen Interviews die Datenbasis der qualitativen Sozialforschung erheblich veränderte, verbreiterte und zugleich vertiefte. Das erlaubte die Bearbeitung ganz neuer Fragestellungen – wobei Menschen stets als erzählende Tiere adressiert wurden, die weitgehend spontan und frei erzählen dürfen und sollen. Was dieses »Sollen« angeht, sollte man berücksichtigen, dass die neue Interviewtechnik durchaus ihren Anteil daran hatte, dass eine harmlos klingende Erzählaufforderung bzw. die wissenschaftlich institutionalisierte Praxis der Selbsterzählung insgesamt zu einer Art kulturellem und gesellschaftlichen Imperativ beitrug und noch immer beiträgt, der schlicht lautet: »Erzähle Dich selbst!« Der Philosoph Dieter Thomä (1998) hat sich mit diesem Gebot – speziell mit dem überzogenen, totalisierenden und natürlich unerfüllbaren Anspruch, möglichst das *ganze* Leben zu erzählen – kritisch auseinandergesetzt und dabei allerlei epistemologische und ethische Argumente gegen den ›idealerweise‹ lückenlosen narrativen Zugriff auf unser Dasein vorgetragen. Man darf und sollte bis heute – gerade als Vertreter einer interpretativen, rekonstruktiven oder qualitativen Sozialforschung – selbstkritisch darüber nachdenken, ob dieser Typ Forschung tatsächlich immer so unschuldig ist, wie es scheint, oder ob er wirklich den erklärten emanzipatorischen Zielen dient, die manche Kolleginnen und Kollegen generell zu unterstützen oder, manchmal etwas naiv-vollmundig, zu verfolgen vorgeben. Gerade das narrative Interview ist bestens – viel mehr als jedes Erhebungsverfahren, das in der quantitativen Forschung zum Einsatz gelangt – dazu geeignet, auch die intimen Innenräume von Subjekten auszuleuchten oder, sagen wir es offen: auszuspähen, auszukundschaften, zu registrieren und öffentlich zu repräsentieren. Das kann eine gute Sache sein und noblen Zielen dienen, muss es aber nicht. Die Technik des narrativen Interviews ist Medium der Erfahrungs- und Erkenntnisbildung, Vehikel der selbstbestimmten Artikulation und Emanzipation von (diskriminierten, marginalisierten, exkludierten) Subjekten sowie eine Machttechnik, die durchaus in Michel Foucaults Arsenal subtiler Instrumente machtvoller Wissenschaften passt, die vieles ermöglichen und schaffen, es dabei zugleich aber auch kontrollieren, kanalisieren, unterwerfen, beherrschen und zurichten (z. B. Foucault, 1977).

Das Auskundschaften sich selbst erzählender, sich aussprechender Subjekte gelingt übrigens oft auch gegen die Absichten jener – wie es ein wenig technokratisch, jedoch durchaus aufschlussreich heißt – »Biografieträgerinnen« oder »Informanten«, die zu Beginn eines narrativen Interviews nicht selten gar nicht vorhatten oder sich nicht im Geringsten vorstellen konnten, all das preiszugeben, was sie nach und nach erzählten. Dies ist für die Akteure oft ein überraschendes Ergebnis: »Das habe ich noch niemals jemandem erzählt!« Oder: »Das wollte ich eigentlich gar nicht mitteilen!« Solche Überraschung bezeugenden Äußerungen sind durchaus häufige Resümees und etwas reumütige Bekenntnisse nach der Durchführung eines narrativen Interviews. Es ist schon zutreffend, diese Interviewtechnik – und hier passt die Qualifizierung als »Technik« dann doch ganz gut – in eine Tradition der Gesprächsführung zu rücken, in der es ganz unumwunden um Bekenntnisse und Geständnisse ging (wie sie etwa religiösen Sittenwächtern oder polizeilichen Gesetzeshütern in ihrer aufs Überwachen und Strafen angelegten Arbeit gelegen kommen; Hahn & Kapp, 1987).

Die offenherzigen, freimütig erzählenden Akteure verschreiben sich also mitunter gar nicht so sehr ihren »eigentlichen«, persönlichen Absichten, sondern verstricken sich unversehens – dann eben doch – in die selbstläufige Dynamik der auch moralisch verpflichtenden »Zugzwänge des Erzählens«. Die lauten eben: Wer A sagt, muss auch B sagen; jede Geschichte muss so sehr ins Detail gehen, dass sie auch verstanden werden und plausibel erscheinen kann; sie darf jedoch nicht unnötig langatmig und ausschweifend sein, sondern muss Wesentliches verdichten und auf den Punkt bringen; und schließlich muss eine eröffnete narrative Gestalt auch geschlossen werden. All das hält die Erzählung am Laufen, ob die erzählende Person sich ganz darüber im Klaren ist oder nicht. Sie wird mit der Technik des narrativen Interviews doch auch zum Sprechen gebracht. Sie sagt, was sie sagen soll, ein Stück weit auch unabhängig von ihrem eigenen Willen und Bewusstsein.

Der freimütigen Fortsetzung der Geschichte(n) dient ein stets freundliches, zugewandtes Gegenüber, das, wie erwähnt, in vornehmer Zurückhaltung und Selbstbescheidung über weite Strecken des Forschungsgesprächs nur unterstützende und bestärkende Äußerungen von sich gibt, um die Informantin bzw. den Informanten anzuhalten, immer weiter und noch weiter zu erzählen, in die Tiefe zu gehen und sich und die eigene Welt möglichst restlos zu offenbaren. Es ist nicht einfach, diese offenkundig hoch ambivalente Praxis der Interviewführung in ethisch-moralischer oder politischer Hinsicht zu bewerten. Den Menschen eine Stimme zu geben – ihre eigene, ganz persönliche Stimme –, gilt gerade heute als nobles Unternehmen, das bestens zu emanzipatorischen und radikaldemokratischen Projekten passt, in denen »Subalternen« Gehör verschafft, Achtung und Anerkennung gewährt sowie Einfluss zugebilligt wird. Das ist just dann der Fall, wenn es sich um benachteiligte, unterprivilegierte, von allen möglichen Ressourcen abgeschnittene, womöglich sogar entrechtete und zum Schweigen verurteilte, wehrlose Menschengruppen handelt. Das narrative Interview ist seit der ersten Stunde an machtkritische Intentionen und die Kritik sozialer Ungleichheit gekoppelt. Jedoch ist die mögliche Schattenseite kaum zu übersehen. Auch die soziologische Forschung zerrt mit dem Instrument des narrativen Interviews so manches ans Licht einer Öffentlichkeit, in der Herrschafts- und Machtbegehren walten und wirken. Das Intime, Persönliche und Private gewinnt bekanntlich nicht unbedingt dadurch, dass es publik geworden ist, an Wert und Wirkung. Nicht selten wird es dadurch entwertet und bedroht, kontrollier-, manipulier- und beherrschbar.

Die zuvor skizzierte Soziologie fokussiert und adressiert den Menschen auf durchaus eigene Weise als *Homo narrator*. Die unzählige Male eingesetzte Technik des narrativen Interviews darf wohl nicht nur zu den einflussreichsten »Biografiegeneratoren« im späten 20. und 21. Jahrhundert gerechnet, sondern auch als eine besonders wirksame Stütze der institutionalisierten und doch in relativ geschützten Räumen verlaufenden Selbstthematisierung und Selbstartikulation überhaupt betrachtet werden (ebd.). Sie ist in dieser Hinsicht eine Art Partner der Psychoanalyse und Psychotherapie, allerdings mit dem Unterschied, dass sie das Subjektive und Soziale in wissenschaftlicher Absicht öffentlich zu machen versteht – und das unentwegt und mit einigem Erfolg tut. Das kann man durchaus auch mit Skepsis und Sorge registrieren. In einer vor allem von Foucault eröffneten Perspektive gerät die dem eigenen Anspruch nach partnerschaftliche, emanzipatorische Sozialforschung auch als eine Form der institutionalisierten Subjektivierung in den Blick, die in der Tradition einer disziplinierenden Pastoralmacht Bekenntnis- und Geständniszwänge säkularisiert und in eine epistemische Praxis einbettet, in der es vordergründig allein um neues, tieferes Wissen über das Individuum und seine Welt geht – und sodann um emanzipatorische Ansprüche. Den Hintergrund einschlägiger Diskurse und Praxen bildet allerdings ein von weit herkommendes Machtgeschehen, in dem den Subjekten Kontroll- und Disziplinardispositive eingeschrieben werden, die sie erst in bestimmter Weise sprechen machen und handeln lassen – *ad infinitum*.

Es ist heute wohl keine Frage mehr, dass die emanzipatorischen Rechtfertigungen einer politisch sensiblen Soziologie (Psychologie, Erziehungswissenschaft etc.) in einem beträchtlichen Maß auf Illusionen und Irrtümern beruhten und nach wie vor beruhen, auf Selbsttäuschungen zumal, die edle Absichten manchmal etwas naiv mit intendierten, willkommenen Folgen und Effekten gleichsetzen. Narrative Interviews sind ein unvergleichlich gut geeignetes Instrument, um Selbstthematisierungen zu evozieren (»hervorzulocken«, wie Schütze selbst bisweilen sagt). Und solche Selbstzeugnisse, in denen sich Personen ohne falsche Scham und Zurückhaltung über sich und die anderen aussprechen, können selbstverständlich auch dazu genutzt werden, die Innenräume von Subjekten bis in die letzten Winkel hinein auszuleuchten und der interessierten Öffentlichkeit vorzuzeigen. Diese Öffentlichkeit kann auch aus Leuten bestehen, Vertretern von Organisationen und Institutionen zumal – staatlichen, wirtschaftlichen, weltanschaulichen etc. –, denen am Wohl der ehemaligen »Forschungspartner_innen« weniger gelegen ist als an eigenen Nutzenmaximierungskalkülen oder Einflussmöglichkeiten zur Erweiterung von Macht und zur Absicherung von Herrschaft. Die Entdeckung des *Homo narrator* in einer methodisch versierten qualitativen Sozialforschung kann man durchaus mit der Etablierung von versierten Subjektivierungspraktiken in Verbindung bringen, die alles andere als harmlos sind. Narrative Interviews sind nicht *per se* das Werkzeug moralisch integrer und politisch korrekter Menschenfreunde – selbst wenn sie von den kreativen Erfindern mit bestem Wissen und Gewissen als Instrumente konzipiert wurden, die in den Wissenschaften und in der Lebenswelt guten Zwecken dienen sollten. Das gilt, *mutatis mutandis*, für andere Methoden der narrativen Soziologie (Psychologie etc.), also etwa für erzählanalytische Auswertungsverfahren (oder, wieder auf der Ebene der Datenerhebung, für Gruppendiskussionsverfahren). Selbstverständlich sollte man in diesem Zusammenhang berücksichtigen, dass es vielen Menschen längst zu einer Selbstverständlichkeit geworden ist, das eigene Leben ununterbrochen öffentlich zu dokumentieren und in die allgemein zugänglichen Datenspeicher des WorldWideWeb oder in die verschlossenen Datenbanken von bestimmten Organisationen einzuschreiben. Was in den sozialen Medien ohne jede wissenschaftlich autorisierte Erzählaufforderung einsehbar ist, überflügelt und überbietet längst alles, was die narrative Soziologie und Psychologie an Selbstthematisierungen angeregt und hervorgebracht haben. All das bewahrt diese Disziplinen und ihre qualitativen Forschungen nicht vor einem nachdenklichen, selbstkritischen Blick.

Narrative Interviews sind keine neutralen Instrumente. Das spricht freilich nicht gegen ihren Einsatz. Schlicht abwegig wäre es, daraus die überhebliche Schlussfolgerung zu ziehen, die qualitative Sozialforschung – gerade jene Variante, die den Menschen als »erzählendes Tier« anspricht und reden lässt, wie und solange es den Individuen beliebt – sei einfach bloß selbst jene im Zeichen von Macht und Herrschaft fungierende, alles in allem also repressive Praxis, für deren Aufklärung sie sich hält und von der sie die Menschen zu befreien verspricht. Wer Derartiges behauptete, reproduzierte allenfalls die überzogene, etwas einäugige Kritik Foucaults an der Psychoanalyse, wie er sie im ersten – und schon bei Erscheinen aus der Sicht seines Autors überholten – Band von *Sexualität und Wahrheit* (1977) formulierte. Dort trifft man auf eine politische und moralische Argumentation, die von einigen funktionalen Notwendigkeiten in komplexen, spätmodernen Gesellschaften absieht. Zu diesen Erfordernissen kann man auch die Psychologie und Psychotherapie in ihren zahlreichen Varianten zählen (einschließlich der Psychoanalyse). Ohne diese Reparaturwerkstätten und Aufbauzentren für beschädigte oder stark mitgenommenen Seelen lassen sich solche Gesellschaften heute kaum mehr vorstellen – was immer man von all dem halten mag.

Auch die Artikulations- und Reflexionsräume, die die qualitative Sozialforschung eröffnet, damit sich Menschen in aller Öffentlichkeit aussprechen und dabei vielleicht tatsächlich Gehör und Unterstützung finden können, gehören zu diesen funktionalen Institutionen unserer Gesellschaft. Sie fördern Reflexion und tragen zur Orientierungsbildung bei. Vielfach entlasten sie die erzählenden Geschöpfe, tragen zur Verarbeitung ihrer Erlebnisse und Gefühle bei. Sozialwissenschaftliche Forschung schafft nicht nur Erkenntnisse. Sie erfüllt auch praktische Anforderungen und Ansprüche, auch wenn das keineswegs ihr ausdrückliches Anliegen sein muss. Solche Dienstleistungen sind zwar kein Bestandteil ihrer expliziten Logik und Methodologie, aber oftmals ihrer impliziten Pragmatik. Das kann man begrüßen oder bedauern, wobei es wohl ratsam ist, das eine zu tun, ohne das andere zu lassen. Intendierte und nicht-intendierte Effekte sowie die mittel- und langfristigen Nebenfolgen auch einer vernunftorientierten wissenschaftlichen Praxis, einschließlich der Datenerhebung, sind häufig vielfältig. Sie sind zutiefst ambi- oder polyvalent. Das zu monieren ist sinn- und zwecklos. Beobachten und bedenken sollte man diesen nicht mehr aus der Welt zu schaffenden Sachverhalt allerdings schon.

## Rückblick auf Thomaes »psychologische Biografik« vor und nach 1945

Wie zuvor kurz erwähnt schloss die Psychologie mit deutlicher Verzögerung an die innovativen Entwicklungen in der Nachbardisziplin an. In Gestalt des in Deutschland berühmtesten Vertreters der »biografischen Methode« trat sie zunächst mit argumentativem Widerspruch und sogar mit offenkundig emotionalem Widerstand gegen die soziologischen Neuerungen auf den Plan. Hans Thomae konnte sich nicht damit anfreunden, dass die Nachbarwissenschaft – die vom Behaviorismus und seinen methodologisch-methodischen Verwandten weniger stark gegängelt worden war als die Psychologie –, sehr viel schneller an die internationalen Entwicklungen eines »interpretativen Paradigmas« anknüpfen und dabei selbst sehr einflussreiche theoretische und methodische Neuerungen lancieren konnte. Genau das geschah nun in der zweiten Hälfte der 1970er Jahre auch mitten im Feld einer Biografieforschung, die der Psychologe als eigenes Hoheitsgebiet betrachtete. Die Soziologie hatte jedoch die Nase klar vorn, und zwar als Sozial- *und* Subjektwissenschaft, in der interpretative, rekonstruktive oder qualitative Methoden endgültig ihren Siegeszug als eigenständige Verfahren angetreten hatten. Das Forschungsprogramm, dem sie dienten und nach wie vor zugutekommen, begnügt sich nicht nur mit explorativen Vorstudien, um das Feld der »wirklich wissenschaftlichen« Untersuchungen den nomologischen Ansätzen zu überlassen. In der Soziologie war dieser Punkt ein für alle Mal klar. Auch in der Erziehungswissenschaft – die ebenfalls schon seinerzeit eine beachtliche Tradition qualitativer, hermeneutischer, phänomenologischer, philosophisch-anthropologischer etc. Forschungen vorzuweisen hatte – brach sich diese Einsicht Bahn. In der Ethnologie war sie ohnehin seit jeher zu Hause. Lediglich in der akademischen Psychologie traf sie kaum auf Gehör, selbst dort nicht, wo Aufmerksamkeit, Neugierde und Offenheit sehr am Platz gewesen wären.

Thomae verhielt sich abwehrend und desavouierte die soziologischen Errungenschaften unter anderem als »unwissenschaftlich« (unsystematisch, ungenau, impressionistisch, willkürlich etc.) – ausgerechnet er, der mit solchen Vorwürfen in der eigenen Disziplin durchaus zu kämpfen hatte. Damit stand er nicht allein da. Der *Mainstream* der nomologischen Psychologie hatte zwar schon mit Thomaes tief in der geisteswissenschaftlichen Tradition der deutschsprachigen Psychologie stehenden – also mit den Ansätzen von Wilhelm Dilthey, Eduard Spranger, Erich Rothacker, Philipp Lersch und anderen verankerten – »biografischen Methode« erhebliche Schwierigkeiten. Das war der Fall, obwohl sich der prominente Vertreter der »psychologischen Biografik« nicht nur seinen Vorgängern und Lehrern verbunden fühlte, sondern sich auch an viele Prinzipien und Ansprüche der nomologischen Psychologie anpasste, im Lauf der Zeit sogar immer mehr. Dabei gab er häufig eigene Grundsätze auf oder verwässerte sie. Die auch in der »verstehenden Psychologie« verwurzelte psychologische Biografik schloss reihenweise Kompromisse, vor allem in methodologischer und methodischer Hinsicht. Das wird im Übrigen in der Neuausgabe des berühmtesten Buches von Thomae deutlich: Die 1988 erschienene Revision macht *Das Individuum und seine Welt* in der ursprünglichen Fassung von 1952 beinahe unkenntlich. Thomae beschwört in der »zweiten Auflage« der Monografie zwar nach wie vor und mit alter romantischer Emphase just dieses Individuum und seinen »ganzen Bios«, hatte einer halbwegs umfassenden, methodisch nicht restringierten Konstruktion der Lebensgeschichte durch das Subjekt selbst aber längst den Rücken gekehrt. Er verpasste es insbesondere, die Einsicht in die narrative Struktur dieser Lebensgeschichte und der dafür unerlässlichen Gedächtnis- und Erinnerungsleistungen angemessen zur Kenntnis und in die empirisch-psychologische Biografik aufzunehmen. Dieser Ansatz blieb meilenweit von einer erzähltheoretisch begründeten Revision und Erneuerung der Biografieforschung entfernt. Das narrative Interview und darauf zugeschnittene Transkriptions- und Interpretationsmethoden hätten Errungenschaften der zeitgenössischen Psychologie sein oder werden können, insbesondere im Feld der Biografieforschung – aber auch der sich formierenden »Entwicklungspsychologie der Lebensspanne« oder der »Psychologie kritischer Lebensereignisse«. Diese Innovationen blieben hier jedoch weitgehend aus. Dagegen nahmen sie in der mit der Linguistik und anderen Sprachwissenschaften, mit der Philosophie, Ethnologie sowie weiteren Disziplinen im Dialog befindlichen Soziologie zügig Gestalt an. Schützes schnell zu Berühmtheit gelangende Erhebungsmethode bildete dabei lediglich die Speerspitze einer umfassenden und radikalen Erneuerung biografischer Forschung.

Für das unaufhaltsame Veralten der psychologischen Biografik gab es neben den im engeren Sinne wissenschaftlichen – erkenntnis- und wissenschaftstheoretischen, theoretischen und methodologischen – noch weitere gute Gründe. Die blieben jedoch lange Zeit totgeschwiegen. Man darf vermuten, dass eine gewisse Reserviertheit gegenüber Thomaes psychologischer Biografik auch mit der Tradition zu tun hat, in der sie verankert ist. Dabei weckten nicht nur die epistemologischen und methodologischen Positionen der althergebrachten geisteswissenschaftlichen Psychologie deutliche Skepsis, sondern auch und völlig zu Recht die unselige Verstrickung einiger ihrer Vertreter in die nationalsozialistische Gewaltherrschaft und – man muss es sagen – teilweise auch ganz unmittelbar in deren Verbrechen gegen die Menschheit.

Es gab in diesem Umfeld eben eine Reihe von Leuten – darunter Spranger, Rothacker, Lersch oder Thomae selbst –, die nach 1945 verdächtigt und von den Alliierten verhört wurden, zeitweise in Untersuchungshaft gerieten, vorübergehend oder endgültig entlassen wurden oder aber in amtlichen Entnazifizierungsverfahren als »Mitläufer« klassifiziert und so in ihren beruflichen Stellungen gehalten bzw. mit neuen Aufgaben betraut werden konnten. Das attestierte »bloße Mitläufertum« war mitunter wohl eine großzügige Fehleinschätzung, die sich mangelhaften Untersuchungen oder einer generösen Haltung gegenüber »angesehenen Persönlichkeiten« verdankte, die den Wissenschaftsbetrieb nach 1945 aufrechterhalten und reformieren sollten. Im Falle von Hans Thomae ist jedenfalls genau dies der Fall, da der am 1. Dezember 1937 der NSDAP beigetretene und als NSDB-Mitglied (1941–1943) registrierte Psychologe keineswegs so politisch neutral und moralisch integer war, wie er selbst und seine soziale Mitwelt im Nachhinein vorgaben (und zwar bis zum Ableben des 1915 Geborenen am 16. November 2001 in Bonn).

Auch dieses Individuum verschwieg nach 1945 Teile seiner untergegangenen Welt, machte also – wie große Teile der institutionalisierten Psychologie und ihrer Vertreter – einen möglichst weiten Bogen um die eigene Rolle in der NS-Zeit. Thomae bekleidete diverse Funktionen; seit 1943 galt er als kriegsuntauglich und wurde Direktor der staatlichen Heimverwaltung für schwererziehbare Kinder in Moritzburg, wo er – wie Historiker nach einer Art Zufallsfund in den Archiven unzweifelhaft feststellen konnten (Postert & Hanzig, 2017) – für die »psychologisch fundierte« Selektion auch jener Kinder zuständig war, auf die nach Thomaes Entscheidungen die Ermordung wartete. Der Psychologe wusste von diesem bevorstehenden Ausgang der ohnehin zerstörten Lebensgeschichten junger Menschen, die nun nicht mehr erzogen, sondern vernichtet werden sollten. Diese also keineswegs beteiligungslose »Mitläuferschaft« ändert zwar nichts an Thomaes wissenschaftlichen und sonstigen Meriten, ist aber keineswegs gänzlich irrelevant, sobald es um ein Verständnis der Geschichte der psychologischen Biografik geht – obwohl die besagten Verstrickungen unter den Teppich gekehrt und über viele Jahrzehnte hinweg von niemandem auch nur erwähnt wurden. Die Tradition, in der Thomae dachte und handelte, hatte gleichwohl keine gänzlich »weiße Weste« vorzuweisen. Das zumindest wusste man, einige ahnten es zumindest und beließen es dabei.[6]

6 In einem Interview, das ich selbst einmal mit Hans Thomae über seine »psychologische Biografik« geführt habe (Straub & Thomae, 1997), ging es vor allem um theoretische und methodologische Probleme und die Frage, warum der prominente Psychologe den Schritt in eine interpretative Wissenschaft

Abgesehen von diesen politischen Aspekten der »psychologischen Biografik« waren es die theoretischen und methodologischen Anachronismen, die eine zeitgemäße Erneuerung dieses Ansatzes verhinderten. Die Hardliner im Mainstream der nomologischen Psychologie fanden diese ganze Biografieforschung ohnehin verdächtig, nicht wirklich wissenschaftlich. Das betraf bereits Thomaes von vielen Kompromissen geprägten Ansatz, der zu Recht sowohl die vehemente Kritik der methodisch am naturwissenschaftlichen Experiment ausgerichteten Fraktion als auch die Ablehnung durch Befürworter einer hermeneutischen, verstehenden Psychologie auf sich zog. Die viel radikaleren Positionen, die im Rahmen des interpretativen Paradigmas vertreten und in Disziplinen wie der Soziologie erfolgreich etabliert wurden, waren der um »naturwissenschaftliche« Prinzipien und Vorgehen ringenden akademischen Psychologie erst recht ein Dorn im Auge. Sie störten deren naturwissenschaftliches Selbstverständnis massiv. Man nahm die irritierenden Errungenschaften im Feld interpretativer Forschung und Theoriebildung vorsichtshalber kaum zur Kenntnis. Von einer angemessenen Rezeption konnte jedenfalls und kann teilweise noch heute keine Rede sein. Man rechtfertigte diese eigentlich erstaunliche Abwendung und Abwehr schon seinerzeit mit nicht sonderlich überzeugenden Argumenten, die fast immer etwas mit der angeblichen Unge-

so sehr scheute und all die subjekt- und sozialwissenschaftlichen Innovationen in dieser Richtung ignorierte. Dafür gab es auch leicht nachvollziehbare Gründe, war der Druck in der Psychologie nach 1945, sich dem nomologischen Ideal und zeitweise sogar noch den lupenreinen szientistischen Auffassungen des amerikanischen Behaviorismus anzupassen, doch enorm. Man meinte mehrheitlich, unbedingt und so schnell wie möglich etwas Versäumtes nachholen und insbesondere die Psychologie in der NS-Zeit und teilweise eben auch ihre Vorgeschichte hinter sich lassen zu müssen. Thomae sah im Interview – nachdem er über viele Jahrzehnte auch seine eigene lebensgeschichtliche Vergangenheit in dem besagten Punkt verschwiegen oder kaschiert hatte – natürlich keinen Anlass, darüber zu sprechen. Ich selbst habe von den erwähnten Verstrickungen erfahren, als die genannten Historiker Kontakt mit mir aufgenommen hatten und ich für eine Veröffentlichung ihrer Forschungsergebnisse in der Fachzeitschrift *psychosozial* sorgen durfte.

nauigkeit, Unkontrollierbarkeit oder sogar der subjektiven Willkür qualitativer, insbesondere interpretativer Methoden zu tun hatten.

Thomae reihte sich hier übrigens nahtlos ein und kultivierte – obwohl sein eigener Ansatz oft mit denselben Einwänden konfrontiert war – eine Ignoranz, die sich mit rationalen Argumenten kaum rechtfertigen lässt. Das erscheint paradox, ist aber wahr: Auch er pflegte dem in der Soziologie etablierten »interpretativen Paradigma« gegenüber einen ›wissenschaftlichen‹, besser: sich als besonders ›wissenschaftlich‹ gerierenden Überlegenheitsdünkel, der sich vor allem szientistischen Dogmen verdankte. Unvoreingenommene Debatten mit den Nachdisziplinen hätten wohl gerade in der Biografieforschung zu Selbstkritik führen müssen. Die Lage ist diesbezüglich übrigens bis heute gar nicht so anders – trotz einiger Neuerungen und massiver Umstellungen. Gewiss hat sich in einigen Nischen vieles gewandelt. Der allmähliche, noch immer anhaltende Aufschwung qualitativer Methoden auch in der Psychologie des 21. Jahrhunderts – sogar in der diesbezüglich besonders reservierten und behäbigen deutschsprachigen Psychologie – ist evident. Die Initiativen und kontinuierlichen Anstrengungen bestimmter Personen und beharrlich arbeitender Teams waren und sind dafür entscheidend. Ich habe exemplarisch bereits Günter Mey und Katja Mruck genannt, ohne die es kein *Forum Qualitative Sozialforschung* (FQS) und auch manche Handbücher für qualitative Methoden in der Psychologie wohl nicht gäbe.

Im *Mainstream* der *Scientific Community* und ihren machtvollen Institutionen ist eine wirklich anerkannte und entsprechend geförderte »interpretative Psychologie« und speziell eine mit narrativen, erzählanalytischen und anderen hermeneutischen Verfahren arbeitende Wissenschaft jedoch nach wie vor nicht in Sicht. Sobald der Einsatz qualitativer Verfahren an epistemologische und methodologische Umstellungen radikaler Art gebunden sind und eine Abkehr von szientistischen Grundüberzeugungen verlangt, verschließt man in der akademischen Psychologie nach wie vor lieber die Augen und Ohren und lässt alles beim Alten: Qualitative Methoden dürfen gern heuristische Hilfsfunktionen im explorativen Vorfeld erfüllen und quantitative Forschungen unterstützen, ergänzen oder komplettieren, mehr jedoch nicht. Mit ihnen allein ist jedenfalls, so glaubt die Mehrheit der Vertreter_innen dieser Disziplin noch immer, keine wirkliche Wissenschaft zu machen.

## Das narrative Interview und die erzählenden Wissenschaften: Ein Ausblick

Die Erfindung und Verwendung der Methode des narrativen Interviews lässt sich in dieser Weise nicht einhegen. Sie drängte frühzeitig auf weitaus mehr als lediglich eine neue Technik der Datenerhebung. Sie *musste* mit der Entwicklung interpretativer Methoden der Erzählanalyse einhergehen (und dazu passender theoretischer und methodologischer Neuerungen). Interessant ist vielleicht noch eine kurze Erinnerung an Schützes damalige Begründung für die Etablierung gerade dieses, eben des *narrativen* Erhebungsverfahrens. Der findige Sozialforscher wollte die Fähigkeit zum Erzählen für die Entwicklung neuer Forschungsmethoden fruchtbar machen (und nicht etwa die Fähigkeit, Sachverhalte beschreiben oder schlüssige Argumente entfalten und abwägen zu können, was ja auch möglich gewesen wäre und auch heute noch Aufmerksamkeit verdiente). Für Schützes Wahl gab es mehrere gute Gründe. Erstaunlich ist allerdings, dass er seinerzeit einige der in anderen Diskursen – etwa in der Philosophie und Geschichtstheorie – weit verbreiteten Überlegungen links liegen ließ oder allenfalls streifte. Das gilt etwa für *zeittheoretische* Argumente, die im Kern auf Ricœurs Kerngedanken hinauslaufen, dass nämlich, wer *menschliche Zeit* – und damit auch Kontingenz – als unabdingbare Konstituente von soziologisch und psychologisch interessanten Erfahrungen und Erwartungen auffasst, wer also die Menschen bzw. ihr Leben und Handeln, ihre Institutionen und Organisationen in ihrer temporalen Tiefendimension untersuchen will, unweigerlich auf das Erzählen von Geschichten verwiesen und angewiesen ist. Für Schütze stand anderes als dieser »innere Zusammenhang« zwischen Zeit und Erzählung im Vordergrund seiner komplexen Begründung, mit der er rechtfertigte, warum gerade die Sprach- oder Kommunikationsform des Erzählens für die Methodik der Sozialwissenschaften fruchtbar gemacht werden sollte.

Zunächst ist dies die (sozial-)*anthropologische* Feststellung, dass *alle* (sprachfähigen) Menschen ab einem bestimmten, natürlichen Stand der Sprachentwicklung Geschichten erzählen und verstehen können, Selbst-Geschichten und Episoden aus dem eigenen Leben zumal. Zu spontanen Stegreiferzählungen, die vom eigenen Selbst und seiner Welt handeln, seien einfach alle Menschen ab einem gewissen Alter in der Lage – im Gegensatz zur vollendeten Beherrschung anderer Sprach- und Denkformen (um von formalisierten schriftlichen Kommunikationsmodi ganz zu schweigen). Demgemäß wurde das narrative Interview auch als jenes Verfahren etabliert, das in herausragender Weise geeignet sei, alltagsweltliche Erfahrungen und Erwartungen aus der Perspektive der betroffenen bzw. handelnden Subjekte *in deren eigener Sprache* und *in einem ihnen vertrauten Modus sozialer Mitteilung und Verständigung* zu erfassen. Das war ein klares Zeichen gegen die durchaus beobachtbare Tendenz, bestimmte Menschen – wegen ihres »restringierten Codes« und ihrer womöglich limitierten Ausdrucksmöglichkeiten, vor allem im Medium der Schrift – sogar in den Subjekt- und Sozialwissenschaften um ihr Mitspracherecht und ihre Ausdrucksmöglichkeiten zu bringen. Narrative Interviews sind, wie gesagt, seit jeher institutionalisierte Verfahren des *Voicings*, wie man mit einem erst später in der kritischen Sozialforschung, Sozialtheorie und -philosophie aufkommenden Begriff durchaus sagen kann. Sie bahnten partizipativen Formen wissenschaftlicher Erfahrungs- und Erkenntnisbildung den Weg, vielfach ganz nebenbei. Viele erkannten das an und betrachteten diesen Effekt als eine willkommene Errungenschaft einer neuen Datenerhebungsmethode.

Das bewahrte das narrative Interview nicht vor Kritik. Als bedenklich galt schon bald, dass die wichtige Einsicht in die allgemeine Bedeutsamkeit des Erzählens für die Artikulation und Kommunikation von Erlebnissen, Erfahrungen und Erwartungen von Schütze zügig in die prekäre Gestalt einer abbildtheoretischen Homologiethese überführt wurde (Bude, 1985).

Viele glaubten keinesfalls, dass das erzählte Leben dem tatsächlich gelebten quasi *ent-spricht*. Erzählte Geschichten sollten, so Schütze, wie realistische Abbilder einfach *wieder-geben*, was in der Welt der Menschen eben anzutreffen sei. Geschichten drehen sich nach dieser realistischen Auffassung um das ungeschminkte Leiden und tatsächliche Handeln der Menschen. Das Erzählen wurde von Schütze – ich komme zum zweiten wichtigen Argument seiner Begründung für die Entwicklung des narrativen Interviews – also auch deswegen geadelt und besonders beachtet, weil es angeblich die *facta bruta* eines gelebten (und auch eines ersehnten) Lebens – die ehemaligen Erlebnisse, Wahrnehmungen, Gedanken, Gefühle, Motive, Absichten, Handlungen einer Person etc. – im Nachhinein adäquat wiedergibt. Das Erzählen vermag im Sinne dieses epistemologisch etwas naiven, abbildtheoretischen Realismus authentisch zu erinnern, was dereinst wirklich gewesen ist. Das liegt nach Schütze nicht nur an der – womöglich kontrafaktisch zu unterstellenden – Wahrhaftigkeit der jeweils erzählenden Person, sondern an einer dieser Sprachform und -praxis selbst innewohnenden Kraft. Das Erzählen ist dafür prädestiniert, das Erleben und Leben, einfach alles, was Menschen denken und fühlen, wünschen und wollen, begehren und ersehnen, tun und lassen, mit unnachahmlicher Genauigkeit und Echtheit zur Sprache und zu Bewusstsein zu bringen (jedenfalls dann, wenn man solche Erzählungen sachkundig zu lesen, zu interpretieren versteht und dabei auch gegen den Strich des manifesten Sinngehalts zu bürsten vermag; vgl. Schütze, 2016a).

Der autobiografische Erzähler wird in Schützes Narrationsgrammatik gewissermaßen als exklusiv autorisierter Repräsentant lebensgeschichtlicher Tatsachen konzipiert, zuständig für seine subjektive, soziale, kulturelle und materielle Welt. Diese Auffassung schließt natürlich nicht aus, dass der soziologische Narrativismus, wie erwähnt, mit Lügen oder anderen Manövern der Fremd- oder Selbsttäuschung rechnet. Die Homologiethese setzt dennoch voraus, dass *im Prinzip* eine Entsprechung bzw. eine Art Deckungsgleichheit zwischen dem gelebten und dem erzählten Leben möglich sei. Von allfälligen Täuschungen und Irrtümern könne man Erzähltexte bzw. Ego-Dokumente mittels angemessener Analyseverfahren bereinigen. Zu diesem Zweck müsse man unter anderem auf »irritierende Stellen« achten, auf Ungereimtheiten, Lücken oder sonstige Merkwürdigkeiten im Erzählfluss des stets unvollkommenen Erzählers. Mit der Homologiethese wird nun allerdings nicht allein die für die Darstellung sogenannter »Fakten« *konstitutive* Funktion sprachlicher Formen und speziell narrativer Schemata unterschlagen, also auf vereinfachende Weise von der poetischen und konstruktiven, hermeneutischen und interpretativen Dimension der Sprache abstrahiert. Darüber hinaus unterschätzt Schützes und Kallmeyers Erzähltheorie (Schütze, 1987) auch ein wenig das Geschick mancher Menschen, *fingierte* Zustände, Vorkommnisse und Ereignisse *als Tatsachen* zu repräsentieren, ohne die verbindlichen Regeln einer soziokulturell eingespielten Narrationsgrammatik oder sonstige Konventionen auch nur im Mindesten verletzen zu müssen. Es gibt sehr gute, ja brillante Erzähler_innen, die subjektive und soziale Welten, Tatbestände, Ereignisse und Entwicklungen jedweder Art zweifellos *so* vergegenwärtigen, als gäbe es nichts Wirklicheres und Wahreres als das gerade Dargestellte. Gleichwohl ist das mehr oder weniger kunstvoll Erzählte gänzlich oder teilweise frei erfunden. Jede Übereinstimmung mit wirklichen Individuen und ihren Welten stellt sich in solchen Fällen allenfalls zufällig ein.

Auch diese allgemeine Erfahrung schwächt die Überzeugungskraft des erwähnten Arguments in Schützes Begründung der Dringlichkeit, narrative Verfahren der Datenerhebung zu entwickeln. Völlig wertlos wird dieses Argument erst dann nicht, wenn man es von der unhaltbaren Homologiethese abkoppelt und sich damit begnügt, einen zwar möglichen, aber keineswegs notwendigen Zusammenhang zwischen »Erfahrung« und »Erzählung«, gelebtem und erzähltem Leben zu konstatieren, schon gar nicht eine Art Deckungsgleichheit. Es ist schon richtig, dass der Begriff der »Erfahrung« semantisch leer oder zumindest unterbestimmt bliebe, wenn man ihn nicht an die Praxis des Erzählens koppelte. Diese Konzepte sind interdependent und interdefinierbar. Analoges gilt, *mutatis mutandis*, für die Beziehung des Erzählens zu Konzepten wie »Erwartung«, »Handlung«, »Gefühl«, »Stimmung« usw. Vieles davon könnte man weder in seiner Genese noch in seiner aktuellen Qualität angemessen artikulieren und verstehen, solange man nicht davon erzählte. Das Erzählen ist für den *Homo narrator*, der sich und seine Welt artikulieren, auslegen und begreifen will, eine schiere Notwendigkeit. Erzählen ist bei diesem emotional und kognitiv gleichermaßen wichtigen Unternehmen, bei diesem komplexen epistemischen Verlangen und Bemühen ganz sicher nicht alles, was es dazu braucht, um sich und seiner Welt näher zu kommen und sie anderen näher zu bringen. Es ist gleichwohl unverzichtbar und erfüllt elementare Funktionen, wo immer sich Menschen aussprechen und verstehen, nicht zuletzt von anderen verstanden und anerkannt werden wollen.

Ein weiterer, ebenfalls schon kurz erwähnter Baustein in Schützes komplexem Plädoyer für die seinerzeit vordringliche Entwicklung des narrativen Interviews sei hier nur noch kurz erinnert. Schützes Auffassung, dass die universale narrative Kompetenz *im Grunde genommen* relativ schichtenunabhängig verteilt sei – und auch durch andere soziokulturelle Differenzierungen wie Geschlecht, Generation oder Milieu zumindest in ihren elementaren Bestandteilen vergleichsweise unbeeinträchtigt bleibe –, besitzt eine heute oft vergessene, *macht- und herrschaftskritische* Note. *Erzählen kann* so gut wie *jede* und *jeder*, sobald diese Kompetenz erst einmal erworben worden ist und nicht durch gesundheitliche Beeinträchtigungen, missliche Zwänge oder brachiale Gewalt behindert, geschmälert oder zerstört wird.

Die mehrgliedrige Begründung für die in den 1970er Jahren in Gang gesetzte Methodenentwicklung verband ein anthropologisches mit epistemologischen und normativ-politischen Argumenten. Narrative Interviews sollten emanzipatorische Medien der Selbstartikulation für alle sein. Das ist freilich nur die halbe Wahrheit. Auch der im narrativen Interview adressierte *Homo narrator* ist ein *Bekenntnis- und Geständnistier* (Foucault, 1977, S. 76ff.; Hahn & Kapp, 1987).[7] Er ist womöglich einer diszipli-

7 Interessante Hinweise auf die produktive Spannung zwischen Foucaults diskurstheoretischer und machtanalytischer Betrachtung des Menschen als drangsaliertes »Bekenntnis- und Geständnistier« sowie seiner kleinen subjekttheoretischen Hommage an das »Erfahrungstier« (Foucault, 1986a, b,

nierenden Macht unterworfen und begibt sich vielleicht selbst aktiv in eine Lage, in der Fremd- und Selbstkontrolle, Selbstdisziplin und heteronome Disziplinierung auf eigentümliche Weise ineinandergreifen. Natürlich sieht das narrative Interview keine moralischen Lektionen vor. Es eröffnet vielmehr Gesprächsräume, in denen Personen sich selbst zum Gegenstand der Betrachtung machen, sich artikulieren und vielleicht auch an sich arbeiten können.[8] Viele Interviewte betrachten das als eine willkommene Gelegenheit, ja als eine Art Geschenk, für das sie sich bei der Interviewerin auch prompt bedanken, wenn sie das eigenartig artifizielle, ziemlich monologische Gespräch beendet haben und sich verabschieden. Daran ändert auch die Tatsache nichts, dass sich die Durchführung narrativer Interviews stets auf einem schmalen Grad bewegt, auf dem die Interviewenden ihre Empathie und Solidarität mit dem Gegenüber in einer schwierigen Balance mit dem eigenen Interesse an möglichst zahlreichen und aussagekräftigen, persönlichen und mitunter intimen Daten halten müssen.

Die Aufwertung des Erzählens von Geschichten und des *Homo narrator* in einer methodisch versierten Sozialforschung hatte auch eine eminent politische Bedeutung und besitzt sie nach wie vor. Die narrative Soziologie – diesen Namen oder auch das Etikett »soziologischer Narrativismus« benutzte in den 1970ern

---

1996), dem er – ohne von der machtkritischen Perspektive abzurücken – gewisse Chancen auf eine im »Selbstblick« und sich »Sich-selbst-Erschreiben« begründete Selbstgestaltung einräumt, bietet Ralph Köhnen (2012, S. 407) in seinen Überlegungen zur »Selbstpoetik des guten Lebens«. Diese Spannung prägt wohl auch jedes narrative Interview.

8 Ein eindrucksvolles Beispiel bietet noch immer Gerhard Riemanns (1987) Studie über das *Fremdwerden der eigenen Biographie*, in der der Forscher, der einst selbst als Pfleger in der Psychiatrie tätig war, stundelange narrative Interviews mit Menschen geführt hat, zu denen er teilweise auch nachher noch jahrelang Kontakt hielt. Wohl alle Versuche des *Voicing* verwickeln sich in gewisse Widersprüche; es gibt keine Mäeutik, nicht einmal die harmloseste Form der Aufklärung, ohne vindizierte Überlegenheit eines Aufklärers, der, wie sehr er auch die Ohren spitzt und zuhört und zulässt, was die anderen zu sagen haben und tun wollen, doch auch jemandem »auf die Beine helfen« will, ihn oder sie unterstützen möchte und deswegen wissen muss, wie das am besten zu bewerkstelligen ist.

noch kaum jemand – stützte ihr Selbstverständnis und ihre Forschungspraxis ganz wesentlich auf eine den Prinzipien der Fremdheit, Offenheit und Kommunikation verpflichtete Methode der Datenerhebung (Hoffmann-Riem, 1980). Die Entwicklung erzähl*analytischer*, interpretativer Verfahren war eine logische Konsequenz der Tatsache, dass sich schon bald Berge von Transkripten anhäuften und man schnellstens genauer wissen musste, wie solche verschrifteten Erzählungen nach allen neu festzulegenden Regeln der Kunst zu bearbeiten, also sachgemäß auszuwerten seien. Natürlich blieb es auch während dieser Entwicklung bei jenem *Homo narrator*, der durch die Erfindung narrativer Verfahren der Datenerhebung erst Einzug in die Welt soziologischer, sozial- und subjektwissenschaftlicher Forschung gehalten hatte.

Mit der Konzeption des narrativen Interviews und der damit verwobenen Praxis wurde ein zwar keineswegs neues, aber zumindest in den Wissenschaften doch verändertes, viele künftige Innovationen anregendes Bild vom Menschen etabliert: Der Mensch als Geschichtenerzähler, als erzählendes Tier, hatte fortan seinen festen Platz in der qualitativ-empirischen Forschung und der darauf bezogenen Begriffs- und Theoriebildung der Subjekt- und Sozialwissenschaften. Ich verweise nur noch kurz darauf, dass Erzählungen schon bald in anderen Bereichen soziologischer Forschung einen zentralen Stellenwert erhielten, wobei die theoretischen Begründungen für den Einsatz narrativer Verfahren etwas anders ausfallen konnten als im Fall von Schützes soziologischem Narrativismus. Das ist etwa in Achim Hahns (1994) phänomenologischer und hermeneutischer Soziologie der Fall, in der zweierlei Formen der Artikulation von Erfahrungen und Erwartungen als lebensweltlich besonders wichtig gelten und deswegen auch für die soziologische Forschung von Bedeutung sind: *Beispiele geben* und *Geschichten erzählen*, genau darum dreht sich in Hahns Subjekt- und Sozialforschung oder auch in seiner soziologischen Kulturanalyse dann eben so gut wie alles. Hahn bezeichnet seine Konzeption dann folgerichtig als Beispiel- und Geschichtenhermeneutik (s. a. Vonderach, 1993).

Ich gehe auf Details dieser und anderer narrativer Ansätze nicht weiter ein, obwohl das für die Frage, wie sich die zeitgenössischen

Subjekt- und Sozialwissenschaften das erzählende Tier *zunehmend genauer* vorstellen und sich einen immer differenzierteren Begriff davon machen – nicht zuletzt in kulturvergleichender Perspektive (Matthes, 1985) –, von größter Bedeutung ist. Das Feld der narrativen Datenerhebung und interpretativen Erzählanalyse wurde immer weiter ausgebaut. Dabei kam es zumindest am Rande auch zu jener radikalen Entwicklung, in der »Narrativität« in ganz neuer Weise zu einem Grundbegriff und Signalwort der Subjekt-, Sozial- und Kulturwissenschaften avancierte. Hier findet sich das Potenzial einer bis heute unabgeschlossenen narrativen Wende. Hier dreht sich die Debatte nämlich nicht mehr allein um die Datenerhebung und -auswertung, sondern um den Modus der Konstruktion, der Darstellung und Vermittlung wissenschaftlicher Erfahrungen und Erkenntnisse selbst. Genauer betrachtet ergibt es erst hier wirklich einen Sinn, von einer »narrativen« Soziologie, Psychologie, Ethnologie, Theologie oder Geschichtswissenschaft und Geschichtsschreibung zu sprechen – und nicht bloß von Wissenschaften, die mit der Methode narrativer Interviews Daten erheben, sodann die aufgezeichneten mündlichen Erzählungen transkribieren, um sie hernach mit eigens entwickelten Interpretationsmethoden zu analysieren. Narrative Wissenschaften müssen nämlich, wenn sie das ihnen zugewiesene Eigenschaftswort ernst nehmen, selbst Geschichten erzählen. Erst dann tragen sie ihren Namen zu Recht. Dann nämlich gehören sie, wie die schöne Literatur, von der sie sich natürlich in vielen Punkten unterscheiden, zur erzählenden Zunft. Solche Wissenschaften erheben und analysieren Erzählungen nicht nur, sondern schreiben auch selbst welche.

Eigentlich trennen sich die auf qualitativer Forschung basierenden Subjekt-, Sozial- und Kulturwissenschaften erst hier tatsächlich *radikal* von den mit quantitativen Methoden arbeitenden Disziplinen, Forschungsprogrammen und -projekten. Ich bekenne, ein Freund quantitativer Verfahren zu sein und viele Erträge von Forschungen, deren Ergebnisse in Zahlen, Tabellen oder Grafiken dargestellt oder zusammengefasst werden können, sehr zu schätzen. Vor jeder gelungenen Metrisierung wissenschaftlicher Befunde sollte man Hochachtung verspüren, ohne zu verkennen, dass nicht alles vermessen werden und quantitativ dargestellt werden kann. Quantitative Studien sind vielfach notwendig und nützlich, mitunter auch interessant für Leute, die nicht professionell mit statistischen Untersuchungen befasst sind und mit diesem Modus wissenschaftlicher Forschung auch selbst wenig zu tun haben. Sie sind aber nicht alles, was man in den hier interessierenden Disziplinen versuchen und vollbringen kann. Manche empirischen Erkenntnisse müssen in der Form der Erzählung repräsentiert werden. Sie haben zwangsläufig eine narrative Gestalt – oder *es gibt sie eben nicht*.

Vieles lässt sich nur erzählen, also nicht anders sagen und auch nicht anders zeigen. Das bedeutet: Wissenschaftler_innen, die dies einsehen und dieser Einsicht Rechnung tragen möchten, müssen Geschichten erzählen. Und dies wiederum heißt: Sie müssen dies erst einmal lernen, da das Erzählen und das erzählende Schreiben bislang nicht zur Grundausbildung wissenschaftlicher Soziologinnen und Psychologen gehört. Selbst fortgeschrittene Wissenschaftler_innen haben davon häufig keine Ahnung und kümmern sich auch kein bisschen um dieses eigentümliche Metier einer erzählenden Wissenschaft sowie um all das, was man können muss, um in diesem Feld erfolgreich zu sein – wie das etwa Stephen Greenblatt in seinem Gebiet ist, wenn er Geschichten über Geschichten erzählt und daraus seine Schlüsse zieht, gleichermaßen virtuos als wissenschaftlicher Erzähler, als ein um methodische Rationalität bemühter Analytiker und als Argumente formulierender Intellektueller.

Die von mir vertretene Handlungs- und Kulturpsychologie und relationale Hermeneutik macht starke Anleihen bei geschichtstheoretischen und philosophischen Diskursen, die allesamt mit der Frage nach der *Form* der Bildung und Artikulation historischen Wissens befasst waren und sind. Die Antwort auf diese Frage lautet in Kürze, es handle sich im Grunde genommen um die Form der Erzählung. Die handlungstheoretische Kulturpsychologie – und komplementär eine sozial- und kulturtheoretisch ausgerichtete Handlungspsychologie – hält diese Antwort für zutreffend und auch für das eigene Gebiet für verbindlich. Auch hier geht es um narrativ zu erklärende, kontingente Veränderungen, und obendrein um die Kreativität menschlichen Handelns, ohne das viele dieser Veränderungen nicht zustande kämen.

Die Kunst des Erzählens kann auch eine wissenschaftliche Kunst sein. Die Qualität der Einsichten und Erkenntnisse narrativ verfahrender Disziplinen hängt nicht zuletzt davon ab, wie gut sich Wissenschaftler_innen auf diese Kunst verstehen. Das Verstehen von anderen, fremden Menschen und deren Lebensformen ist, wie das damit einhergehende Selbstverstehen, zwar nicht allein, aber doch auch davon abhängig, ob Wissenschaftler_innen erhellende Geschichten zu erzählen vermögen. Der Mensch ist ein Geschichtenerzähler: Diese anthropologische Bestimmung lässt sich also auch auf Wissenschaftler_innen anwenden. Sie befassen sich mit dem erzählten Selbst und der erzählten Welt von anderen, vielleicht fremden Menschen. Ihre Forschungsergebnisse kleiden sie immer dann, wenn es um die Darstellung und verstehende Erklärung von Veränderungen oder der Kreativität des Handelns geht, in die ansprechende Form einer anschaulichen Erzählung, die niemanden davon abhalten muss, die gewonnenen Erkenntnisse theoretisch zu abstrahieren – und sich auch dabei im narrativen Modus des Denkens zu bewegen.

## Literatur

Abbott, Andrew (2020). *Zeit zählt. Grundzüge einer prozessualen Soziologie.* Mit einer Einf. v. Thomas Hoebel, Wolfgang Knöbl & Aaron Sahr. Hamburg: Hamburger Edition.

Allolio-Näcke, Lars (2018). Polyvalenz. In Carlos Kölbl & Anna Sieben (Hrsg.), *Stichwörter zur Kulturpsychologie.* Jürgen Straub zum 60. Geburtstag (S. 307–313). Gießen: Psychosozial-Verlag.

Angehrn, Emil (1985). *Geschichte und Identität.* Berlin, New York: de Gruyter.

Ankersmit, Frank (1983). *Narrative Logic: A Semantic Analysis of the Historian's Language.* Den Haag: Nijhof.

Arbeitsgruppe Bielefelder Soziologen (Hrsg.). (1973). *Alltagswissen, Interaktion und gesellschaftliche Wirklichkeit.* Hamburg: Rowohlt.

Bachmann-Medick, Doris (2006). *Cultural Turns. Neuorientierungen in den Kulturwissenschaften.* Reinbek: Rowohlt.

Boesch, Ernst E. (1991). *Symbolic Action Theory and Cultural Psychology.* Berlin, New York: Springer.

Boesch, Ernst E. (2021). *Musik, Sprache und die Sehnsucht nach dem Paradies. Ausgewählte Schriften zur Handlungs- und Kulturpsychologie.* Hrsg. u. eing. v. Jürgen Straub. Gießen: Psychosozial-Verlag.

Boesch, Ernst E. & Straub, Jürgen (2007). Kulturpsychologie. Prinzipien, Orientierungen, Konzeptionen. In Gisela Trommsdorff & Hans-Joachim Kornadt (Hrsg.), *Kulturvergleichende Psychologie. Enzyklopädie der Psychologie* (S. 25–95). Göttingen: Hogrefe.

Brockmeier, Jens (2015). *Beyond the Archive. Memory, Narrative and the Autobiographical Process*. Oxford, New York: Oxford Univ. Press.

Brockmeier, Jens, & Carbaugh, D. (Hrsg.). (2001). *Narrative and Identity: Studies in Autobiography, Self and Culture*. Amsterdam: John Benjamins Publ.

Bruner, Jerome S. (1986). *Actual minds, possible worlds*. Cambridge/MA: Harvard Univ. Press.

Bruner, Jerome S. (1990). *Acts of meaning*. Cambridge/MA: Harvard Univ. Press.

Bruner, Jerome S. (1998). Vergangenheit und Gegenwart als narrative Konstruktionen. In Jürgen Straub (Hrsg.), *Erzählung, Identität und historisches Bewusstsein. Die psychologische Konstruktion von Zeit und Geschichte* (S. 46–80). Frankfurt/M.: Suhrkamp.

Bruner, Jerome S. (2002). *Making Stories. Law, Literature, Life*. Cambridge/MA: Harvard Univ. Press.

Bude, Heinz (1985). Der Sozialforscher als Narrationsanimateur. Kritische Anmerkungen zu einer erzähltheoretischen Fundierung der interpretativen Sozialforschung. *Kölner Zeitschrift für Soziologie und Sozialpsychologie, 37*, 327–336.

Clifford, James (2019 [1996]). Halbe Wahrheiten. In Roland Borgards (Hrsg.), *Texte zur Kulturtheorie und Kulturwissenschaft* (S. 220–232). Stuttgart: Reclam.

Danto, Arthur C. (1974 [1965]). *Analytische Philosophie der Geschichte*. Frankfurt/M.: Suhrkamp.

Esser, Hartmut (1999). *Soziologie. Spezielle Grundlagen, Bd. 1: Situationslogik und Handeln*. Frankfurt/M., New York: Campus.

Esser, Hartmut (2000). *Soziologie. Spezielle Grundlagen, Bd. 2: Die Konstitution der Gesellschaft*. Frankfurt/M., New York: Campus.

Foucault, Michel (1977 [1976]). *Sexualität und Wahrheit, Bd. 1: Der Wille zum Wissen*. Frankfurt/M.: Suhrkamp.

Foucault, Michel (1986a). *Sexualität und Wahrheit, Bd. 2: Der Gebrauch der Lüste*. Frankfurt/M.: Suhrkamp.

Foucault, Michel (1986b). *Sexualität und Wahrheit, Bd. 3: Die Sorge um sich*. Frankfurt/M.: Suhrkamp.

Foucault, Michel (1996). *Der Mensch ist ein Erfahrungstier: Gespräch mit Ducio Trombadori*. Frankfurt/M.: Suhrkamp.

Fludernik, Monika & Marie-Laure Ryan (2020). *Narrative Factuality. A Handbook*. Berlin, New York: de Gruyter.

Greenblatt, Stephen (2018 [2017]). *Die Geschichte von Adam und Eva. Der mächtigste Mythos der Menschheit*. München: Siedler.

Hahn, Achim (1994). *Erfahrung und Begriff. Zur Konzeption einer soziologischen Erfahrungswissenschaft als Beispielhermeneutik*. Frankfurt/M.: Suhrkamp.

Hahn, Alois & Kapp, Volker (Hrsg.). (1987). *Selbstthematisierung und Selbstzeugnis: Bekenntnis und Geständnis*. Frankfurt/M.: Suhrkamp.

Herman, David (Hrsg.). (2007). *The Cambridge Companion to Narrative*. Cambridge, New York: Cambridge Univ. Press.

Herrmann, Theo (1979). *Psychologie als Problem. Herausforderungen der psychologischen Wissenschaft*. Stuttgart: Klett-Cotta.

Hoebel, Thomas, Knöbl, Wolfgang & Sahr, Aaron (2020). Reputation und Randständigkeit. Andrew Abbott und die Suche nach einer prozessualen Soziologie. In Andrew Abbott, *Zeit zählt. Grundzüge einer prozessualen Soziologie* (S. 7–61). Mit einer Einf. v. Thomas Hoebel, Wolfgang Knöbl & Aaron Sahr. Hamburg: Hamburger Edition.

Hoffmann-Riem, Christa (1980). Die Sozialforschung einer interpretativen Soziologie. Der Datengewinn. *Kölner Zeitschrift für Soziologie und Sozialpsychologie, 32*(2), 339–372.

Hühn, Peter, Pier, John, Schmid, Wolf & Schönert, Jörg (Hrsg.). (2009). *Handbook of Narratology*. Berlin, New York: de Gruyter.

Joas, Hans (1992). *Die Kreativität des Handelns*. Frankfurt/M.: Suhrkamp.

Knöbl, Wolfgang (o. J.). The Heritage of Grand Philosophies of History, the Origins of Sociology and the Task and Difficulty of Analyzing Trends and Processes: Some preliminary remarks (unv. Vortrag).

Kohli, Martin (1978). »Offenes« und »geschlossenes« Interview. Neue Argumente zu einer alten Kontroverse. *Soziale Welt, 29*(1), 1–25.

Köhnen, Ralph (2012). Die Selbstpoetik des guten Lebens. Optimierungsprogramme in der Diaristik seit der Frühen Neuzeit. In Anna Sieben, Katja Sabisch-Fechtelpeter & Jürgen Straub (Hrsg.), *Menschen machen. Die hellen und dunklen Seiten humanwissenschaftlicher Optimierungsprogramme* (S. 409–444). Bielefeld: transcript.

Koschorke, Alfred (2012). *Wahrheit und Erfindung. Grundzüge einer Allgemeinen Erzähltheorie*. Frankfurt/M.: Fischer.

Lucius-Hoene, Gabriele (2010). Narrative Analysen. In Günter Mey & Katja Mruck (Hrsg.), *Handbuch Qualitative Forschung in der Psychologie* (S. 584–600). Wiesbaden: Springer VS.

Lucius-Hoene, Gabriele & Deppermann, Arnulf (2002). *Rekonstruktion narrativer Identität. Ein Arbeitsbuch zur Analyse narrativer Interviews*. Opladen: Leske + Budrich.

Martínez, Matías (Hrsg.). (2017). *Erzählen. Ein Interdisziplinäres Handbuch*. Stuttgart: Metzler.

Matthes, Joachim (1985). Zur transkulturellen Relativität erzählanalytischer Verfahren in der empirischen Sozialforschung. *Kölner Zeitschrift für Soziologie und Sozialpsychologie, 37*(2), 310–326.

McAdams, Dan P. (1993). *The Stories We Live by: Personal Myths and the Making of the Self*. New York: William Morrow.

McQuillan, M. (Hrsg.). (2000). *The Narrative Reader*. London: Routledge.

Mey, Günter & Mruck, Katja (Hrsg.). (2020 [2010]). *Handbuch Qualitative Forschung in der Psychologie*. Rev., erw. Ausg. Konstanz: Verlag für Sozialwissenschaften.

Mitchel, W.J. Thomas (1981). *On Narrative*. Chicago: Univ. of Chicago Press.
Pagnucci, Gian (2004). *Living the Narrative Life: Stories as a Tool for Meaning Making*. Portsmouth: Boynton/Cook.
Politzer, Georges (1974). *Kritik der klassischen Psychologie*. Frankfurt/M.: EVA.
Politzer, Georges (1978 [1928]). *Kritik der Grundlagen der Psychologie und Psychoanalyse*. Frankfurt/M.: Suhrkamp.
Postert, Andre & Hanzig, Christoph (2017). »Wir haben dafür zu sorgen, dass die Aussonderung differenziert geschieht.« Hans Thomae und die Begutachtung junger Menschen während des Zweiten Weltkriegs. *psychosozial, 39*(5), 83–95.
Ricœur, Paul (1986 [1975]). *Die lebendige Metapher*. München: Fink.
Ricœur, Paul (1988 [1983]). *Zeit und Erzählung, Bd. I: Zeit und historische Erzählung*. München: Fink.
Ricœur, Paul (1989 [1984]). *Zeit und Erzählung, Bd. II: Zeit und literarische Erzählung*. München: Fink.
Ricœur, Paul (1991 [1985]). *Zeit und Erzählung, Bd. III: Die erzählte Zeit*. München: Fink.
Ricœur, Paul (1996 [1990]). *Das Selbst als ein Anderer*. München: Fink.
Riemann, Gerhard (1987). *Das Fremdwerden der eigenen Biographie. Narrative Interviews mit psychiatrischen Patienten*. München: Fink.
Rüsen, Jörn (1990). *Zeit und Sinn. Strategien historischen Denkens*. Frankfurt/M.: Fischer.
Sarbin, Theodor R. (Hrsg.). (1986). *Narrative Psychology: The Storied Nature of Human Conduct*. New York: Praeger.
Schapp, Wilhelm (1953). *In Geschichten verstrickt. Zum Sein von Mensch und Ding*. Hamburg: Meiner.
Schapp, Wilhelm (1981 [1959]). *Philosophie der Geschichten*. Frankfurt/M.: Klostermann.
Seitz, Hartmut (2003). *Lebendige Erinnerungen. Aspekte der Konstitution und Vermittlung lebensgeschichtlicher Erfahrung in autobiographischen Erzählungen*. Bielefeld: transcript.
Schütze, Fritz (1976). Zur Hervorlockung und Analyse von Erzählungen thematisch relevanter Geschichten im Rahmen soziologischer Feldforschung. In Arbeitsgruppe Bielefelder Soziologen (Hrsg.), *Kommunikative Sozialforschung. Alltagswissen und Alltagshandeln, Gemeindemachtforschung, Polizei, politische Erwachsenenbildung* (S. 159–260). München: Fink.
Schütze, Fritz (1977). *Die Technik des narrativen Interviews in Interaktionsfeldstudien. Dargestellt an einem Projekt zur Erforschung von kommunalen Machtstrukturen. Arbeitsberichte und Forschungsmaterialien Nr. 1 der Universität Bielefeld, Fakultät für Soziologie*. 2. Aufl. Bielefeld: Manuskript.
Schütze, Fritz (1981). Prozeßstrukturen des Lebenslaufs. In Joachim Matthes, Arno Pfeiffenberger & Manfred Stosberg (Hrsg.), *Biographie in handlungswissenschaftlicher Perspektive. Kolloquium am Sozialwissenschaftlichen Forschungszentrum der Universität Erlangen-Nürnberg* (S. 67–156). Nürnberg: Verlag der Nürnberger Forschungsvereinigung.

Schütze, Fritz (1983). Biographieforschung und narratives Interview. *Neue Praxis, 13*(3), 283–293.

Schütze, Fritz (1987). *Das narrative Interview in Interaktionsfeldstudien: Erzähltheoretische Grundlagen. Teil 1. Merkmale von Alltagserzählungen und was wir mit ihrer Hilfe erkennen können.* Hagen: Fernuniversität Gesamthochschule Hagen.

Schütze, Fritz (2016a). *Sozialwissenschaftliche Prozessanalyse. Grundlagen der qualitativen Sozialforschung.* Hrsg. v. Werner Fiedler & Heinz-Hermann Krüger. Opladen u. a.: Barbara Budrich.

Schütze, Fritz (2016b). Nachtrag zu meinem Aufsatz von 1983 »Biographieforschung und narratives Interview«. In ders., *Sozialwissenschaftliche Prozessanalyse. Grundlagen der qualitativen Sozialforschung.* Hrsg. v. Werner Fiedler & Heinz-Hermann Krüger (S. 66–73). Opladen u. a.: Barbara Budrich.

Straub, Jürgen (1989). *Historisch-psychologische Biographieforschung. Theoretische, methodologische und methodische Argumentationen in systematischer Absicht.* Mit einem Vorw. v. Heiner Legewie. Heidelberg: Asanger.

Straub, Jürgen (1996). Zur narrativen Konstruktion der Vergangenheit. Erzähltheoretische Überlegungen und eine exemplarische Analyse eines Gruppengesprächs über die »NS-Zeit«. *BIOS. Zeitschrift für Biographieforschung und Oral History, 9*(1), 30–58.

Straub, Jürgen (Hrsg.). (1998a). *Erzählung, Identität und historischen Bewusstsein. Zur psychologischen Konstruktion von Zeit und Geschichte.* Frankfurt/M.: Suhrkamp.

Straub, Jürgen (1998b). Geschichten erzählen, Geschichte bilden. Grundzüge einer narrativen Psychologie historischer Sinnbildung. In ders. (Hrsg.), *Erzählung, Identität und historisches Bewußtsein. Zu psychologischen Konstruktion von Zeit und Geschichte* (S. 81–169). Frankfurt/M.: Suhrkamp.

Straub, Jürgen (1999). *Handlung, Interpretation, Kritik. Grundzüge einer textwissenschaftlichen Handlungs- und Kulturpsychologie.* Berlin, New York: de Gruyter.

Straub, Jürgen (2000a). Biographische Sozialisation und narrative Kompetenz. Zu einigen psychologischen Voraussetzungen lebensgeschichtlichen Denkens. In Erika Hoerning (Hrsg.), *Biographische Sozialisation* (S. 137–163). Stuttgart: Lucius & Lucius.

Straub, Jürgen (2000b). Temporale Orientierung und narrative Kompetenz. Zeit- und erzähltheoretische Grundlagen einer narrativen Psychologie biographischer und historischer Sinnbildung. In Jörn Rüsen (Hrsg.), *Geschichtsbewußtsein. Psychologische Grundlagen, Entwicklungskonzepte, empirische Befunde* (S. 15–44). Köln, Weimar: Böhlau.

Straub, Jürgen (2011). Erzähltheorie/Narration. In Günter Mey & Katja Mruck (Hrsg.), *Handbuch Qualitative Forschung in der Psychologie* (S. 136–150). Konstanz: Verlag für Sozialwissenschaften [rev., erw. Ausg. 2020].

Straub, Jürgen (2019a). *Das erzählte Selbst. Konturen einer interdisziplinären Theorie narrativer Identität. Bd. 1: Historische und aktuelle Sondierungen autobiografischer Selbstartikulation. Ausgewählte Schriften*. Gießen: Psychosozial-Verlag.

Straub, Jürgen (2019b). *Das erzählte Selbst. Konturen einer interdisziplinären Theorie narrativer Identität. Bd. 2: Begriffsanalysen und pragma-semantische Verortungen der Identität. Ausgewählte Schriften*. Gießen: Psychosozial-Verlag.

Straub, Jürgen (2019c). *Das erzählte Selbst. Konturen einer interdisziplinären Theorie narrativer Identität. Bd. 3: Zeitdiagnostische Klärungen und Korrekturen postmoderner Kritik. Ausgewählte Schriften*. Gießen: Psychosozial.

Straub, Jürgen (2019d). Wie erklären wir einen Mord? Natalia Ginzburgs *È stato così* oder: Autobiographische Selbstthematisierungen und narrative Handlungserklärungen in der schönen Literatur und wissenschaftlichen Psychologie. In ders., *Das erzählte Selbst. Konturen einer interdisziplinären Theorie narrativer Identität. Bd. 1: Historische und aktuelle Sondierungen autobiografischer Selbstartikulation* (S. 335–361). Gießen: Psychosozial-Verlag.

Straub, Jürgen (2020). Polyvalente Erfahrung, interpretative Methodik, dynamisches Selbst. Grundzüge der Handlungs- und Kulturpsychologie von Ernst E. Boesch. In Jürgen Straub, Pradeep Chakkarath & Sebastian Salzmann (Hrsg.), *Psychologie der Polyvalenz* (S. 41–120). Bochum: Westdeutscher Universitätsverlag.

Straub, Jürgen (2021). *Psychologie als interpretative Wissenschaft. Menschenbild, Wissenschaftsverständnis, Programmatik*. 2 Bde. Gießen: Psychosozial-Verlag.

Straub, Jürgen (2022 i.D.) Vom Leben erzählen: warum und wozu diese ganzen Geschichten? In Peter Jakob, Maria Borcsa, Jan Olthof & Arist von Schlippe (Hrsg.), *Narrative Praxis. Ein Handbuch für Beratung, Therapie und Coaching*. Göttingen: Vandenhoeck & Ruprecht.

Straub, Jürgen, Chakkarath, Pradeep & Salzmann, Sebastian (Hrsg.). (2020). *Psychologie der Polyvalenz. Ernst E. Boeschs Kulturpsychologie in der Diskussion*. Bochum: Westdeutscher Universitätsverlag.

Straub, Jürgen & Niebel, Viktoria (2021). *Kulturen verstehen, kompetent handeln. Eine Einführung in das interdisziplinäre Feld der Interkulturalität*. Gießen: Psychosozial-Verlag.

Straub, Jürgen & Thomae, Hans (1997). Das Individuum und seine Welt im Spiegel der Zeit. Hans Thomae im Gespräch mit Jürgen Straub. *Journal für Psychologie, 5*(2), 65–77.

Straub, Jürgen & Werbik, Hans (Hrsg.). (1999). *Handlungstheorie. Begriff und Erklärung des Handelns im interdisziplinären Diskurs*. Frankfurt/M., New York: Campus.

Taylor, Charles (1981). Understanding and the Explanation in the Geisteswissenschaften. In Steven H. Holtzmann & Christopher M. Leich (Hrsg.), *Wittgenstein: To Follow a Rule* (S. 191–210). London: Routledge/Kegan Paul.

Thomä, Dieter (1998). *Erzähle Dich selbst! Lebensgeschichte als philosophisches Problem*. München: Beck.

Thomae, Hans (1952). *Das Individuum und seine Welt. Eine Persönlichkeitstheorie*. Göttingen u. a.: Hogrefe.
Thomae, Hans (1969). Die biographische Methode in der Psychologie. In *Enzyklopädie der geisteswissenschaftlichen Arbeitsmethoden, Bd. 7* (S. 121–158). München: Oldenbourg.
Thomae, Hans (1988 [1952]). *Das Individuum und seine Welt. Eine Persönlichkeitstheorie*. 2., vollst. überarb. Aufl. Göttingen u. a.: Hogrefe.
Vonderach, Gerd (1993). Geschichtenhermeneutische Fallanalyse und typisierende Fallreihenbildung am Beispiel der lebensgeschichtlichen Bewältigung von Arbeitslosigkeit. In Thomas Jung & Stephan Müller-Doohm (Hrsg.), *»Wirklichkeit« im Deutungsprozeß. Verstehen und Methoden in den Sozialwissenschaften* (S. 358–378). Frankfurt/M.: Suhrkamp.
Waldenfels, Bernhard (1990). Der Logos der praktischen Welt. In ders., *Der Stachel des Fremden* (S. 83–102). Frankfurt/M.: Suhrkamp.
Waldenfels, Bernhard (1999). Symbolik, Kreativität und Responsivität. Grundzüge und Phänomenologie des Handelns. In Jürgen Straub & Hans Werbik (Hrsg.), *Handlungstheorie: Begriff und Erklärung des Handelns im interdisziplinären Diskurs* (S. 243–260). Frankfurt/M., New York: Campus.
White, Hayden (1990 [1987]). *Die Bedeutung der Form. Erzählstrukturen in der Geschichtsschreibung*. Frankfurt/M.: Fischer.
White, Hayden (1991 [1973]). *Metahistory. Die historische Einbildungskraft im 19. Jahrhundert in Europa*. Frankfurt/M.: Fischer.
Wiedemann, Peter M. (1986). *Erzählte Wirklichkeit. Zur Theorie und Auswertung narrativer Interviews*. Weinheim: Beltz.

# Moralische Vergemeinschaftung im narrativen Interview

## Erzählte Konflikte und der Wunsch nach Anerkennung[1]

Erzählungen können in verschiedener Hinsicht Konflikte ausdrücken. Sie können von konflikthaften Situationen oder Ereignissen handeln und dabei spezifische Auffassungen des Guten und Schlechten zur Geltung bringen. In ihnen können sich aber auch Konflikte zwischen Erzähler und Zuhörer manifestieren, soziale Spannungen in einer Interaktionssituation, die im Vollzug des Erzählens selbst bearbeitet und möglichst gelöst werden ›müssen‹. Das trifft für zahlreiche Erzählungen zu, unabhängig von ihren jeweiligen Inhalten. Wenn Menschen Selbst-Geschichten erzählen, teilen sie nicht allein ihre persönlichen Erfahrungen und Erwartungen mit und geben dadurch etwas von sich preis. Sie lassen die Zuhörerin auf diese Weise zwar an ihrem Leben teilhaben, diese Öffnung gegenüber anderen erfolgt jedoch keineswegs ganz selbstlos und zweckfrei. Wer von sich erzählt, verwickelt sein Gegenüber in Geschichten, mit denen sehr verschiedene Anliegen und Ansprüche einhergehen können. Diese narrative Pragmatik zu beachten, ist auch für die interpretative Analyse von Interviews unerlässlich.

Erzählungen artikulieren Auslegungen und Auffassungen der Welt, die *gelten sollen*. Sie wenden sich deshalb immer an reale oder

1 Dieser Beitrag wurde gemeinsam mit Ulrike Gatzemeier verfasst. Die Überarbeitungen und Ergänzungen verantworte ich ausschließlich selbst. Das Interview, von dem im Folgenden die Rede ist, entstammt dem empirischen Textkorpus einer mikrosoziologischen und kulturpsychologischen Dissertation (Gatzemeier, 2017). Dort wird ein einziges interview sehr ausführlich analysiert, und zwar aus einer eigens entwickelten, an Ernesto Laclaus Arbeiten orientierten, diskurstheoretischen Perspektive. In ihr lässt sich der vom Erzähler retrospektiv entfaltete Entwurf eines politisierten und mobilisierten Selbst rekonstruieren. Dieses Thema spielt hier indes keine Rolle Es geht im Folgenden um einen sehr speziellen Aspekt dieses Interviews, nämlich um seine pragmatische, insbesondere phatische und moralische Funktion in der sozialen Erzählsituation.

imaginierte Zuhörer, die sich diesen Weltdeutungen anschließen sollen. Wer von sich erzählt, berichtet von seiner Welt. Solche Erzählungen entwerfen das Bild einer Welt, wie sie der oder die Erzählende sieht und sehen möchte, einer Welt, wie sie angeblich ist oder sein sollte. In derartigen Konstruktionen spielen moralische Unterscheidungen eine wichtige Rolle. Im Folgenden werden aus narrationspsychologischer und diskurstheoretischer Perspektive Erzählsituationen unter diesem Gesichtspunkt betrachtet. Am Beispiel einer autobiografischen Erzählung über politische Demonstrationen im Serbien der 1980er Jahre wird gezeigt, wie der Erzähler die Motive seiner Teilnahme an diesen öffentlichen Protesten für eine Zuhörerschaft anschlussfähig machen möchte, der eine moralische Verurteilung des Geschehenen unterstellt wird. Dies wird mithilfe des Konzepts des »leeren Signifikanten« als Versuch moralischer Vergemeinschaftung analysiert. Das bedeutet: Interviewsituationen, gerade solche, in denen narrative Verfahren eingesetzt und dementsprechend ausführliche autobiografische Geschichten erzählt werden, sind Situationen der Beziehungsaufnahme und -gestaltung. Sie dienen, ohne dass dies den Beteiligten bewusst sein müsste, der sozialen Integration im Sinne der Erweiterung einer moralischen Gemeinschaft, zu der sich die jeweils erzählende Person bereits zählt. Diese wirbt um Anteilnahme und Anerkennung, vielfach auf Grundlage befürchteter Kritik und Ablehnung der eigenen Position und Person.

## Das erzählte Selbst im Kontext sozialer Konflikte

Erzählungen sind ein besonders wichtiger Modus, in dem Menschen auf anschauliche und manchmal mitreißende Weise sich selbst, ihre Erfahrungen und Erwartungen zur Sprache bringen (Brockmeier, 2015; Bruner, 1990; Carr, 1986; Herman, 2007; Mitchel, 1981; Polkinghorne, 1988; Ricœur, 1996; Sarbin, 1986; Straub, 2010, 1998, 2019a–c). Sie integrieren auf besonders komplexe Weise viele andere sprachliche Formen und Schemata und können detaillierte Beschreibungen und subtile Argumentationen, nüchterne Berichte über allerlei Ereignisse und Zustände, emotionale Selbstexpressionen oder leidenschaftliche Plädoyers für Werte, wortreiche Akte der empathischen Perspektivenübernahme oder knappe Artikulationen der Missachtung und Verachtung anderer enthalten. Eine besondere Form bilden autobiografische Erzählungen, in denen wir uns selbst und unser Gewordensein zur Sprache bringen. Solche Erzählungen sind immer *in soziale Situationen eingebettet:* Wenn wir von uns selbst erzählen, tun wir das vor und mit anderen. Diese Zuhörer vernehmen die autobiografische Erzählung nicht bloß, sondern beeinflussen sie (direkt oder indirekt). Form und Inhalt autobiografischer Selbstthematisierungen sind deshalb, genauer betrachtet, dialogisch (vgl. Welzer, 1998). Die sogenannten *Ego-Dokumente* sind, genauer betrachtet, stets auch Dokumente einer gemeinsamen, kommunikativen Praxis. Sie sind Resultate sozialer *Ko*konstruktionen und wechselseitiger Positionierungen, »who one is always an open question with a shifting answer depending upon the positions made available within one's own and others' discursive practices and within those practices, the stories through which we make sense of our own and others' lives« (Davies & Harré, 1990, S. 49; vgl. Harré & Gillet, 1994).

Damit wird schnell klar, dass Erzählungen immer auch Medien für Aushandlungsprozesse, also alles andere als konfliktfrei sind. Wo erzählt wird, wird nicht nur erzählt: Erzähler argumentieren und wollen mit ihren Narrativen bestimmte Versionen der eigenen Perspektive durchsetzen und andere überzeugen. Solche Aushandlungen sind fester Bestandteil alltäglicher narrativer Praxis. Sie gelten aber insbesondere für Erzählungen *über* Konflikte sowie in Gesprächssituationen, die von vornherein *konflikthaft* sind, weil Erzähler und Zuhörer ›Parteien‹ bilden, repräsentieren bzw. angehören, die gegensätzliche Vorstellungen und Ansprüche mitbringen und diese in der Erzählsituation geltend machen (ausdrücklich oder implizit). Sie charakterisieren bspw. die Praxis der Mediation von Konflikten und werden auch in der sozialwissenschaftlichen Interviewforschung immer wieder relevant – wie in einem Forschungsprojekt zu persönlichen Mobilisierungsnarrativen in Serbien, das hier exemplarisch im Fokus stehen soll (Gatzemeier, 2017).

In diesem Projekt wurden narrativ-autobiografische Interviews (vgl. Lucius-Hoene & Deppermann, 2002) mit Serbinnen und Serben geführt, die die mit dem Namen von Milošević verbundene Nationalisierung Serbiens sowie den blutigen Ausgang dieser Geschichte am eigenen Leib erlebten und in diese kollektive Bewegung verstrickt waren. Sie beteiligten sich insbesondere an einer Welle von Großdemonstrationen, die in den späten 1980er Jahren die Macht dieses Mannes zementierten und mit zum Teil stark nationalistischem Unterton eine politische Neustrukturierung der Verhältnisse in Serbien und Jugoslawien anstrebten. In den im Jahr 2010 geführten Interviews waren sie dazu aufgefordert, von ihren persönlichen Erfahrungen zu erzählen. Wie sich dabei in den Interviews selbst, aber auch in weiteren, informellen Gesprächen zeigte, bewegen sich diese Erzählungen niemals in einem neutralen Raum. Die Erzählsituation war für die Erzähler vielmehr durch die nationale Zughörigkeit und damit assoziierte Eigenheiten der Interviewerin geprägt. Sie nahmen ihr Gegenüber nämlich als Deutsche bzw. als Repräsentantin jener politischen Öffentlichkeit der »westlichen Welt« wahr, die Serbien oder »den Serben« einen guten Teil der Schuld am Zerfall Jugoslawiens und der damit verwobenen Geschichte exzessiver Gewalt zuschreibt und sie dafür verurteilt.

Vor diesem Hintergrund sind die Erzählungen der eigenen Geschichte also stets auch als Aushandlungsprozesse und Interventionsversuche zu lesen. Das geschieht nicht nur passagenweise mit abstrakten und expliziten Argumentationen, sondern findet in den Geschichten selbst statt. Sie erfüllen eine implizite, sozialpragmatische Funktion. Die Welten, die die Erzähler beschreiben und in denen sie ihr Erleben verorten, sind selbst moralisch strukturiert und besitzen eine moralische Funktion.

Es ist ein zentraler Aspekt der Erzählungen, dass das, woran die Geschichtenerzähler dereinst teilhatten, im Namen des »Guten« geschah. Noch die Erinnerung daran bezeugt und bestätigt das: Die jeweiligen Mobilisierungsgeschichten drehen sich zum Beispiel um die Frage des »Fortschritts« und der »Zukunft der Kinder«, sie erscheinen als »jugendliche Rebellion« oder als Suche nach der »Wahrheit«. Sie seien, so ist zu hören und zu lesen, durch das unhaltbare »Leiden der Nation« motiviert oder durch die Suche nach »Gleichheit« und »Gerechtigkeit«. Gerade dieser letzte Aspekt wird nachfolgend exemplarisch ausführlicher betrachtet. Diese universalen Werte eignen sich bestens für die analytische Rekonstruktion der angedeuteten narrativen Funktion. Sie legitimieren und veredeln eine kollektive politische Bewegung, die in der westlichen Welt keinen guten Ruf genoss. Ihr Ansehen war zweifelhalft, weil untrennbar mit intentionalen Gewalttaten liiert. Auch autobiografische Erzählungen können hier einen anderen Akzent setzen und rechtfertigende Eigenschaften besitzen.

Grundsätzlich scheint diese Form der argumentierenden, rationalisierenden Darstellung der Angemessenheit und Richtigkeit eigenen Handelns anderen gegenüber alles andere als ungewöhnlich. Im Folgenden sollen nun aber die Funktionsweise solcher Erzählstrategien und damit einhergehende Konsequenzen theoretisch präzisiert werden. Eine diskurstheoretische und narrationspsychologische Reflexion über diese konflikthaften Erzähl- bzw. Interviewsituationen kann zu einem besseren Verständnis darüber führen, wie Konflikte in Narrationen Gestalt annehmen und mit Bezug auf einen spezifischen Adressaten *dargestellt* werden, und wie dadurch manifeste Konflikte zwischen Erzähler und Adressat *ausgehandelt* werden. Dabei werden die interessierenden Erzählungen mit dem von Ernesto Laclau geprägten Konzept des leeren Signifikanten (Laclau, 1996; Laclau & Mouffe, 1985) als Versuche der *moralischen Vergemeinschaftung* verstehbar. Es versteht sich von selbst, dass eine derartige, theoretisch voraussetzungsvolle Auswertungsperspektive bestens zum Konzept einer relationalen Hermeneutik passt (vgl. den gleichnamigen Beitrag im vorliegenden Band).

## Kampf um Gerechtigkeit – ein Beispiel

Nenad ist 55 Jahre alt und hat sehr aktiv an den proserbischen Demonstrationen der späten 1980er Jahre im damaligen Jugoslawien teilgenommen. Im Interview beschreibt er seine Geschichte, beginnend mit Aufständen der Albaner im Kosovo (ca. um das Jahr 1981; Kosovo war damals eine Provinz innerhalb der Republik Serbien im föderalen Jugoslawien). Dabei steht zunächst ganz allgemein die »Andersheit« und »Bösartigkeit« der Kosovo-Albaner im Vordergrund. Diese Gruppe erscheint in verschiedenen seiner Episoden und Beobachtungen über ihre Selbstisolation, über Vergewaltigungen und Raubmorde und Ähnliches mehr als »unjugoslawisch«, grundlos gewalttätig und generell unsozial. Er erzählt auch, dass unter den Kosovo-Albanern vor allem die Kosovo-Serben gelitten hätten, da diese vor Ort besonders um Leib und Leben fürchten mussten. Die »albanische Gefahr« präsentiert sich aber eigentlich als ein grundsätzliches Problem, weil sie für Jugoslawen und Jugoslawinnen unhaltbar und generell für moralische Menschen mit »gesundem Menschenverstand« inakzeptabel gewesen sei. Nenad fährt dann fort mit Ausführungen zur medialen Manipulation der Kosovo-Aufstände. Diese Berichte hätten die tatsächliche »Boshaftigkeit« und die klare »Bedrohung durch die Albaner« vertuscht, was ihn enttäuscht und empört sowie sein Vertrauen in den Schutz des Staates erschüttert habe. Auch frustriert ihn noch im erzählerischen Rückblick die seinerzeit auch von ihm erlebte, mangelnde Solidarität der anderen jugoslawischen Nationen angesichts des doch alle betreffenden Problems. Im weiteren Verlauf thematisiert er dann eine erhebliche Benachteiligung Serbiens. Das illustriert die folgende Passage:[2]

> »Und es hat sich natürlich Verbitterung gemeldet, im Wissen, dass eh das Volk, das die größten Opfer gebracht hat für die Erschaffung von Jugoslawien – Die Serben haben in zwei Weltkriegen um die drei Millionen Tote, das ist ein Volk von sieben acht

2 Die Interviews wurden auf Serbisch geführt. Hier werden eigene Übersetzung von Ulrike Gatzemeier zitiert. Namen wurden geändert, auch andere Angaben anonymisiert. Die Transkription wurde zum Zweck der Lesbarkeit vereinfacht, gibt das Gesagte aber wörtlich wieder, ohne Rücksicht auf grammatikalische Korrektheit. Hervorhebungen im Interview dienen der Markierung einiger Ausdrücke und Wendungen, die Nenad selbst betonte, die aber auch für unsere Analyse besonders wichtig sind.

Millionen, das ist eine extreme Zahl. Wir haben gedacht, dass das einfach *nicht fair* ist. Es geht jetzt nicht mehr um was anderes, sondern es ist einfach nicht fair. *Warum* in diesem Land, in dem wir *alle* zusammengelebt haben, in dem wir damals einen besseren Standard hatten zumindest als die *Mehrheit* der europäischen Länder […], dann schien es einfach, wo ist da das Problem uns betreffend. Das heißt, Serbien war die *einzige* Republik im ehemaligen Jugoslawien, die zwei Provinzen hatte. Die Frage stellt sich, wieso Kroatien keine hat, wo ein guter Teil der Bevölkerung serbisch ist. Und das *gruppiert*, an einem Ort. Dass, einfach nach der Verfassung von '74 konnte Serbien *nichts* unabhängig machen, weil die zwei Provinzen gebremst haben. Vojvodina und Kosovo, das heißt ohne ihre Zustimmung konnte man nichts entscheiden, sodass Serbien buchstäblich vom restlichen Jugoslawien eh amputiert war. Und uns schien das einfach wie eine große Ungerechtigkeit.«

In dieser sehr dichten Passage werden verschiedene Missstände zusammengefasst, die die damalige Situation aus seiner Sicht charakterisieren und zum Kontext der kommenden Mobilisierungsprozesse werden. Dabei ist vor allem das mehrfach begründete Gefühl der Ungerechtigkeit zentral, das sich aus der als ungleich und politisch benachteiligend empfundenen Aufteilung Serbiens ergibt und auch aus der mangelnden Anerkennung historischer Leistungen resultiert. Diese Umstände seien, so Nenad, inakzeptabel, nicht länger hinzunehmen. In der Erzählung taucht dann Milošević auf, der mit einem berüchtigten Signalsatz – »Niemand darf das Volk schlagen« – auf die gewachsene Empörung antwortet:

»In diesem Moment wurde er faktisch zum Helden, […] weil er als *Erster* aus der Führung *öffentlich* gesagt hat, dass die Polizei das versammelte Volk *nicht* prügeln darf, weil es sich der offiziellen Politik widersetzt. Das heißt, lasst die Schiptaren euch langsam vertreiben, […] damals in dem Moment *schien* mir das einfach wie eine Gruppe ehrlicher Leute, denen es genug ist. *Zuwider* ist bzw., du kannst nicht mehr ertragen, dass du ständig in der Minderheit

> bist, obwohl du *sowohl* das Mehrheitsvolk bist, obwohl du die *größten* Opfer gebracht hast für die Schaffung dieses Landes.«

Milošević erscheint ihm als »heldenhafte«, alternative, »gute« Kraft, weil er sich gegen die Ungerechtigkeit, die sich in der ungerechten Behandlung der Serben vielfach zeige, einsetzte und an die Stelle der wegen ihrer Haltung gegenüber den »bösartigen Albanern« abzulehnenden Regierung trat. Allerdings deutet der Hinweis Nenads, dass er »damals« so gedacht habe, bereits auf seine spätere Abwendung von Milošević hin. In den 1990er Jahren engagierte er sich gegen ihn.

Hier soll es nun nicht darum gehen, zu fragen, ob diese Darstellungen – die im Übrigen für den umkämpften Diskurs über die serbische Vergangenheit nicht ungewöhnlich sind – legitim sind und ob sie den damaligen Verhältnissen entsprechen. Es interessiert uns ebenso wenig, ob Nenad seine Ausführungen für wahr hält und »wirklich glaubt«, was er sagt, oder ob er der Interviewerin eine unglaubwürdige Geschichte »auftischt«. Wichtig ist uns hingegen, was durch die spezifische Anlage der Erzählung *zwischen Interviewtem und Zuhörer passiert bzw. passieren soll:* Durch die erzählerische Darstellung der schwierigen Situation in den 1980er Jahren wird die eigene politische Mobilisierung implizit *plausibilisiert, erklärt und gerechtfertigt.* Hier wird zunächst eine bestimmte kausale Abfolge der Ereignisse geschaffen, sodass die Empörung und die positive Identifikation mit dem im westlichen Diskurs über Serbien so zentralen wie klar verurteilten Milošević sowie die daran sich anschließende Teilnahme an den Demonstrationen als zwangsläufig erscheinen. Dabei werden mit der Verurteilung der »grundsätzlichen Andersheit/Boshaftigkeit« der Albaner, der resultierenden Ablehnung der Führung und vor allem der Ungerechtigkeit gegenüber Serbien *nachvollziehbare* Motivationen für sein Engagement und seinen Widerstand vorgelegt. In diesem Zusammenhang ist es nun keineswegs zentral, dass aus Nenads Sicht speziell Serbien benachteiligt wird. Das hier diagnostizierte und diskursivierte Problem besteht vielmehr darin, dass *ganz generell die universalen Werte der Gleichbehandlung und Gerechtigkeit nicht eingehalten werden*. Daraus erst entsteht Serbien ein Nachteil und Schaden.

Was sich in dieser spezifischen Darstellungsweise zeigt, ist, dass die Konflikte, auf die Nenad sein Engagement zurückführt, *universalisiert* und so für die Zuhörerin im Interview bzw. für beliebige andere Menschen *allgemein anschlussfähig* gemacht werden. Dieses Engagement in der sozialen, politischen Bewegung wird einsichtig gemacht, plausibilisiert und erklärt. Es lässt sich nun allgemein nachvollziehen und verstehen. Wo Menschen sich unmenschlich verhalten und Ungerechtigkeit herrscht, ist eine Verurteilung nicht subjektiv, sondern allgemein naheliegend und universell gerechtfertigt, fast zwingend. Es wäre – mit Einschränkungen, die noch spezifiziert werden – der Zuhörerin auf diese Weise nun möglich, sich mit Nenads geäußerter Empörung zu identifizieren, sie zu teilen und sich gemeinsam mit dem Erzähler aufzuregen und zu engagieren. In anderen Worten: Die erzählten Entwicklungen erscheinen *moralisch (folge-)richtig*. Die gesellschaftlichen Spannungen, die die 1980er Jahre in Jugoslawien geprägt haben, werden durch die Reduktion auf die empfundene irrationale Unmenschlichkeit der Albaner und einen Konflikt um Gerechtigkeit in einen Rahmen gestellt, der sie moralisch nachvollziehbar macht.

Zusätzlich ist festzuhalten, dass diese Herstellung der moralischen Folgerichtigkeit hier gerade vor dem Hintergrund angenommener verschiedener bzw. konfligierender Perspektiven bedeutsam ist. Nenads Darstellung der Spannungen, die ihn motivierten, will gleichzeitig eine *vorgreifende Umdeutung* der Erwartungen und Urteile sein, die der Interviewerin unterstellt werden. Das belegt etwa seine Betonung, dass es um »nichts als Fairness« gegangen sei. Diese Deutung soll (implizit) andere Auslegungen und Auffassungen entkräften, und zwar gerade durch den Bezug auf *universelle* Werte: Nicht chauvinistischer Nationalismus und die Priorisierung des Wohlergehens der eigenen Nation über andere erscheinen hier maßgeblich, sondern Fragen und Normen der Gerechtigkeit und Fairness, die prinzipiell von allen geteilt werden sollten. Diese Darstellung inkorporiert also die Konfliktebene der Interviewsituation selbst.

Einige grundsätzliche diskurstheoretische und narrationspsychologische Überlegungen zum Zusammenhang von Erzählung und Konflikt können nun helfen, diese spezifische Konstellation zu erhellen, in der sich das Erzählen über das eigene Erleben der Entwicklung eines Konfliktes und die Konflikthaftigkeit der Erzählsituation überschneiden und durch den Bezug auf universelle Werte ausgehandelt werden: Was heißt es, dass die erzählten Motivationen anschlussfähig werden sollen und moralisch folgerichtig erscheinen? Und wie kann die Funktion universalisierter moralischer Vorstellungen wie »Gerechtigkeit« erfasst werden?

## Erzählung, Konflikt, Evaluation

Erzählen ist nicht zuletzt ein wichtiger Modus der Artikulation und Reflexion von Konflikten. Das zeigt sich in mehrerlei Hinsicht: Erstens haben schon bei der Auswahl von Erzählenswertem immer wieder Widerfahrnisse und Momente den Vorrang, in denen unsere Erfahrungen widerlegt und Erwartungen enttäuscht, unsere Interessen und Pläne durchkreuzt, Absichten und Bemühungen vereitelt werden. Wir erzählen häufig *von* ehemaligen oder bestehenden Konflikten und Krisen der einen oder anderen Art. Zweitens hat die Darstellung von Konflikten und Krisen häufig selbst die Struktur einer Erzählung – wie unkonventionell und komplex sie auch sein mag (Alber & Fludernik, 2010; Fludernik, 2007; Boothe, 2011; Straub, 1998; Gergen, 1998): Die Erzählung beginnt mit einem bestimmten Setting, benennt Akteure, die durch ihre jeweiligen Interessen definiert sind, lässt diese entlang eines bestimmten Handlungsstrangs, der eben vom betreffenden Konflikt geprägt ist, aufeinandertreffen und interagieren. Diese Geschichten und ihre Moral richten sich dabei, drittens, stets an eine anwesende oder imaginierte Zuhörerschaft, an deren unterstellte Erwartungen und Wissensbestände sie sich anpassen. Sie greifen sie auf oder sind um Widerlegung, Korrektur oder Ergänzung bemüht. Das heißt dann aber auch, dass mündliche Erzählungen an und für sich konfliktträchtige oder bereits *konfliktförmige Auseinandersetzungen* und *Aushandlungen mit der Zuhörerschaft* darstellen können.

Bezüglich dieses letzten Punktes ist aus diskurstheoretischer Perspektive festzuhalten: Die interviewende und die interviewte Person stehen immer in einem Dialog, in dem tatsächlich etwas auf dem Spiel steht. In Anlehnung an poststrukturalistische politische Hegemonie- und Diskurstheoretiker wie Laclau (1990, 1996; Laclau & Mouffe, 1985) kann betont werden, dass jede kommunikative Bezugnahme auf ein Selbst und seine Welt ein Akt der Sinn*erzeugung* und Bedeutungs*festlegung*, also eine interpretative Konstruktion ist. Das ist kein bloßes Glasperlenspiel. Konstruktionen legen die Koordinaten des soziokulturellen Raumes fest, in dem sich Menschen – mehr oder weniger verbindlich – orientieren und handelnd bewegen. Deutungen, Interpretationen oder Konstruktionen dieser Art sind dabei immer konflikthaft – selbst wenn das nicht immer offensichtlich ist: Sinn und Bedeutung werden nicht einfach nur an einer objektiven Realität »abgelesen« und als unbestreitbare Tatsachen »abgebildet«. Sie müssen vielmehr regelrecht erzeugt und gegen mögliche widersprechende Auslegungen und Behauptungen verteidigt werden. Konflikthaft ist die Erzählung in solchen Fällen schon allein deshalb, weil Abweichung und Widerspruch als Möglichkeiten so gut wie immer *unterstellt*, oft ganz bewusst antizipiert und befürchtet werden. Diese Konkurrenz gefährdet das erzählende Selbst und unterminiert die eigene Welt: Wo ich einen bestimmten Sinn erzeuge, zehrt der nämlich davon, dass er nicht nur für mich, sondern auch für andere, möglichst sogar allgemein gültig ist. Sinnhafte, bedeutungsvolle Erzählungen laden zur Anteilnahme und Teilhabe ein. Sie zielen auf eine geteilte Welt ab, gerade auch dort, wo es an einer solchen noch mangelt. Erzählungen versuchen auseinanderdriftende Sichtweisen und Auffassungen einander anzunähern und möglichst zu integrieren. Sie ringen um eine allgemein anerkennenswerte Moral der Geschichte.

Dies bedeutet also, dass in so gut wie jeder Kommunikation mindestens unterschwellig und unbewusst der Verdacht gehegt wird, dass andere Menschen anders denken und fühlen, anderer Meinung sein könnten und das von mir Dargebotene nicht von vornherein teilen. Damit werden sie zu Adressaten persuasiver, psychagogischer Rede (zur psychagogischen Funktion des Erzählens vgl. Seitz, 2004). Zuhörer_innen sollen bewegt, gelenkt und vereinnahmt werden. Genau das motiviert das Erzählen mit: In einer an Laclau orientierten theoretischen Perspektive besteht seine grundsätzliche und sogar primäre Funktion darin, den anderen zu überreden oder zu überzeugen, sich für sich einzunehmen, das heißt: einen *gemeinsamen Deutungsraum* herzustellen, in dem der erzählend geschaffene Sinn anerkannt und als gültig geteilt wird. Erzählungen zielen also trotz, vielleicht auch wegen ihrer Polyvalenz darauf ab, mit und durch die Adressierung anderer allgemein gültigen Sinn zu produzieren. Sie haben damit, wie die Diskurspsychologin Margaret Wetherell (1998) mit Bezug auf Laclau und Mouffe feststellt, argumentativen Charakter. Sie sind komplexe Sprechhandlungen oder -akte, deren Performanz und performative, pragmatische Bedeutung auf Anerkennung und eine damit verwobene Ausweitung der sozialen Gemeinschaft in einer gemeinsam konstruierten und anerkannten sozialen Realität abzielen.

Auch für autobiografische Narrationen, wie sie in den Sozialwissenschaften auf dem methodischen Weg lebensgeschichtlich-narrativer Interviews erhoben werden, gilt dieser Zusammenhang zwischen Sinnkonstitution, Geltungsansprüchen und Argumentationen gegenüber anderen. Die biografische Konstruktion des Selbst als Akt des »world-making« (Bruner, 2001) bedeutet *herauszustellen*, wie die »Welt« und wo mein Platz in ihr ist oder sein sollte (vgl. Bruner, 1990; Ricœur, 1996; Straub, 1998). Auch autobiografische Erzählungen wollen kreativ Sinn festlegen, und zwar in spezifischer Hinsicht auf das Selbst, sein Selbstverständnis und Weltverhältnis. Der mögliche Einwand, das Erzählte thematisiere doch Erfahrungen und Erwartungen, die *ich* gemacht habe und die also so stark *als meine* markiert seien, sodass es auf den ersten Blick unsinnig erscheint, dass andere hier »mitreden« könnten, sollten oder dürften, kann hier nicht gelten. Trotz der individuellen Unverwechselbarkeit sind autobiografische Erzählungen nicht »autistisch« (Freeman, 2001, S. 287), sondern wenden sich, ausdrücklich oder stillschweigend, an andere. Auch die narrative Herstellung und Bestätigung einer funktionalen, Orientierung schaffenden Selbst- und Weltsicht zehrt davon, dass sie anerkannt und nicht (permanent) infrage gestellt und diskreditiert wird. Sie lebt davon, dass keine alternativen, konkurrierenden Deutungen über das eigene Sein und Gewordensein, den eigenen Werdegang, die Bedeutung und den Wert persönlicher Erlebnisse als überlegen gekennzeichnet und durchgesetzt werden. Für den hier betrachteten Forschungszusammenhang bedeutet dies: Die Erzählung zielt nicht nur auf die Anerkennung und Übernahme der jeweils präsentierten Weltsichten und Situationsdeutungen. Diese Sichtweisen und Auslegungen sind in verschiedenen biografischen Episoden unweigerlich enthalten, auch wenn sie nicht immer explizit gemacht werden. Sie sind untrennbar mit der Frage verbunden, wer der Erzähler gewesen und geworden ist und zukünftig sein möchte – und *als wer* er von anderen wahrgenommen und anerkannt werden will. Die Erzählung argumentiert und votiert – in Teilen oder insgesamt – für eine bestimmte Version der Welt und verortet den Erzähler, seine soziale Position und Geltung, in dieser narrativ entfalteten Welt.

Wichtig für den hier betrachteten Zusammenhang ist nun, dass dieses Argumentieren häufig auch eine unverkennbar moralische bzw. evaluative, wertende Dimension besitzt. Diese schlägt sich nicht nur, aber gerade im Erzählen über Konflikte und die eigenen Verstrickungen nieder, denn hier geht es darum, überzeugend festzustellen, was richtig und falsch oder was abzulehnen und was erstrebenswert ist. Erzählungen erheben, häufig jedenfalls, Geltungsansprüche, die zugleich das soziale Anerkennungsbedürfnis des erzählenden Subjekts artikulieren. Die Frage der *Gültigkeit* bestimmter Deutungen überschneidet sich hier mit der Frage danach, was in einer bestimmten Situation *angemessen* ist bzw. war, was als richtig im Sinne von akzeptabel und gut gelten kann. Es geht hier also auch darum, dass das eigene Verhalten richtig war – wenn mitunter auch mit der Einschränkung, dass dies unter der Bedingung der »damaligen«, wie auch immer »eingeschränkten« Kenntnisse und Sichtweisen gelte. In der Konsequenz bedeutet das, dass die argumentative Funktion des Erzählens und die gemeinsam zu konstruierende soziale Realität auch eine moralische Dimension besitzen und der auszuhandelnde, gemeinsame Deutungsraum stets auch ein moralischer Raum ist. In einem derartigen Erzählen geht es um moralische Übereinkünfte in einem ethisch strukturierten, soziokulturellen Gefüge. Dabei werden die Maßstäbe für diese Wertungen nicht erst in der Erzählung erfunden. Vielmehr wird auf solche zurückgegriffen, die bereits bestehen, häufig in denkbar abstrakter Gestalt – wie etwa im Fall der »Gleichheit« oder »Gerechtigkeit«. Um dieser Werte willen wird erzählt, sie werden in Erzählungen in Anspruch genommen und »bewahrheitet«. So war oder ist eben ein bestimmtes Verhalten *werte*konform, also zum Beispiel gerecht. Es geht in autobiografischen Erzählungen darum, die Verträglichkeit des eigenen Lebens oder einzelner Episoden dieses gelebten Lebens mit unterstellten oder eingeforderten, allgemeinen Werten zu bezeugen und den anderen hiervon zu überzeugen (vgl. auch Freeman & Brockmeier, 2001). So erzählt eben auch Nenad von seinem politisierten Leben im Zeichen universaler Werte. Das geschieht nicht zufällig oder nebenbei. Es bestimmt die pragmatische, performative oder psychagogische Funktion seiner Erzählung, ihren Aufforderungscharakter, in entscheidender Weise.

Für ein präziseres Verständnis dieses Zusammenhangs ist das Laclau'sche Konzept des *leeren Signifikanten* hilfreich, weil es sowohl den grundsätzlichen Konflikt um Bedeutungsfestlegung in der Erzählsituation erhellt als auch seine moralische und soziale Dimension. Leere Signifikanten sind nämlich solche Konzepte, die als moralische Ecksteine das ethische Gerüst eines jeweiligen soziokulturellen Zusammenhangs, einer kollektiven Praxis, bilden. Man denke etwa an Konzepte wie »Freiheit«, »Gleichheit«, »Gleichberechtigung«, »Demokratie« oder eben, wie in den Interviewausschnitten zuvor zentral, an »Gerechtigkeit« oder »Fairness«. Über sie ist bereits festgelegt, was angemessen und erstrebenswert ist, und umgekehrt, was zu vermeiden, zu überwinden und zu verurteilen ist. Für unsere Frage der narrativen Argumentation sind dabei drei Eigenschaften dieser Signifikanten relevant: Sie sind, erstens, in bestimmten kollektiven, intersubjektiven Zusammenhängen *anerkannte* (oder als anerkannt unterstellte) normative Definitionen des »Wahren«, »Richtigen« und »Guten« (Nonhoff, 2010). Dass zum Beispiel Gerechtigkeit gut und anzustreben sei, ist heutzutage weitgehend unbestritten und scheint sogar selbstverständlich. Das Konzept ist gewissermaßen ein tiefes Sediment im jeweiligen gesellschaftlichen Bewusstsein und erscheint – unabhängig von seinen historisch kontingenten Entstehungsbedingungen – als grundsätzlich und universell, eben objektiv notwendig und gültig (Laclau, 1990; vgl. Wullweber, 2012). Zweitens können bzw. müssen leere Signifikanten jeweils spezifisch ausgelegt und angewendet werden. Das heißt: Diese Konzepte an sich sind eigentlich »leer«, weil sie inhaltlich allenfalls vage bestimmt sind. Die schlichte, nicht weiter ausgeführte Nennung von Gerechtigkeit sagt so erst einmal nichts aus. Es ist unklar, was sie bedeutet und was in ihrem Namen getan werden sollte oder muss. Dasselbe gilt für andere leere Signifikanten: Was alles und *wie viel Verschiedenes*, sogar regelrecht Gegensätzliches, ist nicht schon gesagt und unternommen worden im Zeichen der »Gerechtigkeit«, der »Freiheit«, der »Brüderlichkeit« oder »Schwesterlichkeit« und anderer Formen der »Liebe«. Das grundsätzlich als gültig anerkannte Konzept muss immer gedeutet, ausgelegt oder interpretiert werden, das heißt: Es muss im jeweiligen Kontext – bspw. bei der Darstellung einer unhaltbaren Sachlage – genauer bestimmt und ausgeführt werden, *wie* Gerechtigkeit verstanden wird (etwa als Leistungs- oder soziale Gerechtigkeit) und was daraus praktisch folgt. Dabei muss auch erläutert und plausibilisiert werden, warum die jeweiligen Umstände »ungerecht« sind und demzufolge unbedingt geändert werden müssen.

Die beschriebene Herstellung von moralischer Konformität kann also über die Besetzung und spezifische Auslegung – mit Laclau gesprochen: durch die *Artikulation* – von anerkannten leeren Signifikanten erfasst werden. Wo es in der Erzählung darum geht, die eigene Geschichte und die narrativ repräsentierte Welt verstehbar (Bruner, 2001) zu machen *und* wo sie als »richtig« oder »gut« anerkannt und nachvollzogen werden soll, wird dies über die Darstellung von vordefinierten, zwar vagen, aber gerade deswegen *konsensualen* Vorstellungen von dem, was richtig und wertvoll ist (z. B. gerecht), bewerkstelligt. Hier stößt man auf eine dritte zentrale Eigenschaft dieser leeren Signifikanten: Andere werden über diese geteilten oder als geteilt unterstellten Werte »angerufen«. Man nennt das mit Louis Althusser (1970) häufig »Interpellation«. Die Anderen werden in diesem Appell um Zustimmung und Anerkennung ersucht. Lenken sie ein, verinnerlichen sie die beschworenen Werte. Leere Signifikanten sind mithin das Medium *moralischer Vergemeinschaftung*.

## Moralische Vergemeinschaftung

Da leere Signifikanten einen Wertkonsens vermitteln, organisieren sie einen gemeinsamen moralischen Raum, nämlich den Raum derjenigen, die die jeweiligen Festlegungen teilen und für richtig befinden (die »Gerechten« oder »Guten«) – oder denen das zumindest unterstellt wird. Dieser Raum grenzt sich ab von denjenigen, die den spezifizierten Konsens nicht teilen (vgl. Laclau, 2005). Diese »Ungerechten« werden mitunter als Feinde, Verräter, Verbrecher oder auch ›nur‹ als Irre, Verblendete oder als Fehlgeleitete und Uneinsichtige identifiziert, in jedem Fall aber verurteilt und aus dem Deutungsraum und der damit verwobenen soziokulturellen Praxis ausgeschlossen. Im ernsthaften Spiel mit leeren Signifikanten geht es offenbar nicht um semantische Spitzfindigkeiten, sondern um die reale Strukturierung geteilter Realität und vor allem sozialer Identitäten. Jeder Wahlkampf, in dem bspw. »Gerechtigkeit« entweder als »Leistungsgerechtigkeit« oder »soziale Gerechtigkeit« definiert und der jeweils anderen Partei abgesprochen wird, »gerecht« zu sein, und sie deshalb von »uns« (und den angesprochenen Wähler_innen) abgesondert wird, demonstriert das ebenso eindrucksvoll wie die Einteilung der Welt in Freunde und Feinde, sagen wir, der Demokratie.

Es ist leicht zu sehen, dass die jeweilige konkrete Organisationsweise grundsätzlich veränderlich ist, eigentlich jederzeit. Das ist so, weil, wie erwähnt, immer eine Auslegung dieser eigentlich »leeren« Konzepte möglich und erforderlich ist. Diese Auslegung (Deutung, Interpretation, Konkretisierung) beinhaltet im Fall innovativer Modifikationen eine Verschiebung der Grenzen derjenigen, die mit diesem Raum assoziiert werden. In der Erzählung über Konflikte kann das auf zweierlei Weise geschehen: Zum einen werden in der Darstellung des Konflikts bestimmte Gegner und Widersacher identifiziert, die eben die »gerechte Sache« nicht teilen oder ihr sogar entgegenstehen – und die also auch nicht (wie »wir«) gerecht sind. Dadurch wird ein moralischer Raum abgesteckt. Zum anderen zielt die narrative Darstellung darauf ab, einen *gemeinsamen*, verbindenden Deutungsrahmen herzustellen, in dem sie sich eben an diejenigen wendet, die dem signifizierten Wert bereits verpflichtet sind, zu sein scheinen oder sein wollen, um ihnen sogleich die eigene Auslegung als (allein) gültige und richtige anzutragen. Wo »Gerechtigkeit« als moralischer Eckstein anerkannt ist und eine bestimmte Handlung dadurch beschrieben wird, dass sie »gerecht« ist, buhlt der Erzähler um moralischen Konsens, und zwar über den Umweg des leeren Signifikanten, über den grundsätzlich bereits Konsens besteht. Das heißt dann gleichzeitig: Der Erzähler Nenad wendete sich direkt und indirekt gegen solche Deutungen seiner Handlungen (als »ungerecht«), die ihn möglicherweise aus diesem grundsätzlichen Konsens und der darüber vermittelten moralischen Gemeinschaft ausschließen. Nenad postuliert die Gemeinsamkeit mit der Zuhörerin: Wenn Gerechtigkeit grundsätzlich richtig und notwendig erscheint und der erlebte, dargestellte Konflikt vor Ungerechtigkeiten strotzt, gegen die sich Nenads politisiertes Selbst wendet und wehrt, kann auch sie, die Interviewerin, die mangelnde Fairness verurteilen und sich mit dem Erzähler und seiner Bezugsgruppe identifizieren. In der Darstellung ist der Erzähler darauf aus, das moralische Organisationsprinzip narrativ nachhaltig zu formen. Entsprechende Deutungsangebote sind mithin Versuche der moralischen Vergemeinschaftung. Sie zielen auf Konsens in der Gestaltung einer moralischen Gemeinschaft und der Deutung bestimmter Sachverhalte oder Verhaltensweisen. Die Erzählung zielt auf eine Einbeziehung von anderen, die das eigene Selbstwertgefühl und Selbstbewusstsein des erzählenden Subjekts bestätigt und stärkt.

## Konflikthafte Erzählsituationen und der Wunsch nach Reintegration

Moralische Appelle an den Zuhörer und Versuche moralischer Vergemeinschaftung sind ein grundsätzlicher Zug jeden Erzählens als einer Praxis der kommunikativen Sinnerzeugung. Besonders offensichtlich werden sie, wie zuvor angedeutet, genau dort, wo von einer persönlichen, vielleicht vergangenen Verstrickung in einen Konflikt erzählt wird, also da, wo ohnehin Wertungen vorgenommen und passende Definitionen von richtig und falsch für das Geschilderte geklärt werden müssen. Besonders problematisch und virulent werden diese Appelle aber da, wo dieser Dialog selbst gestört ist, weil die Möglichkeit des moralischen Konsenses aus konkreten Gründen nicht nur theoretisch, sondern tatsächlich infrage steht oder das zumindest so wahrgenommen wird. Das ist da der Fall, wo davon ausgegangen wird, dass bereits eine andere, widersprechende Beurteilung, mithin eine negative Evaluation besteht – wie im Fall des vorgestellten Forschungsprojekts, in dem die politische Rolle Serbiens im gewaltvoll auseinanderbrechenden Jugoslawien im Fokus stand. Erzählungen sind häufig eine Art soziales Medium für Konflikte, die ihren Ursprung nicht in der gegebenen Erzählsituation selbst haben. Aber auch lebensgeschichtliche Narrationen vergegenwärtigen nicht allein vergangene Konflikte und Krisen; auch in ihnen können sich nämlich gegenwärtige, in der Erzählsituation aktualisierte, reproduzierte oder eine neue Gestalt annehmende Konflikte manifestieren, und zwar zwischen den in der Erzählsituation anwesenden Personen. Wie sich auch in unserem Forschungsprojekt gezeigt hat, repräsentieren diese Personen womöglich von vornherein virulente Konflikte, und zwar als (stereotypisierte) Stellvertreter von Gruppen, die bestimmte Geschehnisse bereits unterschiedlich beurteilen und einander verurteilen. Diese Wahrnehmung einer von konflikthaften politischen Diskursen geprägten sozialen Situation und die jeweilige Vorstellung davon, *wem* die Interviewten ihre in die Geschichte Serbiens verwickelte Lebensgeschichte und die damit verwobene Mobilisierung ihres »nationalisierten Selbst« erzählen, bestimmt mit, *was*, *wie* und *wozu* sie erzählen. Und sie bürdet der Erzählung den schwierigen Anspruch auf, den Riss in der moralischen Gemeinschaft diskursiv und narrativ zu kitten.

Dabei ist es nicht einmal so wichtig, ob die Zuhörerin *tatsächlich* die genannten Wertvorstellungen teilt und entsprechend denkt, handelt und lebt. In den geführten Interviews hat sich die Interviewerin gemäß der Methodik des narrativen Interviews in keiner Hinsicht wertend geäußert. Sie wurde von den Interviewpartnern aber als Repräsentantin eines bestimmten soziokulturellen Feldes wahrgenommen. Sie wurde als Stellvertreterin einer Gruppe gehört und gesehen, die Serbien und den Serben die Mitgliedschaft im eigenen moralischen Deutungsraum verwehrt und sie sogar ganz dezidiert aus diesem Raum ausschließt (jedenfalls dann, wenn es um den Zerfall Jugoslawiens und die damit verwobene Gewaltgeschichte geht). Die nationalen Mobilisierungen in den 1980er Jahren würden, so sahen es unsere Forschungspartner durchweg, vom »Westen« im Vorgriff auf das Blutbad der frühen 1990er Jahre allzu undifferenziert als Ausdruck eines unverbesserlichen, nationalistischen Chauvinismus konstruiert, als ungerecht und ungerechtfertigt, unterdrückerisch, gewalttätig und irrational. Solche Auffassungen der politischen Mobilisierung verurteilten das »serbische Volk«, also alle seine Angehörigen. Dagegen wenden sich die serbischen Forschungspartner, offenbar auch im eigenen Interesse. Wie gezeigt artikuliert Nenad sein Handeln über die Frage der Gerechtigkeit und die »Bösartigkeit« der anderen und entkräftet damit gängige Erklärungen, die den Serb_innen ausschließlich Motive unterstellen, die einem reinen »nationalen Egoismus« verhaftet seien. Er erklärt und rechtfertigt sein (ehemaliges) Handeln, indem er bestimmte moralische Zwänge konstruiert, und verortet das eigene Tun in einer Weise, die der Interviewerin – und in Verlängerung der deutschen, westlichen Öffentlichkeit – die Anerkennung und den auch moralischen Nachvollzug des Geschehenen ermöglichen soll. Seine Erzählungen präsentieren sich als Versuche einer Deutung oder Umdeutung des Geschehenen durch die Verknüpfung mit dem Signifikanten »Gerechtigkeit«. Sie zielen darauf ab, die Grenzen des moralischen Deutungsraums neu abzustecken. Sie bezwecken eine Art Reintegration der Ausgeschlossenen im Zuge einer neuen, einvernehmlichen Kommunikation und Kommunion. Wie ausgeführt wurde, soll Nenads Motivation zur Demonstrationsteilnahme anschlussfähig und moralisch folgerichtig erscheinen. All das steht im Zeichen des Versuchs der moralischen Vergemeinschaftung mit distanzierten, kritischen Fremden, wie sie die Interviewerin beispielhaft repräsentiert.

## Allgemeine Schlussfolgerung in diskurstheoretischer und narrationspsychologischer Perspektive

Das beschriebene, in der konkreten Interviewsituation illustrierte Phänomen ist ein Aspekt vieler Situationen, in denen Konflikte narrativ ausgehandelt werden. Man kennt all das auch von Mediationskontexten, in denen es darum geht, eigene Konflikterfahrungen für andere und vor anderen zu erzählen – gerade dort, wo die Infragestellung der Richtigkeit der eigenen Motivationen durch andere Parteien vorprogrammiert scheint. Erzählungen sollen selbstwertdienliche und zugleich sozial-integrative Funktionen erfüllen. Besonders auffällig sind Versuche der moralischen Vergemeinschaftung in Kontexten, in denen die Erzählsituation selbst von einem gravierenden Konflikt geprägt ist, der sich in der einen oder anderen Form im Verhältnis zwischen Erzähler und Zuhörerin manifestiert. Dabei ist die hier beschriebene, vom Interviewpartner vorgenommene Gleichsetzung der Zuhörerin mit einer Konfliktpartei bzw. einem größeren soziokulturellen Kontext nur ein Beispiel für ein generelles Prinzip der Narrativierung von Konflikten anderen gegenüber. Auch alternative Konstellationen sind denkbar, in denen der Konflikt mit dem und über den Zuhörer ausgehandelt wird, zum Beispiel in gemeinsamer Empörung und gegenseitiger Bestärkung. In jedem Fall aber ist die Erzählsituation eine Situation, in der sich über die Anwesenden kontextspezifische, kulturelle bzw. kollektiv veranschlagte Normvorstellungen manifestieren, im Rahmen des eigenen Lebens und Erlebens zur Aushandlung gebracht werden und spezifische Anwendungen, Neu- und Umdeutungen dieser Vorstellungen in einer »moralischen Gemeinschaft« als gültig zementiert werden sollen.

Ein letzter Punkt kann hier festgehalten werden: Das zitierte Fallbeispiel illustriert einen wichtigen »Mechanismus« hinter Versuchen der moralischen Vergemeinschaftung, ist aber gleichzeitig ein Beispiel für ihr Scheitern. Dass hier keine wirkliche Identifikation der Zuhörerin mit den Motiven des Erzählers stattfindet, liegt einerseits an der Rolle der Forscherin, die eine Übernahme der Perspektive des Erzählers weitgehend vermeiden sollte. Narrative Interviews sachgerecht und methodisch kompetent zu führen, verlangt von Interviewenden eine überparteiliche Position (durchaus ähnlich wie im Falle möglichst neutraler Mediator_innen, die Konflikte ohne einseitige Parteinahmen bearbeiten helfen sollen). Andererseits zeigt sich hier aber auch, wodurch in anderen, alltäglichen Situationen Konsens und moralische Gemeinschaft verhindert werden kann: Für die Rekonstruktion der Berechtigung seiner Motivationen ist für Nenad der Rekurs auf die »Nation« zentral. Auch sie fungiert als leerer Signifikant (vgl. Schulz, 2007; Torfing, 1999): Es scheint ihm normal und richtig, Ungerechtigkeiten anhand nationaler Ansprüche festzustellen. Sie ist hier der eigentliche Konfliktakteur und es ist für Nenad schlicht falsch, ihre legitimen Ansprüche – und seien es nur die Ansprüche auf Gleichbehandlung und territoriale Integrität – nicht zu erfüllen. Nenad setzt bezüglich dieser Wertvorstellung Konsens voraus, seine Rechtfertigung beruht darauf, dass er glaubt, bei der Zuhörerin auch hier auf Verständnis stoßen zu können. Dieser Konsens existiert aber nicht, weil die Interviewerin diese Auffassung in dieser Form nicht teilt und es eher befremdlich findet, politische Ansprüche derart essenzialistisch und national oder nationalistisch zu artikulieren. Sie sagt das natürlich nicht, und dennoch bestimmt ihre Auffassung das kommunikative Geschehen im Interview.

Vielleicht kann das Erzählte für Zuhörer trotzdem eine Art gemeinsamen Deutungsraum herstellen, wenn die Motivationslage des anderen wenigstens als in sich in ihrer jeweiligen Perspektive gerechtfertigt und die moralischen Absichten zwar nicht geteilt, aber zumindest als nachvollziehbar anerkannt werden. Wie genau ein solcher Deutungsraum und diese Form des partiellen und fragilen Konsenses in der hier zugrunde gelegten theoretischen Perspektive zu begreifen wäre, ist jedoch eine Frage, die uns hier nicht mehr zu beschäftigen braucht.

## Literatur

Alber, Jan & Fludernik, Monika (Hrsg.). (2010). *Postclassical Narratology: Approaches and Analyses*. Columbus/OH: Ohio State Univ. Press.

Althusser, Louis (1971). *Ideology, and Ideological State Apparatuses. Notes towards an Investigation. Lenin and Philosophy and other essays*. London: Verso.

Boothe, Brigitte (2011). *Das Narrativ. Biografisches Erzählen im therapeutischen Prozess*. Stuttgart: Schattauer.

Brockmeier, Jens (2015). *Beyond the Archive. Memory, Narrative, and the Autobiographical Process*. New York: Oxford Univ. Press,

Bruner, Jerome S. (1990). *Acts of meaning*. Cambridge/MA.: Harvard Univ. Press.

Bruner, Jerome S. (2001). Self-Making and world-making. In Jens Brockmeier & David Carbaugh (Hrsg.), *Narrative and Identity. Studies in autobiography, self and culture* (S. 25–37). Amsterdam: John Benjamins.

Carr, David (1986). *Time, Narrative, and History*. Bloomington/IN: Indiana Univ. Press.

Davies, Bronwyn & Harré, Rom (1990). Positioning: The discursive production of selves. *Journal for the theory of social behavior, 20*, 43–63.

Fludernik, Monika (2007). *Erzähltheorie. Eine Einführung*. Darmstadt: wbg.

Freeman, Mark (2001). From substance to story. Narrative, identity and the reconstruction of the self. In Jens Brockmeier & David Carbaugh (Hrsg.), *Narrative and identity. Studies in autobiography, self and culture* (S. 283–298). Amsterdam: John Benjamins.

Freeman, Mark & Brockmeier, Jens (2001). Narrative Integrity. Autobiographical identity and the meaning of the ›good life‹. In Jens Brockmeier & David Carbaugh (Hrsg.), *Narrative and identity. Studies in autobiography, self and culture* (S. 75–99). Amsterdam: John Benjamins.

Gatzemeier, Ulrike (2017). *Konflikt, Nation, Narration: Entwürfe des politisierten Selbst. Eine diskurs- und biografieanalytische Studie zum ›Sich-Ereignen der Nation‹ in Serbien 1987–1989*. Mit einem Vorw. von Jürgen Straub. Bochum: Bochumer Universitätsverlag.

Gergen, Kenneth J. (1998). Erzählung, moralische Identität und historisches Bewußtsein. In Jürgen Straub (Hrsg.), *Erzählung, Identität und historisches Bewußtsein. Die psychologische Konstruktion von Zeit und Geschichte* (S. 170–202). Frankfurt/M.: Suhrkamp.

Harré, Rom & Gillett, Grant (1994). *The Discursive Mind*. London u. a.: Sage.

Herman, David (Hrsg.). (2007). *The Cambridge Companion to Narrative*. Cambridge/UK: Univ. Press.

Laclau, Ernesto (1990). *New Reflections on the Revolutions of our Time*. London: Verso.

Laclau, Ernesto (1996). *Emancipation(s)*. London: Verso.

Laclau, Ernesto (2005). *On Populist Reason*. London: Verso.

Laclau, Ernesto & Mouffe, Chantal (1985). *Hegemony and Socialist Strategy. Towards a Radical Democratic Politics*. London: Verso.

Lucius-Hoene, Gabriele & Deppermann, Arnulf (2002). *Rekonstruktion narrativer Identität. Ein Arbeitsbuch zur Analyse narrativer Interviews*. 2. Aufl. Wiesbaden: VS Verlag für Sozialwissenschaften.

Mitchel, W.J. Thomas (1981). *On Narrative*. Chicago: Univ. of Chicago Press.

Nonhoff, Martin (2010). Hegemonieanalyse. Theorie, Methode und Forschungspraxis. In Reiner Keller (Hrsg.), *Handbuch Sozialwissenschaftliche Diskursanalyse, Bd. 2: Forschungspraxis* (S. 299–331). 4. Aufl. Wiesbaden: VS Verlag für Sozialwissenschaften.

Polkinghorne, David (1988). *Narrative Knowing and the Human Sciences*. Albany/NY: State Univ. of New York Press.

Ricœur, Paul (1996). *Das Selbst als ein Anderer*. München: Fink.

Sarbin, Theodore R. (Hrsg.). (1986). *Narrative Psychology. The Storied Nature of Human Conduct*. New York: Praeger.

Schulz, Daniel (2007). Hegemoniale Artikulation. Frankreichs »Nation« als leerer Signifikant. In Martin Nonhoff (Hrsg.), *Diskurs, radikale Demokratie, Hegemonie. Zum politischen Denken von Ernesto Laclau und Chantal Mouffe* (S. 223–244). Bielefeld: transcript.

Seitz, Hartmut (2004). *Lebendige Erinnerung. Die Konstitution und Vermittlung lebensgeschichtlicher Erfahrung in autobiographischen Erzählungen*. Bielefeld: transcript.

Straub, Jürgen (1998). Geschichten erzählen, Geschichten bilden. Grundzüge einer narrativen Psychologie historischer Sinnbildung. In ders. (Hrsg.), *Erzählung, Identität und historisches Bewußtsein. Die psychologische Konstruktion von Zeit und Geschichte* (S. 81–169). Frankfurt/M.: Suhrkamp.

Straub, Jürgen (2010). Erzähltheorie/Narration. In Günter Mey & Katja Mruck (Hrsg.), *Handbuch Qualitative Forschung in der Psychologie* (S. 136–150). Konstanz: VS Verlag für Sozialwissenschaften.

Straub, Jürgen (2019a). *Das erzählte Selbst. Konturen einer interdisziplinären Theorie narrativer Identität. Bd. I: Historische und aktuelle Sondierungen. Ausgewählte Schriften*. Gießen: Psychosozial-Verlag.

Straub, Jürgen (2019b). *Das erzählte Selbst. Konturen einer interdisziplinären Theorie narrativer Identität. Bd. II: Begriffsanalysen und pragma-semantische Verortungen der Identität. Ausgewählte Schriften*. Gießen: Psychosozial-Verlag.

Straub, Jürgen (2019c). *Das erzählte Selbst. Konturen einer interdisziplinären Theorie narrativer Identität. Bd. III: Zeitdiagnostische Klärungen und Korrekturen postmoderner Kritik. Ausgewählte Schriften*. Gießen: Psychosozial-Verlag.

Torfing, Jacob (1999). *New Theories of Discourse. Laclau, Mouffe und Zizek*. Oxford: Blackwell.

Welzer, Harald (1998). Hermeneutische Dialoganalyse. Psychoanalytische Epistemologie in sozialwissenschaftlichen Fallanalysen. In Gerd Kimmerle (Hrsg.), *Zur Theorie der psychoanalytischen Fallgeschichte* (S. 111–138). Tübingen: edition diskord.

Wetherell, Margaret (1998). Positioning and Interpretative Repertoires. Conversation Analysis and Post-Structuralism in Dialogue. *Discourse and Society, 9*, 387–412.

Wullweber, Joscha (2012). Konturen eines politischen Analyserahmens. Hegemonie, Diskurs, Antagonismus. In Iris Dzudzek, Caren Kunze & Joscha Wullweber (Hrsg.), *Diskurs und Hegemonie. Gesellschaftskritische Perspektiven* (S. 29–58). Bielefeld: transcript.

# III
# Metaphernanalyse:
## Leben in Sprach-Bildern

# Metaphernanalyse in der psychologischen Biografieforschung

## Elementare theoretisch-methodologische Klärungen

> »Es ist nicht recht von dir, mich mit allen möglichen Vergleichen und Metaphern hinzuhalten.«
>
> »Mit was, Don Pablo?«
>
> »Metaphern, Mann.«
>
> »Was ist das?«
>
> Der Dichter legte dem Jungen eine Hand auf die Schulter. »Um es dir ungefähr klar zu machen: es ist eine Art, etwas auszudrücken, indem man es mit etwas anderem vergleicht.«
>
> »Zum Beispiel?«
>
> Neruda sah seufzend auf seine Uhr. »Also gut, wenn Du sagst, ›der Himmel weint‹, was willst Du dann damit sagen?«
>
> »Ist doch klar! Daß es regnet, natürlich.«
>
> »Na also, das ist eine Metapher.«
>
> »Und warum hat eine so einfache Sache einen so komplizierten Namen?«
>
> *Antonio Skármeta (1985, S. 23)*

## Präsentative Symbolik und Metapher

Die philosophische Hermeneutik und ihre fachwissenschaftlichen Verwandten sind Unternehmungen, in deren Zentrum die Reflexion auf die Sprache steht. Selbstverständlich befassen sich die überlieferten sowie die zeitgenössischen »Kunstlehren des Verstehens« auch mit anderen, namentlich mit *präsentativen* Symbolsystemen bzw. ikonischen Praktiken sowie mit deren Deutung oder Interpretation (zur Unterscheidung zwischen präsentativer und sprachlich-diskursiver Symbolik vgl. Langer, 1965). Es gibt gegenwärtig nicht zuletzt in der Psychologie, einschließlich der Psychoanalyse, eine Reihe von Ansätzen, die sich verstärkt mit leiblichem Ausdrucksverhalten (Körperhaltung und -bewegung, Gestik, Mimik), mit Zeichnungen, Malereien, Filmen, mit Dingen aus der Alltagswelt und der Welt der Kunst, mit Architektur und anderen Artefakten oder mit (rituellen) Inszenierungen beschäftigen. Dabei geht es stets um die Analyse von Symbolsystemen bzw. Symbolisierungsakten, die unsere Praxis als eine sinn- und bedeutungsstrukturierte Welt konstituieren, ohne dass hierbei ein einziges *Wort* gefallen sein oder ein einziger logischer *Gedanke* angestellt worden sein müsste (zur Bildinterpretation siehe Straub et al., 2021; zu methodischen Aspekten den Aufsatz »Qualitative Methoden der Bildinterpretation, Bildgebrauchs- und -wirkungsanalyse« in diesem Band). Die präsentative Symbolik geht der im engeren Sinne sprachlichen, logisch-diskursiven voraus, und zwar sowohl in phylogenetischer als auch in ontogenetischer Hinsicht.[1]

Präsentative Symbolsysteme gehören zur natürlichen Ausstattung des Menschen (und anderer Lebenswesen). Sie sind nicht etwa bloß Voraussetzungen, sondern *Bestandteile* leiblichen Verhaltens. Dieses Verhalten, genauer: dieses leibliche Handeln bedeutet, in all seinen unzähligen Möglichkeiten, von Anfang an etwas. Und als etwas Bedeutungsvolles wird es von uns allen auch aufgefasst, wie etwa der Umgang von Erwachsenen mit Neugeborenen zeigt. Die zappeln nicht einfach nur herum, sondern wollen uns damit, häufig jedenfalls, etwas zeigen und zu verstehen geben. Sie kommunizieren als leibliche Wesen, bevor sie sprechen können. Selbstverständlich entwickeln sich auch präsentative Symbolsysteme schrittweise, sie differenzieren sich sukzessive aus, wenn Kinder im Zuge ihrer Enkulturation und Sozialisation ihre Handlungsmöglichkeiten erweitern lernen.[2]

1 Ein klassisches Beispiel hierfür bieten Sprachentwicklungstheorien, die dem Wort die nonverbalen Verständigungsweisen, über die leibliche Wesen frühzeitig verfügen, vorangehen lassen, Gesten und Gebärden etwa: Wilhelm Wundt, George H. Mead und Lev Vygotsky seien hier als klassische Vertreter dieser Auffassung erwähnt.

2 All dies vollzieht sich kulturell und individuell unterschiedlich, führt in verschiedenen kulturellen Lebensformen zu diesem oder jenem Ergebnis. Auch

Festzuhalten ist, dass die eigenständige, präsentative Symbolik von Anfang an zum menschlichen Leben gehört. Sie ermöglicht Kommunikation ohne diskursive Sprache, und sie dient eben dem *Ausdruck* und der *Vermittlung* zunächst einmal von dem, was ebenfalls von Anfang an Bestandteil unseres Daseins ist: Symbolisiert werden im leiblichen Verhalten und in anderen präsentativen Formen zuvorderst die elementaren Bedürfnisse und Begehren, die Befindlichkeiten, Affekte, Emotionen und Stimmungen, die Menschen verspüren und bewegen. Das geschieht vielfach spontan, kann in späteren Entwicklungsstadien aber auch bewusst eingesetzt und inszeniert werden. Gefühle sind dann nicht mehr ganz so spontan und unwillkürlich, wie es scheinen mag (wenn etwa Schauspielerinnen täuschend echt ihre Trauer oder Wut zur Schau stellen).

Wichtig ist: Es gibt unzählige *Stellungnahmen* und *Antworten*, die logisches Denken und Sprachkompetenz weder voraussetzen noch beinhalten. Auch wer von solchen Stellungnahmen berührt wird und sie auszulegen versteht, verdankt dies keineswegs seinem Verstand oder sonst einer Form vernünftigen Denkens und logischen Sprechens. Er ist vielmehr auf andere Weise angesprochen und antwortet entsprechend mit anderen symbolischen Mitteln, als sie die logisch-diskursive Sprache bereithält. Es gibt verschiedene Weisen, unserem Tun und allem, was sonst so geschieht, Ordnung zu verleihen. Frühe Modi sinn- und bedeutungsstrukturierter Kommunikation werden niemals ganz obsolet. Sie behalten ihren Wert und erfüllen zeitlebens vielerlei Funktionen. Menschen setzen Kommunikation in jedem Lebensalter auf jener

das leibliche Handeln, also etwa die non- und paraverbale Kommunikation, das proxemische Verhalten oder die Art und Weise, sich in bestimmten Situationen zu bewegen und zu geben etc., besitzen kulturspezifische Züge (vgl. hierzu die einschlägige Literatur zur interkulturellen Kommunikation, z. B. Lüsebrink, 2005; Straub & Niebel, 2021; Straub et al., 2007). Außerdem sind leibliche Handlungen höchst persönliche Phänomene, mitunter unverwechselbar, einzigartig, eben individuell: Man erkennt Gisela eben schon von Weitem an ihrem unbeschreiblichen Gang, und so wie Helmut seine Zigaretten zum Mund führt und raucht, als atme er lebensnotwendigen Sauerstoff ein, genießt kein zweiter Tabak.

Ebene fort, auf der sie begonnen wurde. Sie setzen unablässig Verständigungsmittel ein, die auch dort erfolgreich sein können, wohin keine ein-eindeutige Definition und kein logischer Schluss jemals gelangen werden – und auch nicht erforderlich sind.

Wie im Folgenden deutlich wird, ist die eingeführte Unterscheidung zwischen präsentativer und sprachlich-diskursiver Symbolik idealtypisch und akzentuierend angelegt. Man kann zwar unterscheiden, muss aber auch mit Übergängen und Überlappungen rechnen, mit eigentümlichen Mischphänomen. Zwischen den extremen, reinen Typen der sprachlich-diskursiven und der ikonischen Symbolisierung gibt es Kreuzungen und hybride Formen der Verständigung und des Verstehens. Selbstredend sind metaphorische Sprechweisen in ihrer Bildhaftigkeit und überhaupt in ihrer häufig sinnlichen und szenischen Qualität just in diesem Zwischenbereich angesiedelt. Sprach-Bilder, wie sie zu Recht heißen, gehören in diesen intermediären Raum spezifisch menschlicher Kommunikation. Sie zählen mitunter eher zu jenen Symbolisierungsleistungen, die präsentativen Akten analog und ähnlich sind, als zu den sprachlich-diskursiven. Wie sollte man Paul Celans erste Zeile aus dem Gedicht *Todesfuge* sonst verstehen: »schwarze Milch der Frühe«, diese poetische Kombination von scheinbar nicht zusammenpassenden Wörtern ergibt, logisch betrachtet, keinen Sinn. Um sie zu verstehen, nützt es nichts, im Wörterbuch nachzuschlagen. Und doch ist sie nicht unsinnig, sondern vielsagend wie andere lebendige Metaphern und sonstige starke Tropen auch. Die Bildersprache und die Sprachbilder sind unverzichtbar, sie gehören nicht nur zur Poesie und literarischen Imagination, sondern auch zu unserer alltäglichen Kommunikation (vgl. z. B. Lakoff, 1987; Lakoff & Johnson, 1998; Junge, 2010). Das ist für eine sprach- und bildwissenschaftlich aufgeklärte, an allen symbolischen Formen gleichermaßen interessierte Psychologie – wie für andere Subjekt-, Sozial- und Kulturwissenschaften – von größter Wichtigkeit. Sie muss nicht zuletzt ihre methodischen Werkzeuge darauf einstellen und ausrichten. Metaphernanalysen sind auch in der Psychologie kein Luxus. Sie gehören zu den elementaren methodischen Tätigkeiten einer interpretativen Wissenschaft.

## Hybride Sprachbilder interpretieren

Mit dem Verstehen sprachlicher Bilder sind wir beinahe unentwegt und überall befasst, meistens ohne es zu bemerken. In der Unmittelbarkeit alltäglicher Kommunikation treffen wir ständig auf sie. Im handlungsentlasteten, von unmittelbaren praktischen Belangen und Aufgaben freigehaltenen Kontext wissenschaftlicher Arbeit betrachten wir sie genauer, um zu verstehen, was die Sprechenden eigentlich sagen oder zeigen (wollen), wenn sie in Bildern sprechen. Hier wie dort ist in solchen Fällen nicht das logisch-diskursive Denken herausgefordert, sondern zuvorderst das sinnliche, szenische Imaginations- und Assoziationsvermögen oder die ikonische Kompetenz. Auch im Umgang mit sprachlichen Bildern kann man mehr oder weniger erfahren und kundig sein. Man kann ihn lernen und üben, sensibilisiert durch theoretische Einsichten wie die zuvor dargelegten.

*Metaphern interpretieren*, das erfordert zumal im Rahmen psychologischer Forschung vor allem eines, nämlich den Gebrauch der eigenen Einbildungskraft und schöpferischen Fantasie. Wie sehr dabei Vorstellungsbilder aller Art ins Spiel kommen mögen, so schaltet und waltet das Vermögen, Metaphern zu identifizieren, sie zu lesen, zu interpretieren und zu verstehen, dennoch in der Sprache. Auch das metaphorische Sprechen in Bildern, Analogien und Gleichnissen ist trivialerweise immer noch ein Sprechen, die Metaphernanalyse nichts anderes als eine Analyse sprachlicher Ausdrücke mit Mitteln der Sprache. Aber genau dabei legen wir eben Bilder aus und bemühen vielleicht selbst noch solche. Sprachkompetenz ist hier von ikonischer Kompetenz keineswegs sauber zu trennen. Wer sich mit Bildern und ihren möglichen Bedeutungen nicht auskennt, hat hier nichts zu sagen. Wer sich »schwarze Milch« oder einen »weinenden Himmel« nicht vorstellen und in seinen möglichen assoziierten, konativen Bedeutungen vor Augen führen und ausmalen kann, verstummt, wenn solche Ausdrücke und Wendungen fallen. Wegen der erörterten Nähe der Metapher zu all dem, was vor aller sprachlich-diskursiven Logik besteht, eigenständig und (weitgehend) unabhängig von dieser ist und einer spezifischen Logik der Bilder folgt (Boehm, 2007), führt uns die Metaphernanalyse in Gefilde, in denen eine psychologische Methodologie und Methodik ikonischer Artikulation und Kommunikation unabdingbar ist. Wer keinerlei Idee davon hat, wie es in der Hölle ausschaut und im Gefängnis zugeht, kann mit der metaphorischen Auskunft, die »Trennung vom Ehemann sei die Hölle gewesen, aber eigentlich gar nichts im Vergleich mit dem aus Niedertracht, Eifersucht und andauerndem Zwist zusammengesetzten ehelichen Gefängnis der letzten Jahre«, wohl wenig anfangen. Man muss schon die pragma-semantischen Assoziationen und Konnotationen, die die Bilder der Hölle oder des Gefängnisses zu wecken vermögen, ausbuchstabieren, um den Sinn einer solchen Qualifizierung des auseinanderbrechenden Ehedaseins zu verstehen, eines ehemals innigen Zusammenseins, an dessen Beginn sich zwei Liebende vielleicht »den Himmel auf Erden« versprochen hatten.

Bilder von Himmel und Hölle kennen viele Menschen, jedoch unterscheiden sie sich oftmals beträchtlich, und so sind auch die Verständnisse der beispielhaft angeführten metaphorischen Sprechweisen verschieden. Dies entspricht natürlich ganz dem Grundsatz der relationalen Hermeneutik (vgl. dazu die einschlägigen Beiträge in diesem Band). Auch Bildinterpretationen sind, wie alle interpretativen Akte, ihre Erzeugnisse und Erkenntnisse, relational strukturiert: Sie sind abhängig von dem kulturellen, sozialen und individuellen Bild-Wissen, das interpretierende Subjekte an bestimmte Sprachbilder heranzutragen vermögen. Sie stehen und fallen mit diesem Wissen sowie der Fantasie kreativer Subjekte, die es im rechten Moment zu aktualisieren verstehen. Wer die Hölle als einen Ort der verdienten Bestrafung nach einem gottlosen Leben imaginiert, wird die zitierte Klage und Anklage wohl anders verstehen und anders auf sie reagieren als jemand, der diesen Ort von allen religiösen Konnotationen abkoppelt und einfach als willkürlichen Vollzug nicht enden wollender körperlicher und seelischer Qualen auslegt (wobei die Gewissensqualen, wie sie reuige Gläubige kennen, dann eben keinerlei Rolle spielen mögen). Wer mit dem Sprachbild der »schwarzen Milch der Frühe« nichts anzufangen weiß und darin nicht die düsterste, gründlichste Verschmutzung und radikale Verwandlung des unschuldigen, unbefleckten Weiß in ein voller Gewalt steckendes Schwarz erkennt, in dem jedes Licht gelöscht und alle Hoffnung der Geschundenen erstickt ist, wird Celans *Todesfuge* nicht viel abgewinnen können – sie jedenfalls nicht als Erinnerung an die Lager und Gedächtnis der Shoah zu lesen verstehen, als metaphorische Konfiguration abgrundtiefen Grauens und exzessiver Gewalt.

Metaphern interpretieren heißt, sein Bildgedächtnis und ikonisches Vorstellungsvermögen ins Spiel zu bringen, Sprachbilder auszulegen, wie es die eigene ikonische Kompetenz eben zulässt und nahelegt. Ohne Imagination und Fantasie bringt man hier nichts Nennenswertes zustande. Offenbar gibt es in diesem Feld – man mag sagen: ganz besonders in diesem – keine objektiven Interpretationen. In aller Regel ist man hier sogar von intersubjektiver Nachvollziehbarkeit und dem Ziel eines allgemeinen Konsens weit entfernt. »Schwarze Milch« bedeutet nicht für alle dasselbe, und nicht wenigen sagt die metaphorische Verwandlung der weißen Milch in etwas Schwarzes wohl einfach gar nichts. Sie sehen darin vielleicht nicht mehr als den abwegigen Einfall eines Dichters und seiner verwegenen Sprachkunst. Andere haben schon Mühe damit, die Ehe als einen Hafen oder aber als ein Gefängnis zu verstehen, und mit der Beschwörung des Rausches als Ort der Wahrheit können die einen so wenig anfangen wie die anderen mit der metaphorischen Analogie, die den Alkohol als Teufelszeug verdammt. In jedem Fall käme es freilich darauf an, die Metaphern als Sprachbilder ernst zu nehmen und extensiv auszulegen, indem man zunächst einmal den oft äußerst dichten Komplex an Assoziationen und Konnotationen freilegt, der die Bedeutung des jeweiligen Bildes speist.

Das erfordert häufig ein breit gefächertes Wissen, Kenntnisse der kulturell, sozial und individuell variablen Verwendungsweisen von Wörtern und Redewendungen, aber auch den Mut, sich der eigenen Einbildungskraft zu bedienen – um womöglich verborgenen, latenten Sinn- und Bedeutungsgehalten, insbesondere auch ihrer affektiven, emotionalen Dimension, auf die Schliche zu kommen. Ganz offenbar sind viele Sprachbilder Gefühlsangelegenheiten: Sie bringen Lebensgefühle, anhaltende oder kurzfristige Stimmungen, situierte Affekte und Emotionen zum Ausdruck, Hoffnungen so gut wie Ängste und Befürchtungen, Sehnsüchte, Wünsche und leidenschaftliche Bindungen, sei es zum geliebten Mitmenschen oder einem künstlichen Fetisch. Der psychologischen Metaphernanalyse geht es freilich nicht darum zu entscheiden, ob ein Auto tatsächlich Freiheit oder ein Diamant Liebe verkörpert, sondern darum, dass dies für gewisse Menschen der Fall ist. Sie leben und handeln, fühlen und empfinden vor dem Horizont solcher Metaphern. Metaphern bestimmen als mehr oder weniger wirkmächtige Sprachbilder unsere emotionale Beziehung zu Dingen und Lebewesen, Ereignissen, Werten und Zielen. Sie lassen uns in bestimmter Weise weiterdenken, -handeln- und -leben.

Weil Menschen zahlreiche Aspekte ihres jeweiligen Selbst- und Weltverhältnisses *gar nicht anders als metaphorisch symbolisieren und kommunizieren können*, besitzt die Metaphernanalyse einen großen Stellenwert in der interpretativen Psychologie. Diese empirische Wissenschaft muss die Kon- und Refiguration menschlicher Erfahrungen und Erwartungen auch auf diesem Weg erkunden. Erfahrungen und Erwartungen werden auch metaphorisch gebildet, gestaltet und umgebildet. Metaphern sind eine besondere Weise der Welterzeugung und Bedeutungskonstitution. Im Zuge solcher Symbolisierungen nehmen eigene Erlebnisse die Gestalt von mitteilbaren Erfahrungen und damit verwobenen Erwartungen an. *Eigene* Erfahrungen und Erwartungen werden gebildet oder *konfiguriert*, indem die betreffende Person sich an bislang nicht symbolisch repräsentierte Erlebnisse erinnert, um diesen schließlich in der einen oder anderen Weise habhaft zu werden und sie weiterer Reflexion zugänglich machen zu können. Geschieht letzteres, werden Erfahrungen und Erwartungen *refiguriert*, im Lichte neuer Erlebnisse bzw. Erfahrungen umgestaltet. Analoges gilt für *fremde* Erfahrungen, wie sie von anderen überliefert und vermittelt und vom betreffenden Subjekt womöglich anerkannt und angeeignet wurden. Auch die Erfahrungen anderer sind Konstrukte, durch konfigurierende Akte entstanden und eventuell durch jene Refigurationen verändert, die von diesem oder jenem Subjekt jeweils vom Standpunkt und aus der Perspektive einer sich wandelnden Gegenwart vorgenommen werden. Immer können dabei metaphorische Redeweisen eine Rolle spielen, oft sind sie für die besagten Bemühungen sogar entscheidend oder maßgeblich. Nicht zuletzt am Beispiel biografischer Selbstthematisierungen lässt sich dies auf vielfältige Weise nachvollziehen und genauer analysieren. Bevor dies ausgeführt wird, soll skizziert werden, was unter einer »Lebensgeschichte« verstanden werden kann und was zwei für lebensgeschichtliche Selbstthematisierungen höchst bedeutsame sprachliche Ausdrucksmittel und Kommunikationsformen, nämlich die Erzählung und die Metapher, miteinander verbindet.

## Biografieforschung: Ihre Nähe zur Erzählung und Metapher

Eine Lebensgeschichte oder (Auto-)Biografie ist eine erzählte Geschichte, ein nicht ausschließlich, aber in entscheidenden Hinsichten *narrativ* strukturierter Sinnzusammenhang. Die Begründung hierfür vermag eine Theorie der Zeit zu liefern, die die Konstitution zumal biografischer und historischer Zeit an den Akt der Erzählung bindet.[3] In exklusiver Weise schafft, eröffnet und ent-

3 Paul Ricœur (1988, 1991) spricht von einer Konstitutionsfunktion der Erzählung in folgendem Sinn: Er betrachtet den Zusammenhang zwischen Zeit und Erzählung als *notwendige Relation* oder *Korrelation*. Diese *innere Beziehung* kann man auch ein *wechselseitiges* Konstitutionsverhältnis nennen. Ohne Erzählung gäbe es keine – wie Ricœur präzisierend sagt – menschliche Zeit (wobei er diese narrativ geschaffene unter anderem von der physikalischen Zeit abgrenzt). Die Zeit, in der sich unsere Erinnerungen und Erwartungen, Erfahrungen und Antizipationen bewegen, erfordert Erzählungen, die sich ihrerseits in jenem Zeit-Raum entfalten, den sie selbst mit hervorbringen. Nun gibt es jedoch noch eine »tiefere« Grundlage dieses Zusammenhangs zwischen Zeit und Erzählung, und diese bildet nach Ricœur das menschliche Handeln selbst. Ricœurs Zeit- und Erzähltheorie besitzt im Grunde genommen ein handlungstheoretisches Fundament. Die Struktur des Handelns bzw. der Handlung korrespondiert, sobald sie nicht nur – wie bei Aristoteles – unter dem Aspekt ihrer Logik, sondern in *zeit*theoretischer Perspektive betrachtet wird, mit der Struktur des Erzählens

wirft der Gebrauch der Erzählsprache »Zeitlichkeit« (vgl. auch Angehrn, 1985). Nur die erzählerische Sprache als einzigartige »Zeit-Sprache« gestattet es, Veränderungen als solche, nämlich in der Form einer intelligiblen Verlaufsgestalt, zu artikulieren. Erzählungen zeichnen Veränderungen nach, vollziehen ihren Verlauf mit und plausibilisieren ihn. Sie tun das, ohne kontingente Ereignisse *weg*zuerklären. Sie erhalten sie vielmehr und verleihen ihnen womöglich die Kraft, eine Geschichte auszulösen oder in Bewegung zu halten. Sie stiften Einsicht in den Gang einer Geschichte und seine – teils eben kontingenten – Gründe. Sie bewahren, wie man mit Reinhard Koselleck (1985) sagen kann, den Zufall als Motivationsrest der Geschichte und, so darf man den Historiker ergänzen, der Lebensgeschichte. Auch eine jede Biografie ist just eine derartige Verlaufsgestaltung, eine erzählerische Gestalt, die ein Denken der Kontingenz, ein Nachvollziehen von Veränderung, von Werden und Vergehen voraussetzt und genau in diesem Medium der Zeit operiert (Straub, 2000, 2019a, b; Ricœur, 1986a).

Die lebensgeschichtliche Erzählung als besonderes sprachliches Gebilde integriert und relationiert eine Vielzahl unterschiedlichster Erfahrungen und Erwartungen. Im Fall der autobiografischen

bzw. der Erzählung. In phänomenologischer Einstellung skizziert Ricœur in kritisch-konstruktivem Anschluss an die bis heute einflussreichsten Bestimmungen des Aristoteles eine anthropologische Handlungstheorie, die die Handlung oder – wie man gegen Ricœurs Verabsolutierung des teleologischen Handlungsmodells einwenden sollte – einen *spezifischen Handlungsbegriff* so, dass *die Praxis selbst* eine »pränarrative« Struktur erhält. Deswegen kann mit einem pränarrativen Welt- und Selbstverständnis des handlungsfähigen Menschen immer schon gerechnet werden. Diese pränarrative Struktur kann dann gleichsam als eine Vorstufe dessen verstanden werden, was auf sprachlicher Ebene die Erzählung leistet, nämlich die Konfiguration (und sodann auch die Refiguration) von Zeit durch eine narrative Synthese des Heterogenen. Damit ist der Begründungszusammenhang angedeutet, der Ricœurs Anknüpfung an Aristoteles rechtfertigt. Mit ihm begreift er die Fabelbildung, also den symbolischen Akt der dynamischen Konfiguration von Zeit, als *Handlungsnachahmung*. So gehen also Handeln und Erzählen, Handlungs- und Erzählsprache Hand in Hand (vgl. hierzu vor allem Kap. 3 in Ricœur, 1988, S. 87ff.; vgl. auch ders., 1989, 1991, 1996).

Geschichte sind dies vor allem eigene, aber auch fremde Erfahrungen und Erwartungen oder anonyme Ereignisse. Die Erzählung bezieht all dies unter den Gesichtspunkten der Ähnlichkeit und Differenz aufeinander, verknüpft und verwebt die heterogenen Elemente ineinander. Wie dies geschieht, vermag eine erzähltheoretisch orientierte Biografietheorie genauer anzugeben (wie man sie in Bruchstücken bei Jerome Bruner [1986, 1990, 1998, 2002] oder, ausführlicher, bei Jens Brockmeier [2015] findet; vgl. auch Straub, 1998). Nach dieser theoretischen Auffassung werden zwar auch andere als narrative Konstruktionen biografischer Relationen und Sinnstrukturen anerkannt und analysiert, insbesondere Beziehungen, die dem Modell der Kausalerklärung sowie den Modellen intentionalen und regelgeleiteten Handelns sowie den darauf bezogenen Schemata der verstehenden Handlungserklärung folgen (Straub, 1999, sowie 2021, S. 305ff., 321ff., wo diese erklärungstheoretischen Unterscheidungen erläutert werden). Jedoch sollte betont werden, dass für jedes biografische Bewusstsein und Denken gerade die narrativen Sinnbildungsakte unabdingbar und spezifisch sind. Ihnen ist es zuzuschreiben, dass die vielfältigen, auch höchst heterogenen Ereignisse, Erfahrungen und Erwartungen, Widerfahrnisse und Handlungen schließlich in jene *einheitliche Gesamtgestalt* integriert werden, die wir durch Ausdrücke wie »Lebensgeschichte« oder »(Auto-)Biografie« auf den Begriff bringen.

Lebensgeschichten werden erzählt. Sie sind narrative Konstrukte, die unweigerlich in der Retrospektive gebildet werden. Dabei ist freilich auch an *vorausentworfene* Retrospektiven zu denken, an antizipierte Rückblicke, die narrativ kompetente und imaginationsfähige Subjekte entwerfen können, wenn sie lebensgeschichtlich denken. Das biografische Bewusstsein kann mit Erinnerungen im landläufigen Sinne, also mit faktisch Vergangenem, operieren, ebenso mit vorausentworfenen Erinnerungen – Erinnerungen also, die Vorstellungen im grammatischen Tempus des *Futurum exaktum* voraussetzen: »Im nächsten Jahr werde ich getan haben, was ich mir schon längst vorgenommen habe; wie schön!« Es gibt regelrechte Spezialisten, die sich dieses Denkens im *Futurum exaktum* besonders gern bedienen und ihr Handeln demgemäß darauf einstellen, dass in Zukunft alles Gegenwärtige und heute notwendig Erscheinende vergangen sein wird (und vielleicht auch dem Untergang gewidmet sein *soll*).[4]

In jedem Fall bleiben autobiografische Selbstthematisierungen an das Erzählen von Geschichten gekoppelt. Sie sind damit nicht zuletzt an die *Form* der Erzählung gebunden, besitzen also, wie die fundamentale Formbestimmung einer »erzählten Geschichte« bereits bei Aristoteles lautet, einen Anfang, eine (komplikationsreiche) Mitte sowie ein Ende. Betrachtet man sich solche Erzählungen genauer und interessiert sich weiter für die spezifischen sprachlichen Aspekte der Konfiguration und Refiguration von Erfahrungen und Erwartungen, ist unter vielen anderen Besonderheiten ein Merkmal besonders auffällig und gerade für die psychologische Biografieforschung höchst bedeutsam. Biografische Selbstthematisierungen sind nicht nur an die Sprachform oder kommunikative Gattung des Erzählens gebunden, sondern auch von weiteren sprachlichen Formen abhängig, eben von Tropen wie der Metapher. Was traditionell das Interesse der Ästhetik, Rhetorik oder Poetik, der Literaturwissenschaft und Linguistik weckt, ist auch für die psychologische Textanalyse wichtig. Biografische Forschung verlangt Erzähl- und Metaphernanalysen zugleich (Lucius-Hoehne & Deppermann, 2002; Schmitt, 2011).

*Jede* sprachliche Symbolisierung von Ereignissen und Erlebnissen, jede Rede über Erfahrungen und Erwartungen ist an den Gebrauch der besagten Formen und Mittel gebunden. Sie sind *konstitutiv* für das, was von einem Leben sagbar und verstehbar ist. Diese Formen und Mittel prägen die Sinn- und Bedeutungsgehalte des Gesprochenen oder Geschriebenen maßgeblich. Es sind solche formalen und medialen Aspekte der Sprache, die den Sinn und die Bedeutung dessen, *was* wir sagen, unweigerlich mitbestimmen. Es steht, wo immer Menschen etwas zu sagen und

4 Ein Beispiel für jemanden, der ganz wesentlich auf dem Boden einer solchen vorausentworfenen Retrospektive denkt und handelt, bietet Harald Welzer (1998), der sich mit »Albert Speers Erinnerungen an die Zukunft« befasst und dabei das Geschichtsbewusstsein einer Führungsfigur des »Dritten Reiches« rekonstruiert.

zu zeigen haben, keine Zuflucht zu einem *neutralen* Medium offen, einer Art von »nichtssagender Form«. *Wie* wir Symbolisierungsakte vollziehen, in welchen Formen und mit welchen spezifischen sprachlichen Mitteln, entscheidet mit darüber, *was* wir überhaupt artikulieren *können* und faktisch sagen bzw. »*bedeuten*«. Es macht einen Unterschied, ob wir eine Beschreibung unserer ehemaligen seelischen Verfassung in eine Erzählung integrieren und dadurch aus dem Gang einer Geschichte heraus entfalten und plausibilisieren – verstehend erklären –, oder ob wir das nicht tun und uns mit einer fragmentarischen Zustandsbeschreibung begnügen. Analoges gilt, *mutatis mutandis*, für die metaphorische Artikulation eines Geschehens, Zustandes oder sonstigen Sachverhalts. Auch in diesem Fall kann man nach dem Verzicht auf eine bildhafte Sprache nicht einfach dasselbe sagen oder zeigen wie mit metaphorischen Redeweisen. Erzählungen wie Metaphern sind nicht einfach ohne Bedeutungsverlust oder -verschiebung zu ersetzen. Manchmal sind sie schwer oder kaum zu übersetzen; man muss sich mit Annäherungen behelfen, ohne vollständige pragma-semantische Äquivalente finden zu wollen – die gibt es oftmals nicht. Um die »Bedeutung der Form« (White, 1990; dazu Straub, 1996) kommen also auch Erfahrungswissenschaften wie die Psychologie oder Soziologie nicht herum.

Neben der Erzählung verdient die in dieser Abhandlung im Zentrum stehende *Trope* besondere Aufmerksamkeit. Sie wird seit einigen Jahren nicht zufällig in verschiedenen empirischen Wissenschaften in gebührendem Maße beachtet (vgl. den nachfolgenden Beitrag in diesem Band; frühzeitige philosophische Abhandlungen verfasste Blumenberg, 1960, 1971). Die Redefigur der Metapher besitzt eine überaus wichtige Funktion für die Konstitution und Kommunikation personaler und kollektiver Selbst- und Weltverhältnisse. Sie stellt eine Herausforderung für die Methodenentwicklung in den interpretativen Disziplinen dar. Wenn Erfahrungen und Erwartungen über weite Strecken metaphorisch konfiguriert, refiguriert und kommuniziert werden, dann müssen Metaphernanalysen zum methodischen Instrumentarium empirischer Wissenschaften zählen. Die gezogene Verbindung ist nicht fakultativ, sondern notwendig.

Die Erzählung und die Metapher gehören aus einem *theoretisch-systematischen* Grund eng zusammen. Die literarische Gattung und Form einerseits, die Trope andererseits, bringen nämlich gleichermaßen »Sinnwirkungen« hervor, die auf ein und demselben zentralen Phänomen beruhen: der *semantischen Innovation*. Im Falle der Erzählung wäre diesbezüglich über den Akt und die Struktur der Fabelbildung zu sprechen, über die Komposition des *Plots*, durch den, wie Ricœurs (1988, 1991, insb. 1996, S. 141ff., 173ff.) glücklicher Ausdruck lautet, Heterogenes synthetisiert und in die einheitliche Verlaufsgestalt einer Geschichte integriert wird (vgl. auch die Ausführungen zur »konkordant-diskordanten Synthese«, Ricœur, 1996, S. 182). Spezifisch *narrativer* Sinn wird dort erzeugt, wo Einzelnes in die Gesamtgestalt einer Erzählung integriert wird, wie umgekehrt der Sinn des Ganzen durch die jeweils integrierten Bestandteile einer Erzählung bestimmt ist. Narratives Sinnverstehen operiert mit Relationierungen zwischen Teilen und Ganzem. Es folgt dem Muster eines nicht vitiösen hermeneutischen Zirkels. Das Erzählen ist ein semantisch innovativer, eigenständiger und nicht ersetzbarer Modus der Sinn- und Bedeutungskonstruktion. Dasselbe gilt für die Metapher, die ihre Innovationskraft jedoch auf eigene Art entfaltet. Sie lässt auf besondere, manchmal gänzlich unerwartete und neuartige Weise Sinn und Bedeutung entstehen. Ihr gelingt das, indem sie, wie Ricœur (1986b) sagt, eine *neue semantische Pertinenz* erzeugt. Sie *schafft Ähnlichkeit* zwischen Vorgängen, Objekten, Zuständen, Erfahrungen etc., die in der Sprache und im Bewusstsein, vormals unverbunden, nun plötzlich nebeneinanderstanden. Was zuvor fernab voneinander lag, rückt zusammen und verschmilzt: die Tränen und der Himmel etwa, der in der zuvor zitierten Metapher eben »weint«. Lebendige, innovative Metaphern sind Produkte schöpferischer Imagination. Es ist die sprachliche Fantasie und Einbildungskraft, die in diesem Fall auf einzigartige Weise Heterogenes einander annähert, verknüpft, in einer *Fiktion des Als-ob* zusammenschließt. Es mag uns heutigen selbstverständlich erscheinen, die Liebe mit elektrischen Phänomenen in Verbindung zu bringen. Man musste jedoch erst einmal darauf kommen, ekstatische Zustände der Verliebtheit in die Nähe des Erlebens von Menschen zu bringen, die »vom Blitz getroffen« oder in der Nähe eines anderen Menschen ein »Brizzeln« fühlen, das dem spannungsvollen Geräusch eines elektrischen Kurzschlusses ähnelt: »Ich war elektrisiert, als ich sie zum ersten Mal sah.«

## Metaphernbegriff und Metaphernanalyse: Elementare Erläuterungen

Wer metaphorisch spricht, bildet Bedeutung, indem er vom wörtlichen Sinn der verwendeten Ausdrücke abweicht. In Anlehnung an Aristoteles' berühmte Definition wird noch heute vom *übertragenen Sinn*, den die Metapher erzeugt, gesprochen, wenngleich aktuelle Theorien in mehrfacher Hinsicht vom Begriffsverständnis der antiken Philosophen abweichen (vgl. dazu ausführlicher den nachfolgenden Beitrag in diesem Band). Metaphorische Sprechweisen übertragen Bedeutung durch Analogiebildung, durch eine Verknüpfung des Verschiedenen und Gleichsetzung des Heterogenen. Sie fügen zusammen, was ansonsten getrennt ist. Wie Ricœur (1988, S. 8) schreibt: »Die schöpferische Einbildungskraft, die im metaphorischen Prozess am Werk ist, ist somit die Kompetenz, neue logische Gattungen durch prädikative Assimilierung hervorzubringen und sich dabei über den Widerstand der gewöhnlichen Kategorisierungen der Sprache hinwegzusetzen« (vgl. dazu auch Ricœur, 1986b).

Metaphern sind vor allem dort anzutreffen, wo die direkte Referenz der Sprache auf einen Gegenstand nicht möglich ist. Sie artikulieren, was der deskriptiven Sprache nicht unmittelbar zugänglich ist, sie schaffen somit erst, was sie bezeichnen und erschließen, indem sie Analogien bilden und dabei Worte ins Spiel bringen, deren wörtlichen Sinn sie suspendieren. In der »stürmischen Liebe« spielt heftiger Wind keine Rolle, und wenn sich nach einem harten Streit die »Wogen glätten«, sind wir deswegen noch lang nicht in der Nähe des Meeres oder gar in ihm gewesen. Vieles von dem, was »psychisch« genannt wird, ist der direkten Bezugnahme, Beobachtung und Beschreibung nicht zugänglich. Freude und Leid sind uns nicht so gegeben wie ein Stein oder

Tisch. Der »seelische Abgrund« kann nicht wahrgenommen und vermessen werden wie eine Schlucht in den Bergen. Metaphern beherrschen nicht zufällig die sinnlichen Erfahrungsbereiche, die Welt der Bedürfnisse und Begehren, der Beweggründe und Strebungen, der Gefühle, Stimmungen und Affekte, der ästhetischen Erfahrungen und Erwartungen. Vieles davon kann eben *nur* durch die metaphorische Überschreitung der Ebene des wörtlichen Sinns ausgedrückt werden. Viele psychische, aber auch zahllose soziale Phänomene bedürfen der Metapher, um *überhaupt* kommuniziert werden zu können. Wen »die Angst fest im Griff« hat, bedarf vielleicht eines »erlösenden Wortes« eines »Busenfreundes«, sicherlich aber keine Handgreiflichkeiten. Was uns berührt und bewegt, ist oftmals nur metaphorisch mitteilbar. In verschiedenen Lebensbereichen und Handlungsfeldern sind Metaphern vielleicht häufiger anzutreffen als in anderen. Man denke etwa an Kontexte beratenden und therapeutischen Handelns, wo es von Metaphern oft nur so wimmelt. In Gebrauchsanleitungen für Küchengeräte trifft man seltener auf sie.

Metaphern sind jedenfalls Bestandteil der *ordinary language*, so normal wie der argumentative Schluss und logische Beweis. Sie sind ein *unumgänglicher, unersetzbarer* und *unübersetzbarer* Bestandteil der alltagsweltlichen und im Übrigen auch der wissenschaftlichen Sprachen (vgl. dazu den nächsten Beitrag im vorliegenden Band). Jede »Übersetzung« wäre eine Veränderung, eine Verschiebung des Sinns. Erläutern lassen sich Metaphern dennoch, und zu solchen Erläuterungen sind wir natürlich gezwungen, sobald wir sie zu verstehen suchen. Verstehen lassen sich Metaphern durch andere Sprechweisen und weitere Metaphern. Bisweilen schafft lediglich die »geregelte Überschreitung der gewöhnlichen Bedeutungen unserer Worte« eine Wirklichkeit *sui generis* und zugleich den Zugang zu dieser Welt, die ansonsten stumm und verschlossen bliebe. Allein die metaphorische Rede und die Analyse der konnotativen Sinn- und Bedeutungsgehalte von Metaphern öffnen bisweilen die Pforten in Welten der Sinne, der Gefühle und Willensregungen, der moralischen und ästhetischen Empfindungen, Normen und Werte etc. Dort warten die Dinge und deren Sinn- und Bedeutungsstrukturen gewiss nicht bloß auf logische Analysen und eine Semiotik oder Hermeneutik, die allein auf wörtlichen, denotativen Sinn achtet.

Metaphernanalysen sind *Konnotations*analysen (Boesch, 1976, der allerdings viel Wert auf *subjektive*, auch individuelle Konnotationen legt, die in der persönlichen Lebensgeschichte begründet sind). Auch psychologische Metaphernanalysen arbeiten sich am »Bedeutungsüberschuss« ab, den jede Metapher schafft und bewahrt, ohne dass er jemals gänzlich durch »wörtliche Redeweisen« geklärt und beseitigt werden könnte. Max Blacks Interaktionstheorie oder auch Harald Weinrichs Konterdeterminationstheorie machen diesen Punkt klar. Metaphern entfalten ihre spezifische Wirkung – legen bestimmte Bedeutungen nahe –, weil zwischen ihrem »wörtlich gebrauchten Teil (›metaphorischer Rahmen‹) und dem metaphorisch verwendeten eine semantische Interaktion« stattfindet (Koppe, 1984, S. 368). Metaphern aktivieren ein »System assoziierter Implikationen«, etwa dann, wenn davon die Rede ist, dass Sylvia eine Schlange sei. Die mit diesem Tier im Volksmund – in bestimmten Kulturen bzw. kulturellen Lebensformen – verbundenen Eigenschaften sind etwa Unberechenbarkeit und Gefährlichkeit, eine damit verwobene Falschheit auch, weshalb man Sylvia auch gleich als eine »falsche Schlange« bezeichnen mag. Der Komplex assoziierter Eigenschaften erlaubt eine Verbindung zwischen metaphorischem Rahmen und dem metaphorisch verwendeten Teil der Äußerung. Wie mit der Schlange, so verbinden wir auch mit dem Fuchs oder dem Bären oder dem Aal sowie zahlreichen anderen Tiere, mit denen wir Personen metaphorisch gleichsetzen können, jeweils bestimmte Eigenheiten. Nach solchen überlieferten Allgemeinplätzen ist der Fuchs eben listig und schlau, der Bär behäbig und gemütlich und der Aal glatt und glitschig, nicht zu fassen und auf etwas festzulegen. Dasselbe gilt dann für die Individuen, die wir metaphorisch als dieses oder jenes Tier bezeichnen.

Es ist bekannt, dass Metaphern nicht nur aus dem Tierreich schöpfen, sondern alle möglichen Entitäten ins Spiel bringen können. Dass Roger ein Turbo sei, ist ebenso vielsagend – und dennoch auslegungsbedürftig – wie die in eine andere technische Metapher gekleidete Behauptung, Ayse sei der Ferrari unter den auf dem heutigen Ball anwesenden Frauen. Es könnte übrigens sein, dass jemand die zuletzt genannte Metapher, die früher als echtes Kompliment wahrgenommen wurde, frauenfeindlich findet und sich den als sexistisch gebrandmarkten Vergleich von Frauen mit Autos grundsätzlich verbietet. Das wiederum zeigt, dass metaphorische Ausdrücke und Äußerungen normativ gehaltvoll sein können, stigmatisierend, diskriminierend, sexistisch und rassistisch auch. Metaphern aus dem Arsenal einer Sprache allgemeiner Menschenfeindlichkeit sehen in ganzen Gruppen kurzerhand »Abschaum« oder »Dreck«. Auch mit diesen Bezeichnungen gehen implizite Zuschreibungen qualitativer Merkmale einher.

Wie der Verweis zuvor auf Boeschs Methode der Konnotationsanalyse nahelegt, kann das System assoziierter Implikationen neben kulturellen Allgemeinplätzen auch subjektive Elemente enthalten, sehr idiosynkratische Aspekte sogar. In jedem Fall entfaltet die Metaphernanalyse die jeweiligen assoziativen Komplexe. In der psychologischen Biografieforschung – und anderen wissenschaftlichen Feldern – werden meistens nicht bloß einzelne metaphorische Prädikationen analysiert. Man muss diese häufig, um sie angemessen zu verstehen, in einen weiteren Kontext von Äußerungen und vielleicht in den Zusammenhang der gesamten lebensgeschichtlichen Erzählung stellen, um ihre Bedeutung erfassen zu können. Auch komparative Analysen – Vergleiche jedweder Art, ganz nach den Prinzipien der relationalen Hermeneutik – helfen bei der Interpretation metaphorischer Rede.

Die psychologische Forschung interessiert sich nicht nur für besonders auffällige, bislang unbekannte, vielleicht unerhörte und deswegen besonders lebendige Metaphern. Im Prinzip können *alle* metaphorischen Redeweisen psychologisch interessant sein, zumal dann, wenn sie des Scheins des Selbstverständlichen, den sie als eingespielte Ausdrucksweisen vielleicht längst besitzen, beraubt werden. Wir können jede, auch eine noch so vertraute Metapher mit Aussicht auf frische Einsichten in scheinbar naiver Einstellung auf ihren implizierten Sinn- und Bedeutungsgehalt hin befragen. Dabei ist die Intention *restloser* Aufklärung der Sinn- und Bedeutungsgehalte einer Metapher aus den genannten

Gründen verfehlt und vergeblich. Freilich ist eine solche Absicht immer zweifelhaft, sobald Sinn und Bedeutung nicht strikt an die betreffenden Worte gekoppelt werden, sondern von ihrem Gebrauch in einem bestimmten Kontext sowie den praktischen und epistemischen Voraussetzungen des um Verständnis bemühten Subjekts abhängig gemacht werden (wie das in der relationalen Hermeneutik üblich ist). Jedes Wort und jeder Satz ist potenziell mehrdeutig, polyvalent, und häufig ist es gerade die Ebene jenseits des wörtlichen Sinns, auf der psychologische (oder soziologische) Textinterpretationen vornehmlich operieren. Metaphern freilich *können gar nicht anders*, sie müssen auf dieser Ebene gedeutet oder interpretiert werden, machen sie doch, wörtlich aufgefasst, offenkundig keinen Sinn:

> »Gerade weil die metaphorische Prädikation meist nicht ohne weiteres Sinn macht wie nichtmetaphorische Prädikationen, aktualisieren wir auf der Suche nach Sinn nicht nur lexikalische Bedeutungen des Ausdrucks, sondern auch einen diffusen, daher suggestiven Komplex von implizierten Vorstellungen, Ansichten, Wertungen und affektiven Besetzungen« (Kurz, 1982, S. 24).

Das macht Metaphern so interessant. Sie sind vielfach Vehikel latenter Bedeutungen. Metaphernanalysen führen indes lediglich besonders deutlich vor Augen, was für die Interpretation jedes denkbaren symbolischen Ausdrucks gilt. Interpretationen sind, wie die relationale Hermeneutik betont, im Prinzip unabschließbar, sie sind abhängig von kontingenten, historischen, soziokulturellen, pragmatischen, subjektiven Voraussetzungen. Diese Voraussetzungen können wir uns stets nur teilweise zu Bewusstsein bringen. Jede methodische Kontrolle der Interpretation ist begrenzt, gerade auch im diffusen Feld metaphorischer Bedeutungskonstitution. Metaphernanalysen machen darüber hinaus klar, dass oft nur *extensive* Interpretationsleistungen freilegen können, was metaphorisch kommuniziert wird. Die mit einer metaphorischen Äußerung assoziierten Implikationen sind dem Sprecher und Hörer bzw. Leser häufig gar nicht bewusst und bisweilen selbst auf Anfrage hin gar nicht so einfach explizierbar.

Metaphern schaffen latenten Sinn, verborgene Bedeutungen. Diese Bedeutungen sind prinzipiell umfangreicher als der vom Sprecher intendierte Sinn. Neben der *intentio auctoris* orientiert sich die psychologische Metaphernanalyse an »Sinnintentionen«, die im Sprechen und im sprachlichen Ausdruck selbst zum Zuge kommen. Verstehen bedarf hier nicht zuletzt einer Analyse *intertextueller* Relationen. Man muss Texte mit Texten vergleichen, Äußerungen mit Äußerungen, und in diesen komparativen Analysen Sinn- und Bedeutungsgehalte erschließen, die mit den Vorstellungen und Absichten des Textproduzenten oftmals nichts zu tun haben (vgl. den Beitrag »Relationale Hermeneutik und komparative Analyse« in diesem Band). Keine psychologische Metaphernanalyse wird schließlich an der *intentio lectoris* vorbeigehen können, sind doch die Assoziationen, mit denen metaphorische Ausdrücke arbeiten und die sie wecken, nicht zuletzt Assoziationen der »Hörerinnen« oder »Leser«, die zu verstehen versuchen, was sie gerade vernehmen: »Peter ist ein Panzer.« Soldaten, die Erfahrung im Umgang mit ›schwerem Gerät‹ besitzen, assoziieren mit dieser metaphorischen Interaktion wohl anderes als eine Psychotherapeutin, die bei Panzerungen gleich an ›gepanzerte Seelen‹ denkt. Verstehen ist auch im Fall der Metapherninterpretation nicht zuletzt als Text-Leser-Interaktion zu konzeptualisieren und praktisch zu entfalten. Auch diese Einsicht steht mit im Zentrum der relationalen Hermeneutik. Die Interpretation von Metaphern lässt sich bestens als Artikulation einer Beziehung auffassen, als vorläufiges, in jeweils bestimmten Erfahrungs- und Wissensbeständen eines Subjekts verwurzeltes Verständnis von vertrauten oder unvertrauten Sprachbildern.

Die Interpret_innen bestimmen nicht allein, was eine bestimmte Metapher, nach eingehender hermeneutischer Analyse, in einem bestimmten Kontext und einer konkreten Situation denn nun besagen und bedeuten könnte, sondern vorab schon, *welche* Metapher denn überhaupt als solche beachtet und einer genaueren Analyse unterzogen werden soll. Geht man mit Black (1979, S. 29) davon aus, dass es die sogenannten *resonanten* Metaphern sind, die »ein hohes Maß an implikativer Elaboration gestatten« und deswegen einer extensiven Auslegung bedürfen, so legt der Interpret oder die Interpretin also zunächst einmal fest, welche Metaphern als besonders reichhaltig oder resonant gelten können oder sollen. Auch dies sind kontingente Entscheidungen. Sie wurzeln im soziokulturellen und individuellen Erfahrungswissen der Interpret_innen sowie nicht zuletzt in deren Sprachgefühl, einer Art Sensibilität für indirekt artikulierte Bedeutungen sprachlicher Sinngebilde. Obschon die eingeschliffenen und abgegriffenen, womöglich schon »verblassten« oder »toten« Metaphern für die psychologische Biografieforschung keineswegs uninteressant sind, so liegt die Vermutung auf der Hand, dass gerade die irritierenden, innovativen Metaphern mit im Zentrum der Aufmerksamkeit stehen sollten (oder solche, die sich irgendwo dazwischen bewegen, wie etwa die euphemistische Metapher des »Heimgangs«, die insbesondere Gläubige über das bevorstehende Sterben und den Tod hinwegtrösten soll). Gerade die lebendigen Metaphern stellen Herausforderungen an das Verstehen, verletzen sie doch auf geregelte Weise Regeln eingespielter sprachlicher Verständigung. *Lebendig* nennt Ricœur (1988, S. 7) eine Metapher genau solange,

> »wie wir durch die neue semantische Pertinenz hindurch – sozusagen in ihrer Tiefendimension – den Widerstand der Worte nach ihrem gewöhnlichen Gebrauch, also nach ihrer Unvereinbarkeit auf der Ebene einer wörtlichen Interpretation des Satzes verspüren. Die Sinnverschiebung, die in der metaphorischen Aussage an den Worten vorgenommen wird und auf die die ältere Rhetorik die Metapher reduzierte, ist nicht das Ganze der Metapher; sie ist nur ein Mittel im Dienste des Prozesses, der auf der Ebene des ganzen Satzes vor sich geht und den Zweck hat, die neue Pertinenz der ›seltsamen‹ Prädikation zu retten, die durch die Unstimmigkeit der Attribution auf der Ebene des wörtlichen Verständnisses bedroht wird.«

Unstimmigkeiten und Irritationen dennoch Sinn und Bedeutung abzugewinnen, dies also ist das erste Ziel der psychologischen Metaphernanalyse. Ob die eigene Ehe als »Hafen« oder als »Sumpf« oder »Boxring« konzeptualisiert wird, ist psychologisch relevant und einer extensiven Auslegung sowie vergleichender Interpretationen wert. Die psychologische Metaphernanalyse bewegt sich, recht besehen, in durchaus geläufigen, traditionellen Bahnen – so innovativ und unverbraucht sie auch heute noch erscheinen mag. Denn was könnte der Psychologie vertrauter vorkommen als der im Unstimmigen verborgene Sinn, was läge ihr näher als jene Ordnung von Bedeutungen, die just daraus hervorgeht, dass Ordnungen zunächst verletzt, überkreuzt, verschoben und bestimmte Menschen genau dadurch irritiert werden? Metaphern können berühren, verwirren, verstören und provozieren, entzücken und schockieren, weil sie eingeschliffene sprachliche Regeln und pragma-semantische Ordnungen unterlaufen und verletzen. Im glücklichen Fall fördern sie tieferes, genaueres Verstehen just dadurch, dass sie das geläufige Verständnis sprachlicher Ausdrücke und Äußerungen erst einmal blockieren, mitunter sehr abrupt. Wer wäre bei der ersten Lektüre von Celans *Todesfuge* nicht ratlos gewesen, nachdem er über die »schwarze Milch der Frühe« gestolpert war? Solche Beispiele gibt es viele. Das metaphorische Feld bietet zahllose Überraschungen und Neuerungen, und nicht selten gehen mit der sprachlichen Innovation soziokulturelle und psychosoziale Veränderungen einher. Sprachwandel – und dazu gehört das Auftauchen neuer Metaphern – kann kulturellen, sozialen und persönlichen Wandel anzeigen und bereits ausmachen.

Aber wie gesagt: Nicht nur die semantischen Innovationen sollten die Aufmerksamkeit der wissenschaftlichen Psychologie auf sich ziehen. Nicht selten ist es psychologisch aufschlussreich, sich die assoziierten, konnotativen Bedeutungen sogenannter *toter* oder verblasster Metaphern bewusst zu machen. Wir sehen davon meistens ab, weil wir schon gar nicht mehr merken, dass wir es mit metaphorischen Äußerungen zu tun haben: »ich war erschüttert«; »ich fühlte mich zerschlagen«; »ich war federleicht, als ich mich durch das widerständige Gelände bewegte«; »der Himmel weinte«, das alles sind Beispiele für Metaphern, die uns kaum mehr auffallen. Das letzte Exempel, das dem zu Beginn dieser Abhandlung vorangestellten Dialog aus Skármetas (metaphorisch betitelten) Roman *Mit brennender Geduld* entstammt, zeigt im Übrigen, dass auch ziemlich tote Metaphern keineswegs ganz so einfach und selbstverständlich sind, wie es uns jener Dialog glauben machen möchte. Dass der Himmel weint, bedeutet ja keineswegs nur, dass es regnet. Die verfügbaren Metaphern machen aus dem bloßen Regen stets mehr und anderes, als Meteorologinnen oder Physiker darunter verstehen. Als der Himmel weinte, mischten sich Trauer und Melancholie in den Regen und in die Stimmung der Menschen, es geschah also etwas ganz anders als damals, als der ersehnte Regen den Durst der verdorrten Erde löschte und für eine neue Atmosphäre unter ihren glücklichen Bewohnern sorgte. Was eine Äußerung besagt oder zeigt, kann auch im Falle vertrauter Redewendungen mitunter nur dann geklärt werden, wenn man sich die Mühe einer eingehenden Metaphernanalyse macht.

## Metaphern biografisch bedeutsamer Erfahrungen: Eine kurze Klassifikation

Erfahrungen verdanken sich Vergangenem, und sie prägen Zukünftiges, indem sie Erwartungen begründen und Orientierungen stiften. Orientierungen können als *Handlungsorientierungen* konkrete Handlungen leiten oder als *Lebensorientierungen* in verschiedenen Handlungsbereichen verbindlich sein und das Tun und Lassen eines Menschen lange Zeit mitbestimmen, manchmal ein ganzes Leben lang. In eine Erfahrung kann vielerlei hineinspielen: Eigenes und Fremdes, das Selbst und die Anderen, materielle, ideelle, soziale, kulturelle und symbolische Aspekte jener Welt, in der die betreffenden Menschen ihre Erfahrungen gemacht haben und verarbeiten. Aus Erfahrungen kann man Lehren und Schlüsse ziehen, man kann sie für die weitere Gestaltung seines Lebens heranziehen, für den Umgang mit gewissen Dingen, mit sich selbst und anderen. Aus Erfahrungen kann man klug werden – und natürlich kann man sie metaphorisch fassen, man kann sie in Metaphern kleiden.

Im Hinblick auf die zeitliche Erstreckung und andere Kriterien lassen sich in biografietheoretischer Perspektive folgende Typen metaphorischer Prädikationen unterscheiden:

1. *Daseinsmetaphern* (Blumenberg, 1979) beziehen sich auf das gesamte Leben. Dieses mag bspw. als »Reise«, »Seefahrt«, »Fluss«, »Abenteuer«, »Dschungel«, »Leiden«, »Unterhose«, »Stück Scheiße«, »Kampf«, »Rennbahn«, »Achterbahn«, »Taumel«, »Balance«[5], »Geschenk«, »Prüfung«, »Projekt« oder »Kunstwerk« bezeichnet werden.
2. *Phasenmetaphern* fassen zeitlich begrenzte Lebensphasen metaphorisch als »Bewährungsprobe«, »Test«, »Sturm«, »Gewitter«, »Einöde«, »Loch«, »Runterkommen«, »Ankommen«, »Reinkommen«, »Weiterkommen« usw.[6]
3. *Bereichsmetaphern* qualifizieren spezifische, lebensgeschichtlich relevante Handlungs- oder Lebensbereiche metaphorisch, zum Beispiel das Arbeitsleben als »Tortur«, »Hölle«, »Segen«, das Familienleben als »Schoß«, »Chaos«, »Mauer des Schweigens«, die Freizeitgestaltung als »Auszeit«.
4. *Ereignismetaphern* qualifizieren spezifische Ereigniskomplexe oder Einzelereignisse, etwa eine Reihe nicht bestandener Prüfungen als »Sintflut«, die Schiffsreise auf rauer

5 Zu dieser Daseinsmetapher arbeitet aktuell ein kultur- und literaturwissenschaftlicher Promotionsverbund (Sprecher: Eckart Goebel, Universität Tübingen; vgl. Goebel & Zumbusch, 2020). Zu Recht wird die große Verbreitung dieser Metapher betont, der die disziplinäre, inter- und transdisziplinäre Forschung bislang kaum gerecht wird. Auch in der Psychologie und Psychoanalyse ist sehr häufig von »Balance« oder »Gleichgewicht« die Rede, wobei damit häufig eine Art Lebens- oder seelisches Grundprinzip, ein psychologisches Ideal, eine grundlegende motivierende Sehnsucht etc. bezeichnet wird. Man findet sie von Sigmund Freud bis zu Ernst Boesch, die – typisch für die moderne Psychologie – dieses Konzept natürlich nicht naiv-harmonistisch gebrauchen, sondern vor dem Hintergrund einer unhintergehbaren Fragilität und Turbulenz eines andauernd von Konflikten und Krisen heimgesuchten Seelenlebens konzeptualisieren und dabei als dynamisches Fließgleichgewicht auslegen (zu Boeschs Ansatz s. Straub, 2020).

6 Die letzten vier Phasenmetaphern finden sich bei Otten (2021; s.a. Farrokhzad et al., 2018), wo diese Lebensphasen speziell auf Abschnitte in der bewegten, oft bedrückenden und belastenden Geschichte geflüchteter Menschen (mit Behinderung) und deren Versuche einer Rekonstitution und Restabilisierung ihres erschütterten Selbst, schließlich auf Integrations- und Partizipationsbemühungen im Ankunftsland bezogen wird.

See als »Höllenritt«, die Krankheitsdiagnose als »Alarmsignal«, den Verlust des Lebenspartners als »Sturz« oder »Zusammenbruch«, die Enttäuschung durch die Geliebte als »Herzensbruch«, die neue Bekanntschaft als »Sonnenaufgang«, vergangene Ereignisse als »Schnee von gestern«, die Flucht vieler Menschen als »Flüchtlingswelle«, die als Genozid angelegte Ermordung der europäischen Juden durch die Nationalsozialisten als »Holocaust«.

5. *Entwicklungsmetaphern*, zu denen man auch positive und negative Verlaufskurven zählen mag (im Sinne von Schütze, 1981), sprechen vom »Aufstieg« oder »Fall«, Strudel« und »Niedergang«, »Zuwachs«, »Erstarkung« oder von »Erfolgswellen«, »Sackgassen«, einer »Blütezeit« mit »Aufwärtsbewegung« vielleicht, von »Verfeinerung« oder »Ausdifferenzierung«.
6. *Handlungs-/Verhaltensmetaphern* konzeptualisieren das Handeln, Verhalten oder Verhaltensmerkmale von Personen (Individuen oder Kollektiven) metaphorisch, etwa dann, wenn der Fahrstil oder das soziale Verhalten als »säuisch« oder »schweinisch« bezeichnet wird, das Benehmen als »blankes Elend« oder als »maschinell«.
7. *Psychologische Funktionenmetaphern:* Gefühle mögen als »Sumpf« gelten, Trieb- und Willensregungen als »Peiniger«, Gedanken als »Schrott«.
8. *Personenmetaphern* begreifen einzelne oder mehrere Personen (Kollektive, Gruppen, Gemeinschaften, Gesellschaften, Nationen, Ethnien etc.) metaphorisch, zum Beispiel als »Gott« oder »Engel«, als »Überflieger«, dem man nicht »das Wasser reichen kann«, als »Sonnenschein« oder »Wirbelwind«, als »Aasgeier«, »Wiesel«, »Bock«, als »Ratten«, »Parasiten« oder »Ungeziefer«.
9. *Raummetaphern* – die bekanntlich auch lebensgeschichtlich relevante Sachverhalte artikulieren können – fassen Räume oder Aspekte des Raums (geografische, klimatische, architektonische Merkmale) metaphorisch, indem sie Räume als »Schlund«, als »Feuermeer«, als »Wüste« oder »Paradies«, als »Gefängnis« oder »Aphrodisiakum« präsentieren.

10. *Zeitmetaphern* vergegenwärtigen die Zeit als »Fluss«, als »Mühlstein«, als »Heilstätte« oder »Therapeutikum«, als »Uhrwerk« und dergleichen; auch der Umgang mit Zeit lässt sich in Bilder kleiden, etwa dann, wenn wir die Zeit »nutzen«, »absitzen«, »vergeuden«, »verzehren« oder »totschlagen«.
11. *Objektmetaphern* qualifizieren Objektgruppen oder einzelne Objekte durch eine metaphorische Prädikation, so etwa das Fernsehgerät als »Gesprächspartner« oder den Universitätsdozenten als »Fernsehgerät«, das Auto als »Dampfhammer« oder das Handy als »Teufelszeug«, Frauen – erneut sexistisch – als »Stuten« oder Männer als »Hirnlose«.

Diese keineswegs erschöpfende Liste liefert Hinweise darauf, wie Menschen ihre Wirklichkeit gliedern und metaphorisch konzeptualisieren können. Dieses kleine Klassifikationssystem mag die Biografieforschung auch dazu anregen, zu untersuchen, wie Metaphern der angeführten Typen möglicherweise zusammenspielen und ineinandergreifen und auf diese Weise, also synergetisch, Sinneffekte produzieren. Metaphern der besagten Art können sehr »weiträumig« das lebensgeschichtlich konstituierte Selbst- und Weltverhältnis eines Individuums oder Kollektivs zur Sprache bringen – ohne eindeutige Aussagen zu treffen. Um verstanden zu werden, muss man sie interpretieren. In der biografischen Forschung verlangt das sehr häufig, sie nicht nur in ihren inter-metaphorischen Relationen zu betrachten, sondern auch im Kontext des Textes – des komplexen Sprach- und Sinngebildes –, in dem sie jeweils stehen. Und selbstverständlich verlangt die semantische Analyse in aller Regel eine Berücksichtigung des pragmatischen Zusammenhangs, in dem metaphorische Äußerungen jeweils fallen und stehen. Analysen *metaphorischer Komplexe* können darlegen, wie durch das Komplexe Zusammenspiel von metaphorischen und anderen Äußerungen und Handlungen eine Sinnstruktur erzeugt wird, die gewisse Gefühle, Haltungen und Handlungen plausibilisieren oder nahelegen, andere in die Ferne rücken oder ganz ausschließen.

Metaphorische Prädikationen können biografisch bedeutsame Erfahrungen eines oder mehrerer Menschen artikulieren und dabei gewisse Schematisierungen darstellen und Orientierungen schaffen, die das weitere Denken, Fühlen, Wollen und Handeln dieses bzw. dieser Menschen bestimmen. James Young (1992) weist in seinen Untersuchungen über Repräsentationen des »Holocaust« nicht zuletzt auf die metaphorische Qualität vieler dieser Repräsentationen hin. Dies beginnt bereits bei der Benennung selbst, dem Namen, den dieses nationalsozialistische »Schreckenskapitel« der Menschheitsgeschichte bekommen soll. Er analysiert unter anderem jene Namen, die in der jüdischen Welt in Betracht gezogen, erörtert, verworfen oder akzeptiert wurden. Und er zeigt, dass Bezeichnungen bzw. *Ereignismetaphern* wie der *dritte Churbam*, die *Shoah* oder der zuvor bereits erwähnte *Holocaust* jeweils ihre spezifischen Konnotationen transportieren und eigene Assoziationen wecken können (sollen oder gerade nicht sollen). Der Name ist nicht nur in diesem Fall keineswegs »Schall und Rauch«. Er ist hoch bedeutsam und folgenreich: praktisch, politisch, kulturell, sozial und psychisch. Ob man, was von den Tätern vollbracht und von den Opfern erlitten wurde, als *Holocaust* bezeichnen und damit an das mit dem griechischen Wort *holokauston* bezeichnete »Brandopfer« erinnern möchte, wurde und wird bis heute kontrovers diskutiert – ebenso wie die anderen Namen für den Versuch, jüdischen Menschen den Status von Menschen zu entziehen und sie einer genozidalen Gewalt zu unterwerfen, die die Mörder nicht einmal mehr als »Mord« auffassten, sondern als Beseitigung oder Vernichtung »unwerten Lebens« abtaten usw.

Es ist nicht einerlei, einfach gleichbedeutend, wie man etwas nennt. Namen haben je eigene Bedeutungen, ganz besonders dann, wenn sie Metaphern darstellen. In aller Deutlichkeit tritt dies zutage, sobald metaphorische Konzeptualisierungen wie die zuvor angeführten in ihren vielfältigen, nicht zuletzt mit der religiösen Tradition des Judentums verwobenen Bedeutungsaspekten erläutert und sodann mit Bezeichnungen wie »Judenvernichtung«, »Judenausrottung« oder »Judäozid« (als besondere Variante des Genozids) etc. kontrastiert werden.

Ich brauche solchen Differenzierungen hier nicht weiter nachgehen. Der wichtige Punkt sollte deutlich sein. Namen und andere Metaphern sind vielsagend, auch wenn sie nichts direkt sagen sollten, sondern lediglich vage auf etwas verweisen, etwas anzeigen oder zeigen – diffus, vage, anspielungsreich, polyvalent (vgl. ebd., nach den ersten Seiten der Monografie insb. die Seiten 139ff.).

Es ist wichtig, wie Menschen die Zeit im Allgemeinen, ihre Lebenszeit oder bestimmte Zeiten im Besonderen sprachlich entwerfen und repräsentieren, wie sie sie metaphorisch konfigurieren und refigurieren. Das ist niemals bloß eine Frage des sprachlichen Ausdrucks und Stils, eine lediglich ästhetische oder rhetorische Angelegenheit, da »die figurative Sprache niemals vollkommen unschuldig ist und fast immer Einfluss auf unser Handeln in der Welt hat« (ebd., S. 140). Das gilt überall, wo Metaphern im Spiel sind. Es gibt wohl kaum ein Gespräch der Seele mit sich selbst oder mit anderen, dass ohne Metaphern auskommt. Darauf zu achten und die metaphorischen Prädikationen sowie die Äußerungen, die ihren Kontext bilden, zum Gegenstand interpretativer (Biografie-)Forschung zu machen und sich dabei auf dem Boden einer relationalen Hermeneutik zu bewegen, ist eine wichtige Aufgabe jeder handlungstheoretischen Kulturpsychologie.

## Literatur

Angehrn, Emil (1985). *Geschichte und Identität.* Berlin, New York: de Gruyter.
Black, Max (1979). More about Metaphor. In Andrew Ortony (Hrsg.), *Metaphor and Thought* (S. 19–43). Cambridge: Univ. Press.
Blumenberg, Hans (1960). Paradigmen zu einer Metaphorologie. *Archiv für Begriffsgeschichte, 6,* 7–142.
Blumenberg, Hans (1971). Beobachtungen an Metaphern. *Archiv für Begriffsgeschichte, 15,* 161–214.
Blumenberg, Hans (1979). *Schiffbruch mit Zuschauer.* Frankfurt/M.: Suhrkamp.
Boehm, Gottfried (2007). *Wie Bilder Sinn erzeugen. Die Macht des Zeigens.* Berlin: Univ. Press.
Boesch, Ernst E. (1976). *Konnotationsanalyse. Zur Verwendung der freien Ideen-Assoziation in Diagnostik und Therapie.* Saarbrücken: Arbeiten der Fachrichtung Psychologie, Universität des Saarlandes.

Brockmeier, Jens (2015). *Beyond the Archive. Memory, Narrative, and the Autobiographical Process. Explorations in Narrative Psychology*. New York: Oxford Univ. Press.

Bruner, Jerome S. (1986). *Actual minds, possible worlds*. Cambridge/MA: Harvard Univ. Press.

Bruner, Jerome S. (1990). *Acts of Meaning*. Cambridge/MA.: Harvard Univ. Press.

Bruner, Jerome S. (1998). Vergangenheit und Gegenwart als narrative Konstruktionen. In Jürgen Straub (Hrsg.), *Erzählung, Identität und historisches Bewusstsein. Die psychologische Konstruktion von Zeit und Geschichte* (S. 46–80). Frankfurt/M.: Suhrkamp.

Bruner, Jerome S. (2002). *Making Stories. Law, Literature, Life*. Cambridge/MA.: Harvard Univ. Press.

Farrokhzad, Schahrzad, Otten, Matthias, Zuhr, Anna & Ertik, Serpil (2018). *Netzwerk für Flüchtlinge mit Behinderung. Abschlussbericht zur wissenschaftl. Begleitung und Evaluation des Modellprojekts*. Köln: TH Köln.

Goebel, Eckart & Zumbusch, Cornelia (2020). *Balance. Figuren des Äquilibriums in den Kulturwissenschaften*. Berlin: de Gruyter.

Junge, Matthias (2010). Der soziale Gebrauch der Metapher. In ders. (Hrsg.), *Metaphern in Wissenskulturen* (S. 265–279). Wiesbaden: VS.

Koppe, Franz (1984). Metapher. In Jürgen Mittelstraß (Hrsg.), *Enzyklopädie, Philosophie und Wissenschaftstheorie, Bd. 2* (S. 367–371). Mannheim, Wien, Zürich: J. B. Metzler.

Koselleck, Reinhardt (1985 [1968]). Der Zufall als Motivationsrest der Geschichtsschreibung. In ders., *Vergangene Zukunft. Zur Semantik geschichtlicher Zeiten* (S. 158–175). Frankfurt/M.: Suhrkamp.

Kurz, Gerhard (1982). *Metapher, Allegorie, Symbol*. Göttingen: Vandenhoeck & Ruprecht.

Lakoff, George (1987). *Women, Fire and Dangerous Things. What Categories Reveal about the Mind*. Chicago: Univ. of Chicago Press.

Lakoff, George & Johnson, Mark (1998 [1980]). Leben in Metaphern. Heidelberg: Carl-Auer-Systeme.

Langer, Susanne K. (1965 [1942]). *Philosophie auf neuem Wege. Das Symbol im Denken, im Ritus und in der Kunst*. Frankfurt/M.: Fischer.

Lucius-Hoene, Gabriele & Deppermann, Arnulf (2002). *Rekonstruktion narrativer Identität. Ein Arbeitsbuch zur Analyse narrativer Interviews*. Opladen: Leske + Budrich.

Lüsebrink, Hans-Jürgen (2005). *Interkulturelle Kommunikation. Interaktion, Fremdwahrnehmung, Kulturtransfer*. Mannheim u. a.: J. B. Metzler.

Otten, Matthias (2021). Wie geflüchtete Menschen mit Behinderung ihre Ankunft und das deutsche Hilfesystem erleben: ein Phasenmodell. https://www.hi-deutschland-projekte.de/crossroads/capacity-building/roadbox/grundlegende-informationen-zur-lebenssituation-von-gefluchteten-menschen-mit-behinderung (04.09.2021).

Ricœur, Paul (1986a). *Zufall und Vernunft in der Geschichte*. Tübingen: Konkursbuchverlag.

Ricœur, Paul (1986b [1975]). *Die lebendige Metapher*. München: Fink.
Ricœur, Paul (1988 [1983]). *Zeit und Erzählung, Bd. I: Zeit und historische Erzählung*. München: Fink.
Ricœur, Paul (1989 [1984]). *Zeit und Erzählung, Bd. II: Zeit und literarische Erzählung*. München: Fink.
Ricœur, Paul (1991 [1985]). *Zeit und Erzählung, Bd. III: Die erzählte Zeit*. München: Fink.
Ricœur, Paul (1996 [1990]). *Das Selbst als ein Anderer*. München: Fink.
Schmitt, Rudolf (2011) Methoden der sozialwissenschaftlichen Metaphernforschung. In Matthias Junge (Hrsg.), *Metaphern und Gesellschaft*. Wiesbaden: VS Verlag für Sozialwissenschaften.
Schütze, Fritz (1981). Prozeßstrukturen des Lebenslaufs. In Joachim Matthes, Arno Pfeiffenberger & Manfred Stosberg (Hrsg.), *Biographie in handlungswissenschaftlicher Perspektive. Kolloquium am Sozialwissenschaftlichen Forschungszentrum der Universität Erlangen-Nürnberg* (S. 67–156). Nürnberg: Verlag der Nürnberger Forschungsvereinigung.
Skármeta, Antonio (1985 [1984]). *Mit brennender Geduld*. München, Zürich: Diogenes.
Straub, Jürgen (1996). Zur narrativen Konstruktion der Vergangenheit. Erzähltheoretische Überlegungen und eine exemplarische Analyse eines Gruppengesprächs über die »NS-Zeit«. *BIOS. Zeitschrift für Biographieforschung und Oral History, 9*(1), 30–58.
Straub, Jürgen (1998). Geschichten erzählen, Geschichten bilden. Grundzüge einer narrativen Psychologie historischer Sinnbildung. In ders. (Hrsg.), *Erzählung, Identität und historisches Bewusstsein. Die psychologische Konstruktion von Zeit und Geschichte* (S. 81–169). Frankfurt/M.: Suhrkamp.
Straub, Jürgen (1999). *Handlung, Interpretation, Kritik. Grundzüge einer textwissenschaftlichen Handlungs- und Kulturpsychologie*. Berlin, New York: de Gruyter.
Straub, Jürgen (2000). Temporale Orientierung und narrative Kompetenz. Zeit- und erzähltheoretische Grundlagen einer narrativen Psychologie biographischer und historischer Sinnbildung. In Jörn Rüsen (Hrsg.), *Geschichtsbewusstsein. Psychologische Grundlagen, Entwicklungskonzepte, empirische Befunde* (S. 15–44). Köln, Weimar: Böhlau.
Straub, Jürgen (2019a). *Das erzählte Selbst. Konturen einer interdisziplinären Theorie narrativer Identität. Bd. 1: Historische und aktuelle Sondierungen autobiografischer Selbstartikulation. Ausgewählte Schriften*. Gießen: Psychosozial-Verlag.
Straub, Jürgen (2019b). *Das erzählte Selbst. Konturen einer interdisziplinären Theorie narrativer Identität. Bd. 2: Begriffsanalysen und pragma-semantische Verortungen der Identität. Ausgewählte Schriften*. Gießen: Psychosozial-Verlag.
Straub, Jürgen (2020). Polyvalente Erfahrung, interpretative Methodik, dynamisches Selbst. Grundzüge der Handlungs- und Kulturpsychologie von Ernst E. Boesch. In Jürgen Straub, Pradeep Chakkarath & Sebastian

Salzmann (Hrsg.), *Psychologie der Polyvalenz. Ernst Boeschs Kulturpsychologie in der Diskussion* (S. 41–120). Bochum: Westdeutscher Universitätsverlag.

Straub, Jürgen (2021). *Psychologie als interpretative Wissenschaft. Menschenbild, Wissenschaftsverständnis, Programmatik, Bd. 2. Schriften zu einer handlungstheoretischen Kulturpsychologie*. Gießen: Psychosozial-Verlag.

Straub, Jürgen & Niebel, Viktoria (2021). *Kulturen verstehen, kompetent handeln. Eine Einführung in das interdisziplinäre Feld der Interkulturalität*. Gießen: Psychosozial-Verlag.

Straub, Jürgen, Przyborski, Aglaja & Plontke, Sandra (2021). Bildtheorie. Eine sozialwissenschaftliche, handlungs- und kulturpsychologische Perspektive im Kontext multi- und interdisziplinärer Bildwissenschaften. In Jürgen Straub, *Psychologie als interpretative Wissenschaft. Menschenbild, Wissenschaftsverständnis, Programmatik, Bd. 2. Schriften zu einer handlungstheoretischen Kulturpsychologie* (S. 539–595). Gießen: Psychosozial-Verlag.

Straub, Jürgen, Weidemann, Arne & Weidemann, Doris (2007). *Handbuch Interkulturelle Kommunikation und Interkulturelle Kompetenz. Grundbegriffe – Theorien – Anwendungsfehler*. Stuttgart: J.B. Metzler.

Welzer, Harald (1998). *Albert Speers Erinnerungen an die Zukunft. Über das Geschichtsbewußtsein einer Führungsfigur des »Dritten Reiches«*. In Jürgen Straub (Hrsg.), *Erzählung, Identität und historisches Bewußtsein. Die psychologische Konstruktion von Zeit und Geschichte* (S. 389–403). Frankfurt/M.: Suhrkamp.

White, Hayden (1990 [1987]). *Die Bedeutung der Form. Erzählstrukturen in der Geschichtswissenschaft*. Frankfurt/M.: Fischer.

Young, James E. (1992 [1988]). *Beschreiben des Holocaust. Darstellung und Folgen der Interpretation*. Frankfurt/M.: Jüdischer Verlag/Suhrkamp.

# Das Leben im Sprach-Bild

## Metaphorische Sprechweisen als Modi der interpretativen Repräsentation biografischer Erfahrungen[1]

»Die Sprache, als System erfasst, verstummt.«
*Elias Canetti (1973, S. 320)*

»Der Hafen ist keine Alternative zum Schiffbruch: er ist der Ort des versäumten Lebensglücks.«
*Hans Blumenberg (1979, S. 35)*

## Vorbemerkung

Im Folgenden werden vorwiegend theoretische Aspekte der leicht überprüfbaren Tatsache erörtert, dass biografische Erfahrungs- und Wissensbestände metaphorisch repräsentiert werden können. »Eine der immer präsenten Prägungen ist die vom Leben als Seefahrt«, so heißt es im Vorspann von Blumenbergs (1979)

1 Die mit Ralph Sichler verfasste Abhandlung wurde in der ursprünglichen Fassung bereits 1989 publiziert. Sie zählte seinerzeit zu den ersten Arbeiten, in denen die Metaphernanalyse als theoretisch begründete Methode der qualitativen Subjekt-, Sozial- und Kulturforschung Gestalt annahm. Ich habe für die hier abgedruckte Fassung ein paar Kleinigkeiten geändert, wenige Aktualisierungen vorgenommen und, lediglich selektiv, auf neuere Literatur hingewiesen (vgl. dazu auch den voranstehenden Beitrag in diesem Band). An der grundsätzlichen Argumentation kann ohne Abstriche festgehalten werden. Der allgemeinen Bedeutung metaphorischer Prädikationen wird m. E. bis heute nicht hinreichend Rechnung getragen, auch in der Biografieforschung oder in der handlungstheoretischen Kulturpsychologie nicht, die speziell bei der Untersuchung fremder Kulturen vor großen sprachlichen Herausforderungen steht. Metaphern sind vielfach kulturspezifisch, das heißt: für die mit einer Fremdsprache nicht bestens vertrauten Wissenschaftler_innen manchmal kaum verständlich und nur schwer zu übersetzen.

Studie zu einer Daseinsmetapher, die das Selbstverständnis des Menschen im abendländischen Kulturkreis maßgeblich mitbestimmt hat: »Sie umspannt Ausfahrt und Heimkehr, Hafen und fremde Küste, Ankergrund und Navigation, Sturm und Windstille, Seenot und Schiffbruch, nacktes Überleben und bloßes Zuschauen« (ebd.). So offenkundig wir unser Leben metaphorisch konzeptualisieren und strukturieren, so wenig wurde diesem Phänomen in der psychologischen Biografieforschung Aufmerksamkeit geschenkt. Erst in jüngerer Zeit hat sich dies merklich geändert. Das entspricht einer schlichten Notwendigkeit – sobald biografische Forschung als interpretative Wissenschaft konzipiert wird (vgl. dazu den Beitrag »Das erzählende Tier« im vorliegenden Band). Dann nämlich bedient man sich verstehender Methoden, um die symbolisch vermittelte, sinn- und bedeutungsstrukturierte Welt des Menschen erforschen zu können. Selbstverständlich hat man sich dabei nicht zuletzt mit metaphorischen Sprechweisen zu befassen. In Transkripten narrativer Interviews etwa stoßen Forscher_innen unweigerlich auf metaphorische Prädikationen. Nicht immer sind diese auf Anhieb verständlich, oft verbergen sie Bedeutungen, die man in interpretativen, komparativen Analysen eigens freilegen muss. Seit zwei, drei Jahrzehnten kommt auch die psychologische Forschung dieser Aufgabe verstärkt nach. Das geschieht unter dem Einfluss philosophischer, inter- und transdisziplinärer Diskurse, in denen Metaphern seit Längerem größte Aufmerksamkeit geschenkt wird.[2]

2 In anderen Bereichen der Psychologie ist das übrigens ebenfalls schon früher und intensiver der Fall. Die Aufmerksamkeit für Metaphern ist dort schon länger beinahe so groß wie in anderen Sozial- und Kulturwissenschaften, v. a. in den Sprach- oder Literaturwissenschaften. Mittlerweile haben sich einige Psycholog_innen dieser Trope zugewandt, die sich in ihren empirischen Forschungen qualitativer Methoden bedienen. Beispielhafte Arbeiten in diesem Feld stammen etwa von Michael Buchholz (1993, 1996; Buchholz & v. Kleist, 1995, 1997) und Rudolf Schmitt (1995, 2003, 2004, 2005, 2009, 2011a, b), in deren Publikationen sich zahlreiche informative Literaturhinweise und teils auch konzise Bilanzen des aktuellen Forschungsstandes finden (für weitere Einsichten und Überblicke vgl. z. B. Ortony, 1979b; Schachtner, 1999; Schöffel, 1987; Stoellger, 2000; Vanscheidt, 2009). In der ursprünglichen Abhandlung, auf der dieser Beitrag beruht, mussten wir noch in aller Bescheidenheit

Die folgenden Überlegungen sollen wenigstens in Umrissen zeigen, wie die Metaphernanalyse einen Beitrag zur Erforschung biografisch relevanter Erfahrungen und der damit verbundenen Entwicklung und Formierung des Denkens, Fühlens und Handelns von Subjekten liefern kann. Zunächst werden einige grundlagentheoretische Prämissen biografischer Forschung skizziert, die eine psychologische Analyse metaphorischer Sprechweisen erst möglich und sinnvoll erscheinen lassen. Sodann werden begriffliche und theoretische Gesichtspunkte diskutiert, um zu klären, was unter dem Begriff der »Metapher« verstanden werden soll und wie ein semantisches und psychologisch relevantes Verständnis von Metaphern erlangt werden kann. Die pragmatisch-psychologische Dimension metaphorischer Redeweisen wird schließlich an einem Beispiel illustriert, das zeigt, wie biografische Erfahrungs- und Wissensbestände metaphorisch repräsentiert sein und demgemäß auf dem Weg der Interpretation der jeweils verwendeten Metaphern wissenschaftlich rekonstruiert werden können.

---

eine defizitäre Situation zumal in der psychologischen Biografieforschung feststellen und uns mit eher spärlichen Hinweisen begnügen, wenngleich in anderen Disziplinen sowie trans- oder interdisziplinären Unternehmungen längst eindrucksvolle Beiträge vorgelegt worden waren. Wir schrieben seinerzeit: Eine Ausnahme, die Erzählungen und Metaphern in der psychologischen Biografieforschung frühzeitig in den Fokus rückte, bildet die Monografie von Wiedemann (1986, insb. S. 150–162). Außerhalb der Biografieforschung ist der psychologische Diskurs über Metaphern etwas verbreiteter: Über eine »Psychologie und Statistik der Metapher« hat sich bereits Stählin (1914) geäußert; im Rahmen ihre psychologischen Sprachtheorien haben z. B. Bühler (1934, S. 342ff.) und Kainz (1962, S. 238ff.) metaphorische Redeweisen thematisiert. Auf die Bedeutung von Metaphern für therapeutische Prozesse verweist z. B. v. Kleist (1984). Shibles' (1974) und Thielens (1976) Untersuchungen von Prozessen der kognitiven Verarbeitung metaphorischer Äußerungen werden u. a. in den Forschungen von Ortony et al. (1978a, b), Paivio (1979) und Tourangeau (1982) fortgeführt. Einen Einblick in den für die Psychologie relevanten, interdisziplinären Diskurs über Metaphern vermittelt Ortony (1979a). Die umfangreichen Bibliografien von Shibles (1971), van Noppen et al. (1985) sowie van Noppen & Hols (1990) dokumentieren die weit gestreute Literatur zum Thema »Metapher«. Diesen Hinweisen kann man heute, wie gesagt und zu exemplarischen Zwecken getan, viele weitere hinzufügen.

Um zu verstehen, wie Personen sich und ihr Leben verstehen, müssen wir die Metaphern analysieren, in die sie ihre Selbstthematisierungen kleiden. Das jedoch ist schon deswegen nicht ganz so einfach, weil Metaphern – mehr noch als andere Modi unseres Sprechens – höchst uneindeutig sind. Wer zu sprachlichen Bildern greift, um sich und sein Leben zu artikulieren, lässt vieles offen. Oftmals deuten Metaphern etwas lediglich an oder zeigen etwas, das sich nicht exakt bestimmen, in seiner Bedeutung begrifflich fassen und vereindeutigen lässt. Manchmal sind Sprach-Bilder dennoch das Beste, das wir haben, um zum Ausdruck zu bringen, was wir einst erlebt haben oder heute denken, fühlen, wünschen und wollen, was uns bewegt und fesselt (um zwei gängige Metaphern zu bemühen). Metaphernanalysen können dabei helfen, diese bildhafte Sprache zu erschließen.

## Ausgangspunkt und grundlagentheoretische Prämissen: Sprachliche Konstruktion der Wirklichkeit

Jeder kognitive Akt der auf die eigene Lebensgeschichte bezogenen Selbstthematisierung eines Subjekts besitzt einen konstruktiven Charakter. Lebensgeschichtliche Erfahrungen und Entwicklungen sowie das biografisch verankerte, handlungsrelevante Selbst- und Weltverständnis eines Menschen betrachten wir prinzipiell als sprachlich-kognitive Konstrukte, die in der narrativ strukturierten Retrospektive auf das jeweils eigene Leben gebildet, gestaltet oder umgestaltet werden (dazu Straub, 2019a, b). Selbstverständlich ist in solchen sprachlichen Erzeugnissen von allem Möglichen die Rede, nicht zuletzt von einstigen Gefühlen (Affekten, Emotionen, Stimmungen, Atmosphären etc.). Ebenso vertraut ist uns allen, dass das lebensgeschichtliche Erzählen selbst von allerlei aktuellen Gefühlen begleitet ist, die gar nicht in der Vergangenheit, sondern in der Gegenwart wurzeln und sich der erzählten Geschichte, bestimmten Episoden zumal, beigesellen. Die Erzählung mag einstige Gefühle so authentisch wiederbeleben, als durchlebe die erzählende Person die alte Zeit noch einmal. Sie mag aber auch Assoziationen an aktuell wichtige, vielleicht erst bevorstehende – erhoffte oder befürchtete – Ereignisse wecken, sodass sich das Gestrige und das Heutige verbinden und vermischen. Gefühle sind beim Erzählen von Geschichten aus dem eigenen Leben fast immer von großer Bedeutung. Vom eigenen Selbst haben wir niemals nur ein Bewusstsein. Wir haben stets auch ein damit verwobenes Gefühl. Selbstbewusstsein und Selbstgefühl gehören gerade in Selbst-Erzählungen aufs Engste zusammen.

Erzählte Erinnerungen können Menschen glücklich machen, wie sie es damals waren, oder erneut ins überstanden geglaubte Unglück stürzen. Retraumatisierte Subjekte, die die einst erlebten Schläge noch einmal spüren und radikale existenzielle Verunsicherungen bis zum schmerzlichen Fall ins Bodenlose erneut durchmachen, kennen diese dunkelste Seite ihres leiblichen Gedächtnisses wohl am besten. Sobald sie davon erzählen, werden auch der körperlich empfundene Schlag und die seelisch erschütternde Bedrohung oder die Auflösung des eigenen Selbst zu einem narrativen Konstrukt. Sie werden von einem ehemaligen seelischen Geschehen und Erleben in eine erzählte Geschichte überführt, eben übersetzt. Bereits Schleiermachers (1813) theoretischer, hermeneutischer und sprachpragmatischer Begriff der »Übersetzung« sah solche diachronen, autobiografischen Translationen vor, durch die sich eine Person immer wieder aufs Neue zu verstehen bemüht. Was wir aus der Perspektive der Gegenwart als unsere lebensgeschichtliche Vergangenheit bezeichnen und in autobiografischen Erzählungen artikulieren, liegt niemals als eine objektive, von unseren momentanen Perspektiven, Relevanzsetzungen und sprachlichen Möglichkeiten unabhängige Realität ›hinter uns‹. Die Realität unserer lebensgeschichtlichen Vergangenheit und das in dieser Realität verwurzelte Selbst- und Wirklichkeitsverhältnis konstruieren wir im Medium der Sprache. Auch auf die eigene, lebensgeschichtliche Vergangenheit hat der Mensch keinen von seinen sprachlichen Möglichkeiten unabhängigen, interpretationsfreien Zugriff. Eine Lebensgeschichte ist der ›Text‹, den ein reflexives Subjekt im Rückblick auf sein gelebtes Leben produziert. Das wird nicht zuletzt metaphorisch vollbracht. Offenbar ist die Rede von einem »Text« hier selbst eine Metapher – jedenfalls dann, wenn wir gar kein Schriftstück vor uns haben, einen Text im engeren Sinn, sondern lediglich einer mündlichen Erzählung gelauscht haben. Deren ephemerer Charakter macht die erzählte Lebensgeschichte zu einem unsteten Phänomen. Gerade eben erzählt, wissen vielleicht schon im nächsten Moment weder die Erzählerin noch der Zuhörer noch ganz genau, was exakt in welchen Worten mitgeteilt, zur Sprache gebracht wurde. Schon morgen mag es anders erzählt werden, vielleicht gar keiner Erzählung mehr für wert befunden werden. Manche Erlebnisse und Geschichten mögen uns unauslöschlich im Gedächtnis bleiben, viele verblassen umgehend und verschwinden aus dem Raum der Erinnerung. Das gilt für die Erzählenden ebenso wie für die Zuhörenden.[3]

---

3 Mit den bisherigen Überlegungen ist freilich nicht gesagt, dass wir über bestimmte Ereignisse und Daten, die einen intersubjektiv leicht überprüfbaren Lebens*lauf* konstituieren, nicht ein für alle Mal Bescheid wissen könnten und daran auch festhalten würden. Worüber wir hier sprechen, ist die Lebens*geschichte* eines Subjekts. Diese begreifen wir als kognitiv-narrative Konstruktion im beschriebenen Sinne. Zur terminologischen Differenzierung zwischen »Lebenslauf« und »Lebensgeschichte« vgl. Schulze (1985). Im Übrigen gilt: Selbstverständlich können auch bestimmte Aspekte unserer Lebensgeschichte in der Form eines zeitlich überdauernden, relativ stabilen Wissens kognitiv repräsentiert sein. Was mit der angeführten Argumentation gesagt werden soll, ist lediglich, dass unsere erzählte Lebensgeschichte *prinzipiell* für jede Art der retrospektiven Revision offen ist und demgemäß immer wieder umgebildet oder neu geschrieben werden *kann*. Diese Gelegenheit wird zweifellos von allen Menschen häufig wahrgenommen, und dies *muss* so sein, insofern die Emergenz von Neuem unseren Blick auf das gelebte Leben sowie seine in Erzählungen und Bildern erinnerte Gestalt zwangsläufig ändert (zu diesem gedächtnis- und erinnerungstheoretischen Topos siehe etwa Straub, 1998, 2015; Kölbl & Straub, 2011, 2012). Im Hinblick auf die menschliche Lebensgeschichte gilt ohne Zweifel Nietzsches Diktum, das eine Grundeinsicht jeder philosophischen Hermeneutik expliziert: »Man möchte wissen, wie die *Dinge an sich* beschaffen sind: aber siehe da, es gibt keine Dinge an sich« (Nietzsche, Nachlass: zit. n. Schlechta, 1956, S. 486). Tatsachen sind nach diesem Verständnis prinzipiell sprachabhängige und damit vorläufige, interpretative Konstrukte (vgl. dazu auch den Beitrag »Relationale Hermeneutik und komparative Analyse« in diesem Band). Die psychologische Biografieforschung verstehen wir, wie die handlungstheore-

Individuen bilden ihre lebensgeschichtliche Vergangenheit und ihr damit verbundenes Selbst- und Wirklichkeitsverständnis aus der Perspektive einer sich permanent wandelnden Gegenwart immer wieder um. Das eigene Selbst als eine Andere oder ein Anderer (Ricœur, 1996) steht nicht still (dazu ausführlich Straub, 2019a, b). Unsere jeweils persönliche Lebensgeschichte ist keineswegs eine in jeder Hinsicht unabänderliche Vergangenheit. Keine Vergangenheit ist unwandelbar wie das, was ein für alle Mal geschehen ist. *Neue* Erfahrungen und Erwartungen lassen Vergangenes in einem anderen Licht erscheinen – um eine metaphorische Redeweise zu gebrauchen, die signalisiert, dass wir unsere biografische Vergangenheit auf der Basis von neuen Erfahrungen, Erwartungen und Entwicklungen immer wieder umbilden, das heißt: in einer nicht vorhersehbaren Weise auslegen und verstehen. In dem skizzierten Sinn konstituieren neue Gegenwarten neue Vergangenheiten (vgl. Mead, 1929, 1932, der allerdings – anders als die nicht selten *präsentistischen* Konstruktivismen unserer Tage auf einem Mitspracherecht des ehemaligen Geschehens beharrt: Jede realistisch konstruierte Vergangenheit ist und bleibt auch davon abhängig). Der konstruktive Charakter des Vergangenen bedeutet also, dass (auto-)biografisches Erfahrungswissen keinesfalls ein für alle Mal feststeht oder gültig sein muss. Autobiografisches Wissen ist – in ein all seiner Unzuverlässigkeit, Anfälligkeit und Wandelbarkeit – in hohem Maße ein von aktuellen Situationen, Orientierungen, Perspektiven und Relevanzsetzungen abhängiges und damit *prinzipiell vorläufiges* Geflecht von interpretativen Konstrukten.

Wenn wir von der subjektiven Konstruktion der lebensgeschichtlichen und der aktuellen Wirklichkeit eines Individuums sprechen, betrachten wir das Individuum keineswegs als eine von

tische Kulturpsychologie insgesamt, als Textwissenschaft. Vgl. hierzu Ricœurs (1972) Ausführungen über den »Text als Modell« für jedes Objekt hermeneutischer Sozialwissenschaften. Das schließt allerdings nicht aus, dass in diesen texttheoretischen Rahmen auch bildwissenschaftliche Perspektiven und bildanalytischen Methoden integriert werden könnten (vgl. hierzu Straub et al., 2021, sowie den Beitrag »Qualitative Methoden der Bildinterpretation, Bildgebrauchs- und -wirkungsanalyse« in diesem Band).

sozialen Prozessen unabhängige Monade. Entgegen einer derartig solipsistischen Sichtweise ist davon auszugehen, dass die angesprochene subjektive Konstruktion der Wirklichkeit sozial vermittelt ist: Der Sinn, den ein Individuum mit seiner lebensgeschichtlichen Vergangenheit, mit der erlebten Gegenwart und antizipierten Zukunft verbindet, ist immer auch ein Sinn, der von den anderen stammt. George H. Meads Einsicht in die soziale Konstitution des Subjekts bezieht sich selbstverständlich auch auf jene identitätsstiftende Form der Selbstthematisierung, durch die sich ein Mensch als geschichtlich gewordenes Subjekt verstehen und präsentieren kann (dazu Straub, 1989; Straub, 2019a, b). Das bedeutet: Die Anfälligkeit des Gedächtnisses für den fortwährenden Umbau lebensgeschichtlicher Erinnerungen und Erzählungen mag individuelle *oder* soziale Gründe haben. Veränderungen mögen sich – zum Beispiel – der persönlichen Eitelkeit verdanken, die gebietet, dass etwas nicht sein darf, was den eigenen Stolz und das schmeichelhafte, vielleicht heroische Selbstbild verletzt. Oder sie mögen manipulativen Mitmenschen geschuldet sein, die vom Gegenüber, zur Not mit allen Mitteln sozialen Drucks, verlangen, dass es seine individuellen Erinnerungen den gemeinschaftlichen Erwartungen und Normen anpasst, wie sehr das auch um den Preis offenkundiger Fehlerinnerungen und einer beschädigten Identität geschieht. Man sieht im Übrigen bereits an diesen Exempeln, dass der konstruktive Charakter von Erinnerungen kein Gedächtnis der Welt vor Ansprüchen auf Wahrhaftigkeit, Richtigkeit und Wahrheit bewahrt. Der prinzipiell konstruktive, hermeneutische oder interpretative Charakter unserer Welt- und Selbstwahrnehmung mag die Angelegenheit auch der gedächtnisbasierten Erinnerung sehr komplex und ziemlich kompliziert machen, führt jedoch keineswegs zu einer völligen Zersetzung und Auflösung dieser Ansprüche. Ernsthafte, intersubjektiv prüfbare Äußerungen können trotz ihrer Fehleranfälligkeit und Unzuverlässigkeit nach wie vor von bloßen *fake news* unterschieden werden, die lediglich zu eigennützigen oder manipulativen Zwecken in Umlauf gebracht werden, nicht zuletzt im Gebiet des lebensgeschichtlichen Erinnerns und Erzählens.

Biografische Erfahrungen, biografisches Wissen oder das lebensgeschichtlich verankerte Selbst- und Wirklichkeitsverständnis eines Subjekts sind sprachabhängige Konstrukte. Die Sprache bildet dabei nicht einfach ab, was einst Wirklichkeit war: Sie gibt der lebensgeschichtlichen und aktuellen Wirklichkeit reflexiver Subjekte vielmehr erst ihren konkreten Gehalt und eine formale Gestalt, sie konstituiert und strukturiert die Wirklichkeit, über die sie zugleich etwas besagt. Dies heißt freilich *nicht*, dass die Sprache sich nicht auf das ›Etwas‹ beziehen würde, das keineswegs auf Sprache reduziert werden kann: Das gelebte Leben, das wir im Medium der Sprache rekonstruieren und reflektieren, entsteht natürlich nicht erst dadurch, dass wir es nachträglich besprechen und bedenken. Nur ist uns dieses gelebte Leben nicht ›als solches‹ zugänglich, sondern nur als sprachabhängige Erinnerung, die immer schon als (re-)konstruktive Interpretation verstanden werden muss, als eine Interpretation, durch die ehemalige Ereignisse und Erlebnisse *ex post facto* zu mitteilbaren Erfahrungen umgestaltet werden. Man kann das, wie dargelegt, auch als eine sprach-pragmatische »Übersetzung« charakterisieren, die Vergangenheit und Gegenwart verbindet, das gestrige Geschehen in das Bewusstsein des Heute überführt und dabei unweigerlich gestaltet, in diesem oder jenem symbolischen Medium.

Setzt man die skizzierte konstruktivistische Auffassung voraus, dann liegt der Zugang zum Verständnis lebensgeschichtlicher Erfahrungen anderer Menschen in erheblichem Maße im Verstehen von Sprache begründet. (Auf Vorstellungs- und Erinnerungsbilder nicht-sprachlicher Art gehen wir hier nicht ein, trotz ihrer, wie etwa Träume und Tagträume belegen, überragenden Bedeutung auch für das hier behandelte Thema.) Wenn man weiterhin die Sprache nicht von vornherein auf bestimmte Formen, Modi und Funktionen unseres Sprechens reduzieren möchte – etwa weil man sich dem logischen Ideal verpflichtet fühlt, alles, was sich sagen lässt, klipp und klar zu sagen –, erscheint es voreilig, ja fahrlässig, metaphorische Redeweisen zu ignorieren, sobald es um die wissenschaftliche Erforschung lebensgeschichtlicher Erfahrungs- und Erwartungswelten gehen soll.[4]

4 Eine derartige Ignoranz würde durch eine reduktionistische, normative Sprachkonzeption nahegelegt werden, wie sie im 20. Jahrhundert insbe-

Im Folgenden werden metaphorische Redeformen als *bedeutungsvolle, sinnhaltige* Äußerungen aufgefasst, mit denen Menschen auch ihre lebensgeschichtlichen Erfahrungen zur Sprache bringen und in einer für das Selbst-Bewusstsein, die Ausbildung biografischer Wissensbestände und die alltägliche Lebenspraxis relevanten Weise konzeptualisieren, deuten und strukturieren können. Auf welche *eigentümliche* und nicht unbedingt auf Anhieb evidente Weise metaphorische Redewendungen biografisch relevante Erfahrungen und damit verbundene, subjektive Wissensbestände (Orientierungen, Deutungsmuster etc.) zur Sprache bringen oder kommentieren, wird im nächsten Abschnitt erörtert. Bevor wir uns mit konkreten Aspekten und einem Beispiel der metaphorischen Repräsentation und Konstruktion biografischer Erfahrungs- und Wissensstrukturen befassen, werden begriffliche und theoretische Überlegungen zu einigen grundlegenden Perspektiven für eine psychologisch orientierte Metaphernanalyse in der Biografieforschung angestellt.[5]

sondere durch Vertreter des Logischen Positivismus (z. B. Carnap, 1934; Wittgenstein, 1921) entwickelt wurde.

5 Wenn Wiedemanns (1986, S. 156) Hypothese zuträfe, dass metaphorische Sprechweisen gerade in Erzählungen gehäuft auftreten, wäre ohne jeden Kommentar evident, warum die Metapher für eine erzähltheoretisch fundierte Biografieforschung von großer Bedeutung ist. Als Gründe für diese Hypothese führt er u. a. an, dass sich narrative Sprech- und Darstellungsformen (Sachverhaltsdarstellungsschemata) durch ein mittleres Detaillierungsniveau auszeichnen und dass der Sprecher, der seine Lebensgeschichte erzählt, häufig zu verdichtenden und zusammenfassenden Darstellungen seiner Erfahrungen gezwungen ist. Ob in Erzählungen tatsächlich *gehäuft* metaphorische Redewendungen vorkommen, können wir an dieser Stelle dahingestellt sein lassen. Es dürfte auch andere Kommunikationsschemata geben, die metaphorische Redewendungen nahelegen (man denke nur an Gedichte); zudem hängt dies sicherlich auch in hohem Maße von der Interaktionssituation und vom Thema oder Gegenstand ab, über den gesprochen wird. So wird man in aller Regel weniger metaphorisch sprechen, wenn man dem Polizeibeamten sein gestohlenes Fahrrad beschreibt – obwohl auch diesbezüglich von einem »Drahtesel« die Rede sein mag –, als wenn man einem Freund bestimmte psychische Zustände oder Erlebnisse nahebringen möchte (z. B. als man neulich die *Lyrische Suite für Streichquartett* von Alban Berg hörte und was dabei mit einem geschah). In diesem Zusammenhang

## Metaphorische Redeweisen und das Verstehen von Metaphern: Begriffliche, theoretische und methodische Aspekte

Aristoteles hat die Metapher als Bestandteil poetischer und rhetorischer Texte analysiert und bestimmt. Seine berühmte Definition lautet: »Metapher ist die Übertragung eines fremden Namens, und zwar entweder von der Gattung auf die Art oder von der Art auf die Gattung oder von einer Art auf die andere gemäß der Analogie« (*Poetik*, 1457b). Ricœur (1986, S. 20f.) hebt den entscheidenden Einfluss des Beitrags von Aristoteles hervor: »Damit ist das Schicksal der Metapher für Jahrhunderte besiegelt: sie hängt von nun an mit Poetik und Rhetorik, nicht auf der Ebene der Rede, sondern eines Teils der Rede, des Nomens zusammen.«[6] Die Diskussion der Metapher im Rahmen der Poetik und Rhetorik zeigt im Übrigen an, dass Aristoteles die Metapher – und auch andere Tropen wie etwa Ironie, Metonymie, Synekdoche, Oxymoron – als *Abweichung* von normalen, alltäglichen Sprachformen klassifiziert, mithin als etwas nicht Ursprüngliches. Metaphern sind in dieser (überholten) Sichtweise künstliche Stilmittel, die aus poetischen oder rhetorischen Gründen eingesetzt werden. Als schmückende Ornamente oder dergleichen stehen sie, so lautete bereits die Kritik von Aristoteles, dem normativen Ideal einer klaren und eindeutigen Sprache entgegen. Sie verführen die Hörer_innen und entfalten suggestive Wirkungen, verne-

---

sei noch einmal darauf hingewiesen, dass die Informanten im Prozess der wissenschaftlich-empirischen Datenerhebung von metaphorischen Redeweisen im skizzierten Sinne nur dann Gebrauch machen können, wenn Erhebungsverfahren gewählt werden, die es ihnen erlauben, *ihre* Erfahrungen in *ihrer* Perspektive nach den *eigenen* Relevanzsatzungen in *ihrer* Sprache zu artikulieren. Das ist bekanntermaßen vornehmlich bei offenen Gesprächs- oder Interviewtechniken wie z. B. beim narrativen Interview der Fall.

6 Nach Aristoteles ist ein Nomen »ein zusammengesetzter bedeutungshafter Laut, ohne Zeitelement und ohne dass ein Teil von ihm an sich bedeutungshaft wäre« (*Poetik*, S. 1457a). Andere Übersetzungen geben das griechische Wort ὄνομα (lat. nomen) mit »Namen« oder »Wort« wieder. Μεταφορὰ δέ ἐστιν ὀνόματος ἀλλοτρίου ἐπιφορά: hier erscheint die Metapher dann eben als Übertragung eines fremden Namens.

beln mithin die Wahrheit eher, als dass sie uns zu ihr hinführten. Dieses negative Urteil war in der Philosophie lange vorherrschend (etwa bei John Locke, der die Metapher, wie viele andere abendländische Denker seit Platon, aus den genannten Gründen ganz aus der Philosophie verbannen wollte; noch im 20. Jahrhundert traf man häufig auf diese Auffassung). Da Aristoteles metaphorische Redeweisen allein im Zusammenhang von Überlegungen zur Poetik und Rhetorik untersucht hat, ist in seiner Nachfolge nahezu unberücksichtigt geblieben, dass metaphorische Redeweisen nicht allein dort, sondern auch in den Wissenschaften und in der Philosophie von Bedeutung sind. Erst Nietzsche (1873) hat im Rahmen seiner Erkenntniskritik bemerkt, dass Diskurse, die im Bereich der Philosophie und der Wissenschaften geführt wurden und werden, in hohem Maße auf metaphorische Redeweisen angewiesen sind, um ihre jeweiligen Anliegen zu formulieren.[7] Und natürlich kennt auch die Alltagssprache zahllose Sprach-Bilder und schafft unentwegt neue. Auch sie käme ohne diese Bilder und ihre eigenwillige Produktivität nicht aus. Das müssen die Psychologie sowie andere Subjekt- und Sozialwissenschaften zur Kenntnis nehmen. Auch sie brauchen einen theoretischen Begriff, der ihren Blick auf *metaphorisch* artikulierte psychosoziale und kulturelle Phänomene schärft.

Mit metaphorischen Redeweisen gibt der Sprecher »statt des eigentlichen Wortsinns etwas anderes (eine ›übertragene‹ Bedeutung) zu verstehen« (Koppe, 1984, S. 367). Wer etwa sagt: »Ich war elektrisiert, als ich sie zum ersten Mal sah«, oder: »Bei uns hat es sofort gefunkt«, oder: »Sie zog mich magnetisch an«, begreift, wie Lakoff und Johnson (1980, S. 49) formulieren, den Erfahrungsbereich »Liebe« als elektromagnetisches Phänomen, als physikalisches Kräftefeld. Wer so spricht, *überträgt* physika-

7 Siehe dazu z.B. Weinrich (1980, S. 1180) und Schöffel (1987, S. 101ff.). Zum angesprochenen Aspekt hat Blumenberg (1960, 1971) wichtige metaphorologische Studien vorgelegt. Er untersuchte solche (absoluten) Metaphern, die als genuine Denkmodelle philosophische und wissenschaftliche Erkenntnis befördert und getragen haben; vgl. hierzu auch Boyd (1979) und Kuhn (1979). Das ist heute ebenso anerkannt wie die große Bedeutung, die das metaphorische Sprechen in unserem Alltag spielt.

lische Termini auf einen Lebensbereich, der in einem strengen Sinne wohl kaum als physikalisches Kraft- oder Energiefeld beschrieben und verstanden werden kann. Eros ist bekanntlich kein bloßer Elektriker.[8]

Aristoteles' Definition ist auf der Wortebene angelegt. Im Gegensatz zur aristotelischen Bestimmung gehen wir mit neueren Metapherntheoretikern (z.B. Ricœur, 1986) davon aus, dass eine Metapher nicht als Wortfigur aufgefasst werden kann. Dementsprechend gibt es auch kein Lexikon der Metaphern. Eine Metapher entsteht vielmehr erst durch die Beziehung eines Wortes zu einem weiteren Wort: Die Metapher ist eine Prädikation, bei der das (logische) Prädikat eines Satzes (z.B. »elektromagnetisches Phänomen«) in einer bestimmten, noch zu charakterisierenden Beziehung zum (logischen) Subjekt (z.B. »Liebe«) steht. Wenn wir von Metaphern sprechen, sprechen wir grundsätzlich von *metaphorischen Prädikationen*. Eine Metapher kann nur als metaphorische Prädikation identifiziert und analysiert werden.[9]

Doch selbst auf dieser Betrachtungsebene werden wir nicht in allen Fällen klären können, ob es sich bei bestimmten Prädikatio-

---

8 Zu Lakoffs und Johnsons Ansatz und seinem Einfluss in der Psychologie siehe Schmitt (2004, 2011a). Das berühmte Buch von Lakoff und Johnson ist übrigens nicht nur wegen der Beispiele und dem kraftvollen Plädoyer für eine Metaphernanalyse bekannt, ohne die unter anderem soziokulturelle Lebenswelten mit ihren alltäglichen Kommunikationspraxen oder psychische Phänomene oft nicht verständlich wären. Wer glaubt, die Repräsentanten der kognitiven Linguistik bzw. der Sprachphilosophie hätten sich damit beschieden, irrt gewaltig, ging es den beiden doch um nicht weniger als einen radikalen Umbau der Wissenschaftsauffassung. Im Nachwort späterer Auflagen des Bestsellers und weiteren Kommentaren beklagen sie immer wieder, dass die vielzitierte Monografie genau dieses Ziel nicht erreicht habe.

9 Zum Begriff der ›Prädikation‹ vgl. Kamlah und Lorenzen (1973, S. 29). Im Gegensatz zu Weinrich (1963, S. 337), der die Metapher als »widersprüchliche Prädikation« charakterisiert, gehen wir nicht unbedingt davon aus, dass Metaphern prinzipiell aufgrund eines Widerspruchs oder einer »semantischen Anomalie« (Hörmann, 1978) identifiziert werden können. Wie wir sogleich sehen werden, müssen in einigen Fällen kontextuelle Rahmenbedingungen metaphorischer Redefiguren berücksichtigt werden, um überhaupt erkennen zu können, ob metaphorisch oder wörtlich gesprochen wird. Die Suche nach logischen Widersprüchen und dergleichen reicht hier nicht aus.

nen tatsächlich um eine metaphorische Prädikation handelt oder nicht. Der Satz ›Peter ist ein Kind‹ ist etwa nur dann als Metapher zu verstehen, wenn es sich bei Peter um einen erwachsenen Mann handelt. Wir haben also in vielen Fällen den sprachlichen und pragmatischen *Kontext* mit zu berücksichtigen, in dem eine (metaphorische) Äußerung gebildet wird, wenn wir Metaphern als solche identifizieren und verstehen wollen. Diese Forderung kann auch als *methodisches Prinzip* aufgefasst werden, das jede Metaphernanalyse im Rahmen der empirisch-psychologischen Biografieforschung leiten sollte.

Die hier angestellten Überlegungen sind von Anbeginn davon ausgegangen, dass metaphorische Prädikationen als bedeutungsvolle und verständliche Äußerungen aufgefasst werden können. Um zu klären, wodurch die Bedeutung einer metaphorischen Prädikation konstituiert wird und wie metaphorische Redeweisen verstanden werden können, stützen wir uns auf Grundgedanken der Interaktionstheorie (Black, 1954, 1979) und der Konterdeterminationstheorie (Weinrich, 1958, 1963, 1967).

Um Metaphern in ihren spezifischen Bedeutungsgehalten zu verstehen, bedarf es eines interpretativen Prozesses. Dieser Prozess wurde im Rahmen von Übertragungs-, Vergleichs- und Substitutionstheorien als eine systematisierbare und definitiv abschließbare Übersetzungs- und Ersetzungsprozedur von metaphorischen Ausdrücken durch wörtliche konzipiert.[10] Die Bedeutung von Metaphern kann nach dieser (überholten) Auffassung vollständig und erschöpfend in wörtlicher Rede expliziert werden. Im Gegensatz dazu haben sowohl Black als auch Weinrich betont, dass metaphorische Redeweisen einen »metaphorischen Überschuss« (Koppe, 1984, S. 368) transportieren und ihr Bedeutungsgehalt durch wörtliche Redeweisen zwar erläutert und umschrieben, in den meisten Fällen aber nicht restlos aufgeklärt werden kann. Dieser Vorgang der interpretativen Erläuterung einer Metapher

10 Eine prägnante, kritische Darstellung dieses Theoriekomplexes geben Kurz und Pelster (1976) sowie Ricœur (1986, S. 56ff.). Wichtige Vertreter sind nach Ricœur Emile Benveniste, Roman Jakobson und Stephen Ullmann. Zur Kritik des erwähnten Theoriekomplexes vgl. auch Black (1954, 1979).

ist ein nicht abschließbarer Prozess: Es lassen sich – grundsätzlich gesehen – immer neue Umschreibungen oder Erläuterungen finden, die bislang unberücksichtigte Sinngehalte metaphorischer Redeweisen explizieren und damit ein immer umfangreicheres Verständnis metaphorischer Redeweisen ermöglichen. Dabei muss berücksichtigt werden, dass Metaphern bisweilen wiederum (nur) durch metaphorische Sprechweisen erläutert werden können.

Nach der Interaktionstheorie »findet bei einem metaphorischen Ausdruck zwischen dessen wörtlich gebrauchten Teil (›metaphorischer Rahmen‹) und dem metaphorisch verwendeten (›metaphorischen Brennpunkt‹) eine semantische Interaktion statt« (ebd.). Black (1954, S. 78) spricht in diesem Zusammenhang von einem »System assoziierter Implikationen«, durch das eine Verbindung zwischen den soeben genannten Bestandteilen der metaphorischen Äußerung hergestellt wird. Dieses System besteht aus kulturell tradierten ›Allgemeinplätzen‹ (›commonplaces‹), aber auch aus subjektiven Elementen. Wenn wir von einer Person sagen, sie sei ein Fuchs, so meinen wir damit möglicherweise, dass diese Person schlau sei. Zugrunde liegt der ›Allgemeinplatz‹ (Volksmund), dass Füchse schlau seien. Jedoch meint jemand nicht nur dies. Jemand mag diese Person für schlau, scheu und gefährlich zugleich halten, für einen Überträger bedrohlicher Krankheiten sogar (wie der Fuchs dereinst die Tollwut übertragen hat, was im heutigen Europa kaum mehr vorkommt, weil vor allem Fledermäusen diese Ansteckung vorbehalten ist). *Quod erat demonstrandum:* Die mit einer Metapher assoziierten Implikationen sind nicht nur in tradierten Sprachformen und -gewohnheiten einer sozialen Gemeinschaft begründet, sondern auch in der persönlichen Kreativität eines Subjekts, das metaphorisch über sich und seine Welt redet oder darum bemüht ist, Metaphern zu verstehen.

Eine mit Blacks Ansatz verwandte Position vertritt Weinrich (1958, 1963), der die Elemente der metaphorischen Prädikation *Bildspender* und *Bildempfänger* genannt hat. Die folgende Erläuterung dieser Bestimmungen verdeutlicht noch einmal die bisherigen Überlegungen:

> »Der Bildspender ist das metaphorische Element. Er fungiert als ein prädikatives Schema für das Subjekt der metaphorischen Äußerung. Gerade weil die metaphorische Prädikation meist nicht ohne weiteres Sinn macht wie nichtmetaphorische Prädikationen, aktualisieren wir auf der Suche nach Sinn nicht nur lexikalische Bedeutungen des Ausdrucks, sondern auch einen diffusen, daher suggestiven Komplex von implizierten Vorstellungen, Ansichten, Wertungen und affektiven Besetzungen. Metaphern setzen Gefühle frei, sie lassen daher den Bildempfänger unter der Perspektive des Bildspenders ›erleben‹« (Kurz, 1982, S. 22).

Die mit einer metaphorischen Äußerung assoziierten Implikationen sind dem Sprecher – ebenso wie der Hörerin – in der Regel gar nicht (gänzlich) bewusst. Sie werden erst während der interpretativen Analyse einer Metapher entweder vom Sprecher selbst oder von einer Interpretin expliziert und bewusstgemacht. Die Entwicklung eines *extensiven* Metaphernverständnisses ist ein interpretativer Prozess *ex post facto*, wobei die explizierbaren Bedeutungsgehalte metaphorischer Sprechweisen prinzipiell umfangreicher sind als der vom Sprecher intendierte Sinn. Natürlich brauchen wir – weder im Alltag, noch in der Wissenschaft – nicht alle Metaphern extensiv zu interpretieren. Interpretationsbedürftig sind nur solche Metaphern, die »ein hohes Maß an implikativer Elaboration gestatten« (Black, 1979, S. 27), deren hermeneutische Auslegung also einen reichhaltigen Komplex an assoziierten Implikationen generiert. Black spricht in solchen Fällen von »resonanten Metaphern« (ebd., S. 26). Gerade sie – aber nicht ausschließlich sie – sind gemeinhin auch praktisch relevant und psychologisch interessant.

Für die psychologische Biografieforschung sind gerade jene Metaphern aufschlussreich, die einen reichhaltigen Komplex an assoziierten Implikationen transportieren. Ihre interpretative Explikation verspricht ein vertieftes Verständnis der biografisch relevanten Erfahrungen und Orientierungen einer Person, die eben nicht zufällig zu bestimmten Sprach-Bildern greift, um sich auszudrücken, Dinge zumal, die ihr lieb und teuer, in der einen oder anderen Weise wichtig sind.

## Metaphorische Repräsentation biografischer Erfahrungs- und Wissensstrukturen

Die für die weiteren Ausführungen grundlegende Annahme lautet, dass Subjekte, wenn sie sich metaphorisch äußern, auch von *sich selbst*, über *ihre Lebensgeschichte* und über *ihre Welt* sprechen können. Mitunter verschwindet dabei die Distanz, die die Präpositionen »von« oder »über« unterstellen: In Metaphern artikulieren sich Personen keineswegs so, wie sie über einen Gegenstand sprechen. Sie bringen, wie expressivistische Sprach- und Handlungstheorien in der Tradition Johann Gottfried Herders seit Langem betonen (namentlich etwa Charles Taylor in vielen Arbeiten seit seinem berühmten Buch über Hegel; vgl. dazu Englander, 2013), ihr Selbst zum Ausdruck, und zwar so authentisch, tiefgründig, aussagekräftig und akkurat, wie es im Medium einer bildhaften Sprache eben geht. Selbstverständlich interessieren im vorliegenden Zusammenhang gerade jene metaphorischen Redewendungen, die auf konkrete, biografisch relevante Erfahrungen und die damit verbundenen Prozesse der sprachlichen Selbstkonstitution und Selbstreflexion von Subjekten bezogen sind. Das gelebte Leben und die biografisch verwurzelten Handlungs- und Lebensorientierungen eines Menschen – seine biografisch relevanten Erfahrungs- und Wissensbestände – werden auch in metaphorischen Sprechweisen artikuliert. Dazu kann man sich dann auch distanziert verhalten und vielleicht bedenken, ob die Worte tatsächlich treffen, wer man dereinst gewesen ist, heute ist oder sein und werden möchte, und was man mit ihnen eigentlich sagen wollte. Dieser hermeneutische Tatbestand verdient größte Aufmerksamkeit.

Insbesondere Lakoff und Johnson (1980, 1981) haben an einer Vielzahl von Beispielen gezeigt, dass und wie Menschen ihre Praxis metaphorisch rekonstruieren und strukturieren, wie Menschen also ihre Erfahrungen auf der Basis von bestimmten Metaphern artikulieren, gestalten, organisieren und verstehen. Die Liebe, um noch einmal einen von Lakoff und Johnson untersuchten Erfahrungsbereich zu nennen, kann man unter anderem als eine Krankheit oder als Verrücktheit, als Reise oder als Spiel, als ein elektromagnetisches Phänomen oder als ein in gemeinsamer Arbeit zu errichtendes

Kunstwerk begreifen. Die genannten metaphorischen Konzeptualisierungen dieses Erfahrungsbereiches strukturieren die konkrete Praxis eines Menschen, sie eröffnen ihm ein ganz spezifisches Verständnis der alltäglichen Handlungs- und Lebenswirklichkeit und sie implizieren auch ganz bestimmte Orientierungen, Schwierigkeiten und Gestaltungsmöglichkeiten. Wer die Liebe als »Reise« begreift, wird sich mit dem geliebten Menschen – oder mit mehreren geliebten Personen – fortbewegen wollen, er will neue Landschaften entdecken, Veränderungen und Entwicklungen erfahren, und er wird es vielleicht als Symptom einer sich anbahnenden Krise deuten, wenn solche Veränderungen über längere Zeit ausbleiben. Dagegen wird jemand, der die Liebe als »behagliche Wohnstätte« konzeptualisiert, sich in diesem vertrauten Heim auf Dauer einrichten wollen und es eher als Beunruhigung erleben, wenn der Partner dieser Stätte allzu oft fernbleibt oder sie langweilig zu finden beginnt. Es mag vorläufig der Hinweis genügen, dass solche metaphorischen Konzeptualisierungen und die damit verbundenen, psycho- und soziologisch relevanten Implikationen die Biografieforscherin natürlich immer im Hinblick auf lebensgeschichtliche Erfahrungsprozesse und -strukturen interessieren, die auch die Gestalt ausgedehnter, langwieriger Entwicklungen – positiver oder negativer Verlaufskurven im Sinne von Schütze (1981) etwa – besitzen können. *Wie sehr* Metaphern psycho- und soziologisch relevante Bedeutungen besitzen, machen zahllose Beispiele sofort klar: Es macht schon einen Unterschied aufs Ganze, ob Menschen die Liebe als ein von wilden Leidenschaften bevölkertes »Abenteuer« oder als einen »sicheren Hafen« konzeptualisieren. Metaphern sind nicht nur vielsagend, sondern auch voller psychosozial-*praktischer* Implikationen und Konsequenzen. Sie verleihen dem Leben Ordnung oder halten es in Unordnung. Sie legen Menschen in gewisser Weise fest, ohne ihnen freilich ihre Freiheit rauben zu können. Frei sein heißt nicht zuletzt, verschiedene lebensgeschichtlich bedeutsame Metaphern wählen und sich ihnen zeitweise verbunden oder ein Leben lang verpflichtet fühlen können.

Bestimmte metaphorische Äußerungen bringen also zum Ausdruck, wie Sprecher_innen selbst gemachte Erfahrungen interpretativ rekonstruieren und strukturieren und sich dabei als geschichtlich gewordene Subjekte mit bestimmten Auffassungen und Orientierungen konstituieren. Die bisherigen Überlegungen implizieren, dass metaphorische Selbstthematisierungen nicht nur Spuren der lebensgeschichtlichen Vergangenheit eines Menschen bewahren und vermitteln; metaphorische Konzeptualisierungen der eigenen Lebenserfahrungen strukturieren zugleich auch den subjektiven Blick auf die Gegenwart und die antizipierte Zukunft eines Menschen, weshalb sie immer auch in ihrer *handlungsleitenden Orientierungsfunktion* betrachtet werden können. Metaphern, die sich auf Aspekte der lebensgeschichtlichen Vergangenheit eines Menschen beziehen, konstituieren und strukturieren zugleich auch die Perspektiven und Relevanzsetzungen, die moralisch-evaluativen Maßstäbe, die Wünsche, Sehnsüchte, kurz: die Wahrnehmungs- und Denkstrukturen, die wir als kognitiv-emotionale, psychische Grundlage aller neuen Erlebnisse und Erfahrungen des Subjekts betrachten können.

Wenn wir die soeben angeführten Bestimmungen akzeptieren, liegt es auf der Hand, dass *ein* Weg zur psychologischen Erkenntnis des Subjekts und seiner sozialen Praxis darin besteht, dass man die für die sprachliche Erfahrungsrepräsentation und die sprachlich vermittelte Selbstkonstitution der betreffenden Person relevanten metaphorischen Konzepte identifiziert und analysiert. Die bisherigen Überlegungen sollen im Folgenden an einem Beispiel konkretisiert werden. Dabei wird dargelegt, wie bestimmte metaphorische Konzeptualisierungen des menschlichen Daseins – sie mögen *Daseinsmetaphern* heißen (im Anschluss an Blumenberg, 1979; siehe die vorige Abhandlung in diesem Band) – die lebensbestimmenden Erfahrungsgehalte einer konkreten Lebensform, an der ein Subjekt partizipiert, zur Sprache bringen können. Außerdem soll demonstriert werden, dass solchen Daseinsmetaphern eine zentrale Funktion bei der Gestaltung und Umgestaltung der persönlichen Lebenspraxis eines Menschen zukommen kann. Daseinsmetaphern lassen sich nicht nur als diagnostisch-deskriptive Konzeptualisierungen des von bestimmten Personen gelebten Lebens lesen. Sie haben bisweilen auch eine kritisch-normative Funktion, die schließlich zur Transzendierung und aktiven Umgestaltung der eigenen Lebenspraxis eines Menschen führen kann.

Diese kritische Funktion kann auf zweierlei Weise zum Tragen kommen. Einerseits können Metaphern das bisherige Leben eines Menschen derart charakterisieren, dass die subjektiv erlebte Unzufriedenheit mit diesem Leben offensichtlich wird: Wenn jemand sein Leben als eine »einzige Hetze« bezeichnet, durch die er sich »durch das Leben gejagt« fühlt, ist in dieser metaphorisch formulierten Deutung Kritik und der Wunsch nach einer Veränderung des eigenen Lebens enthalten. Andererseits kann ein Mensch quasi-utopische Daseinsmetaphern formulieren, die als kontrastive *Gegenhorizonte* sowohl seine eigenen Lebenserfahrungen verdeutlichen als auch eine alternative Lebensform skizzieren, die dieser Mensch für sich für erstrebenswert hält.

Daseinsmetaphern sind umfassende und komplexe sprachliche Repräsentationsformen und Deutungsmuster eines gelebten oder auch eines nur vorgestellten Lebens. Sie bringen den wesentlichen Gehalt des Lebens und der handlungsrelevanten Lebensvorstellungen und Orientierungen eines Subjekts zur Sprache. Der biografische Entwicklungsprozess lässt sich nicht zuletzt als Transformation jener Daseinsmetaphern rekonstruieren, die die praxisrelevanten Deutungsmuster, die Handlungs- und Lebensorientierungen, Präferenzen und attraktiven Optionen eines Subjekts mitbestimmen und zur Sprache bringen. So kann man zum Beispiel individuelle Entwicklungsprozesse, wie sie durch eine psychotherapeutische Behandlung initiiert und begleitet werden, als Wandel der metaphorisch konzeptualisierten Handlungs- und Lebensorientierungen eines Subjekts verstehen (vgl. v. Kleist, 1984; Shibles, 1974; Thielen, 1976; Buchholz, 1993, 1996; Buchholz & v. Kleist, 1995, 1997). Das alles heißt, wie gesagt, dass sich die für ein Subjekt relevanten Daseinsmetaphern im Laufe des Lebens ändern können. In bestimmten Umbruchphasen können auch mehrere Daseinsmetaphern nebeneinander bestehen, in Konkurrenz zueinander treten und Interferenzen bilden. Sie mögen nicht zuletzt äußere und innere Spannungen, soziale Konflikte und seelische Krisen anzeigen.

Bevor wir zum angekündigten Beispiel kommen, muss wenigstens noch erwähnt werden, dass für die psychologische Biografieforschung selbstverständlich nicht nur von Interesse ist, dass und wie Menschen ihr Leben als einen ganzheitlichen Sinnzusammenhang metaphorisch repräsentieren können. Metaphorische Redeweisen, wie sie in autobiografisch-narrativen Selbstthematisierungen verwendet werden, beziehen sich nicht nur auf das Dasein als Ganzes (vgl. dazu den vorigen Beitrag in diesem Band). Wir haben bereits erwähnt, dass auch bestimmte, thematisch mehr oder weniger eingegrenzte *Erfahrungsbereiche* (z. B. die Liebe oder Ehe, das Berufsleben, bestimmte Typen von Gesprächen oder gewisse Sportarten, auch sportliche Betätigungen im Allgemeinen: »Sport ist Mord«) metaphorisch konzeptualisiert und strukturiert werden können. Die Differenzierung des Lebens in verschiedene Erfahrungsbereiche enthält offenbar die Vorstellung, dass verschiedene Erfahrungsbereiche in unterschiedlicher Weise metaphorisch konzeptualisiert werden können: Während die Liebe als »Spiel« betrachtet und gelebt werden mag, könnte die Arbeitswelt vielleicht als »Kampfarena« erlebt und bezeichnet werden, als »Schlachtfeld« gar, auf dem es beinahe tagtäglich um das nackte Überleben geht (aber auch die Liebe erschein manchen als zumindest »zarter Krieg«). Schließlich können, um die begonnene systematische Unterscheidung abzuschließen, im Rückblick auf das gelebte Leben auch *einzelne Ereignisse und Erlebnisse* (z. B.: der Verlust meines Arbeitsplatzes war ein »Blitz aus heiterem Himmel«) oder nur bestimmte *Erlebnisaspekte* in metaphorischen Wendungen repräsentiert und gedeutet werden. So können in autobiografisch-narrativen Selbstthematisierungen bspw. bestimmte Situationen ebenso metaphorisch repräsentiert werden wie bestimmte Personen und deren Eigenschaften, Gefühle und dergleichen mehr (z. B. könnte eine bestimmte Lebenssituation als »einziger Sumpf aus Niedergeschlagenheit« charakterisiert werden, aus dem man nur durch die unerwartete Ankunft und Unterstützung eines »Engels« wieder herausfand).

Die psychologische Metaphernanalyse operiert auf all den skizzierten Abstraktionsebenen. Sie beachtet Daseins-, Erfahrungsbereichs-, Ereignis- bzw. Erlebnismetaphern (und dergleichen mehr). Hierbei ist zu berücksichtigen, dass die metaphorischen Konzepte, die sich einer der genannten Abstraktionsebenen zuordnen lassen, in einem hierarchisch strukturierten Wechselverhältnis zueinander stehen können (nicht müssen). Wenn ein Mensch sein »Dasein als Lebenskunst« oder als »Spiel« bezeichnet, so mag er auch bestimmte Erfahrungsbereiche mit derselben Metapher konzeptualisieren und strukturieren. Schließlich würde dieser Mensch konkrete, möglicherweise ebenfalls metaphorisch repräsentierte Erfahrungen schildern, die in exemplarischer Weise seinen artistischen oder spielerischen Umgang mit den Dingen erkennen lassen. Man muss allerdings davor warnen, eine allzu große Kohärenz in den »metaphorischen Systemen« von Individuen zu erwarten. Metaphorische Konzeptualisierungen des Lebens bilden üblicherweise keine bruchlose Logik der Erfahrungsorganisation – selbst wenn in den metaphorischen Systemen natürlich Zusammenhänge erkennbar sind, die zum Beispiel als Verhältnisse zwischen einer Wurzel- oder Grundmetapher und den davon ableitbaren metaphorischen Konzepten rekonstruierbar sind. Eine Aufgabe der psychologischen Metaphernanalyse besteht nicht zuletzt darin, solche Verhältnisse zu klären, das heißt: insbesondere die fundamentalen Wurzelmetaphern zu rekonstruieren, die den metaphorischen Konzepten eines Sprechers zugrunde liegen (vgl. z.B. v. Kleist, 1984; Lakoff & Johnson, 1980, 1981; Weinrich, 1967; Wiedemann, 1986). Häufig machen die Wurzelmetaphern klar, was die anderen, spezielleren sprachlichen Bilder besagen und bedeuten sollen. Wenn in den folgenden Ausführungen der Zusammenhang zwischen bestimmten Daseinsmetaphern und ausgewählten, biografisch relevanten Erfahrungen eines Menschen erörtert wird, so hat diese Beschränkung rein pragmatische Gründe. Sie sollte nicht den Blick dafür verstellen, dass metaphorische Konzeptualisierungen auf ganz verschiedenen Ebenen angesiedelt sein können – auf Ebenen, die für die Biografieforschung gleichermaßen relevant sein mögen.

## Probe aufs Exempel: »Ausbruch mit dem Traktor« und »Auszug in Kanadas Wälder«

Das folgende Beispiel entstammt einem empirischen Projekt, in dem ausgewählte Erfahrungen von vier Menschen im Alter zwischen 22 und 28 Jahren rekonstruiert und analysiert wurden. Die kleine Gruppe wollte gemeinsam aus Deutschland »ausbrechen« und mit einem Gespann aus Traktor und Bauwagen in den Süden Europas ziehen. Sie taten das auch, wenngleich sich im Zuge des Aufbruchs in ein anderes Leben die Pläne ändern mochten und nicht alle am ursprünglichen Ziel festhielten. Nach einiger Zeit sind sie sogar alle, entgegen ihren früheren Absichten, wieder zurückgekehrt.[11]

Um diese lange Reise vor dem Hintergrund der sozialen und individuell-biografischen Orientierungskonstellationen betrachten zu können, wurden mit den einzelnen Gruppenmitgliedern narrative Interviews geführt, in denen auch die biografisch-individuellen Vorgeschichten dieser Emigration aus Deutschland ausführlich zur Sprache kamen. Auf solche Vorgeschichten beziehen sich die folgenden Ausführungen, die zeigen sollen, dass und in welcher Weise unser Informant Berthold bestimmte biografisch relevante Erfahrungen, gewisse Deutungsmuster, Handlungs- und Lebensorientierungen in der Form von Daseinsmetaphern repräsentiert und artikuliert. Wir werden zwei metaphorisch konzeptualisierte Phasen oder Stationen in Bertholds Lebensgeschichte skizzieren und auf dem Wege der psychologisch orientierten Metaphernanalyse ansatzweise zu verstehen versuchen. Dieser kleine Versuch dient selbstverständlich lediglich einer kurzen Demonstration einer Methode. Ein tiefergehendes Verständnis der Person Bertholds und seines interessanten Daseins wird hier nicht angestrebt. Es reicht hier eine Skizze, die an einige typische – und bisweilen sogar stereotyp wirkende – Elemente eines »alternativen Aussteigerlebens« erinnern, in dem sich junge, postmaterialistisch orientierte Leute gegen den bürgerlichen Mief einer eingerosteten Existenz in Leistungsgesellschaften zur Wehr setzen, und zwar im Modus der Abkehr und Flucht, des Aufbruchs auch.

11 Die autobiografischen Erzählungen, auf die im Folgenden Bezug genommen wird, entstammen einem von Gisela Enslein durchgeführten Projekt (Diplomarbeit im Studiengang Psychologie der Universität Erlangen-Nürnberg, betreut von Jürgen Straub). Es ging in dieser qualitativen Untersuchung um Erfahrungen im Verlauf eines Auswanderungsprojektes. Für die Überlassung der Transkription eines narrativ-biografischen Interviews sei gedankt.

Das Leben, das Berthold im Hause seiner Eltern kennengelernt und selbst geführt hatte, ohne sich je bewusst für dieses Leben entschieden zu haben, war nichts weiter als ein »einziges Gerenne«, ein Leben, in dem jeder permanent nach materiellem Besitz strebte: »Geldsachen, Geldsachen, Geldsachen«; »weil's immer nur ums Geld geht, und: Geld regiert die Welt«; »und du siehst, alle rennen, und du rennst halt mit«. Auch nach dem von massiven Konflikten mit dem Vater begleiteten Auszug aus dem Elternhaus bleibt das Leben von Berthold ein »Gerenne«, ein Gerenne ums Geld, damit die neuen Anschaffungen, die ein eigenständiges Leben ermöglichen und dokumentieren sollen, auch bezahlt werden können. In seiner autobiografischen Selbstthematisierung schildert Berthold das Leben, das er und die anderen führen, am Beispiel konkreter Erfahrungen immer wieder in einer Weise, die veranschaulicht, erläutert und erklärt, warum dieses unter permanentem Beschleunigungsdruck exerzierte Leben »nichts als ein Gerenne ist«. Diese Daseinsmetapher spricht nun auch für sich selbst.

Ein »Gerenne«, so könnte man interpretieren, ist ein rastloses Treiben, in dem der Einzelne als Gefangener von Vorstellungen und Zielsetzungen erscheint, die er selbst nie bewusst reflektieren und willentlich übernehmen konnte. Das bleibt auf ewig so, als gäbe es keine alternativen Optionen. Wenn alle rennen oder alles rennt, einförmig und in dieselbe Richtung, bleibt keine Zeit für Besinnung und Bedenken, für das bewusste Abwägen von Handlungs- und Lebensalternativen, es bleibt keine Zeit für überlegte Entscheidungen, für sinnlichen Genuss und schöpferische Ruhephasen. Wer immer nur rennt, wer ständig in Bewegung ist, wird zwangsläufig müde, erschöpft und läuft Gefahr, sich zu verlaufen, sich unbemerkt bereits verrannt zu haben oder sich nur noch im Kreis zu drehen. Assoziationen ans sprichwörtliche Hamsterrad stellen sich ein.

Das Leben, das Berthold – insbesondere durch seinen Vater vermittelt – zu leben lernte, war an unbedachte, oktroyierte und bloß übernommene Ziele fixiert und dadurch eigentlich ziellos, sinnlos. Ziele, auf die man sich nicht immer wieder aufs Neue besinnt, für die man sich nicht immer wieder bewusst entscheiden kann, sind Ketten, an die angebunden man durchs Leben rennt: kopflos, mit zunehmenden Ermüdungserscheinungen und Frustrationen angesichts des mangelnden Bewegungsspielraums. Die Bahnen sind vorgegeben und festgelegt, das Tempo auch. Das Dasein, das Berthold im Rückblick metaphorisch als »Gerenne« konzeptualisiert, erschließt sich, wenn man das mit dieser Daseinsmetapher verbundene System assoziierter Implikationen expliziert. Genau dies wurde zuvor zumindest ansatzweise unternommen, indem wir – mit einem Blick auf den von Berthold produzierten »Text seines damaligen Lebens« (Brockmeier, 2000, 2003) – in einem kurzen Interpretationsprozess mögliche Bedeutungsgehalte dieser metaphorischen Lebensform und -formel reformulierten. Schon dabei spielten implizite Vergleichshorizonte eine wichtige Rolle. Die Kontrastfolien zur gegebenen Beschreibung des aus Bertholds Sicht vergeudeten Daseins liegen auf der Hand. Eine besteht im alternativen Leben, zu dem Berthold schon bald aufbricht.

Die ansatzweise interpretierte Daseinsmetapher bringt nicht nur die Charakteristik biografischer Erfahrungen und Orientierungen während einer bestimmten Lebensphase Bertholds zur Sprache. Sie verweist deutlich auf die subjektiv empfundene Unzufriedenheit mit dem rekapitulierten Leben. Wer eine bestimmte biografische Phase unter dem zitierten metaphorischen Titel präsentiert, wird, so ist zu erwarten, biografisch relevante Handlungsschemata aktivieren, die auf ein Ende dieses »sinnlosen und unbefriedigenden Gerennes« abzielen. Die Lebensveränderung, die Berthold im weiteren Verlauf seiner autobiografischen Erzählung skizziert, steht – ganz im Sinne der angestellten theoretischen Überlegungen – im Zeichen einer neuen, nunmehr und künftig handlungsleitenden und erfahrungsstrukturierenden Daseinsmetapher. Bertholds Leben wird, nachdem er die kostspielige Wohnung, das Auto, das Motorrad und den Fernsehapparat veräußert und die Schulden beglichen hat, zur »Suche«, und zwar zur »Suche nach dem Ursprung«, von dem er sich, blindlings mit den anderen mitrennend, bereits so weit entfernt hatte.

Dieser Ursprung lag und liegt, zumindest in Bertholds Vorstellungswelt, in den Wäldern Nordamerikas. Die nächste biografische Phase stand ganz im Zeichen eines Traums vom sogenannten einfachen Leben, den es schließlich auch zu realisieren galt: *back to the roots*, wo es sich wirklich leben lässt, fernab vom mechanischen Getriebe moderner Großstädte und ihrer regionalen Ableger und Einzugsbereiche. Das Leben wird nun als Suche nach dem Ursprung und als authentischer Aufenthalt beim Ursprünglichen konzeptualisiert. Aus Platzgründen ersparen wir uns eine ausformulierte Interpretation der erwähnten Daseinsmetapher und benennen wiederum nur einige Stichwörter, die den implikativen Komplex dieser metaphorischen Konzeptualisierung des Lebens markieren. Wer nach dem Ursprung oder dem Ursprünglichen sucht, sucht eine einfache Lebensweise, wie sie einem romantisch verklärten Geist nur fernab von zivilisatorischen Errungenschaften möglich erscheint. Dieses einfache Leben, das bekanntlich allerlei körperliche Mühen und Strapazen mit sich bringen kann und auch sonst keineswegs frei von Beschwernissen oder Herausforderungen sein mag, ist ein »natürliches Leben in der Natur«. Die Natur wird in der zitierten Metapher zur Quelle eines lebendigen Lebens, das beständig frisch und unverbraucht erscheint, weil es sich selbst erneuert, im ewigen Kreislauf ewiger Rhythmen. Das Leben ist für denjenigen ursprünglich und unverfälscht, der ohne Besitz, mit einfachen Mitteln in der Natur zu (Über-)Leben versucht, ohne den Stress der Stadt, ihren Lärm, ihren Gestank, ihre Enge, ihre Anonymität, ihre Geschäftigkeit und das Gerenne unzähliger Konsumenten und Konkurrentinnen.

Es ist offensichtlich, dass wir bislang die zitierte Daseinsmetapher nur im Hinblick auf einen bestimmten Aspekt interpretiert haben. Das Leben war für Berthold zur Suche nach dem Ursprung geworden. Wir haben die metaphorische Qualifikation des Ziels, auf das sich Bertholds Leben während der angesprochenen Lebensphase hinbewegt, kommentiert – nicht aber die metaphorische Konzeptualisierung des Lebens als Suchprozess. Das Leben ist ein »Suchen« – dies ist der Kernbestandteil der Daseinsmetapher, von der her sich Bertholds Leben bis heute rekonstruieren und verstehen lässt. Nicht nur die drei Monate währende Reise nach Nordamerika, sondern auch der etwa acht Monate dauernde Aufenthalt im Süden Europas – wohin Berthold und seine Gruppe mit Traktor und Bauwagen im selbst auferlegten »Schneckentempo« gereist waren, waren als Suche konzeptualisiert – und zugleich als Gegenwehr, als angewiderte Abkehr vom gewöhnlichen »Trott« (der in Bertolds Narrativ und seinen Metaphern, wie dargelegt, freilich als »rasender Galopp« erscheint).

Es dürfte deutlich sein, dass diese Daseinsmetapher in starkem Kontrast zur metaphorischen Konzeptualisierung des Lebens als »Gerenne« steht, einer Art blinder Raserei. Während im einen Fall das Ziel, auf das auch Berthold über eine lange Zeit hinweg mehr oder weniger besinnungslos zusteuerte, fixiert erscheint, unbeweglich wie eine Mauer, auf die man zurast, geht es in einem als bedächtige, entschleunigte Suche konzeptualisierten Leben gerade um die mühsame und sensible Identifikation eines Ziels, für das man aus freien Stücken leben möchte. Die Suche ist – im Gegensatz zum Gerenne – langsam und langwierig, sie erfordert Aufmerksamkeit, Ausflüge, Vorbereitungen, Experimente, Proben und Wagnisse. Beide Daseinsmetaphern, die jeweils einen bestimmten Lebensabschnitt in Bertholds Biografie charakterisieren, beziehen sich auf *Bewegungen*. Das Leben ist, wenn man Bertholds Daseinsmetaphern folgt, also in jedem Fall eine Bewegung, wenngleich es eben verschiedene Bewegungsformen und -tempi gibt, die gleichsam unterschiedliche Lebensformen und Erfahrungsweisen konstituieren. Während auf der einen Seite ein rastloser Blick und ein ununterbrochenes, zirkuläres Treiben die Lebens- und Erfahrungsform charakterisieren, imponieren auf der anderen Seite aufmerksame Sinnesorgane sowie eine Haltung und Bewegungsform, in der Erfahrungsräume langsam erschlossen werden können – auch wenn Ursprüngliches vielleicht nirgendwo entdeckt werden mag und sich auch viele andere Antizipationen und Zielvorstellungen als illusionär erweisen mögen. Die Enttäuschung von Sehnsüchten gehört zu deren Wesen (in der Psychologie betont dies vor allem Boesch, z. B. 2021).

Menschen artikulieren und interpretieren Lebenserfahrungen auch im Medium einer metaphorischen Sprache. Wie deutlich geworden sein dürfte, kann auch die wissenschaftlich-psychologische Rekonstruktion und Interpretation biografisch relevanter Erfahrungen und Orientierungen auf metaphorische Sprechweisen achten. Als wissenschaftliche Psychologen und Psychologinnen identifizieren und analysieren wir nicht nur die metaphorischen Redeweisen von manchmal sehr kreativen Forschungspartner_innen. Wir konstruieren auch selbst Metaphern, die in biografischen Analysen als psychologische Interpretationskonstrukte fungieren können. Man kann sie metaphorische Konstrukte zweiten Grades nennen. Klar ist: In der Lebenswelt sind sprachliche Bilder ebenso unvermeidlich wie in den Wissenschaften. Sie sind nicht nur notwendig, sondern angesichts ihres hermeneutischen Potenzials auch willkommen. Sie helfen uns zu verstehen, was ohne Sprachbilder kaum zugänglich wäre. Was das skizzierte Beispiel angeht, kann nun noch nachgetragen werden, dass die eine der erörterten Daseinsmetaphern, mit der Bertholds Leben als Suche konzeptualisiert wurde, gar nicht von Berthold selbst stammt (obwohl er ganz gewiss zugestimmt hätte, seit geraumer Zeit auf der »Suche« zu sein). In diesem Fall haben die interpretierenden Wissenschaftler selbst eine Daseinsmetapher formuliert und Aspekte ihres implikativen Bedeutungskomplexes expliziert, um Bertholds autobiografischen Text in einer psychologischen Perspektive verständlich zu machen.

Die biografisch relevanten Erfahrungen und Orientierungen in den angesprochenen Lebensphasen Bertholds sowie der radikale, biografische Umbruch in seiner Lebensgeschichte können durch eine Interpretation der erläuterten, polar-konträren Daseinsmetaphern in fruchtbarer Weise rekonstruiert werden. Wenn das gegebene Beispiel die generelle These, nach der biografische Prozesse mit dem Wandel von Daseinsmetaphern in Zusammenhang gebracht werden können, plausibilisieren konnte, so ist dies vielleicht noch nicht allzu viel. Aber auch dieses Wenige, so bleibt zu hoffen, wäre ein beispielhafter Anfang, an dem jede als praktisch-hermeneutische Wissenschaft verstandene Biografieforschung – um abschließend noch eine hoffentlich nicht missverständliche Metapher zu gebrauchen – weiterspinnen könnte.

## Literatur

Aristoteles (1982). *Poetik*. Stuttgart: Reclam.

Black, Max (1954). Metaphor. *Proceedings of the Aristotelian Society, 55*, 273–294.

Black, Max (1979). More about Metaphor. In Andrew Ortony (Hrsg.), *Metaphor and Thought* (S. 19–43). Cambridge: Univ. Press.

Blumenberg, Hans (1960). Paradigmen zu einer Metaphorologie. *Archiv für Begriffsgeschichte, 6*, 1–147.

Blumenberg, Hans (1971). Beobachtungen an Metaphern. *Archiv für Begriffsgeschichte, 15*, 161–214.

Blumenberg, Hans (1979). *Schiffbruch mit Zuschauer. Paradigma einer Daseinsmetapher*. Frankfurt/M.: Suhrkamp.

Boesch, Ernst E. (2021). *Musik, Sprache und die Sehnsucht nach dem Paradies. Ausgewählte Schriften zur Handlungs- und Kulturpsychologie*. Hrsg. u. eing v. Jürgen Straub. Gießen: Psychosozial-Verlag.

Boyd, Richard (1979). Metaphor and Theory Change: What is »Metaphor« a Metaphor for? In Andrew Ortony (Hrsg.), *Metaphor and Thought* (S. 356–408). Cambridge: Univ. Press.

Brockmeier, Jens (2000). Autobiographical Time. *Narrative Inquiry, 10*, 51–73.

Brockmeier, Jens (2003). Die Zeit meines Lebens. *Journal für Psychologie, 11*, 4–32.

Bühler, Karl (1934). *Sprachtheorie. Die Darstellungsfunktion der Sprache*. Jena: Fischer.

Buchholz, Michael B. (Hrsg.). (1993). *Metaphernanalyse*. Göttingen: Vandenhoeck & Ruprecht.

Buchholz, Michael B. (1996). *Metaphern der »Kur«. Eine qualitative Studie zum psychotherapeutischen Prozess*. Opladen: Westdeutscher Verlag.

Buchholz, Michael B. & Kleist, Cornelia von (1995). Metaphernanalyse eines Therapiegespräches. In Michael B. Buchholz (Hrsg.), *Psychotherapeutische Interaktion. Qualitative Studien zu Konversation und Metapher, Geste und Plan* (S. 93–126). Opladen: Westdeutscher Verlag.

Buchholz, Michael B. & Kleist, Cornelia von (1997). *Szenarien des Kontakts. Eine metaphernanalytische Untersuchung stationärer Psychotherapie*. Gießen: Psychosozial-Verlag.

Canetti, Elias (1973). *Die Provinz des Menschen. Aufzeichnungen 1942–1972*. München: Hanser.

Carnap, Rudolf (1934). *Logische Syntax der Sprache*. Wien: Julius Springer.

Englander, Alex (2013). Herder's ›Expressivist‹ Metaphysics and the Origins of German Idealism. *British Journal for the History of Philosophy, 21*(5), 902–924.

Hörmann, Hans (1978). *Meinen und Verstehen. Grundzüge einer psychologischen Semantik*. Frankfurt/M.: Suhrkamp.

Kainz, Friedrich (1962 [1940]). *Psychologie der Sprache, Bd. 1*. Stuttgart: Enke.

Kamlah, Wilhelm & Lorenzen, Paul (1973). *Logische Propädeutik. Vorschule des vernünftigen Redens*. Mannheim u.a.: Bibliographisches Institut-Wissenschaftsverlag.

Kleist, Cornelia von (1984). *Zur Metaphorik psychischen Leidens. Eine Analyse therapeutischer Erstgespräche*. Unv. Diplomarbeit, FU Berlin.

Kölbl, Carlos & Straub, Jürgen (2011). Zur Psychologie des Erinnerns. In Christian Gudehus, Ariane Eichenberg & Harald Welzer (Hrsg.), *Gedächtnis und Erinnerung. Ein interdisziplinäres Handbuch* (S. 22–44). Stuttgart: Metzler.

Kölbl, Carlos & Straub, Jürgen (2012). Erinnerung. In Petra Kolmer & Armin G. Wildfeuer (Hrsg.), *Neues Handbuch philosophischer Grundbegriffe* (S. 668–698). Freiburg: Alber.

Koppe, Franz (1984). Metapher. In Jürgen Mittelstraß (Hrsg.), *Enzyklopädie Philosophie und Wissenschaftstheorie, Bd. 2* (S. 367–371). Mannheim u. a.: Bibliographisches Institut-Wissenschaftsverlag.

Kuhn, Thomas S. (1979). Metaphor in Science. In Andrew Ortony (Hrsg.), *Metaphor and Thought* (S. 409–419). Cambridge: Univ. Press.

Kurz, Gerhard (1982). *Metapher, Allegorie, Symbol*. Göttingen: Vandenhoeck & Ruprecht.

Kurz, Gerhard & Pelster, Theodor (1976). *Metapher*. Theorie und Unterricht. Düsseldorf: Schwann.

Lakoff, George & Johnson, Mark (1980). *Metaphors We Live By*. Chicago, London: Univ. of Chicago Press.

Lakoff, George & Johnson, Mark (1981). Conceptual Metaphors in Everyday Language. In Mark Johnson (Hrsg.), *Philosophical Perspectives on Metaphor* (S. 286–325). Minneapolis: Univ. of Minnesota Press.

Mead, George H. (1929). Das Wesen der Vergangenheit. In ders. (1987) *Gesammelte Aufsätze, Bd. 2* (S. 337–346). Hrsg. v. Hans Joas. Frankfurt/M.: Suhrkamp.

Mead, George H. (1932). The Philosophy of the Present. In ders., *The Philosophy of the Present* (S. 1–90). Hrsg. v. Arthur E. Murphy. La Salle (Ill): The Open Court Publ. Comp.

Nietzsche, Friedrich (1873). Über Wahrheit und Lüge im außermoralischen Sinn. In ders. (1956), *Werke in drei Bänden, Bd. 3* (S. 309–322). Hrsg. v. Karl Schlechta. München: Hanser.

Nietzsche, Friedrich (1956). Aus dem Nachlaß der Achtziger Jahre. In ders., *Werke in drei Bänden, Bd. 3* (S. 415–926). Hrsg. v. Karl Schlechta. München: Hanser.

Noppen, Jean-Pierre van, De Knop, Sabine & Jongen, René (1985). *Metaphor: A Bibliography of post-1970 Publications*. Amsterdam, Philadelphia: John Benjamins Pub.

Noppen, Jean-Pierre van & Hols, Edith (1990). *Metaphor II: A Classified Bibliography of Publications 1985 to 1990*. Amsterdam, Philadelphia: John Benjamins Pub.

Ortony, Andrew (1979a). Metaphor: A Multidimensional Problem. In ders. (Hrsg.), *Metaphor and Thought* (S. 1–16). Cambridge: Univ. Press.

Ortony, Andrew (Hrsg.). (1979b). *Metaphor and Thought*. Cambridge: Univ. Press.

Ortony, Andrew, Reynolds, Ralph E. & Arter, Judith A. (1978a). Metaphor: Theoretical and Empirical Research. *Psychological Bulletin, 85*(5), 919–943.

Ortony, Andrew, Schallert, Diane L. & Antos, Stephen J. (1978b). Interpreting Metaphors and Idioms: Some Effects of Context on Comprehension. *Journal of Verbal Behavior, 17*, 465–477.

Paivio, Allan (1979). Psychological Processes in the Comprehension of Metaphor. In Andrew Ortony (Hrsg.), *Metaphor and Thought* (S. 150–171). Cambridge: Univ. Press.

Ricœur, Paul (1972). Der Text als Modell: hermeneutisches Verstehen. In Walter L. Bühl (Hrsg.), *Verstehende Soziologie. Grundzüge und Entwicklungstendenzen* (S. 252–283). München: Nymphenburger Verlagsbuchhandlung.

Ricœur, Paul (1986 [1975]). *Die lebendige Metapher*. München: Fink.

Ricœur, Paul. (1996 [1990]). *Das Selbst als ein Anderer*. München: Fink.

Schachtner, Christina (1999). *Ärztliche Praxis. Die gestaltende Kraft der Metapher*. Frankfurt/M.: Suhrkamp.

Schleiermacher, Friedrich (1813). Ueber die verschiedenen Methoden des Uebersezens. In Hans Joachim Störig (Hrsg.). (1963), *Das Problem des Übersetzens* (S. 38–70). Darmstadt: wbg.

Schmitt, Rudolf (1995). *Metaphern des Helfens*. Weinheim: PVU.

Schmitt, Rudolf (2003). Methode und Subjektivität in der Systematischen Metaphernanalyse. *Forum Qualitative Sozialforschung/Forum: Qualitative Social Research, 4*(2), Art. 41.

Schmitt, Rudolf (2004). Diskussion ist Krieg, Liebe ist eine Reise, und die qualitative Forschung braucht eine Brille. Review Essay: George Lakoff & Mark Johnson (2003). *Leben in Metaphern. Konstruktion und Gebrauch von Sprachbildern. Forum Qualitative Sozialforschung/Forum: Qualitative Social Research*, Art. 19.

Schmitt, Rudolf (2005). Entwicklung, Prägung, Reifung, Prozess und andere Metaphern. Oder: Wie eine systematische Metaphernanalyse in der Entwicklungspsychologie nützen könnte. In Günter Mey (Hrsg.), *Handbuch Qualitative Entwicklungspsychologie* (S. 545–584). Köln: Kölner Studien Verlag.

Schmitt, Rudolf (2009). Metaphernanalysen und die Konstruktion von Geschlecht [84 Absätze]. *Forum Qualitative Sozialforschung/Forum: Qualitative Social Research, 10*(1), Art. 16.

Schmitt, Rudolf (2011a). Metaphernanalyse. In Günter Mey & Katja Mruck (Hrsg.), *Handbuch Qualitative Forschung in der Psychologie* (S. 676–691). Konstanz: Verlag für Sozialwissenschaften [rev., erw. Ausg. 2020].

Schmitt, Rudolf (2011b) Methoden der sozialwissenschaftlichen Metaphernforschung. In Matthias Junge (Hrsg.), *Metaphern und Gesellschaft*. Wiesbaden: VS Verlag für Sozialwissenschaften.

Schöffel, Georg (1987). *Denken in Metaphern. Zur Logik sprachlicher Bilder.* Opladen: Westdeutscher Verlag.

Schütze, Fritz (1981). Prozessstrukturen des Lebenslaufs. In Joachim Matthes, Arno Pfeiffenberger & Manfred Stosberg (Hrsg.), *Biographien in handlungswissenschaftlicher Perspektive* (S. 67-156). Nürnberg: Verlag der Nürnberger Forschervereinigung.

Schulze, Theodor (1985). Lebenslauf und Lebensgeschichte. Zwei unterschiedliche Sichtweisen und Gestaltungsprinzipien biographischer Prozesse. In Dieter Baacke & Theodor Schulze (Hrsg.), *Pädagogische*

*Biographieforschung. Orientierungen, Probleme, Beispiele* (S. 29–63). Weinheim, Basel: Beltz.
Shibles, Warren (1971). *Metaphor: An Annotated Bibliography and History*. Whitewater/WI: The Language Press.
Shibles, Warren (1974). The Metaphorical Method of Therapy. In ders. (Hrsg.), *Emotion, the Method of Philosophical Therapy* (S. 231–261). Whitewater/WI: The Language Press.
Stählin, Wilhelm (1914). Zur Psychologie und Statistik der Metapher. *Archiv für die gesamte Psychologie, 31*, 297–425.
Stoellger, Philipp (2000). *Metapher und Lebenswelt. Hans Blumenbergs Metaphorologie als Lebenswelthermeneutik und ihr religionsphänomenologischer Horizont*. Tübingen: Mohr Siebeck.
Straub, Jürgen (1989). *Historisch-psychologische Biographieforschung. Theoretische, methodologische und methodische Argumentationen in systematischer Absicht*. Mit einem Vorwort von Heiner Legewie. Heidelberg: Asanger.
Straub, Jürgen (1998). Geschichten erzählen, Geschichte bilden. Grundzüge einer narrativen Psychologie historischer Sinnbildung. In ders. (Hrsg.), *Erzählung, Identität und historisches Bewußtsein. Die psychologische Konstruktion von Zeit und Geschichte* (S. 81–169). Frankfurt/M.: Suhrkamp.
Straub, Jürgen (2015). Erlebnisgründe in Verletzungsverhältnissen. Unerledigte Vergangenheiten in aktionalen Erinnerungen, persönlichen Selbstverhältnissen und sozialen Praxen. In Emil Angehrn & Joachim Küchenhoff (Hrsg.), *Das unerledigte Vergangene. Macht und Grenzen der Erinnerung* (S. 119–149). Weilerswist: Velbrück.
Straub, Jürgen (2019a). *Das erzählte Selbst. Konturen einer interdisziplinären Theorie narrativer Identität. Bd. 1: Historische und aktuelle Sondierungen autobiografischer Selbstartikulation. Ausgewählte Schriften*. Gießen: Psychosozial-Verlag.
Straub, Jürgen (2019b). *Das erzählte Selbst. Konturen einer interdisziplinären Theorie narrativer Identität. Bd. 2: Begriffsanalysen und pragma-semantische Verortungen der Identität. Ausgewählte Schriften*. Gießen: Psychosozial-Verlag.
Straub, Jürgen, Przyborski, Aglaja & Plontke, Sandra (2021). Bildtheorie. Eine sozialwissenschaftliche, handlungs- und kulturpsychologische Perspektive im Kontext multi- und interdisziplinärer Bildwissenschaften. In Jürgen Straub, *Psychologie als interpretative Wissenschaft. Menschenbild, Wissenschaftsverständnis, Programmatik, Bd. 2. Schriften zu einer handlungstheoretischen Kulturpsychologie* (S. 539–595). Gießen: Psychosozial-Verlag.
Thielen, Hilmar (1976). *Modellierung und Metaphorik in der Psychotherapie*. Unv. Dissertation, Univ. Regensburg.
Tourangeau, Roger (1982). Metaphor and Cognitive Structure. In David S. Miall (Hrsg.), *Metaphor, Problems and Perspectives* (S. 14–35). Sussex: The Harvester Press; New York: Humanities Press.
Vanscheidt, Philipp (2009). *Geschichte in Metaphern*. Berlin: Weidler.

Weinrich, Harald (1963). Semantik der kühnen Metapher. *Deutsche Vierteljahreszeitschrift für Literaturwissenschaft und Geistesgeschichte, 37,* 325–344.

Weinrich, Harald (1967). Semantik der Metapher. *Folia Linguistica, 1,* 3–17.

Weinrich, Harald (1976 [1958]). Münze und Wort. In ders., *Sprache in Texten* (S. 276–290). Stuttgart: Klett.

Weinrich, Harald (1980). Metapher. In Joachim Ritter & Karlfried Gründer (Hrsg.), *Historisches Wörterbuch der Philosophie, Bd. 5* (S. 1179–1186). Darmstadt: wbg; Basel: Schwabe & Co.

Wiedemann, Peter M. (1986). *Erzählte Wirklichkeit. Zur Theorie und Auswertung narrativer Interviews.* Weinheim, München: PVU.

Wittgenstein, Ludwig (1921). Tractatus Logico-philosophicus. In ders. (1984), *Werkausgabe, Bd. 1* (S. 7–85). Frankfurt/M.: Suhrkamp.

# IV
# Bildanalyse:
## Leben im Sichtbaren

# Qualitative Methoden der Bildinterpretation, Bildgebrauchs- und -wirkungsanalyse

## Neue Entwicklungen und exemplarische Ansätze in der Psychologie und ihren Nachbardisziplinen[1]

### Ausgangspunkt: Methodische Innovation in den Subjekt- und Sozialwissenschaften

Menschen sind von Bildern umgeben. Sie schaffen, verbreiten, deuten und gebrauchen Bilder. Sie kommunizieren nicht nur sprachlich (verbal), sondern auch ikonisch (visuell). Ihr lebenspraktischer Umgang mit analogen, digitalen oder virtuellen Bildern ›sagt‹ stets auch etwas über die betreffenden Subjekte selbst, über ihr mit anderen geteiltes, praktisches Welt- und Selbstverhältnis aus. Demgemäß ist eine an der ikonischen Existenz des Menschen interessierte Psychologie aufgefordert, im Dialog mit Nachbardisziplinen und fächerübergreifenden Forschungsprogrammen – bspw. mit der Soziologie oder den *Cultural* oder *Visual Studies* – neue Methoden zur psychologischen Analyse von Bildern, ihren Wirkungen und zu Praktiken des Bildgebrauchs zu entwickeln.

Der Beitrag stellt exemplarische Verfahren der Bildinterpretation, der Bildgebrauchsanalyse und der rezeptionstheoretisch begründeten -wirkungsanalyse vor. Im Einzelnen sind das die – in der Soziologie ausgearbeitete – dokumentarische Methode sowie die Segmentanalyse, sodann das fachübergreifende, sozialwissenschaftliche Konzept einer *Visual Grounded Theory Methodology* und schließlich die auf visuelles Material angewandte

---

1 Der Beitrag wurde mit Sandra Plontke und Aglaja Przyborski verfasst. Eine digitale, sehr stark gekürzte Version wurde für das von Günter Mey und Katja Mruck herausgegebene *Handbuch Qualitative Methoden in der Psychologie* angefertigt (Plontke et al., 2022). Die hier abgedruckte Fassung wurde vor der Publikation in diesem Buch noch einmal gründlich überarbeitet und ergänzt.

psychoanalytische Tiefenhermeneutik. Diese Ausführungen zur Methodologie und Methodik ikonologischer Subjekt- und Sozialwissenschaften knüpfen an kunstwissenschaftliche und bildtheoretische Überlegungen an (Straub et al., 2021). Sie bauen auf ihnen auf und bemühen sich am Ende des Beitrags um eine skizzenhafte Integration bildwissenschaftlicher Theoreme und Verfahren in die Methodologie und Methodik der relationalen Hermeneutik (zu dieser für die handlungstheoretische Kulturpsychologie wichtigen Perspektive vgl. Straub, 2010, sowie Straub & Ruppel, 2022a, beide im vorliegenden Band; Straub & Ruppel, 2022b).

Dieser Versuch profitiert selbstverständlich von den zunächst vorgestellten, bereits etablierten Ansätzen der Bildinterpretation, der Bildgebrauchs- und -wirkungsanalyse. Die relationale Bildhermeneutik lässt sich jedoch auf keinen von ihnen reduzieren oder sich aus einem der verwandten Ansätze einfach ableiten. Im Übrigen besteht die ikonologisch ausgerichtete relationale Hermeneutik auch nicht in einer bloßen Kombination einzelner Bestandteile aus diesen Ansätzen. Vielmehr werden allgemeine Grundsätze der relationalen Hermeneutik auf die methodische Analyse ikonischen Materials, seiner Bedeutung und Verwendung in der Handlungs- und Lebenspraxis bestimmter Menschen, übertragen und an die neuen, spezifischen Aufgaben angepasst. Die unterbreiteten Vorschläge sind erste Ideen zur methodischen Ausrichtung einer handlungstheoretischen Kulturpsychologie, die sich in die disziplinär ausdifferenzierten oder inter- und transdisziplinär angelegten Bildwissenschaften unserer Gegenwart nahtlos einreiht und dabei eigenständige Denk- und Arbeitsweisen etabliert.

## Notizen zur Entwicklungsgeschichte bildwissenschaftlicher Innovationen und zu ihrem Ausbleiben in der Psychologie

Lebensgeschichtliche Erzählungen, wie sie mit der Methode des narrativen Interviews angeregt und erhoben werden können, gelten zu Recht als »umfassendste Thematisierung von Subjektivität« (Kohli & Robert, 1984, S. 4; auch Kohli, 1981). Gruppendiskussionen werden gemeinhin als Methode eingesetzt, um empirische Daten zu erheben, die eine intersubjektiv kontrollierte Rekonstruktion kollektiver, *konjunktiver* Erfahrungsräume und Erwartungshorizonte bzw. des damit verbundenen Habitus von sogenannten Realgruppen ermöglichen. Solche Gruppen teilen wichtige, vielfach existenziell bedeutsame Momente ihres alltäglichen Lebens. Sie kommen also nicht nur zu einmaligen »Gruppendiskussionen« zusammen (vgl. Loos & Schäffer, 2021). Geeignete methodische Zugänge zur Handlungs- und Lebenspraxis sowie den darin verwurzelten Identitäten und Habitus von Individuen und Gruppen eröffnen allerdings nicht allein Erhebungs- und Auswertungsverfahren, die sich – wie die exemplarisch genannten – ausschließlich im Medium der Sprache bewegen. Die Bildwelten und Bildhandlungen[2] von Personen dürfen als ein weiteres, gerade heutzutage überaus wichtiges Artikulationsmedium ihrer personalen und kollektiven Identität gelten. Individuelle Dispositionen und der soziale Habitus bestimmter Menschen sind nicht zuletzt in ihrer ikonischen Praxis und ihrem ikonischen Gedächtnis verankert. Bildhafte Erinnerungen und Erwartungen, Träume, Fantasien und Imaginationen geben ebenso Auskunft darüber, wer Personen sind und sein möchten. Deren Geschichte, Gegenwart und Zukunft ist auch ikonisch verfasst. Lebenswelten sind nicht zuletzt Bilderwelten, ganz besonders in Zeiten einer massenhaften, digitalisierten Bilderzirkulation.

Das praktische Selbst- und Weltverhältnis sowie das kommunikative Selbst- und Weltverständnis bestimmter Menschen zeigt sich in eigener, aufschlussreicher Weise in deren Umgang mit Bildern, das heißt: in der Art und Weise, wie sie Bildern Bedeutung verleihen, indem sie sie schaffen und umgestalten, verteilen und verwenden, betrachten und auslegen, beachten, schätzen

2 Unter »Bildhandlungen« sollen hier, wie im Folgenden deutlich wird, alle auf Bilder bezogene oder Bilder in die Praxis einbeziehende oder sie verwendende Handlungen verstanden werden.

und sogar lieben, oder aber missachten und fürchten, verachten und verdammen, verbieten und vielleicht vernichten. Menschen können indes nicht nur *über* wirksame Bilder sprechen und alles Erdenkliche mit ihnen im tagtäglichen Gebrauch – in privaten oder beruflichen Handlungsfeldern – anstellen, sondern auch *in ihnen* und *durch sie* kommunizieren. Wir schmücken mit Bildern nicht allein unsere Wände, sondern teilen damit etwas mit oder bringen etwas zum Ausdruck – nicht zuletzt Aspekte unseres Selbst oder Angelegenheiten und ›Dinge‹, die uns persönlich wichtig sind, weil wir sie schön, faszinierend oder wertvoll finden.

Was wir mit und in Bildern zeigen, mitteilen oder ausdrücken, lässt sich oftmals *allein* im Medium des Bildes artikulieren und kommunizieren. Der Mensch ist nicht nur das sprachbegabte Vernunftwesen, sondern auch *ikonischer Natur* (Boehm, 2007; vgl. dazu und zum Folgenden Straub et al., 2021, wo unter Bezugnahme auf den aktuellen Forschungsstand in zuständigen Fachwissenschaften sowie in der integrativen Bildwissenschaft ausführlich auf anthropologische und theoretische Aspekte des Bildes eingegangen wird). Diese Seite seiner Natur unterhält zweifellos eine besonders enge Verbindung zu den Sinnen eines leiblichen Lebewesens und seiner »aisthetisch« vermittelten Sinnlichkeit. Sie ist dem *lógos*, dem Statthalter von Sprache und Vernunft, aber keineswegs bloß entgegensetzt. Die Stimme der Vernunft mag vielmehr auch in Bildern Gestalt annehmen. Bilder können Funktionen in rational motivierten Auseinandersetzungen übernehmen, etwa in argumentativen Diskursen, wo sie als »Interpretanten« (Peirce, 1958; Eco, 1987) keineswegs bloß Mittel der Veranschaulichung, Illustration und Konkretisierung sein mögen, sondern darüber hinaus der rationalen Begründung, Rechtfertigung oder Legitimation eines Gedankens, einer Überzeugung, Orientierung oder Option dienen können. Umgekehrt steht die Sprache bekanntlich keineswegs immer im Dienst der Ratio. Sie kann sogar selbst bildhaft sein, Bilder evozieren und kommunizieren, wie etwa figurative Redeweisen zeigen (Metaphern, Metonymien, Allegorien etc.). Ohne diese sinnliche Dimension der Sprache gäbe es keine Gedichte, jedes Wort wäre spröde und unsere Welt entsprechend ärmer. Gleichwohl ersetzt kein noch so bilderreiches Gedicht, keine noch so imaginationsreiche Erzählung oder lebendige Metapher, was Bilder und allein sie vermögen. Bilder sind in ihrer materiellen Gestalt und Qualität nicht bloß extrem vielfältig, sondern ebenso *multi*funktional. Auch das macht sie für die Subjekt-, Sozial- und Kulturwissenschaften höchst interessant. Nicht zuletzt dieser Aspekt – und überhaupt das komplexe, vielgliedrige und dynamische Verhältnis zwischen Bild und Sprache – verlangt nach eigenständigen Methoden der Bildhermeneutik sowie der Bildgebrauchs- und -wirkungsanalyse.

Wir alle handeln und leben in und mit Bildern, die uns und anderen *etwas zeigen* (wie uns Worte und sprachliche Äußerungen etwas sagen). Es zählt zu den allgemeinen Alltagserfahrungen und verbreiteten Einsichten, dass wir längst in einem Zeitalter angelangt sind, in dem – wegen der rapide gewachsenen, heutzutage bereits unerschöpflichen Möglichkeiten der technischen Produktion, Reproduktion, Modifikation und Distribution von Bildern – ikonische Modi des Handelns und Verstehens, der Kommunikation und Koexistenz enorm an Bedeutung gewonnen haben (im Alltag der meisten Menschen und in zahllosen Berufsfeldern). Insbesondere die enorme Verbreitung und permanente, rapide Zirkulation immer neuer digitaler und virtueller Bilder lässt die zeitdiagnostische Rede von »Bilderfluten« bereits als Untertreibung erscheinen, auch weil eben keine Ebben mehr folgen, die Bilder-Flut also der anhaltende Normalzustand spätmoderner Verhältnisse im 21. Jahrhundert ist, in variablen Graden – abhängig von der Verfügbarkeit technischer Apparate und Medien – sogar weltweit. So diagnostiziert auch Hans Belting (2006, S. 18), dass wir »kaum mehr die Wahl zwischen Bildern und einer bildlosen Erfahrung [haben], weil wir es mit dem weltumspannenden Netz einer unbegrenzten Bildproduktion zu tun haben, der wir kaum noch entfliehen können.«

Dies alles bringt neue Aufgaben und Herausforderungen für die empirischen Kultur-, Sozial- und Subjektwissenschaften mit sich. Das betrifft sowohl das Feld disziplinärer, inter- und transdisziplinärer bild*theoretischer* Diskurse (Straub et al., 2021), als auch die (in manchen empirischen Disziplinen) in jüngerer Zeit begonnene und weiter anstehende Entwicklung innovativer qualitativer Methoden der *Bild*interpretation, der Bild*gebrauchs*analyse und der Bild*wirkungs*analyse. Diese an anderer Stelle eingeführte Unterscheidung (ebd.) trennt qualitative Verfahren, die sich gezielt auf die methodisch kontrollierte Interpretation von Bildern *als Bildern* richten und dafür hilfreiche Regeln und zweckdienliche Techniken etablieren, von solchen, die sich für die Bildpraktiken respektive für die *Verwendung* und/oder die *Wirkung* von Bildern interessieren. Bilder erfüllen, wie gesagt, vielfältige psychosoziale und soziokulturelle Funktionen. Sie begleiten und leiten unser Handeln. Zu Recht ist häufig von ihrem Nutzen und Nachteil für das Leben die Rede. In der Perspektive der Kultur-, Sozial- und Subjektwissenschaften geht es bei Bildinterpretationen nicht um eine vermeintlich allgemeine, universale Bedeutung von (bestimmten) Bildern, sondern stets um deren je besondere Bedeutung für bestimmte Individuen oder Gruppen in spezifischen Kontexten. Die von der *Bild*interpretation im engeren Sinne abgegrenzte Bild*gebrauchs*- und -*wirkungs*analyse baut zwar oftmals auf Bildinterpretationen bzw. den empirisch rekonstruierten Sehweisen und Bildverständnissen bestimmter Menschen auf – analog zur Rekonstruktion der Lesarten von Texten und deren Verständnissen –, interessiert sich sodann aber speziell

- für die *praktische Funktion* dieser Bilder in der alltagsweltlichen oder professionellen Praxis, mithin für das Bild*handeln* bzw. den Bild*gebrauch* im Leben dieser oder jener Person oder Gruppe (bis hin zu Gemeinschaften oder anonymen Großgruppen),
- oder für die unmittelbare oder vermittelte, sofortige oder nachträgliche *Wirkung* bestimmter Bilder auf bestimmte Rezipient_innen; solche Effekte können kurz- oder langfristig sein. Manche Bilder verblassen schnell und sind bald vergessen, andere brennen sich dauerhaft ins Leibgedächtnis von Personen ein oder bleiben anhaltende Bezugspunkte des kommunikativen oder kulturellen Gedächtnis-

> ses von Gruppen, Gemeinschaften oder Gesellschaften, ja sogar der Menschheit. Das gilt für bezaubernde, geheimnisvolle Gemälde wie etwa für Leonardo da Vincis *Mona Lisa* ebenso wie für das Foto eines am Mittelmeer gestrandeten, toten Kindes, das die Flucht nach Europa nicht überlebt hat.

Generell ist von der *Multi*funktionalität und *Poly*valenz von Bildern – jedes einzelnen, konkreten Bildes – auszugehen. Ein Bild kann in der Handlungs- und Lebenspraxis stets mehrere Aufgaben und Funktionen zugleich erfüllen und viele – sich oftmals wandelnde, auch zwiespältige, sogar sich widersprechende – Bedeutungen besitzen. Dies zeigt sich in der empirischen Erforschung konkreter Bildpraxen und ikonischer sozialer Kommunikation, Kooperation und Koexistenz, die sich eben im Medium des Bildes – also nicht allein in der Sprache – vollziehen.

Auch in den Sozial- und Subjektwissenschaften gibt es – wie in den Kultur- oder Geisteswissenschaften schon seit Langem – heute Ansätze, die ganz dezidiert davon ausgehen, dass das Bild etwas *genuin Anderes* ist als die Sprache, ikonische Verständigung sich in wesentlichen Punkten von sprachlicher Kommunikation unterscheidet – obwohl wir, wie zuvor erinnert, eine bildhafte Sprache und sprachliche Bilder (Metaphern sowie andere Tropen) ebenso kennen wie sprachnahe Zeichnungen oder Bilder, die mit Sprachzeichen operieren. Der mit qualitativen Methoden arbeitenden Psychologie sowie ihren sozialwissenschaftlichen Nachbardisziplinen wurde bis vor ein, zwei Jahrzehnten eine starke Sprachzentrierung oder – da die gesprochene Sprache im Rahmen interpretativer, rekonstruktiver Forschung so gut wie immer transkribiert, also in textförmige Protokolle oder Dokumente überführt wird – eine unübersehbare Textlastigkeit attestiert. Erst in jüngerer Zeit ist ein zunehmendes Interesse am Bild und an der Entwicklung innovativer Methoden der Bildinterpretation, Bildgebrauchs- und -wirkungsanalyse zu verzeichnen. Auch die Psychologie ist angehalten, entsprechende Verfahren zu entwickeln, einzusetzen und zu bewähren. Zu diesem Zweck ist eine Orientierung an Nachbardisziplinen unerlässlich. Namentlich in der Soziologie gibt es bereits erprobte Methoden der sozialwissenschaftlichen Bildinterpretation und Bildgebrauchsanalyse, die die Psychologie mit Gewinn adaptieren und modifizieren könnte oder sogar durch disziplinäre Akzentuierungen erfolgreich verwenden kann, neben den in dieser Disziplin und in der Psychoanalyse üblichen Verfahren der wahrnehmungstheoretisch oder rezeptionstheoretisch fundierten Analyse von Bildwirkungen (s. u.).

Im vorliegenden Beitrag werden einschlägige Ansätze und Methoden vorgestellt. Das geschieht freilich selektiv und exemplarisch. Durch die Beachtung soziologischer und fachübergreifender Beiträge wird die Perspektive auf die Bedeutung von Bildern in der Geschichte der modernen Psychologie erheblich ausgeweitet. Aufmerksamkeit gegenüber Bildern war bislang vor allem in bestimmten Bereichen der Wahrnehmungspsychologie sowie in der Kunstpsychologie zu verzeichnen. Dort ging und geht es bis heute insbesondere um die – vermeintlich allgemeinen – Wirkungen von Bildern auf ihre Betrachter_innen (vgl. Schuster, 2011, wo auch andere Aspekte wie etwa die künstlerische Produktion oder die Persönlichkeit der Kunstschaffenden erörtert werden; in Kürze Schönhammer, 2000). An Schusters 1992 erstmals erschienener Monografie lässt sich der zweifellos interessante und in mancherlei Hinsicht aufschlussreiche, jedoch etwas einseitige psychologische Blick auf Bilder gut beobachten. Zu den klassischen Themen zählen hier

- neben den wahrnehmungspsychologischen Grundlagen und den obligatorischen Ausflügen in wichtige Phasen der Kunstgeschichte, speziell der bildenden Kunst und Architektur,
- die Produktion und Rezeption von Kunst in psychoanalytischer Perspektive (Schuster, 2011, S. 57–91, wo die von uns behandelte Tiefenhermeneutik allerdings gar nicht vorkommt; s. u.),
- die Anwendung von Ergebnissen der vergleichenden (biologischen) Verhaltensforschung in Kunst und Werbung, wo bekanntlich mit »Schlüsselreizen« und allgemeinen Reaktionsmechanismen gearbeitet wird (ebd., S. 92–117),

- der umstrittene, offensichtlich stark historisch, gesellschaftlich, kulturell und sozial geprägte und obendrein interindividuell variable Begriff der Schönheit, der sich bislang in keiner experimentellen Ästhetik völlig dingfest machen ließ (vgl. Allesch, 2006),
- oder aber die Kreativität und Genialität der künstlerischen, Bilder schaffenden und fürs »bildhafte Denken« besonders befähigten Individuen (die bekanntlich, wie die »genialen« Künstler_innen im Allgemeinen, häufig in die Nähe des »Wahnsinns« und anderer psychopathologischer Phänomene gerückt wurden).

Eine ikonologisch informierte Psychologie, die sich in ihren qualitativen empirischen Untersuchungen der Erforschung von psychosozialen Bedeutungen bestimmter Bilder und ihren Verwendungen in der Handlungs- und Lebenspraxis bestimmter Personen und Gruppen zuwendet, ist derzeit noch kaum in Sicht. Auch Schuster bleibt der konventionellen Kunstpsychologie treu (obwohl er neben dem Lächeln von da Vincis *Mona Lisa* und vielen anderen klassischen Werken auch die Werbung bzw. Werbefotografie einbezieht, um auf diese Weise neben dem Museumsmanagement auch die Werbeindustrie für psychologische Erkenntnisse zu interessieren). Neben den angeführten und weiteren Einzelthemen finden sich in Schusters Monografie selbstverständlich auch Überlegungen zu psychologisch interessanten Funktionen der Kunst (ganz unsystematisch etwa im Inhaltsverzeichnis: Phantasiebefriedigungen; Kunst als kollektives Gedächtnis; Imponieren durch Kunst; Kunst als Ausdruck und Motor der gesellschaftlichen Situation; Kunst als geliebte und verehrte Sache; Schuster, 2011, S. 8, sodann S. 278–287). Was jedoch fehlt, ist die Behandlung qualitativer, rekonstruktiver Methoden der Bildinterpretation, der Bildgebrauchs- sowie der Bildwirkungsanalyse, wie sie heute zum unerlässlichen methodischen Rüstzeug einer bildwissenschaftlich fundierten Sozial- und Subjektforschung gehören, zu der auch die Psychologie und Psychoanalyse wichtige Beiträge leisten können. Dazu ist es hilfreich, dass sich diese

Disziplinen am Vorbild fortgeschrittener Nachbardisziplinen orientieren und sich *zugleich* stärker als bisher um fachwissenschaftliche Innovationen bei der Entwicklung qualitativer Datenerhebungs- und Auswertungsmethoden bemühen, die dezidiert auf die genuin ikonische Dimension unseres Handelns und Lebens bezogen sind.

## Methodologische Ansätze und qualitative Methoden der Bildinterpretation

In der Psychologie gibt es kaum elaborierte Ansätze und Verfahren der methodisch kontrollierten Bildanalyse. Vier eindrucksvolle Konzeptionen – die teilweise aus der Soziologie stammen, aber an psychologische Perspektiven angepasst werden können oder selbst schon solche Blickwinkel enthalten – sollen im Folgenden, wie angekündigt, vorgestellt werden:

- die auch psychologisch interessante Methodologie der *dokumentarischen Methode* (Ralf Bohnsack, Aglaja Przyborski, Astrid von Sichart u. a.);
- die *Segmentanalyse* von Roswitha Breckner;
- Bemühungen, bildanalytische Verfahren in die *Grounded Theory*-Methodologie zu integrieren (Günter Mey, Marc Dietrich, Elke Grittmann u.a);
- die psychoanalytische *Tiefenhermeneutik*, deren Anwendungsbereich sich neben Texten auch auf Bilder und überhaupt auf Objekte bzw. Inszenierungen aller Art erstreckt (Alfred Lorenzer, Hans-Dieter König u. a.).

Lediglich hingewiesen sei auf Ernst Boeschs (1976) Konnotationsanalyse (dazu Ruppel, 2020; Straub, 2020) die von der Psychoanalyse inspiriert ist und auch als Bildhermeneutik aufgefasst sowie in eine mit qualitativen Methoden arbeitende Handlungs- und Kulturpsychologie integriert werden kann. Die auf Bildmaterial bezogene Methodik der Qualitativen Inhaltsanalyse sei hier ebenfalls nur erwähnt (nach Mayring, 2015; etwa Geise & Rössler, 2012; Fürst et al., 2014).

## Dokumentarische Methode der Bildinterpretation: Soziologische und psychologische Akzente

In den Anfängen der dokumentarischen Methode spielte das Bild in seiner eigenen Logik und Grammatik, seinem Eigensinn und Eigenwert zunächst keine systematische Rolle. Die konsequente Konzentration dieses Ansatzes auf die Handlungspraxis bzw. die Rekonstruktion jener habitualisierten, impliziten und konjunktiven Wissensbestände, die dieser sozialen Praxis zugrunde liegen und die in ihrem Vollzug fortlaufend stabilisiert oder verändert werden, legte allerdings schon bald eine Überwindung der Beschränkung auf sprachliche Dokumente und einschlägige Verfahren der Textanalyse nahe. Nicht zuletzt die Tatsache, dass sprachliche Verständigung häufig anschauliche Evidenzen hervorbringt – vor allem dort, wo sie mit Tropen wie Metaphern oder anderen bildhaften Ausdrucksformen operiert –, verweist bereits auf die Bedeutung ikonischer Kommunikation als einer eigenständigen, vom sprachlich-diskursiven Symbolsystem unterschiedenen symbolischen Praxis.

Auch wenn die dokumentarische Methode Bilder und deren Verwendung in der Handlungs- und Lebenspraxis von Einzelnen und Gruppen untersucht, unterscheidet sie prinzipiell zwischen »immanentem« und »dokumentarischem« Sinngehalt. Diese Differenzierung ist grundlegend und erkenntnisleitend: Der immanente Sinn bezieht sich auf die Gegebenheit und Beschaffenheit sozialer oder psychischer Tatsachen, die zum Beispiel in Gruppendiskussionen, Erzählungen oder eben auch in Bildern thematisiert werden. Infrage steht hier das »Was« der Darstellung. Der dokumentarische Sinngehalt ergibt sich dagegen daraus, dass und vor allem *wie* diese Tatsachen praktisch ›hergestellt‹ werden. In sogenannten Realgruppen geschieht dies immer auf dieselbe Weise, egal in welchem Medium (Sprache oder Bild) Menschen ihre kollektiven Orientierungsmuster bzw. ihren »Orientierungsrahmen« artikulieren. Widmet man sich der Frage nach dem »Wie« der fortlaufenden Verfertigung einer sozialen Praxis, dann stößt man unweigerlich auf den intrinsischen Zusammenhang zwischen Sprechen und Handeln.

Beachtet man die Performanz sprachlichen Handelns, so eröffnen jene kommunikativen Gattungen bzw. Textsorten (z. B. beschreibende oder narrative Darstellungsweisen), die selbst bildliche und szenische Vorstellungen von Wirklichkeit schaffen oder an genuin ikonischen Modi der Konstruktion und Kommunikation von Wirklichkeiten partizipieren – also mit Bildern aller Art ›interagieren‹ –, bereits einen Zugang zu jenen (impliziten, habitualisierten, konjunktiven) Wissensbeständen, die die Praxis *ikonisch* strukturieren und als ein Handeln *in* und *mit Bildern* ausweisen und vergegenwärtigen. Genau dafür interessiert sich die dokumentarische Methode, wenn sie sich visuellem Material zuwendet und es in ihre – häufig verschiedene Dokumente einer sozialen Praxis berücksichtigenden – Analysen einbezieht. Auch Bilder zeigen etwas existenziell, lebens- und handlungspraktisch Bedeutsames, das bestimmte Personen verbindet und sie einander – in bestimmten Hinsichten – ähnlich macht. Bilder dokumentieren konjunktives Wissen, das einem teilweise eben gemeinsam gelebten Leben, einem geteilten Reservoire an Erfahrungen und Erwartungen entstammt und zum Orientierungsrahmen einer Gruppe gehört, in dem sich deren Mitglieder halbwegs gleichsinnig bewegen.

Die dokumentarische Methode wurde in den 1980er Jahren von Ralf Bohnsack und seiner Forschungsgruppe in Anknüpfung insbesondere an Karl Mannheim (1980 [1922–1925]) entwickelt. Dabei stand die rekonstruktive Analyse sprachlicher Daten – vor allem die Interpretation systematisch und methodisch angefertigter Transkripte von Gruppendiskussionen und narrativen Interviews – im Vordergrund. Weitere Materialien wie Beobachtungprotokolle wurden in die Forschung und die Entwicklung der Methodik einbezogen (siehe z. B. Bohnsack, 1983, 2009, 2017; Loos et al., 2013; Przyborski, 2004; Przyborski & Slunecko, 2020; Przyborski & Wohlrab-Sahr, 2014, S. 277ff.). Für die Ausarbeitung einer methodologisch begründeten, qualitativen Bildinterpretation befasste sich Bohnsack (2001, 2009) als einer der ersten Sozialwissenschaftler intensiv mit den Arbeiten des Kunsthistorikers Erwin Panofsky, der nicht nur ein Zeitgenosse Mannheims war, sondern die methodologische Begründung seiner Art der Bildinterpretation in dessen metatheoretischen Überlegungen verankerte. Panofskys Arbeiten ebenso wie ihre kritische Würdigung und Weiterentwicklung durch Max Imdahl erwiesen sich als ergiebige Quelle für die Entwicklung einer Methodologie der sozialwissenschaftlichen Bildinterpretation, die den *Eigenwert* und *Eigensinn* bzw. die *Eigenlogik* des Bildes ins Zentrum stellt, dabei aber stets auch auf den *Gebrauch*, die *Verwendung* und *pragmatische Bedeutung* bestimmter Bilder in der alltagsweltlichen Handlungs- und Lebenspraxis bestimmter Menschen achtet. Genau diese Praxis wird in den empirisch-rekonstruktiven Forschungen fokussiert, in der es selbstverständlich um *genuin soziale*, psychosoziale bzw. soziokulturelle Phänomene sowie die Funktion von Bildern und ikonischer Kommunikation im Werdegang und Wandel dieser Phänomene geht. Spezifisch psychologische Perspektiven werden dabei selten und allenfalls am Rande beachtet. Das gilt sowohl für sozial- und kulturpsychologische als auch und ganz besonders für individualpsychologische Sichtweisen, sodass die Verwendung psychologischer Begriffe und Theorien in der Forschungspraxis der dokumentarischen Methode generell eher unüblich ist (Ausnahmen bilden etwa die Bezugnahme auf entwicklungspsychologisches Vokabular, z. B. bei Wopfner, 2012).

Wir weisen bereits an dieser Stelle darauf hin, dass genau dieser doppelte Blick auf das Bild *als Bild* und zugleich auf die *praktische*, psychosoziale Bedeutung von Bildern und ikonischer Kommunikation in den Selbst- und Weltbeziehungen von Personen und Gruppen auch für die Handlungs- und Kulturpsychologie äußert fruchtbar ist. Allerdings geraten in dieser psychologischen Sicht auch einzelne Subjekte nicht nur in ihrer Sozialität und Kulturalität, sondern auch in ihrer Individualität stärker in den Blick, und mit ihnen eben *genuin psychische* Vorgänge und Zustände. Selbst wenn man Psychisches keineswegs allein im Innenleben einer Person verorten muss – als wäre es eine für andere Menschen gänzlich unzugängliche Privatsache eingekapselter Monaden –, so sind psychische Phänomene ohne Bezugnahme auf das Subjekt nicht zu begreifen. Psychisches ist zwar sozial und kulturell vermittelt und stets in eine soziokulturelle Existenz eingebettet.

Es ist aber dennoch etwas Eigenständiges, nicht auf Soziales und Kulturelles Reduzierbares oder daraus Ableitbares.

Da die genannten Vorbilder und Anreger aus der Kunstgeschichte – Panofsky und Imdahl – sowohl für die dokumentarische Methode (Przyborski, 2008) als auch für andere rekonstruktive Verfahren im inter- und transdisziplinären Feld der Ikonologie und aktueller Bildwissenschaften richtungsweisend waren und sind (Breckner, 2010; Raab, 2008; Oevermann, 2014; Pilarczyk, 2014), wird im Folgenden noch etwas genauer auf sie eingegangen.

## Ebenen der dokumentarischen Bildinterpretation: Einflüsse aus Panofskys Ikonologie

Erwin Panofsky entwarf ein Modell, mit dem bei der Interpretation von Bildern »Korrektheit« erzielt werden kann (Panofsky, 1979a [1932], S. 214). Heute würden wir eher von intersubjektiver Überprüfbarkeit sprechen, also von jenem Kriterium, das für jedes empirische Verfahren und seine wissenschaftliche Bewertung unabdingbar ist. Panofsky ging von der Beobachtung aus, dass ein »uns heute sehr harmlos erscheinende[r] Mandrill[3] zur Zeit seiner Erwerbung einfach nicht erkannt wurde (die Leute suchten verzweifelt nach der Schnauze, um sich von da aus einigermaßen zurechtzufinden), weil jene expressionistische Formenweise [...] noch zu neu war« (ebd., S. 190). Das ist ein Umstand, der gewiss auch für die Wahrnehmungspsychologie interessant erscheint. Panofsky jedoch geht es um etwas Anderes: Die schlichte Beschreibung des im (expressionistischen) Gemälde gegenständlich Gezeigten setzt voraus, stilgeschichtlich einigermaßen versiert zu sein. Er fragt, welches Wissen für das Erkennen

3 Panofsky meint hier das expressionistisch gemalte Bild eines Mandrills, jenes in den Regenwäldern Zentralafrikas lebenden Primaten, eines pavianartigen Affen mit purpurrotem, violettem Gesäß und einer langgestreckten, weißblauen Schnauze, die bei den stattlichen männlichen Exemplaren zusätzlich noch rot gefärbt ist.

des Bildinhaltes herangezogen werden muss, und er interessiert sich dafür, Prüfmöglichkeiten für den *mehrgliedrigen* interpretativen Zugriff zu erlangen. Auf diesem Weg entwickelte er eine differenzierte Methodologie der Bildinterpretation. In seiner Unterscheidung von Wissensquellen bzw. Sinnschichten greift er explizit auf den »Dokumentsinn«, einen Begriff Mannheims (1980 [1922–1925]), zurück (Panofsky, 1979a [1932], S. 203; s. Tab. 1). Diese Sinnschicht unterscheidet er von anderen Gegenständen der Interpretation, namentlich dem Phänomensinn und dem Bedeutungssinn (denen je eigene subjektive Quellen und objektive Korrektive der Interpretation zugeordnet sind).

Tab. 1: Gegenstände, subjektive Quellen und objektive Korrektive der Interpretation (nach Panofsky, 1979a [1932], S. 203)

| **Gegenstand der Interpretation** | **Subjektive Quelle der Interpretation** | **Objektives Korrektiv der Interpretation** |
|---|---|---|
| 1. Phänomensinn (zu teilen in Sach- und Ausdruckssinn) | vitale Daseinserfahrung | Gestaltungsgeschichte (Inbegriff des Darstellungsmöglichen) |
| 2. Bedeutungssinn | literarisches Wissen | Typengeschichte (Inbegriff des Vorstellungsmöglichen) |
| 3. Dokumentensinn (Wesenssinn) | weltanschauliches Urverhalten | allgemeine Geistesgeschichte (Inbegriff des weltanschaulich Möglichen) |

Die erste Sinnebene bezieht sich auf Gegenstände und Tatsachen, wie wir sie aus der unmittelbaren Erfahrung bzw. »vitalen Daseinserfahrung«, wie es bei Panofsky (ebd.) heißt, kennen. Wie der Autor am *Abendmahl* von Leonardo da Vinci illustriert, ist damit *nicht* die Verknüpfung des Bildinhalts mit der Passionsgeschichte gemeint. Auch jene, die mit der abendländischen Kultur und Kulturgeschichte nicht vertraut sind, erkennen dreizehn Personen bei Brot und Wein um einen Tisch sitzend, ebenso wie zum Beispiel die Beschaffenheit der Gewänder, der Stühle, des Innenraums usw. Es geht Panofsky zunächst also um ein bloßes Wiedererkennen (von Gegenständen, Ereignissen etc.), *ohne* dass die Betrachter_innen des Bildes dafür ein spezielles – narratives, anekdotisches, thematisches oder auch allegorisches – Wissen heranziehen müssten. Allein formale, stilistische Elemente werden hier relevant. Panofsky nennt diese Ebene der Betrachtung und Bildinterpretation *vor-ikonografisch*. Es ist klar, dass man bei einem gegenständlichen, ›realistisch‹ gemalten Bild wie Leonardos *Abendmahl* keine besonderen Kenntnisse der Stilgeschichte benötigt, um die dargestellten Objekte (13 Personen, diverse Gewänder etc.) zu identifizieren. Bei einem abstrakteren Gemälde wie dem exemplarisch angeführten, expressionistisch in Szene gesetzten Mandrill ist jedoch genau dies der Fall: »Wir wissen alle, was ein Mandrill ist, [...] aber um ihn im Bild zu erkennen, müssen wir [...] auf die expressionistischen Darstellungsprinzipien [...] eingestellt sein« (ebd., S. 190). Die Stilgeschichte bildet in diesem und vergleichbaren Fällen also das Korrektiv bzw. eine Art Richtschnur interpretativen Handelns. Diesem Korrektiv unterwerfen wir unsere praktische Erfahrung. Panofsky (1979b [1955], S. 217) drückt dies folgendermaßen aus:

> »Obgleich wir meinen, wir identifizierten die Motive auf der Grundlage unserer reinen und einfachen praktischen Erfahrung, lesen wir in Wirklichkeit das, ›was wir sehen‹, entsprechend der Art und Weise, wie Gegenstände und Ereignisse unter wechselnden historischen Bedingungen durch Formen ausgedrückt werden. Indem wir das tun, unterwerfen wir unsere praktische Erfahrung einem berichtigenden Prinzip, das man die Stilgeschichte nennen könnte.«

Kenntnisse der Stilgeschichte, der Art und Weise also, wie Aspekte der Welt im Lauf der Kunstgeschichte durch wechselnde Formen dargestellt werden, fungieren hier als Prüfgrößen. Man muss mit expressionistischer (und analog: impressionistischer, kubistischer etc.) Malerei vertraut sein, um einen in bestimmtem Stil gemalten Mandrill als solchen wahrnehmen zu können.

Die zweite Sinnschicht bezieht narratives Wissen ein – Panofsky nennt es »literarisch« –, im Beispiel also das Wissen um die Passionsgeschichte. Die szenische Darstellung der 13 Personen kann nun als »letztes Abendmahl« eingeordnet werden, zu dem sich Jesus und seine zwölf Apostel eingefunden haben, kurz nachdem der Gottessohn den bevorstehenden Verrat durch einen von ihnen angekündigt hatte. Prüfgröße dieser Sehweise und Bildinterpretation ist die »Typengeschichte« (Panofsky 1979a [1932], S. 203), also »die Art und Weise [...], wie unter wechselnden historischen Bedingungen bestimmte Themen oder Vorstellungen durch Gegenstände und Ereignisse ausgedrückt wurden« (Panofsky, 1979b [1955], S. 219). Panofsky bezeichnet dies als *ikonografische* Ebene. Am Beispiel wird deutlich, dass es zumeist der Kenntnis einer Fülle von Quellen bedarf, einer Vertrautheit mit allerlei Themen und Vorstellungen, um ein Bild auf dieser Ebene zutreffend klassifizieren und auslegen zu können. Wer vom Christentum noch nichts gehört und gesehen hat und noch nicht einmal das Geringste von seiner Geschichte kennt, wird das gemalte Abendmahl nicht als solches sehen und einordnen können.

Auf der dritten Ebene, die er als *ikonologische* bezeichnet, ist Panofskys eigentliches Engagement als Theoretiker und Methodologe der Bildinterpretation angesiedelt. Der Gegenstand ist nun der »Wesenssinn« oder »eigentliche Gehalt« des Bildes. Er wird auch als »Dokumentsinn« bezeichnet. Zugänglich wird diese Sinnschicht in der Darstellung des letzten Abendmahls zum Beispiel durch die Frage, ob Jesus – vielleicht in eigener Angst und Sorge, zugleich aber auch seine Jünger beruhigend, stützend und aufbauend – als affektiv bewegt und emotional sprechend in Szene gesetzt wird, ob er vom Maler also mit Gefühlen ›ausgestattet‹ wurde, oder ob er, ganz im Gegenteil, wie ein emotionsloses Wesen außerhalb aller zwischenmenschlichen Beziehungen erscheint. Letzteres träfe für eine stark schematisierte Figur mit einem goldenen Nimbus zu, nicht aber für einen in der Welt der Menschen engagierten, sich für sie einsetzenden und sogar opfernden Jesus.

Panofsky richtet sein Erkenntnisinteresse bei der Rekonstruktion dieser Sinnschicht auf die Weltanschauung einer Epoche, auf ein holistisch organisiertes Welt- und Menschenbild. Es bedarf, um diese Ebene zu erschließen, laut Panofsky der »synthetischen Intuition« (ebd., S. 221). Der »Dokumentsinn« erschließt sich über Homologien. In der Interpretation sucht man nach gemeinsamen Sinnstrukturen, die auf unterschiedlichen Ebenen und in verschiedenen Sachverhalten (in der Art der Darstellung von Körpern, Gegenständen und Räumen, in der Gestik, Mimik oder der Beschaffenheit der Gewänder, in der Perspektivität u. a.) zum Ausdruck kommen. Wenn sich der genannte Aspekt – dass nämlich die Heiligenfiguren Gefühle zeigen, vom Maler also mit Emotionalität ausgestattet worden sind – in der ikonologischen Interpretation bestätigt, dann wäre aus dieser Sicht die eigentliche Frage zu klären, welcher Dokument- oder Wesenssinn einer Epoche – hier der Renaissance – just dadurch zum Ausdruck kommt.

Wie Panofskys Unterscheidungen die Methodik der dokumentarischen Methode prägen, wird nachfolgend deutlich. Im Zuge einer Erweiterung von Panofskys Überlegungen attestiert Max Imdahl (1994, S. 308) dem Bild einen durch die Sprache und eine sukzessive (narrative) Logik nicht einzuholenden oder zu ersetzenden »ikonischen Bildsinn«. Diesen Zugang bezeichnet er als »Ikonik«. Imdahls theoretische Konzeption begreift »das Bild als eine solche Vermittlung von Sinn, die durch nichts Anderes zu ersetzen ist« (ebd., S. 300). Die Erschließung und Vergegenwärtigung dieses Bild-Sinns verlangt die »konkrete Anschauung eines Bildes« (ebd.). Das heißt: »[E]ine spezifische ikonische Anschauung« gilt Imdahl als »unerläßlich« (ebd.). Sie ist durch nichts zu ersetzen und niemals ohne Verlust in ein anderes Zeichensystem zu übersetzen. Auch dieser Gedanke ist für die dokumentarische Methode wegweisend. Wir wollen ihm deswegen noch kurz nachgehen.

## Ebenen der dokumentarischen Bildinterpretation: Einflüsse aus Imdahls Ikonik

Für seinen analytischen Zugang grenzt Imdahl (1996b, S. 432) das »sehende Sehen« von einem bloß »wiedererkennenden Sehen« ab, das sich damit begnügt zu erkennen, was auf einem Bild abgebildet ist. Dieses Abgebildete hätte auch anders dargestellt, etwa beschrieben werden können. Das sehende Sehen zielt indes auf etwas, was sich nicht anders als sehend wahrnehmen und begreifen lässt. Es ist in keine noch so raffinierte Sprache übersetzbar. Imdahls Ikonik rückt die genuin und irreduzibel bildliche Dimension ins Zentrum seines Ansatzes. Die dokumentarische Methode sieht darin ebenfalls etwas Spezifisches und Unersetzbares, einen ganz eigenen Bild-Raum, in dem sich unser Handeln und Leben ebenso – und dennoch auf andere, spezifische Weise – orientieren und bewegen kann wie in der Sprache. Die folgenden formalen Gestaltungsprinzipien der Zweidimensionalität – die auch für die dokumentarische Methode der Bildinterpretation maßgeblich sind – kennzeichnen Imdahls Ikonik:

1. die *planimetrische Ganzheitsstruktur* als Zusammenhalt (bzw. Auseinanderfallen) der Bildelemente in der Fläche;
2. die *perspektivische Projektion* als Herstellung von Räumlichkeit im Bild;
3. die *szenische Choreografie* als Positionierung von Personen und Gegenständen, ihre ins Bild gesetzte Beziehung und Stellung zueinander.[4]

Ein viertes Gestaltungsprinzip wurde im Anschluss an Boehm (2007, S. 199) von Przyborski und Slunecko (2012) in die dokumentarische Interpretation aufgenommen, nämlich

4. das *Verhältnis von Schärfe und Unschärfe* im Bild.

Wir erläutern im Folgenden die vier genannten formalen Gestaltungsprinzipien und ihre Bedeutung für die sozialwissen-

4 Bei Imdahl (1996a, S. 26ff.) steht dazu: »Die perspektivische Projektion und die Szenische Choreographie erfordern ein wiedererkennendes, auf die gegenständliche Außenwelt bezogenes Sehen. Perspektivische Projektion und Szenische Choreographie sind Gestaltungsformen der Idealisierung, abgeleitet aus der observierbaren Außenwelt und am Maßstab der Außenwelt qualifizierbar. Dagegen geht die planimetrische Komposition, insofern sie bildbezogen ist, nicht von der vorgegebenen Außenwelt, sondern vom Bildfeld aus, welches sie selbst setzt. Unter der Norm des Bildfeldes als einer Setzung und nicht unter der Norm außerweltlicher Vorgegebenheiten stiftet die planimetrische Komposition in selbstgesetzlichen, selbstevidenten Relationen […] eine invariable formale Ganzheitsstruktur, welche ein entsprechend formales, sehendes, nämlich auf jene selbstgesetzlichen und selbstevidenten Relationen gerichtetes Sehen bedingt.«

schaftliche Bildinterpretation im Sinne der dokumentarischen Methode.

Für die Rekonstruktion der planimetrischen Ganzheitsstruktur bedarf es der Linie, die Imdahl (1994, S. 321–322) als Wesensmerkmal der Bildfläche herausarbeitet (Przyborski, 2018a, S. 48–60; Przyborski & Slunecko, 2012). Sie hat das Potenzial, den Zusammenhalt (oder auch das Auseinanderfallen) der Komposition in der Fläche zu veranschaulichen. Imdahl (1996a, S. 424ff.) arbeitet diesen Aspekt an seinem viel zitieren Beispiel der *Gefangennahme Christi* heraus (Abb. 1).

Abb. 1: Giotto, *Gefangennahme Christi* (um 1305), einmal ohne und einmal mit Feldlinie

Ikonografisch haben wir es hier mit der biblischen Szene zu tun, in der Judas Jesus küsst, um ihn als Person vor seinen Häschern erkennbar zu machen, ihn damit zu verraten und auszuliefern. Dabei wird der Körper Jesu fast vollständig von Judas' Mantel eingehüllt. Imdahl verbindet nun einen Stock (Knüppel) links oberhalb des Kopfes Jesu mit dem zeigenden Arm eines Pharisäers, der sich rechts unterhalb des Kopfes von Judas befindet, mit einer Linie, die in einem markanten Knopf, der den Mantel des Pharisäers zusammenhält, endet. Man könnte sagen, es liege hier ein Mittelding zwischen gedachter und konkreter Linie vor. Die Linie führt exakt durch den Blick der beiden Protagonisten. Obwohl viele Stöcke, Arme und Kleidungsdetails auf dem Bild sind, die man verbinden könnte, ist es doch *diese* Linie, die in der

Lage ist, das Bild neu aufzuschlüsseln und so auch besser theoretisch zu fassen: Denn diese Linie »bezieht die verschiedenen Figuren und Figurengruppen auf sich und damit aufeinander, und sie bedingt maßgebend die Einheit der Komposition« (ebd., S. 433). Das heißt: *Alle* Bildelemente werden in eben dieser Schräge zusammengehalten und es wird anschaulich, wie sich die Elemente zueinander verhalten, durch welches Verhältnis sie gekennzeichnet sind.

Mit der eingezeichneten Linie wird es leichter, die formale Stringenz der Komposition zu sehen: Eine andere Zeigerichtung, das Fehlen des Knüppels, die Augenpartien an einer anderen Stelle, all das würde dazu führen, dass das Bild kontingenter würde und irgendwie zufälliger, willkürlicher erschiene. Ebenso sehen wir nun, dass die Komposition in der Gleichzeitigkeit der Bezogenheit der Elemente aufeinander gegeben ist. In dieser Gleichzeitigkeit wird zudem deutlich, wie stark die Abwärtsbewegung des Blickes Jesu (bzw. die Aufwärtsbewegung des Blickes von Judas) von der Gesamtkomposition gestützt wird. Sie steht (zusammen mit dem Nimbus) in deutlichem Kontrast dazu, dass der Körper Jesu in Judas' Umarmung nahezu gänzlich verschwindet. Jesus ist zugleich überlegen und unterlegen. Eine derartige Gegensätzlichkeit ist nur im Bild *simultan* möglich. Imdahl spricht in diesem Zusammenhang von *Übergegensätzlichkeit* und hat damit wohl eines der wichtigsten Potenziale ikonischer Logik benannt.

Zur Veranschaulichung der planimetrischen Komposition und der Bedeutung von Feldlinien diente uns Imdahl und ein prominentes Werk der Kunstgeschichte. Die Arbeit mit Linien ist indes ebenso für eine bildwissenschaftlich ambitionierte psychologische und soziologische Forschung relevant. Das zeigen etwa die theoretische Begründung der Planimetrie sowie die zahlreichen, mit planimetrischen Verfahren arbeitenden Forschungsbeispiele bei Przyborski (2017, 2018a, b). Das Material in dieser empirischen Studie bilden private Fotos Jugendlicher und junger Erwachsener sowie Werbefotos, die die Untersuchten nach dem Kriterium des Gefallens auf der Grundlage ihres eigenen Mediengebrauchs ausgewählt haben. Die Bilder zeigen handlungs- und lebenspraktisch relevante Orientierungen insbesondere hinsichtlich ihrer körperlichen Selbstpräsentation im Rahmen geschlechtstypischer Identitätsnormen.

Die *perspektivische Projektion* (Imdahl, 1996b, S. 471) lässt sich als Dokument für unterschiedliche Weltanschauungen in verschiedenen Epochen herausarbeiten. Schon Panofsky beschäftigte sich intensiv mit der Achsen- und der Zentralperspektive in der Renaissance (im Unterschied zur nicht vorhandenen Perspektivität in der Malerei des Mittelalters). Sie erst lässt Bilder wie Fenster erscheinen. Ohne Perspektive dagegen ›ist‹ man quasi im Bild (Panofsky, 2001 [1953]). Imdahl (1994, S. 313) erläutert die Perspektivität unter anderem an einem Mühlenbildnis, in dem die in Untersicht dargestellte »Mühle als normgebender Wert räumlicher Orientierung« fungiert (ebd., S. 315; es handelt sich um das bei Imdahl abgebildete Gemälde *Die Mühle* von Wijk bij Duurstede Jacob van Ruisdael, um 1670). Den allgemeinen Effekt derartiger perspektivischer Darstellungen kennen wir alle: So erleben wir zum Beispiel Gebäude, Gegenstände oder Personen in Untersicht als mächtiger, größer und erhabener, während sie in Aufsicht kleiner, niedlicher oder profaner erscheinen. Dies ist, nebenbei bemerkt, auch wahrnehmungs- und sozialpsychologisch hoch interessant. Dabei können schon kleine Variationen einen großen Unterschied machen. In der Perspektive manifestiert sich nicht mehr und nicht weniger als die jeweilige »Weltanschauung« (ganz konkret auch als eine Anschauung der Welt, einschließlich der psychosozialen Wirklichkeit, in der man zu bestimmten Personen oder Dingen ›heraufschaut‹, während man auf andere ›herabsieht‹). Im erwähnten Mühlenbildnis imponiert also die ins Bild gesetzte Erhabenheit der Mühle, die hier, so kann man wohl sagen (und so sieht es Imdahl), für »das Göttliche« steht. Betrachtet man zum Beispiel fotografische Abbildungen von Kindern durch ihre Eltern im Lauf der Jahrzehnte, so fällt auf, dass die früher übliche Aufsicht meistens von einer Untersicht abgelöst wird. Das lässt Kinder auf aktuelleren Fotos mächtiger, bedeutsamer aussehen. Im Übrigen scheint sich hier auch ein historischer Wandel der wachsenden Bedeutung des

Kindes innerhalb der Familie ikonisch zu dokumentieren. *Quod erat demonstrandum:* Das aus der Kunstgeschichte stammende methodische Werkzeug der perspektivischen Projektion ist für die bildwissenschaftlichen Sozialwissenschaften relevant und nützlich. Die gewählten Beispiele ließen sich, wie im Fall der anderen Prinzipien bzw. Dimensionen, durch zahllose weitere ergänzen.

Die *szenische Choreografie* als dritte formale Dimension arbeitet Imdahl unter Zuhilfenahme experimenteller Vergleichshorizonte heraus. Er zieht dazu eine Miniatur heran, nämlich den *Hauptmann von Kapernaum* (um 980 gemalt; siehe ebd., S. 301ff.). Diese Miniatur zeigt Jesus und den Hauptmann einander gegenüberstehend. Hinter dem Hauptmann, zum Teil durch ihn verdeckt, befindet sich seine Gefolgschaft. Hinter Jesus sieht man vier seiner Jünger. Imdahl verändert nun experimentell die Position von Jesus, indem er die Figur Christi nach links oder in die Mitte verschiebt. Damit ändert sich, was wir sehen.

Ganz in die Mitte gerückt steht Jesus in der Mitte von zwei Gruppen. Rückt man ihn näher an seine Jünger heran, stehen zwei Gruppen einander gegenüber. Im Originalbild findet sich eine exakte Balance dieser beiden Anmutungen. »[D]iese Durchdringung von Zweier- und Dreierstruktur macht die innere Spannung der Komposition [...] aus, und zwar erscheint Jesus in die Szene einbezogen wie ebenso über sie erhoben« (ebd., S. 305). Dieser wichtige Aspekt wurde bereits im Hinblick auf die Planimetrie mit dem Konzept der *Übergegensätzlichkeit* kurz erläutert. Er findet nun auch in der szenischen Choreografie seinen Ausdruck. Natürlich lassen sich mit diesem methodischen Mittel auch andere (sozialwissenschaftlich interessante) Eigenheiten von Bildern analysieren.

Mit »szenischer Choreografie« ist also die Positionierung der Figuren bzw. der einzelnen Bildentitäten zueinander gemeint, schließlich all das, was in diesem arrangierten, inszenierten Verhältnis zum Ausdruck kommt. Auf diese Weise können Zugehörigkeiten von Personen zu einer Gruppe, ihre Zusammengehörigkeit sinnlich wahrnehmbar veranschaulicht werden (man denke an Paar-, Dreiecks-, Viereckskonstellationen usw.).

Wiederum ist die soziologische und psychologische Relevanz solcher Darstellungsmittel offenkundig. Wie Menschen zueinander stehen, ob sie sich miteinander verbunden oder voneinander getrennt fühlen, ob sie einander freundschaftlich gesinnt sind oder eher misstrauisch, vielleicht feindselig begegnen, kann ins Bild gesetzt werden. Was Imdahl nur auf Personen im Bild bezieht, hat sich in konkreten Interpretationen auch hinsichtlich anderer Bildelemente, die sich als Sinneinheit abgrenzen lassen – bspw. Tiere, Pflanzen, Dinge – als sinnvoll herausgestellt. Das Verhältnis von Nähe und Distanz von Personen und Dingen, auch Gegenüberstellungen oder die Herausgehobenheit von etwas, können mit dieser Technik gut analysiert werden. Die Soziologie und Psychologie können sie mit Gewinn verwenden. Man könnte hier von einer *ikonischen Soziometrie* sprechen, die es zum Beispiel gestattet, Außenseiter bzw. die Exklusion Einzelner aus einer Gruppe ins Bild zu setzen. Astrid von Sichart (2016) nutzt unter anderem die Rekonstruktion solcher kompositorischen Elemente zur Erforschung von konflikthaften und konstruktiven Dynamiken in Paarbeziehungen (wobei sie Paarbilder *und* Paargespräche analysiert, also verbale und visuelle Daten gleichermaßen berücksichtigt und aufeinander bezieht).

## Weitere Unterscheidungen und Vorgehensweise der dokumentarischen Methode

Die Unterscheidung zwischen ikonografischem und ikonologischem Sinngehalt, wie sie von Panofsky ausgearbeitet wurde, entspricht exakt einer wesentlichen erkenntnisleitenden Differenzierung der dokumentarischen Methode. Diese unterscheidet zwischen »propositionalem« bzw. »kommunikativem« Wissen auf der einen, »performativem« bzw. »konjunktivem« Wissen auf der anderen Seite (Bohnsack, 2017). Zentral für diese Differenz ist das Konzept des »konjunktiven Erfahrungsraums« (Mannheim, 1980 [1922–1925]), das sich auf existenzielle Gemeinsamkeiten bezieht, wie sie nicht allein

Epochen kennzeichnen. Allgemeiner kann man von konjunktiven Erfahrungsräumen und Erwartungshorizonten (vgl. zu diesem Begriffspaar Koselleck 1985; Straub, 1999, 2010) im Hinblick auf verschiedene kollektive Figurationen sprechen, zum Beispiel auf generationale, geschlechtsspezifische, milieutypische, sozialräumliche oder auch familiale Zusammenhänge. Konjunktive Erfahrungsräume und Erwartungshorizonte verbinden bestimmte Menschen, die etwas Wichtiges miteinander teilen, das sie in ihrem Leben erlebt haben und in bleibender Weise geprägt hat sowie weiterhin bestimmt, das sie sogar als Person *mit ausmacht*, mithin in ihrer Identität, ihrem Habitus charakterisiert.[5]

Bohnsack verdeutlicht die für die dokumentarische Methode wesentliche Differenz gern am Begriff »Familie«: »Familie« ist als Bezeichnung für eine – auch gesetzlich geregelte – Institution bekannt, ebenso wie als generalisierte Erwartung zum Beispiel bezüglich der Rollenbeziehungen zwischen Eltern und Kindern. Diese müssen oder sollten sich eben gemeinhin in bestimmter Weise zueinander verhalten, sie sollten im Allgemeinen so und so – und nicht anders – miteinander umgehen, rollenspezifische Aufgaben und Verantwortungen übernehmen, Freiheiten und Entwicklungschancen erhalten usw. Darüber wissen wir alle einigermaßen Bescheid, insofern wir über das entsprechende propositionale, kommunikative Wissen verfügen (das bekanntlich historisch und kulturell beträchtlich variieren kann). Im Kontext der je eigenen Familie wirklich handlungsfähig macht eine Person jedoch erst jenes konjunktive Wissen, das sie mit den anderen Familienmitgliedern aufgrund biografischer Erfahrungen bzw. existenzieller Gemeinsamkeiten teilt (und tagtäglich reproduziert oder erneuert). Nur diese längere Ko-

5 Exemplarisch lässt sich dies an Aladin El-Mafaalanis 2012 publizierter Untersuchung von sog. »Bildungsaufsteigern« aus migrantischen Milieus gut nachvollziehen, wenngleich hier keine Bilder bzw. Fotos als Dokumente herangezogen wurden. Wir vermögen uns aber wohl alle vorzustellen, wie sich auch ein Bildungsaufstieg und alles, was dazu gehören mag, fotografisch dokumentieren ließe. Eine auch ikonologisch fundierte empirische Studie findet sich bei Przyborski (2018a).

existenz befähigt jene Menschen, die nun eben geteiltes praktisches Wissen besitzen, den sozialen Familienalltag zu meistern. Wer dazugehört, weiß nach einer Weile, wie der ›Laden‹ läuft, was wie zu tun und was zu lassen ist, was man sagen darf und sollte und was besser verschwiegen oder stillschweigend ›unter den Teppich gekehrt‹ werden sollte aus Rücksicht auf einzelne Gruppenmitglieder oder die Gruppe (oder die erweiterte Gemeinschaft oder sogar die Gesellschaft, zu der diese Gruppe gehört).

An diesem Beispiel lässt sich auch die für die Psychologie besonders interessante »Doppeltheit der Verhaltensweisen« (Mannheim, 1980 [1922–1925], S. 296) erläutern, die für den konjunktiven Erfahrungsraum konstitutiv ist. Sie besteht aus einem Spannungsverhältnis zwischen institutionalisierten Normen (Rechtsform) und Identitätsnormen (Mutter, Vater, Kind, Großeltern usw.) einerseits, habitualisierter Praxis (geteilten Selbstverständlichkeiten) andererseits. Interessant ist diese Unterscheidung unter anderem deswegen, weil es erst der empirische Blick in die konkrete Praxis einer bestimmten Familie gestattet, zu beschreiben, zu verstehen und zu erklären, was familiale Sozialisation – das Aufwachsen und Werden in diesem Familienverband – für die einzelnen Mitglieder konkret bedeutet. Nur diese empirische Untersuchung vermag Aufschluss darüber zu geben, wie sich die familiären Erfahrungen in der Ausbildung psychischer Strukturen – zeitlich relativ stabiler Persönlichkeits- oder Charaktermerkmale und Dispositionen, wissensbasierter Handlungsfähigkeiten oder Kompetenzen auch – dauerhaft niederschlagen (zum Glück oder zum Leidwesen der betreffenden Individuen). Was am Beispiel der Familie ausgeführt wurde, gilt, *mutatis mutandis*, für beliebige andere Gruppen. Für die empirische Rekonstruktion insbesondere konjunktiven Wissens eignen sich nun eben auch Bilder, die nicht zuletzt derartiges Wissen – sowie das damit verwobene handlungs- und lebenspraktische Können der Gruppenmitglieder – dokumentieren. Alben mit gesammelten Fotos aus dem Familienleben lassen dies leicht erahnen – selbst wenn nicht alle auf Anhieb sehen können, was diejenigen, die dereinst dabei waren (und noch heute dazugehören), sogleich zu erblicken vermögen und dauerhaft wissen.

Die Beschäftigung mit dem Bild hat wesentlich zu einer Ausdifferenzierung der dokumentarischen Methode hinsichtlich der »Vielschichtigkeit des impliziten Wissens« (Bohnsack, 2017, S. 142) als performatives Wissen beigetragen. So hat etwa die Berücksichtigung der *vor*ikonografischen Ebene im Sinne Panofskys insbesondere das Wissen um den Zeuggebrauch und die Motorik in den Blick gerückt, also einen neuen, in Bildern angelegten Zugang zu inkorporiertem, verkörperlichtem und materiellem Wissen eröffnet. Die Beachtung von Imdahls (1994) Ikonik hat es außerdem gestattet, die sozial- bzw. kulturwissenschaftliche Praxeologie weiterzuentwickeln. Es ist Imdahl gelungen, einen auch für das sozialwissenschaftliche Sinnverstehen ertragreichen Zugang zu den formal-ästhetischen Voraussetzungen von Bildern zu eröffnen. Die Ikonik stellt einen zentralen Aspekt der reflektierenden Interpretation dar (vgl. etwa Przyborski & Wohlrab-Sahr, 2014; Bohnsack et al., 2015, wo jeweils auch Bohnsacks Unterscheidung zwischen »formulierender« und »reflektierender« Interpretation erläutert wird; vgl. hierzu auch Straub, 2010; Straub & Ruppel, 2022a, beide in diesem Band).

Die konkrete Vorgehensweise bei der Interpretation von Bildern mit der dokumentarischen Methode bezieht alle bisher genannten Ebenen und ihr Verhältnis zueinander ein. Ausgeklammert bleiben konkretes Wissen oder Annahmen über das Dargestellte (konjunktives Vor-Wissen). Abbildung 2 gibt einen Überblick über die einzelnen Sinn- und Interpretationsebenen bzw. die an speziellen Leitfragen orientierten – nicht strikt sequenziell angeordneten, sondern aufeinander bezogenen und zirkulär ineinander verwobenen – Arbeitsschritte (von der in der Abbildung ganz unten angeführten *vor*ikonografischen bis hin zur dokumentarischen, ikonologisch-ikonischen Interpretation).

Was den tatsächlichen Ablauf der mehrschichtigen Bildinterpretation angeht, gibt es keine bestimmte, starre Reihenfolge der einzelnen, im Schema angeführten Schritte. Denn ganz im Sinne von Imdahl ist der Eigensinn des Bildes in der Sicht der dokumen-

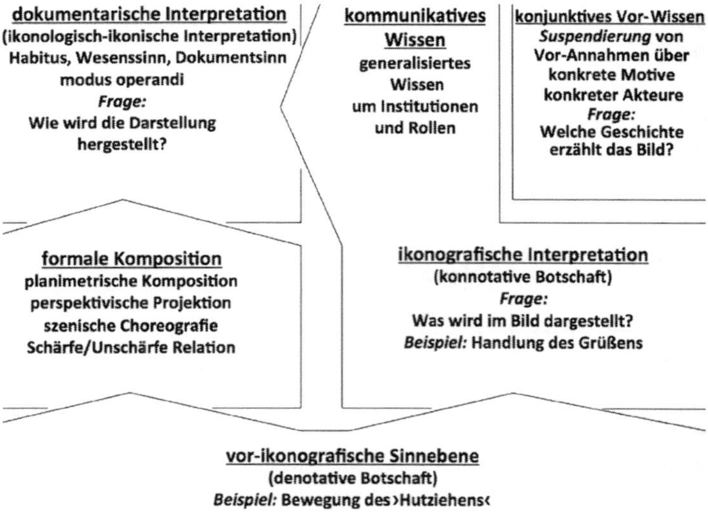


Abb. 2: Sinn- und Interpretationsebenen des Bildes nach Ralf Bohnsack (u. a. Bohnsack et al., 2015, S. 21, geringfügig bearbeitet und ergänzt [Schärfe-Unschärfe-Relation] durch Aglaja Przyborski)

tarischen Methode ganz wesentlich durch die Simultanität des Gezeigten und Wahrgenommenen gekennzeichnet. Die Analyse von Bildern folgt daher auch einer simultanen Logik, im Gegensatz zur sequenzanalytischen Textinterpretation. Zwar mag sich die Rezeption eines Bildes durchaus sukzessive vollziehen. Dabei folgt dieses Sehen jedoch keiner vorab festgelegten Reihenfolge (wie im Falle einer sequenziellen Ordnung sowohl der gesprochenen als auch der geschriebenen Sprache). Während wir Sinn- und Bedeutungsgehalte, wenn wir Äußerungen hören oder lesen, erfassen, indem wir dem fortlaufend Dargebotenen – dem Gesagten oder Geschriebenen, einer bestimmten Reihung von Wörtern und Äußerungen – folgen, bilden wir sinnhafte, bedeutungsvolle Bilder in synchroner, gleichzeitiger und ganzheitlicher Anschauung des insgesamt und im Einzelnen Dargestellten (selbst wenn wir die Augen zwangsläufig von hier nach da schweifen lassen, also durchaus ›nach und nach‹ vorgehen, wenn wir beim Betrachten immer wieder neue Teil-Ganzes-Relationen erschaffen und diese ›zwischendurch‹ sogar bedenken mögen, um das Bild dann noch ›besser‹ zu sehen und zu verstehen – im Prinzip *ad infinitum*). Einer vorab festgelegten und notwendigen sequenziellen Ordnung, die die Betrachtenden zwänge, eine alternativlose Reihenfolge einzuhalten, folgt indes niemand. Es mag einen Blickfang im Bild geben, der viele – manchmal alle – Betrachter_innen zuerst anzieht. Blicke mögen manchmal gelenkt erscheinen, einer allgemeinen sequenziellen Ordnung folgen sie indes nicht. Das Sehen bewegt sich vielmehr in Spielräumen, in denen kulturell eingespielte, sozial habitualisierte oder subjektive Attraktionen und Assoziationen maßgeblich sind, also ›Abweichungen‹ von vielleicht besonders gängigen Sehweisen stets zu erwarten sind. Das wiederum heißt, wie angedeutet, keineswegs, dass objektive Bildmerkmale wie etwa seine Komposition, Form- und Farbgebung nicht die eine oder andere Anschauung nahelegen könnten. In der Tat, das Bild in seiner materialen und formalen Qualität sowie mit all dem, was es darstellt und thematisiert, schafft auch mögliche Bildwirkungen mit. Es wäre abwegig, dies in Abrede zu stellen. Wie man einen Text keineswegs *völlig* beliebig lesen und verstehen kann – als läge seine Bedeutung gänzlich in der Auffassung des konstruierenden Subjekts –, so kann ein Bild auch nicht vollkommen beliebig wahrgenommen und ausgelegt werden – als hätte es nicht *an und für sich*, wegen seiner zuvor angeführten Qualitäten etwas durchaus Bestimmtes zu zeigen. Spielräume für Sehweisen und Auslegungen gibt es jedoch immer, und schon die simultane und auf dem Bild umherschweifende Betrachtung folgt keiner festgelegten Ordnung. Was wahrgenommen und verstanden wird beim Anschauen eines Bildes, bleibt unweigerlich auch von den Rezipient_innen sowie ihren soziokulturellen Gewohnheiten und individuellen Eigenheiten abhängig.

Bei der Bildbetrachtung und beim Verstehen von Bildern bzw. ihren möglichen Bedeutungen geht es stets um ein ganzheitliches Erfassen im Sinne eines produktiven, nicht-vitiösen hermeneutischen Zirkels: Durch das genaue Hinsehen und das damit verwobene Verstehen eines Teils wird das Ganze besser verstanden, der neue Gesamteindruck wiederum steuert den Blick auf nun besonders relevant erscheinende Elemente des Bildes, und von dort aus wird das Verständnis des Ganzen revidiert, modifiziert, präzisiert – und so weiter und so fort. Allerdings ist das »Ganze [...] von vornherein in Totalpräsenz gegeben« (Imdahl, 1996a, S. 23). Und dabei gilt eben: Simultane Realitäten lassen sich *ausschließlich* zeigen und sehend erfassen. Auch darin liegt der privilegierte Zugang begründet, den Bilder zur Körperlichkeit unserer Selbst- und Welterfahrung eröffnen (Bohnsack & Przyborski, 2015; Przyborski, 2018a, S. 96–103, 288–294).

Zu den wesentlichen Charakteristika der dokumentarischen Bildinterpretation zählt auch die Unterscheidung zwischen »abbildenden Bildproduzent_innen« (wie etwa Fotografen oder Malerinnen, also denjenigen, die die Bilder herstellen) und den auf dem Bild abgebildeten Figuren bzw. den sogenannten »abgebildeten Bildproduzent_innen«; das sind »Personen, Wesen oder soziale Szenarien, die zum Sujet des Bildes gehören« (Bohnsack, 2009, S. 31). Diese Unterscheidung ist insofern wichtig, als zum Beispiel Fotograf_innen einen anderen konjunktiven Erfahrungsraum repräsentieren können als diejenigen, die von ihnen ins Bild gesetzt werden. Folgendes Beispiel mag diesen Unterschied und seine Relevanz verdeutlichen:

Vor der Erfindung von Self Shot-Funktionen und Handy-Sticks war es noch üblich, sich im Urlaub vom Kellner oder von anderen Urlauber_innen fotografieren zu lassen, damit kein Familien- oder Gruppenmitglied auf dem Bild fehlt. Nicht selten kam es in diesem Zusammenhang seitens der Fotografierten zu Ärger über die Wahl des Bildausschnitts, der Perspektive oder der Belichtung – alles Gestaltungsleistungen der jeweils abbildenden Bildproduzent_innen. Der Abbildende, etwa der spanische Kellner, mag andere Vorstellungen von dem, was wichtig und schön ist und deswegen unbedingt aufs Foto gehört, gehabt haben als die fotografierten Freundinnen aus dem Norden Deutschlands. Er mag seine Aufmerksamkeit auf andere Gesichtspunkte gerichtet haben als die Frauen, die er fotografiert hat, nicht zuletzt, weil er einen anderen existenziellen bzw. kulturellen Hintergrund hat und vielleicht auch einen geschlechtsspezifischen Blick auf sein Sujet wirft. All das mag sein Handeln auch in dieser Situation mitbestimmt haben.

In der Arbeit mit der dokumentarischen Methode spielen die kulturellen Hintergründe eine essenzielle Rolle. Es ist wichtig zu unterscheiden, wessen Handlungspraxen sich auf welcher Sinnebene des Bildes dokumentieren. So ist zwar die szenische Choreografie den im Bild Abgebildeten zuordenbar – in unserem Beispiel den Urlauberinnen –, alle anderen Ebenen der Ikonik (Planimetrie und perspektivische Projektion) allerdings den Abbildenden bzw. Bildschaffenden. Anders verhält es sich jedoch, wenn zum Beispiel ein Mitglied der Gruppe der Urlauberinnen oder einer Familie selbst fotografiert. Vor diesem Hintergrund lässt sich auch – methodologisch begründet – entscheiden, ob man für ein Untersuchungsdesign besser mit irgendwelchen Bildern (oder Videos) aus dem Feld oder aber mit solchen, die von den Untersuchten selbst erstellt wurden, arbeiten möchte, oder ob die Forschenden die Bilder (oder Videos) eigens herstellen.

Die systematische Beachtung des Unterschieds zwischen abbildenden und abgebildeten Bildproduzent_innen steht mit einem weiteren Charakteristikum der dokumentarischen Bildinterpretation in Zusammenhang. Wenn wir noch einmal zum Ärger der fotografierten Urlauberinnen zurückgehen, so ließe sich auch formulieren, dass sie sich mit dem Bild, das der Kellner geschossen hat, nicht identifizieren können, es nicht als *ihr* Bild betrachten. Sie können nicht viel mit ihm anfangen, es nicht sinnvoll gebrauchen. Für das Bild des Kellners haben sie keine rechte Verwendung. Das Bild findet dann in der Folge wohl wenig Beachtung. Im umgekehrten Fall, wenn sie es als gelungen betrachten, findet es sich zum Beispiel in Urlaubsalben wieder und wird zu *ihrem* Bild. Sie zeigen es noch öfter vor und ›adoptieren‹ es. Dieser Vorgang stellt sich gerade bei selbst erstellten Bildern häufig ein. Solche adoptierten Fotos erscheinen etwa auf den klingelnden Smartphones. Festzuhalten ist: Bilder müssen – im Gegensatz zu Sprache und Text, bei dem die Autorschaft meist klar festzustellen ist – erst von einzelnen Personen oder von Gruppen autorisiert werden (Przyborski, 2014, 2018a), um weiter Verwendung in der Handlungs- und Lebenspraxis, die sie dokumentieren, finden zu können. Es ist aus dieser Sicht also nicht unwesentlich, ob ein Bild (auf dem Fotoapparat oder dem Smartphone) gelöscht wird oder an zentraler Stelle platziert, gespeichert oder sogar gepostet wird. Für die Forschungspraxis mit der dokumentarischen Methode heißt das, dass Autorisierungen erst entsprechend rekonstruiert werden, um Bilder praxeologisch als Dokumente bestimmter Sinnzusammenhänge, die man an ihnen herausarbeitet, auffassen zu können. Im Übrigen führt in der empirischen Forschung erst der systematische Vergleich, also die Analyse mehrerer Bilder (und meistens weiterer Materialien bzw. Daten) zu über den Einzelfall hinausgehenden Abstraktionen und dadurch zu einer empirisch fundierten Generalisierung und Theoriebildung (Bohnsack et al., 2018). Entsprechende Forschungsbeispiele, die allesamt das sozialwissenschaftliche Interesse an Bildern belegen und innovative Methoden der Bildinterpretation ausweisen, finden sich etwa bei Przyborski (2018a), von Sichart (2016) und Kanter (2016).

## Bildanalyse im Rahmen der Grounded Theory-Methodologie

Trotz des von Barney Glaser (2007) formulierten Postulats »all is data« wurden visuelle Daten im Rahmen der Grounded Theory-Methodologie (GTM) bislang nur selten berücksichtigt. Dass Bildinterpretationen und Bildgebrauchsanalysen den Forschenden bei der Beantwortung ihrer vielfältigen Forschungsfragen sowie bei der Begriffs- und Theoriebildung nützen können, wird indes von niemandem mehr bezweifelt. Die Entstehung immer neuer Spielarten der GTM (vgl. Mey & Mruck, 2020; Dietrich et al., 2021) sowie die zahlreichen, auf der Basis dieses Ansatzes konzipierten empirischen Projekte beziehen visuelle Daten dennoch nur in Ausnahmefällen ein. Neuere Bemühungen um einen methodisch kontrollierten Zugang zum Bild mittels der GTM stammen etwa von Krzystof Konecki (2011), Günter Mey und Marc Dietrich (2016) oder Elke Grittmann (2018) – sowie von Autor_innen, auf die die genannten Wissenschaftler_innen Bezug nehmen (s. u.).

Die Arbeit des polnischen Soziologen Konecki zur Visualisierung von Yoga-Praktiken und Obdachlosigkeit ist von Charles S. Suchar (1997), Adele Clarke (2005) und insbesondere von Cornelius Schubert (2006) inspiriert (die jeweils auf eigene Weise die GTM mit dem Anspruch verbinden, visuelle Daten methodisch kontrolliert zu analysieren). Insbesondere die videografische Studie zu Operationspraktiken in Operationssälen von Schubert (2006) verknüpft Prinzipien und Verfahren der Videoanalyse mit der GTM (zusätzlich bezieht der Autor Beobachtungsdaten und Interviews in seine Studie mit ein).[6] Konecki (2011, S. 136) betrachtet diese Untersuchung als einen entscheidenden Beitrag für die Entwicklung einer *Visual Grounded Theory Methodology* (VGTM). In seinem eigenen Entwurf einer VGTM greift er Clarkes Idee der »specification memos« auf, die uns helfen sollen, »to break the frame, so we can ›see‹ an image in multiple ways« (Clarke, 2005, S. 226f.). Außerdem adaptiert er Schuberts Vorgehen, visuelle Sinnschichten respektive *slices* für die Bildung von Kategorien herauszuarbeiten. Das zentrale Konzept bei Konecki ist schließlich das »multislicing imaging«, das von einer Mehrschichtigkeit bzw. von unterschiedlichen Sinnschichten des Bildes ausgeht, in der sich die Mehrschichtigkeit und Mehrdimensionalität der Realität respektive ihrer sinnhaften, bedeutungsvollen Phänomene widerspiegle, deren interpretative Rekonstruktion das Ziel qualitativer Sozialforschung sei:

> »The multislice imaging is a grammar of visual narrations analysis that accents the following stages: a) an act of creating pictures and images (analysis of context of creation); b) participation in demonstrating/communicating visual images; c) the visual product, its content and stylistic structure; d) the reception of an ›image‹ and visual aspects of presenting/representing something« (Konecki, 2011, S. 139).

Bilder besitzen nach Konecki also nicht nur unterschiedliche Bedeutungsebenen oder Sinnschichten (vgl. auch Mey & Dietrich, 2016, sowie die Ausführungen zur dokumentarischen Methode

6 Im vorliegenden Beitrag gehen wir auf die methodische Analyse bewegter Bilder (Video, Film) nicht ein (vgl. dazu neben den erwähnten Arbeiten von Schubert etwa Bohnsack (2009), Knoblauch et al. (2006) oder Moritz & Costen (2018).

zuvor), sondern sollen einer multiperspektivischen Analyse unterzogen werden, die unterschiedliche »innere« und »äußere Kontexte« des Bildes (Konecki, 2011, S. 140), nämlich seine Produktion und Rezeption, aber auch seine Präsentation sowie das Produkt selbst (bzw. seinen Inhalt) in Betracht zieht. Zu Beginn der Analyse steht hier die Beschreibung des visuellen Materials und das damit einhergehende Schreiben von Memos, wobei die Bedingungen der eigenen Bildbeschreibung und -interpretation stets reflektiert werden sollen, um dann durch offenes Codieren Kategorien zu bilden und die Beschreibungen im Sinne der GTM auf ein konzeptuelles Niveau zu bringen *(conceptual work)*. Auch wird der Kontext des Bildes einer soziokulturellen Analyse unterzogen, denn »visualisation processes are social processes and should be analysed as basic social processes« (ebd., S. 147).

Konecki folgt also bei seiner Analyse wesentlichen Strategien der GTM (für einen Überblick siehe Mey & Mruck, 2020; Ruppel & Mey, 2017). Dazu zählen das auf permanenten Vergleichen basierende *theoretical sampling* und die komparative Analyse (vgl. Straub & Ruppel, 2022, in diesem Band). Im Hinblick auf seine Studie zur Visualisierung von Obdachlosigkeit analysiert und vergleicht Konecki zum Beispiel Fotos, die selbst von Obdachlosen aufgenommen, aber auch Fotos, die von Journalisten gemacht wurden. Hierdurch wird die Perspektive auf Obdachlosigkeit also aus einer Selbst- und Fremdsicht rekonstruierbar. Eine weitere Dimension von Visualität, der sich Konecki in dieser Studie widmet, ist die des Raumes und der Sichtbarkeit (respektive Unsichtbarkeit) Obdachloser. Neben der Fokussierung auf unterschiedliche Dimensionen der Visualisierung von Obdachlosigkeit und der Analyse von Bildern basiert die Studie auch auf anderen Datentypen und setzt so Glasers Diktum »all is data« forschungspraktisch um.

Ein weiterer Beitrag zur Visual Grounded Theory stammt von Mey und Dietrich (2016). Entlang der Überlegungen Koneckis sowie in selektiver Anlehnung an ausgewählte Prinzipien klassischer kunstgeschichtlicher Verfahren der Bildanalyse (Panofsky, 2002 [1939]; Imdahl, 1996a), kultursemiotischer Ansätzen

(Barthes, 1989 [1980], 1990 [1964], 1998 [1957]) und auf der Grundlage anderer Methoden der qualitativen Bildinterpretation, etwa der dokumentarischen Methode (siehe zuvor), der Bildsegmentanalyse (Breckner, 2010; siehe nachfolgend) sowie der objektiven Hermeneutik (Oevermann, 2014) versuchen Mey und Dietrich eine eigenständige VGTM zu begründen. Die Autoren haben unlängst auch Überlegungen zur Analyse *audio*visuellen Materials mit der GTM vorgelegt (Mey & Dietrich, 2018). Im Gegensatz zu Konecki, der mit seinem Konzept des »multislice imaging« insbesondere auf die unterschiedlichen Bildkontexte eingeht – sich also für das Bild in seiner ikonischen »Eigenlogik« weniger interessiert –, sehen sich Mey und Dietrich der spezifischen Medialität des Bildes stärker verpflichtet und plädieren für eine die formale Komposition des Bildes berücksichtigende Analyse. Diese gelte es eigens herauszuarbeiten, wozu eine »Codierung am Bild« zweckdienlich sei. Damit schließen sie – selektiv und punktuell – an etablierte Verfahren der Bildinterpretation an, etwa an die dokumentarische Methode und die Bildsegmentanalyse. Wie diese hoch elaborierten und empirisch erprobten Ansätze sind auch Mey und Dietrich darum bemüht, das Bild in seiner genuin ikonischen Qualität und Gesetzmäßigkeit zu erfassen.

In diesem Punkt unterscheiden sich die genannten Ansätze von der objektiven Hermeneutik Ulrich Oevermanns, da dieser Ansatz das Bild nicht in seiner Simultanität, sondern, dem Modell der Sprache und des Textes folgend, sequenziell erfasst und demgemäß vorsieht, es für seine Analyse zunächst auf eine Art »Textebene« zu bringen und diese sodann mit weiteren Texten bzw. sprachlichen Materialien anzureichern, um »die Erkenntnisse visueller Analysen zu verifizieren« (Mey & Dietrich, 2016, Abschn. 4.1, S. 8). Damit wird – entgegen dem Postulat der »ikonischen Wende« – das Bild unter den Text subsumiert. Der Ansatz von Mey und Dietrich stellt sich im Anschluss an Konecki und Oevermann zwar auch die Frage nach der Bedeutung des Bildkontextes und der Einbeziehung von weiteren textförmigen wie visuellen Materialien – auch als Korrektiv – für die eigentliche Bildinterpretation, möchte aber zugleich das Bild *als Bild* verstehen und ernst nehmen. Hier zeigt sich allerdings genau das Problem, das mit dem attraktiven Diktum »all is data« eben noch nicht zufriedenstellend ausformuliert ist: Wie nämlich kann und soll mit den theoretischen, methodologischen und methodisch-technischen Herausforderungen umgegangen werden, wenn wir als Forschende die Eigenlogiken unterschiedlicher Daten ernst nehmen wollen und diese »Logiken« je spezifische, also differenzierte, divergierende Zugänge und Analyseschritte, Verfahren und Techniken der Datenauswertung erfordern?

»Die zentrale Frage«, die sich Mey und Dietrich im Hinblick auf ihre Konzeption einer VGTM stellen, ist schließlich, »wie diese angesichts der Besonderheit der Bild-Medialität ausgerichtet wird und in welcher Weise die vornehmlich im Rahmen von Textanalyse etablierten Kodierprozeduren daraufhin abgewandelt werden müssen« (ebd., Abschn. 5, S. 14). Der Antwort auf diese Frage nähern sich die Autoren an, indem sie essenzielle Schritte der GTM *(Sampling, Codieren, Kategorienbildung* und *Memo Writing)* übernehmen und unter Berücksichtigung einer genuin bildlichen Logik an die VGTM anpassen. Wesentliche Unterschiede resümiert der folgende Vergleich.

**Verfahren der GTM im Hinblick auf *Textanalysen:*** Generell stellt die GTM einen iterierenden Prozess der Datenerhebung und -analyse dar, in dessen Verlauf sukzessive Kategorien gebildet werden, und zwar mit dem Ziel, eine sich auf Daten gründende Theorie zu entwickeln. Der erste Arbeitsschritt der GTM sieht vor, das Textmaterial (z.B. Interviewausschnitte, Feldnotizen) in sinnhafte Einheiten zu segmentieren – es kann sich hierbei um einzelne Wörter bis hin zu umfassenderen Textpassagen handeln –, die dann codiert[7] und kategorisiert werden. Die erarbeiteten Kategorien werden schließlich über das Hinzuziehen anderer Daten und mittels permanenter Vergleiche und Relationierungen zu weiteren Kategorien verdichtet und konzeptualisiert und damit über eine bloße Deskription hinausge-

7 Bei Strauss & Corbin (1996) werden das offene, axiale und selektive Codieren unterschieden.

führt. Die Codierschritte werden immer in Form von Memos reflektiert; das *Memoing* begleitet den ganzen Forschungsprozess und ist ein zentrales Werkzeug der Theorieentwicklung (s. Mey & Mruck, 2020).

**Verfahrensschritte der *Bildanalyse mit der GTM:*** Ausgehend von dieser hier nur kurz resümierten Forschungslogik der GTM sehen Mey und Dietrich (2016, Abschn. 5.1, S. 14) folgende Verfahrensschritte für die Bildanalyse mit der GTM vor:

1. *Kontextualisierung:* Hier stellt sich die Frage nach dem Stellenwert und der Einbeziehung des Bildkontextes respektive Kontextwissens, die es im Hinblick auf die jeweilige Forschungsfrage vor, aber auch während des Forschungsprozesses immer wieder zu evaluieren und zu entscheiden gilt (siehe Punkt 5).
2. *Beschreibung/Inventarisierung:* Deskription des Bildinhaltes in seinen Einzelheiten, gegebenenfalls geordnet nach Bildhintergrund, -mitte und -vordergrund, damit verbunden die Rekonstruktion des Bildraumes, der -fläche und der Perspektive. Mey und Dietrich weisen zu Recht darauf hin, dass die Beschreibung und Inventarisierung als eine aktive und damit konstruktive Leistung der Bildbetrachterin bzw. des Interpreten zu verstehen ist.
3. *Bildkomposition/Segmentierung:* Hier gilt es, prägnante Bildsegmente unter Berücksichtigung der formalen Komposition des Bildes zu identifizieren. Im Anschluss an die dokumentarische Methode, speziell ihre Rekonstruktion und Analyse der formalen Komposition des Bildes (mittels Planimetrie, szenischer Choreografie, perspektivischer Projektion; s. o.), können hier aus der Komposition des Bildes emergierende und für die Interpret_innen (strukturell) stark ins Auge fallende Bildelemente segmentiert werden. Für Bilder, die weniger durchkomponiert erscheinen, schlagen Mey und Dietrich Breckners Methode vor (s. u.), um Bildsegmente im Wahrnehmungsprozess und somit entsprechend der Blickrichtung des Interpreten zu identifizieren.
4. *Memowriting und Codieren:* Memoing und Codieren greifen ineinander. Codierschritte werden in Memos festge-

halten und fortlaufend elaboriert. Hierbei wird – der Eigenlogik des Bildes Rechnung tragend – »direkt am Bild« gearbeitet bzw. es werden die einzelnen Bildsegmente unter Anwendung systematischer, generativer Fragen »aufgebrochen«, respektive codiert und interpretiert. Das Bild wird also nicht erst zum Text gemacht und als solcher behandelt bzw. gedeutet (wie z. B. bei der Objektiven Hermeneutik oder bei Konecki), sondern jedem Bildsegment wird direkt mindestens ein Code zugewiesen.

5. *Interpretation und Integration von Wissensformen:* Hier geht es um die Frage der Anwendung oder Suspendierung von Kontextwissen im Rahmen der Bildinterpretation. In kultursemiotischer Perspektive stellt sich bei der Interpretation dann auch die Frage, »auf welche außerbildlichen Diskurse, Bildwelten oder Konnotationen von Objekten das Segment verweist« (ebd.). Die Antwort auf diese Fragen liegt dabei im Forschungsinteresse begründet. Entscheidend für jegliche Interpretationsarbeit sei jedoch – und das *Memowriting* stellt hierbei erneut ein Hilfsmittel dar –, das angewendete Wissen stets auszuweisen und zu reflektieren.
6. *Kategorienbildung:* Unter Berücksichtigung der bereits geleisteten und in den Memos reflektierten Codierarbeit kann überlegt werden, inwiefern auch die den Bildinhalt konstituierenden formalen Aspekte (z. B.: Licht, Farbe, Kontraste, Schärfe etc.) in die Kategorienbildung integriert werden.
7. *Heranziehung weiteren Materials:* Durch *Theoretical Sampling* – als einem zentralen Vergleichsprozess – können zusätzliche Materialien für die weitere Strukturierung und Spezifizierung von Konzepten und die fortschreitende Interpretation und Theoriebildung herangezogen werden.
8. *Integration von Bild-Text-Kategorien:* Die im Analyseprozess sowohl aus den bildlichen als auch aus den textförmigen Daten (weiteres Bildmaterial, Texte zum Bild, Notizen zum Bildkontext, Interviewausschnitte, Protokolle etc.) elaborierten Kategorien gilt es nun aufeinander zu beziehen.

> Hiermit ist zu klären, wie sich die aus Bildern und Texten generierten Kategorien »inhaltlich« zueinander verhalten, aber auch, wie diese »medienspezifisch geprägt« sind (ebd.).

Auf die Ausführung eines forschungspraktischen Beispiels wird hier verzichtet. Wir verweisen noch einmal auf Untersuchungen, in denen die GTM den Rahmen für methodisch kontrollierte, interpretative Bildanalysen in soziologischer oder psychologischer Perspektive bildet (Steinnebel & Ruppel, 2020; Grittmann, 2018; Goetzmann et al., 2018; Dietrich & Mey, 2020, 2018).

## Segmentanalyse des Bildes nach Roswitha Breckner

In ihrer Bildsegmentanalyse fragt Roswitha Breckner (2010) nach der prozessualen Genese bildlichen Sinns im Akt der Wahrnehmung. Hierbei bezieht sich Breckner auch auf Susanne Langer (1965), eine ehemalige Schülerin Ernst Cassirers, namentlich auf deren grundlagentheoretische Differenzierung zwischen *präsentativen* und *diskursiven Formen der Symbolisierung* (vgl. dazu Straub et al., 2021). Während bei diskursiven Formen der Symbolisierung die Sequenzialität die entscheidende Rolle in der Konstruktion von Sinn und Bedeutungsbezügen spiele, seien Bilder von einer präsentativen Symbolik gekennzeichnet, womit auch gemeint ist, dass sich – wie auch in anderen, zuvor dargestellten Ansätzen angenommen – ikonischer Sinn und visuelle Bedeutungen durch simultan gegebene, sich wahrnehmend zu einer Gestalt oder Gesamtkomposition fügende, bildliche Elemente konstituieren. So konstatiert Breckner (2012, S. 151):

> »Insgesamt zielt die Methode der Segmentanalyse darauf zu erschließen, wie aus der Beziehung und (formalen) Organisiertheit verschiedener Bildelemente in einer Gesamtkomposition [...] beim Betrachter (also wahrnehmend) eine Bildgestalt entsteht, die zum Teil bestimmbare, zum Teil unbestimmt bleibende Be-

> deutungs- und Sinnbezüge in diskursiven Verweisungszusammenhängen generiert.«

Mit der Unterscheidung zwischen diskursiver und präsentativer Symbolisierung wird der Besonderheit des Mediums Bild und seiner spezifischen Symbolisierungspotenzialität und -form Rechnung getragen, ohne dadurch eine »kategoriale Trennung zwischen Bildern und Sprache« einzuführen, da die sich durch unterschiedliche Medien konstituierenden Sinn- und Bedeutungsbezüge stets als »Prozesse der Symbolisierung« zu fassen sind. Wichtig ist und bleibt gleichwohl eine das gemeinsame Band des Symbolischen nicht zerschneidende Differenz: »[V]erschiedene Formen der Symbolisierung« weisen spezifische Eigenheiten auf, »die es methodologisch-methodisch zu berücksichtigen gilt« (Breckner, 2010, S. 12).

Breckner geht es also insbesondere um das Bild als eine sich allmählich im Wahrnehmungsprozess einstellende, gleichwohl simultan gegebene Gesamtkomposition und damit um das Prozessuale der Bedeutungsbildung, womit sie nicht zuletzt an frühe Überlegungen Rudolf Arnheims (1980) anschließt. Neben dem Argument der Simultanität von Bildsegmenten ist es sodann die genaue Fokussierung und Analyse eben dieser, den bildlichen Sinn konstituierenden Segmente; hier folgt Breckner den Überlegungen Imdahls zur Ikonik, die einen weiteren methodologischen Bezugspunkt der Segmentanalyse darstellt. So schreibt Breckner (2010, S. 12), dass die »Bedeutung einzelner Bildbestandteile erst aus dem konkret-bildlichen Zusammenhang mit anderen Elementen sowie in Bezug auf die Gesamtgestalt eines Bildes« entstehe. Ein konzises Resümee, in dem auch die methodische Berücksichtigung von (praktischen und diskursiven) Kontexten der Bildproduktion und insbesondere der -rezeption anklingt, bietet folgende Passage:

> »Bildlicher Sinn entsteht mithin in Gestaltgebungsprozessen über die Wahrnehmung von etwas in der sichtbaren Materialität des Bildes. In diesen Prozess gehen Appräsentationsschemata von Gegenständen oder Sachverhalten in ihren kontextuellen Hori-

zonten ebenso ein wie abstrakte Begriffe und Vorstellungen. Bildlicher Sinn geht aus einem Spannungsverhältnis zwischen Sichtbarem und Unsichtbarem, zwischen Anwesenheit und Abwesenheit des Dargestellten hervor. Die Entstehung bildlichen Sinns im Prozess der Wahrnehmung einer Bildgestalt ist zugleich eingebettet in spezifische Sinngewebe und damit in der Regel verschränkt mit diskursiven Formen der Symbolisierung in spezifischen Kontexten im Alltag, in der Werbung, Wissenschaft, Kunst, Religion etc.« (ebd., S. 266).

Der sich durch das formale Zusammenspiel verschiedener Bildelemente in der Gesamtkomposition ausdrückenden Eigenlogik des Bildes wird auch in der Segmentanalyse – wie bereits in der dokumentarischen Methode und der VGTM – Rechnung getragen. Die spezifische, abgestufte *Forschungslogik der Segmentanalyse* lässt sich nach Breckner (ebd., S. 287ff.) wie folgt wiedergeben:

a) *Dokumentation des Wahrnehmungsprozesses; erste Eindrücke; Erfassung der formalen Bildgestalt; Identifizierung einzelner Segmente:* Beim ersten »Aufdecken« des Bildes wird der eigene Wahrnehmungsprozess beobachtet und dokumentiert, das heißt, es wird im Bild eingezeichnet, welche ikonischen Pfade (Loer, 1994) der eigene Blick einschlägt, welche Segmente des Bildes identifiziert, ›zusammengesehen‹ oder aber als unterschiedlich wahrgenommen werden. Zudem können den Wahrnehmungsprozess begleitende, affektiv-leibliche Eindrücke des Betrachters festgehalten und reflektiert werden. Dieser erste Schritt »dient dazu, die sukzessive und zugleich simultane Bildwahrnehmung erfahrbar zu machen und für Gemeinsamkeiten und Unterschiede der Bildwahrnehmung zu sensibilisieren« (Breckner, 2010, S. 288) – weswegen Breckner auch für eine Analysearbeit in der Gruppe plädiert. Daran anschließend werden formale Aspekte der Bildkomposition (Farben, Formen, Licht, Linien, Kontraste, szenische Konstellationen, Perspektiven etc.) erfasst und beschrieben. Das Ziel ist hierbei, erste bedeutungstragende Segmente zu identifizieren und zu verdeutlichen, wie sich die individuelle Bildwahrnehmung in einem Wechselspiel von subjektiven Wahrnehmungspräferenzen und formaler Komposition des

Bildes strukturiert und konstituiert. Neben der Selbstreflexion des eigenen Wahrnehmungsprozesses – der immer auch vor- und unbewusste Anteile in sich birgt (ebd., S. 287, Fn. 195) – sind in diesem Analyseschritt zwei Aspekte zentral: Die methodische Herausforderung der Koinzidenz von Sequenzialität und Simultanität des Bildes und die forschungspraktische Umsetzung beider Formen, sodann die Anerkennung des Eigensinns des Bildes.

b) *Interpretation der Bildsegmente und ihres Zusammenhangs hinsichtlich potenzieller indexikalischer und symbolischer, einschließlich ikonografischer, ikonologischer und ikonischer Bedeutungs- und Sinnbezüge:* In einem weiteren Schritt geht es um eine – unabhängig vom Bildganzen stattfindende – systematische und detaillierte Interpretation einzelner Bildsegmente und ihres Bedeutungszusammenhangs, wobei, »dem abduktiven Verfahren der Hypothesenbildung folgend, kontrastive Sehweisen zu möglichen bildthematischen Bedeutungen von dargestellten Gegenständen, Personen, Konstellationen und ikonischen Elementen« (ebd., S. 289) erarbeitet und geprüft werden. Die einzelnen Segmente werden dabei im Hinblick auf indexikalische und symbolische Thematisierungen sowie auch auf ikonografischer, ikonologischer und ikonischer Ebene unterschiedlich befragt, und zwar mit dem Ziel, unterschiedliche Sehweisen zu entwickeln. Es können zum Beispiel Fragen indexikalischer und ikonologischer Art (Verweist das Bild auf eine Zeit, einen Ort? Oder auf einen bestimmten Zeitgeist und Stil?), Fragen ikonografischer Art (Welche Themen werden aufgegriffen?) und ikonischer Art (Welche bildgestaltende Funktion kommt dem Segment zu? Wie ist es möglicherweise gegenüber anderen Segmenten platziert? Welche Bedeutung könnte bestimmten Größenverhältnissen einzelner Segmente zukommen?) an das Bild gestellt werden (vgl. ebd., S. 290). Damit einhergehend werden Folgehypothesen zu weiteren Bildsegmenten gebildet, die diese Sehweisen bestätigen, weiterentwickeln oder verwerfen könnten. Die so sukzessiv interpretierten Segmente werden dann in unterschiedliche Beziehungen zueinander gesetzt, um weitere Hypothesen zu entwickeln oder zu falsifizieren. Hiermit und insbesondere mit dem Prinzip der *Sehweisen* knüpft Breckner an die Forschungslogik der objektiven Hermeneutik Oevermanns und an die Sequenzanalyse an.

Methodologisch wird hierbei der Differenz von latenten und manifesten Bedeutungszusammenhängen Rechnung getragen (s. a. Schritt e nachfolgend). Nur in Relation zu anderen Elementen in Bezug auf ein Bildganzes kann sich verborgener, latenter Sinn offenbaren, womit sich die Analyse und Interpretation der Rekonstruktion ebendieser Relationen zu widmen hat. »Ziel der Analyse«, so die Autorin, »ist es, die Hypothesen zu den die Bildgestalt hervorbringenden Anordnungen und Bezugnahmen der Elemente aufeinander und ihre außerbildlichen Verweisungsbezüge systematisch herauszuarbeiten« (ebd., S. 275).

c) *Analyse der kompositorischen Strukturierung des Bildfeldes (Feldliniensystem) und der darin realisierten oder zu verwerfenden indexikalischen und symbolischen Bedeutungs- und Sinnbezüge:* In diesem dritten Schritt geht es um das Bild in seiner Ganzheit und um seine formale Analyse. Die durch die Interpretation der Segmente gewonnenen Bedeutungs- und Sinnbezüge werden nun auf die formale Gesamtstruktur des Bildes bezogen, die es mittels des Instrumentariums der Ikonik (Imdahl, 1996a) zu rekonstruieren gilt: Planimetrie, szenische Choreografie und perspektivische Projektion (s. o.). Dadurch sollen die bisher entwickelten Sinn- und Bedeutungsbezüge in ihrem Möglichkeitsspielraum auf ein erstes plausibles Interpretationsergebnis eingegrenzt werden.

d) *Rekonstruktion der sozialen und technischen Entstehungs-, Aufbewahrungs- und Verwendungszusammenhänge in Verbindung mit dem medialen Bildpotenzial:* Im vierten Schritt geht es um die außerbildlichen Kontexte bzw. um Handlungszusammenhänge, wie etwa die Produktion, Rezeption, Verwahrung und den Gebrauch eines Bildes. Es wird hier also der Frage nachgegangen, wie sich bestimmte Sinnbezüge und Bedeutungen eines Bildes erst in unterschiedlichen Bildpraktiken und Verwendungszusammenhängen konstituieren. Hierbei wird auch die spezifische Medialität des Bildes in die Analyse miteinbezogen: Handelt es sich etwa um ein Gemälde, eine Fotografie, einen Schnappschuss, ein Erinnerungsfoto, eine Collage? Auch die Materialität und »Spuren« des Bildes werden dabei in Augenschein genommen, zum Beispiel »Fotoecken, die auf eine Platzierung in einem Album verweisen« (Breckner, 2010, S. 292), gegebenenfalls der Rahmen, die das Bild begleitenden Textelemente oder dergleichen. Dieser Schritt kann zu einer Rekonstruktion der technischen und sozialen Entstehungs- und Verwendungszusammenhänge des Bildes beitragen. Darüber hinaus kann den am Bild aufgestellten Hypothesen und Deutungsmöglichkeiten zum Beispiel durch das Hinzuziehen von Literatur oder durch Interviews mit Bildproduzenten und -rezipienten weiter nachgegangen werden.

e) *Zusammenfassende Interpretation der Gesamtgestalt eines Bildes:* Es folgt eine abschließende Zusammenführung der aus den einzelnen Schritten gewonnenen Interpretationsergebnisse mit Blick auf die Frage: »Wie wird etwas im und durch das Bild für wen in welchen medialen und pragmatischen Kontexten sichtbar[?]« (ebd., S. 293). Das Ziel dabei ist, »die Frage nach dem manifesten und latenten Bildsinn auch mit Bezug auf die medialen Verwendungskontexte« (ebd.) zu beantworten – soweit diese rekonstruierbar sind.

f) *Einbettung der Analyseergebnisse in fachtheoretische und/oder empirische Bezüge, gegebenenfalls auch im Zusammenhang mit oder im Kontrast zu anderen Materialien:* Bei diesem Schritt richtet sich die Frage auf die theoretische Reichweite und die Aussagekraft bzw. Potenzialität der empirischen Ergebnisse für das Verstehen sozialer Phänomene. Hierfür werden die Analyseergebnisse auf »einer theoretisch allgemeineren Ebene« (ebd.) diskutiert und gegebenenfalls mit weiteren Materialien zusammengeführt oder kontrastiert.

Die Segmentanalyse bietet sich auch für die Analyse von Bildserien oder Bildsammlungen an (z.B. Fotoalben, Bilder in privaten Räumlichkeiten oder in Ausstellungen etc.; vgl. ebd., S. 294ff.). Hierbei spielt unter anderem die Beschreibung formaler und thematischer Gestaltungsprinzipien von Bildsammlungen sowie die Interpretation ihrer segmentalen und gegebenenfalls sequenziellen Struktur eine Rolle und ebenso ihrer latenten wie manifesten Sinnbezüge. Im Rahmen der Analyse von Bildserien können schließlich auch einzelne Bestandteile der Sammlung einer Feinanalyse unterzogen werden. Wie bei der Analyse von Einzelbildern geht es schließlich auch in der Auseinandersetzung mit Bildsammlungen um die Rekonstruktion ihres Verwendungszusammenhanges und um die Beschreibung ihrer spezifischen Medialität.

Auf ein Beispiel aus der Forschungspraxis verzichten wir erneut, verweisen aber auf Untersuchungen, die Breckners komplexen Ansatz gut veranschaulichen. Zu allererst wären da die vielfältigen und anschaulichen Untersuchungen von Breckner selbst zu nennen.[8] Diese reichen von der Analyse von Körperbildern und ambivalenten Geschlechterbeziehungen und -ordnungen anhand von Fotografien von Helmut Newton (Breckner, 2003, 2010, 2013) über die Untersuchung von »Biografiebildern« in privaten Fotoalben in ihrem Verhältnis zu biografischen Erzählungen (Breckner, 2010) bis hin zur Interpretation der fotografischen Inszenierung einer Unternehmerfamilie in einem Wirtschaftsmagazin (ebd.) oder zur bildlichen Darstellung von »Fremden« im öffentlichen Raum (ebd.). Zwar verorten sich diese Untersuchungen in der (visuellen) Soziologie, sind aber sowohl thematisch wie auch methodologisch für eine interpretative Psychologie und speziell für die Kulturpsychologie relevant. Ähnlich verhält es sich mit der Studie zur visuellen Stadtsoziologie von Johannes Marent (2016), die *Istanbul als Bild* in den Blick nimmt und die unterschiedlichen urbanen Vorstellungswelten und symbolischen Ordnungen der urbanen Wirklichkeit Istanbuls anhand verschiedener Bildsorten (u.a. Werbebilder und Künstlerfotos der Metropole) rekonstruiert. Dass eine derartige Untersuchung, die nicht nur die äußeren Bilder, sondern auch die mit ihnen verwobenen »Vorstellungswelten« in den Fokus rückt und sich zudem dafür interessiert, wie Bilder an der symbolischen Ordnung von Städten partizipieren, auch von psychologischem Interesse sein kann, liegt auf der Hand. Eine dezidiert psychologisch ausgerichtete Untersuchung stellt schließlich eine Einzelfallanalyse aus einer Studie zu Deutschlandbildern Geflüchteter und Nicht-Geflüchteter

8 Eine Vielzahl dieser Analysebeispiele findet sich in Breckners Monografie von 2010, in der die Autorin diese Exempel u.a. dazu nutzt, um je unterschiedliche Aspekte des methodischen Vorgehens der visuellen Segmentanalyse zu veranschaulichen.

von Astrid Utler (2017) dar. Im Zentrum dieser Untersuchung stehen die mit einer (von der Forscherin ausgegebenen) Einwegkamera selbst aufgenommenen Fotos eines jungen Mannes, der aus dem Irak geflüchtet ist. Neben der Analyse der Bilder selbst dienten diese Fotos zudem als Erzählimpuls für ein anschließendes narratives Interview, das mit der relationalen Hermeneutik (Straub, 2010; Straub & Ruppel, 2022a, in diesem Buch) ausgewertet wurde. Inspirierend ist hier nicht zuletzt das Forschungsdesign der Studie.

## Psychoanalytische Tiefenhermeneutik: Bildbedeutungen analysieren, mit Freud über Freud hinaus

Die von Alfred Lorenzer begründete und von Wissenschaftlern wie zum Beispiel Hans-Dieter König bis heute weiterentwickelte und in vielen Bereichen angewandte Tiefenhermeneutik ist die wohl elaborierteste Version einer methodisch kontrollierten Sozialforschung und Kulturanalyse im Feld psychoanalytischen Denkens (Lorenzer, 1972a, b, 1974, 1984, 1988a; König, 1993, 1996, 2014, 2019a; s. a. Belgrad et al., 1987; Schülein & Wirth, 2011; kritisch-konstruktiv dazu: Straub, 1999, S. 278–326). Diese Konzeption versteht sich ganz ausdrücklich nicht als Individualpsychologie, Klinische Psychologie oder Psychotherapeutik, sondern als eine ausgefeilte Theorie, Methodologie und Methodik, die es gestattet, *soziale* und *kulturelle* Phänomene zu analysieren – ohne allerdings die Subjekte und deren Affekte aus dem Blick zu verlieren, ganz im Gegenteil. Ihr Fokus liegt auf dem für jede Art psychoanalytischer Forschung zentralen *Unbewussten*, wobei die Tiefenhermeneutik nicht das lebensgeschichtlich konstituierte Unbewusste einzelner Individuen im intimen Rahmen des analytischen Settings erkundet, sondern kollektiv unbewusste Strukturen und Prozesse in Gestalt der latenten Sinngehalte einer kulturellen, sozialen oder gesellschaftlichen Praxis.

In dieser Praxis teilen Menschen eben nicht bloß bewusste Vorstellungen und Haltungen, Einstellungen und Orientierungen miteinander. Sie sind vielmehr gerade auch dadurch miteinander verbunden, dass sie bestimmte »Lebensentwürfe (Triebregungen, Affekte, Wünsche, Intentionen) zur Sprache bringen und als sozial anstößige Lebensentwürfe unterdrücken« (König, 2019c, S. 19). Das in der Tiefenhermeneutik interessierende Unbewusste bildet sich in konkreten sozialen Interaktionsformen heraus (und ständig um). Es ist Bestandteil praktischer Lebensentwürfe und sozialer Inszenierungen, ihrer kulturellen Symbolisierungen und (materiellen, institutionellen) Objektivationen. In den Dokumenten einer Lebenspraxis zeigt sich ein bestimmter Umgang mit Triebansprüchen, Begehren und Wünschen, der in einer Gesellschaft oder Gemeinschaft verlangt ist oder vorherrscht (gemäß der soziokulturellen Werte und Normen, die selbstverständlich auch generations-, geschlechts-, schichten- oder milieuspezifisch ausfallen können). Unbewusste Verlangen und Sehnsüchte sowie deren soziokulturelle Unterdrückung, Kanalisierung und Abwehr – etwa in Gestalt von Sublimierungen – stehen im Fokus tiefenhermeneutischer Aufmerksamkeit.

Man kann nun hervorheben: Solche Lebensentwürfe sinnlich-anschaulich *zur Sprache* zu bringen, ist lediglich *eine* Möglichkeit ihrer Artikulation. Man kann sie auch *ins Bild* setzen oder sie in beliebigen anderen Objektivationen menschlichen Handelns zum Ausdruck bringen, nicht zuletzt im Vollzug der Lebens- bzw. Interaktionspraxis *inszenieren*. Dabei sind sie jedoch – gemäß der tiefenhermeneutischen Devise, dass jedes Handeln und Leben stets auf einer Bühne mit doppelten Boden spielt (König, 2019a) – *niemals völlig offenkundig oder ohne Umschweife zu erkennen*. Man weiß in aller Regel nicht, was all das, was wir als Objektivationen und Inszenierungen unserer Praxis beobachten können, bedeutet. Es ist im Übrigen schon wegen der »Überdeterminiertheit« (Sigmund Freud; s. Laplanche & Pontalis, 1972) und »Polyvalenz« allen Handelns (Boesch, 1991; Straub et al., 2020) unklar. Es ist wohl niemals eindeutig, definitiv feststellbar, wodurch das, was wir an uns und anderen feststellen können, tatsächlich angetrieben und bewegt, motiviert wird. Das gilt für unser Handeln, für Träume, Fantasien, Imaginationen, Erinnerungen, Entscheidungen usw. Es versteht sich von selbst, dass nach psychoanalytischer Auffassung in allen diesen Tätigkeiten unbewusste Triebregungen und affektgeladene Motive eine zentrale Rolle spielen. Das Bewusstsein sogenannter Vernunftsubjekte wird auch in der Tiefenhermeneutik zu einem eher peripheren Oberflächenphänomen degradiert, dem in aller Regel nicht ohne Weiteres zugetraut werden kann zu erfassen, worum es im Leben und Handeln der Menschen eigentlich geht, worum sich zumindest vieles dreht. Soll dies gelingen, muss versucht werden, Grenzen, die das unter rationaler Kontrolle operierende Bewusstsein auch unseren wissenschaftlichen Erkenntnisbemühungen setzt, zu überschreiten, zu unterlaufen, sie durchlässiger zu machen, sie dosiert und vorübergehend aufzuweichen. Das kann und soll in der Tiefenhermeneutik auf methodische Weise geschehen. Unwillkürliche Affekte der Forschenden selbst, ihre emotionale Empfänglichkeit und Ansprechbarkeit, ihr Empfindungsvermögen, ihre Sensibilität und nicht zuletzt die persönliche Fähigkeit zur Selbstbeobachtung und -artikulation sind dafür entscheidend.

Natürlich heißt all das nicht, die Tiefenhermeneutik oder die Psychoanalyse schätze das klare Bewusstsein und logische Denken gering. Mitnichten, nur geht es dieser »Tiefen-Psychologie«, einem stärker auf die Unter- und Abgründe als auf die bewussten Gründe menschlichen Handelns fokussierten Denken, nicht um das verfügbare Allerweltwissen und naive Selbstverständnis von Menschen, die sich nur allzu gern Selbsttäuschungen und Illusionen hingeben. Das bewusste Wahrnehmen und Denken verläuft an der Oberfläche manifester Erscheinungen. Der Motor und die Regie für unser Tun und Lassen walten dagegen im Verborgenen, im Unbewussten. Dort wird – nicht selten in einem von inneren Konflikten und Krisen durchzogenen, zähen Ringen – ausgemacht, was die Subjekte wirklich bewegt, wonach es ihnen ist und wie sie glauben zu erlangen, was sie möglichst lustvoll genießen möchten. Die Tiefenhermeneutik interessiert sich, wie das psychoanalytische Denken im Allgemeinen, für dieses zunächst Unsichtbare und Unzugängliche, für dasjenige, das den latenten Sinn unseres ambivalenten, polyvalenten Handelns und Lebens bestimmt – unserer Inszenierungen auf einer Bühne mit doppeltem Boden. Es ist offenkundig, wie sehr die psychoanalytische Anthropologie – eine sehr besondere Theorie oder Metatheorie mithin, ein »Menschenbild« – die tiefenhermeneutische Methodik mitbestimmt, ja eigentlich erst denkbar macht.

Tiefenhermeneutische Interpretationen zielen auf die methodisch kontrollierte Rekonstruktion latenter Sinn- und Bedeutungsgehalte manifester Phänomene im angezeigten Sinne. Der Weg tiefenhermeneutischer Erkenntnis führt dabei unweigerlich über die von bestimmten Menschen *erlebten Wirkungen* der je interessierenden Phänomene, etwa von Bildern. Wer Bilder betrachtet, fühlt sich in irgendeiner Weise affiziert (sogar dann, wenn er oder sie vom Anblick des Dargebotenen gelangweilt ist und der Blick kaum länger verweilen mag; auch Desinteresse, Gleichgültigkeit oder Langeweile sind ja Affekte[9]). Die Tiefenhermeneutik richtet alle Neugierde zunächst auf diese von konkreten Personen erlebten Wirkungen. Theoretisch und methodologisch heißt das, dass sich dieser Ansatz in einer rezeptionstheoretischen – durchaus auch: rezeptionsästhetischen oder *aisthetischen* – Perspektive verorten lässt, in der Text-Leser- oder eben *Bild-Betrachter-Interaktionen* den eigentlichen Forschungsgegenstand bilden. Weder das Subjekt noch das Objekt allein, sondern deren Interaktionen und Beziehungen interessieren hier, also die (spontanen) Reaktionen des Subjekts auf ein konkretes, bestimmte Erlebnisse evozierendes Objekt (das aufgrund seiner strukturellen, formalen Qualitäten in seinem Evokationspotenzial stets auch begrenzt,

9 Man *kann* heftige, impulsive, schlagartig sich einstellende und kaum kontrollierbare Affekte von den eher begreifbaren und gestaltbaren Emotionen unterscheiden und Stimmungen oder Gestimmtheiten wiederum als besondere Emotionen oder Gefühle definieren, etwa dadurch, dass man sie nicht als herausgehobene, kurzlebige Momente im Erleben, sondern als einen zumindest eine Weile anhaltenden Unter- oder Hintergrund des In-der-Welt-Seins bestimmt. Wir geben uns mit solchen begrifflichen Differenzierungen hier nicht ab, wenngleich sie in anderen Zusammenhängen unerlässlich sein mögen. Wir sprechen von Affekten also in einem allgemeineren Sinn, der Emotionen oder Gefühle einschließt. Wichtig ist jedoch, dass Affekte (Emotionen, Gefühle, Stimmungen etc.) stets eine Beziehung zum Unbewussten unterhalten, zu gesellschaftlich tabuisierten und individuell abgewehrten Begehren und Wünschen zumal (König, 2014).

limitiert ist, analog zum ebenfalls prinzipiell eingeschränkten Erlebnis- und Handlungspotenzial eines jedes Subjekts; vgl. dazu Straub, 1999, S. 291).

Es ist offenkundig, dass die Tiefenhermeneutik einen mehrdeutigen, auch metaphorischen Begriff der »Interaktion« verwendet (König, 2019c, S. 55): Neben sozialen *face to face*-Interaktionen im engeren Sinn – die im Alltag oder auch auf der Theaterbühne und im Film vollzogen werden können – sind eben auch Interaktionen zwischen Subjekten und beliebigen Objekten gemeint, einem Text oder Bild etwa, obwohl diese Dinge ja keineswegs Handelnde sind, allerdings affektive, emotionale Reaktionen bzw. Erlebnisse hervorrufen können *wie ein menschliches Gegenüber*. Das gelangt in zahllosen geläufigen Redeweisen zum Ausdruck. So sprechen wir etwa davon, dass uns Bilder ansprechen und berühren, faszinieren, verletzen oder in Angst und Schrecken versetzen, verzücken und anziehen, erregen oder aufregen können usw.

Was die für die Tiefenhermeneutik konstitutive Grundunterscheidung zwischen manifestem und latentem Sinn angeht, ist dieser Ansatz im Übrigen durchaus mit einem soziologischen Denken vergleichbar, das sich ebenfalls dieser elementaren Differenzierung bedient – wie etwa Breckners zuvor vorgestellte Segmentanalyse oder auch Pierre Bourdieus um den Habitusbegriff zentrierter Ansatz. Der französische Soziologe bezog sich nicht zufällig ganz ausdrücklich auf Freud und setzte sich von ihm ab, um seine *Sozio*analyse der *Psycho*analyse entgegen und zur Seite zu stellen. Er begriff sie als eine dem Freud'schen Unternehmen verwandte, komplementäre Soziologie (Bourdieu, 1982, 1997; Bourdieu & Wacquant, 1993; vgl. dazu King, 2014). Wir erwähnen Bourdieus Ansatz an dieser Stelle aus einem bestimmten Grund: Die Tiefenhermeneutik ist gleichsam *beides in einem*, Psycho- und Sozioanalyse zugleich. Das kann man so sehen, weil und insofern sie *soziokulturelle* Phänomene und Vorgänge mit methodischen Mitteln erforscht, die zunächst einmal an der *Psyche* der Forschenden ansetzen, um schließlich auf die Erkenntnis der seelischen Verfassung vieler abzuzielen.

Die tiefenhermeneutische Forschung fokussiert zuerst die Affekte und Emotionen der Forschenden selbst, die sich der sie interessierenden Wirklichkeit – einem bestimmten Bild etwa – möglichst unvoreingenommen und offen aussetzen. Sie sollen zunächst an sich selbst wahrnehmen, was dabei in ihnen vor sich geht, wie sie affektiv, emotional reagieren, welche Gefühle, welche *inneren* Bilder und assoziierten Gedanken das *äußere* Bild bei ihnen auslöst oder bewirkt. Das betreffende Forschungssubjekt nimmt diese inneren, affektiv-emotionalen »Antworten« – wie Bernhard Waldenfels (1999) die *responses* auf Stimuli phänomenologisch übersetzt – vornehmlich in Gestalt *subjektiv spürbarer Irritationen* wahr. Es nimmt diese Gefühle, die sich bei der Lektüre von Texten aller Art, beim Hören von politischen Reden oder einzelnen Äußerungen im Schulunterricht, beim Verfolgen eines Stierkampfes oder Rugbyspiels oder Balletts, beim Hören von Musik oder beim Betrachten von Filmen, Fotos oder Bildern beliebiger Art mehr oder minder spontan, unwillkürlich einstellen, zum Ausgangspunkt einer auf *kollektiv* unbewusste Dimensionen unserer Praxis gerichteten Erfahrungs- und Erkenntnisbildung. Dazu bedarf es anderer Personen, einer die eigene Subjektivität der Interpretin oder des Interpreten und ihr/sein sinnliches, aisthetisches Sensorium kontrollierenden Interpretations*gruppe* (vgl. dazu Straub, 1999, S. 322ff., wo auch auf die methodisch ebenfalls wichtige Rolle des Moderators eingegangen wird). Grundsätzlich gilt: Das soziale Leben wird, speziell in seinen unbewussten Dimensionen, auf dem Weg einer *psycho-* und *sozio*-analytischen Rekonstruktion des objektbezogenen Erlebens eines bzw. mehrerer Subjekte erforscht. Gemeinschaftlich oder gesellschaftlich Unbewusstes lässt sich als ein für alle Betroffenen und Beteiligten bedeutsames Phänomen in tiefenhermeneutischer Perspektive allein dadurch erschließen, dass professionell handelnde Forscher_innen zuallererst ihr eigenes Erleben wahrnehmen, artikulieren und im Austausch mit anderen reflektieren.

Was Interpret_innen zu verstehen suchen, wird, ganz unabhängig vom konkreten Gegenstand, in Gestalt einer *präsentativen Symbolisierung* wahrgenommen und erlebt. Auch in der Tiefenhermeneutik spielt die von Langer entfaltete, auf die Differenz zwischen Sprache und Bild gemünzte Unterscheidung zwischen präsentativer und diskursiver Symbolik eine wichtige Rolle (s. o.). Darauf zugeschnitten sind auch verschiedene Typen oder Modi des Verstehens, wobei Lorenzer das *szenische Verstehen* als entscheidenden und unverzichtbaren Schritt in der genuin psychoanalytischen Sozialforschung und Kulturanalyse ausgewiesen hat (Lorenzer, 1988b; vgl. Straub, 1999, S. 315ff., sowie die im Folgenden zitierten Arbeiten von König). Im Einzelnen grenzt er folgende drei Modi voneinander ab:

Das *logische* Verstehen »richtet sich darauf, die kognitive Bedeutung der Sätze zu verstehen« (König, 2019c, S. 13), mit denen sich Menschen aneinander wenden oder die sie, wie in öffentlichen Reden oder Texten allerlei Art, zu hören und zu lesen bekommen. Logisches Verstehen erfordert allgemeine Sprachkompetenz, die Kenntnis grammatischer und syntaktischer Regeln sowie logischer Prinzipien.

Das *psychologische* Verstehen »erschließt das Erleben« (ebd.) nicht nur von Analysand_innen oder Patient_innen in einer Psychoanalyse oder Psychotherapie, sondern von Menschen in beliebigen Interaktions- und Kommunikationssituationen. Wir sind im Allgemeinen dazu angehalten, unser Gegenüber – seine/ihre seelische Verfassung und sein/ihr emotionales Befinden, seine/ihre Absichten und Erwartungen usw. – zu erfassen und im eigenen Handeln in Rechnung zu stellen. Ohne diese Rücksicht auf die mentalen (einschließlich der leiblichen, affektiv-emotionalen) Zustände der Person, mit der wir als Handelnde zu tun haben, sind Interaktionen und erst recht längerdauernde Begegnungen und langfristige Beziehungen zum Scheitern verurteilt. Solche Zustände und Regungen lesen wir den anderen an den Augen ab, an der Mimik ihres Gesichts, der Gestik, Haltung und Motorik ihres Leibes.

Das *szenische* Verstehen schließlich verlangt mehr als das im Alltag notwendige und auch von uns allen (mehr oder weniger vollkommen oder fehlerhaft) erbrachte logische und psychologische Verstehen. Es handelt sich hier vielmehr um ein spezifisch psychoanalytisches bzw. tiefenhermeneutisches Verstehen, das »darauf zielt, die unbewussten Erlebnisfiguren zu enträtseln, die den Symptomen der Patientin« (ebd.) oder in analoger Weise den Ausdrucksgestalten alltäglicher Interaktionen, beliebiger Handlungen und Handlungsobjektivationen (wie einem Gemälde oder anderen Bild) zugrunde liegen oder inhärent sind. Dafür ist es entscheidend, dass der Analytiker bzw. die Interpretin das jeweilige Gegenüber – das nun eine andere Person oder beliebiges Material, etwa ein Bild, sein kann –, auf sich wirken lässt und das im eigenen Inneren Ausgelöste aufmerksam und achtsam beobachtet und artikuliert. Bei dieser Introspektion und Artikulation sollen keinerlei moralische Schranken oder andere Einschränkungen bestehen, die die Wahrnehmung und Beschreibung des Erlebten limitieren würden. Interpret_innen können sich auf diesem Weg, auf dem zunächst einmal die eigenen Affekte und Emotionen, Assoziationen, Imaginationen, Fantasien, Wünsche und Begehren zum Medium einer psychoanalytischen Erfahrungs- und Erkenntnisbildung werden, schließlich in die *unbewussten Lebensentwürfe*, in die Lebenspraxis und das Selbst anderer einfühlen und so deren Unbewusstes ›berühren‹. Das wiederum ist nun in der tiefenhermeneutischen Sozialforschung und Kulturanalyse nichts rein Individuelles, Einzigartiges und Unverwechselbares, sondern, ganz im Gegenteil, etwas Allgemeineres, mit anderen Geteiltes und entsprechend Typisierbares (genauer zu all dem siehe wiederum die zitierten Arbeiten von König, Lorenzer oder Straub). König (2019a) bietet eine ganze Reihe an illustrativen Fallstudien, darunter solche, die das szenische Verstehen an einer psychoanalytischen Behandlung oder einer Schulstunde, an politischen Reden prominenter Politiker oder am Exempel literarischer Texte und Theaterstücke, an Filmen und Bildern erläutern.

Im Unterschied zur psychoanalytischen Behandlung von Analysand_innen geht es der tiefenhermeneutischen Sozialforschung und Kulturanalyse offenbar nicht um die Heilung einzelner Personen oder die Linderung ihres individuellen Leidens. Vielmehr interessiert die psychoanalytische Aufklärung *sozial* unbewusster Beweggründe und Tiefenstrukturen einer gesellschaftlichen oder gemeinschaftlichen, *kollektiven* Praxis. Zuvorderst zielt die Tiefenhermeneutik auf eine an die Analyse latenter Sinngehalte gekoppelte *Aufdeckung von Tabus* und anderen Formen der Unterdrückung oder repressiven Kanalisierung menschlicher Begehren und Wünsche, deren Erfüllung gemeinhin lustvoll und befriedigend ist – und zwar nicht unbedingt nur im Augenblick des Genießens, sondern auch anhaltend und nachhaltig, insofern die sinnlich erlebte Erfüllung von Wünschen und Begehren die Lebenslust und -freude, die intrinsische Motivation sowie das in lebensgeschichtlich konstituierten Dispositionen verfestigte Erlebnis- und Handlungspotenzial von Subjekten zu stärken und zu steigern vermag. Der Bezug zum realen oder potenziellen Leiden von Menschen bleibt in der Tiefenhermeneutik erhalten, konstituiert also das »emanzipatorische« Interesse der Psychoanalyse ganz generell. Die Tiefenhermeneutik bezeichnet sich selbst oft als *kritische* Sozial- oder Kulturpsychologie (Lorenzer, 1972a, b, 1974; König, 2019a–c). Dieser Titel verdankt sich vornehmlich dieser normativen Ambition und Absicht, nämlich – wie bescheiden und indirekt auch immer – zur Aufklärung und ›Aufhebung‹ von praktischen, verfestigten bzw. institutionalisierten Lebensverhältnissen beizutragen, die als oft undurchschaute, vielfach anonym wirkende Macht- und Herrschaftsverhältnisse die neurotischen und psychotischen Störungen oder ganz allgemein die Leiden von Menschen befördern, denen die Befriedigung grundlegender Bedürfnisse und Triebe, Begehren und Wünsche kontinuierlich und gleichsam ›systematisch‹ versagt wird (Lorenzer, 1984).

Festzuhalten ist: Die tiefenhermeneutische Methodologie und Methodik richtet den Blick auf die szenische Dimension sozialer Interaktionen, auf *Interaktionsszenen* oder *soziale Inszenierungen* eben, wobei die in Anspruch genommene Theatermetapher den bereits erwähnten »doppelten Boden« und die damit verwobene Unterscheidung zwischen manifestem und latentem Sinn voraussetzt (wodurch sich die kritische Sozialpsychologie und Kulturanalyse namens Tiefenhermeneutik ganz dezidiert von der symbolisch-interaktionistischen Mikrosoziologie eines Erving Goffman abhebt, mit der sie freilich auch manches verbindet; vgl. zu diesem erhellenden Vergleich König, 2019c, wo Goffmans Interesse am »reibungslosen Funktionieren der Gesellschaft« markiert und überschritten wird). Im Kern liefert die Konzeption der

Tiefenhermeneutik also ein intersubjektiv kontrolliertes Verfahren und Vorgehen, durch das unter anderem »Literatur und Film, politische und pädagogische Inszenierungen als präsentative Symbolgefüge interpretiert [werden], deren verborgene Bedeutung durch das Verstehen der Wirkung des Datenmaterials auf Forscherinnen und Forscher erschlossen wird« (König, 2019b, S. 2).

Stets geht es dabei darum, dem manifesten Sinn nach getaner Interpretationsarbeit eine latente Bedeutung hinzuzugesellen: Wo ein Text (wie Samuel Becketts *Endspiel*) auf der manifesten Ebene ziemlich abgeklärt von der Absurdität und Sinnlosigkeit des Daseins handelt, klagt er auf der latenten Ebene über die versäumten und verantwortungslos verspielten Chancen, die ein an energetischer Fülle und vitalen Optionen so überreiches Leben den begehrenden, arbeits- und liebesfähigen Menschen doch eigentlich bietet. Und wo der impressionistische Maler Gustave Caillebotte ein bürgerliches ›Paar‹ in Szene setzt, das sich wohlgesittet, in eleganter Kleidung und vornehmer Zurückhaltung begegnet und dabei eine unaufhebbar scheinende Distanz zueinander hält – auf der Brücke *Le Pont de l'Europe* wie überall in der urbanen, anonymen Welt der einsamen, einander fremd bleibenden Individuen in unseren *modern times* –, führt König (2019d) seine Leserinnen und Leser, den manifesten Sinn des Gemäldes überschreitend, auf die Hinterbühne des Geschehens, wo sich die untergründige latente Bedeutung des impressionistischen Bildes um unterdrücktes, tabuisiertes sexuelles Begehren und das Verlangen nach dem Anderen dreht. Die nach allen Regeln der Kunst durchgeführte, also in verschiedenen Hinsichten methodisch kontrollierte, interpretative Analyse des je interessierenden Materials ermöglicht erst die Gegenüberstellung von manifestem Sinn und latenter Bedeutung. Sie steht am Ende und ständig im Zentrum jeder tiefenhermeneutischen Sozialforschung und Kulturanalyse, egal, ob der Interpret (König, 2019a) den Hollywood-Kassenschlager *Basic Instinct*, Leni Riefenstahls *Triumph des Willens* oder das unter der Regie von Doris Dörrie im Film *Kirschblüten* inszenierte Lebensdrama unter die Lupe nimmt, oder Ernest Hemingways Erzählung *Wedding Day* oder aber politische Reden von George W. Bush, Ronald Reagan (König, 1984) und anderen.

*Quod erat demonstrandum:* Der Weg dieses Typs qualitativer, interpretativer Forschung führt von den interpretierenden Subjekten, genauer: von deren affektiven Reaktionen und emotionalen Regungen auf dem Weg einer gemeinsamen, möglichst in Interpretationsgruppen organisierten Aussprache und Reflexion zur analytischen Rekonstruktion gesellschaftlich tabuisierter, kollektiv abgewehrter und ins soziokulturell Unbewusste verbannter Wünsche und Begehren, Fantasien und Vorstellungsinhalte, Handlungen und Praktiken. Die Subjekte und ihre seelischen Dispositionen, die affektiv-emotionale Berührbarkeit oder Ansprechbarkeit bilden jedoch lediglich den Ausgangspunkt und das Medium einer weit über die Subjektivität Einzelner hinausweisenden Sozialforschung und Kulturanalyse. Das Verfahren, seine komplexe theoretische Begründung und methodologische Explikation sowie die möglichen Erträge der tiefenhermeneutischen Methode wurden, wie gesagt, bereits an hunderten von exemplarischen Phänomenen erläutert. So gut wie alles im menschlichen Dasein ist Ausdruck und Ergebnis eines von (unbewussten) Wünschen und Begehren beseelten Lebensentwurfs: ein gestalteter Garten oder ein Badezimmer, der Designeranzug oder das Outfit eines Punks, eine architektonische oder politische Inszenierung, ein Gedicht, ein Gemälde, eine Fotografie usw.

An der von König (2019d, S. 189ff.) vorgenommenen Interpretation des Gemäldes *Le Pont de l'Europe* von Caillebotte lässt sich das Vorgehen, das mehr Schritte umfasst als die bislang erläuterten, gut rekonstruieren (wir kommen noch darauf zurück). Das impressionistische Bild fasst der Interpret vorab als *malerische Inszenierung* eines Phänomens auf, dessen psychische, soziale, kulturelle und politische Relevanz im Vollzug der tiefenhermeneutischen Interpretation immer klarer, fassbarer und schließlich mitteilbar wird. Das geschieht nun eben auf dem Weg einer Rekonstruktion latenter Sinn- und Bedeutungsgehalte. Wer diesen Weg beschreiten möchte, muss sich an einige verbindliche Prinzipien und Regeln halten. König (2019c, S. 27ff.) beschreibt diese Prinzipien und Regeln eher als Bestandteile einer genuin psychoanalytischen, tiefenhermeneutischen Forschungs*haltung* denn als exakt und in festgelegter Reihenfolge anzuwendende Verfahren oder Techniken. Einige Elemente dieser Haltung und gleichermaßen wichtige Schritte zu ihrer Umsetzung im Forschungsprozess sind nach König (ebd.) unter anderen die folgenden (von denen manche zuvor bereits erläutert wurden):

1. Das interpretative Verstehen vollzieht sich zunächst auf dem Boden des *eigenen lebenspraktischen Erfahrungswissens* der Interpret_innen. Die interessierenden »fremden Lebensentwürfe« sollen, indem sie mit eigenen Erfahrungen und Erwartungen ›abgeglichen‹ werden, in ihrer »konkreten szenischen Gestalt« verstanden werden (ebd., S. 27).
2. Den für alles Weitere maßgeblichen Ausgangspunkt der empirischen Forschungen bilden die eigenen Affekte und Emotionen, die sich in der ›Begegnung‹ mit dem Forschungsgegenstand einstellen, sowie die damit verwobenen *Irritationen*, die Interpret_innen in sich selbst spüren und an sich wahrnehmen. Das eigene Erleben bzw. die erlebten, vom Gegenüber bzw. dem Gegenstand ausgehenden Wirkungen sind also wegweisend für jede tiefenhermeneutische Erkenntnisbildung.
3. Die von Freud empfohlene *gleichschwebende Aufmerksamkeit* und die Methode der *freien Assoziation* sind ebenfalls unerlässlich und führen die Interpret_innen eigentlich erst zu jenen Erlebnissen und Irritationen, die sie für das Verstehen fremder Lebensentwürfe, Sehnsüchte und Hoffnungen, Versagungen und Frustrationen empfänglich machen.
4. Dem manifesten Sinn steht stets eine latente Bedeutung in Gestalt *anstößiger*, unterdrückter Lebensentwürfe (Begehren, Wünsche etc.) gegenüber, die es
5. im Prozess der Interpretation allmählich zu entziffern gilt.
6. In aller Regel findet die tiefenhermeneutische Sozialforschung und Kulturanalyse in einer Interpretationsgruppe statt, deren Mitglieder zum *Einfalls-Reichtum* qualitativer Forschung beitragen, sich aber auch wechselseitig *methodisch kontrollieren* (analog zu einer psychoanalytischen Super- oder Intervision, in der nicht zuletzt Gegenübertragungen reflektiert werden sollen).

7. In der Interpretationsgruppe häufig auftauchende Konflikte sowie das Ringen um angemessene Lesarten, Sehweisen und Verständnisse können als dem Forschungsgegenstand *inhärente Spannungen* ausgelegt und für den Erkenntnisvorgang produktiv gemacht werden.
8. In der Gruppe formulieren alle Beteiligten zunächst ihre eigenen Eindrücke, irritierenden Erlebnisse, affektiven Reaktionen in einer Art »Blitzlicht«.
9. Die gemeinsame Interpretationsarbeit wird in *Gedächtnisprotokollen* oder *elektroakustischen Aufzeichnungen* zum Zweck der nachträglichen Nachvollziehbarkeit und methodischen Kontrolle festgehalten.
10. Die Beteiligten fertigen persönliche *Forschungstagebücher* an.
11. In der interpretativen Analyse auch eines Bildes wird – *modo psychoanalytico* – nichts als zufällig betrachtet; alles, jedes scheinbar nebensächliche Detail, ist sinn- oder bedeutungsvoll und kann einer Interpretation würdig und wert sein.
12. Die Interpretation in der Gruppe beginnt mit einer ausgewählten, irritierenden Szene, die mit gleichschwebender Aufmerksamkeit betrachtet wird und dabei Assoziationen, Imaginationen, Fantasien weckt; im Prozess werden nach und nach *andere szenische Interaktionen als Vergleichshorizonte* herangezogen (und womöglich zu Szenenfolgen oder gemeinsamen Ausdrucksgestalten zusammengestellt). Das szenische Verstehen muss sich sukzessive in solchen komparativen Analysen bewähren.
13. Im »ersten Feld« der tiefenhermeneutischen Praxis platziert König (ebd., S. 30), wie dargelegt, das szenische Interpretieren, in dessen Verlauf die teilnehmenden Wissenschaftler_innen ihre eigenen lebenspraktischen Erfahrungen und Erwartungen einbringen und sich dabei ihrer Alltagssprache bedienen. Das Bild als Gegenstand bietet selbst sinnlich-anschauliche Szenen und/oder kann Reaktionen aufseiten der Betrachter_innen hervorlocken, die ihrerseits als Interaktionen mit dem Bild bzw. bildlich Dargestellten aufgefasst werden können; über die Erörterung verschiedener Seharten und deren systematischen Vergleich dringen

die spürenden und reflektierenden Subjekte – wenn alles gut geht – immer mehr zur latenten Bedeutung des Bildes vor.

14. Das »zweite Feld« des Verstehens eröffnet sich »durch das theoretische Begreifen einer Fallrekonstruktion« (ebd.), was heißt, dass nun *theoretische* Begriffe und Konzepte zum Zweck der *Typisierung* des am einzelnen Bild Erlebten und Entdeckten herangezogen werden (s. u.).
15. Im »dritten Feld« wird das Ausgedachte und Ausgesprochene aufgeschrieben; die *Verschriftlichung* im Schreiben gilt in der Tiefenhermeneutik als eigener Schritt des Verstehens und seiner möglichst präzisen Fassung und Mitteilung – im Fall von Bildinterpretationen bzw. Bildwirkungsanalysen bringt dies die Aufgabe einer Übersetzung des im Medium präsentativer Symbole Gesehenen und Erlebten in die diskursive Sprache mit sich.
16. Die Notwendigkeit einer wissenschaftlichen Publikation zwingt zu einem verdichtenden und abkürzenden Schreiben, in dem die langwierige und spannungsreiche Interpretationspraxis in der Gruppe auf einige wesentliche Stationen konzentriert oder sogar ganz und gar auf die Resultate reduziert wird. Sie ordnet die besagte Praxis auch als mehr oder weniger lineares Fortschreiten vom manifesten zum latenten Sinn – was einer sehr viel chaotischeren und zirkulären Praxis nicht mehr entspricht.
17. Der möglichst offenen, zumindest theoretisch voraussetzungsarmen Arbeit, an deren Beginn der unbekümmerte Einsatz des eigenen lebenspraktischen Erfahrungswissens der Interpret_innen steht, korrespondiert eine spezifische und spezialistische, theoretische und forschungspraktische Expertise von psychoanalytisch geschulten Forscher_innen, die sich im Fortgang der Arbeit zunehmend als *Expert_innen mit Spezialwissen* verhalten dürfen und bewähren müssen (auch dadurch, dass sie eigene Vorurteile korrigieren und theoretische Begriffe und Denkformen zur Disposition stellen).
18. Die kreative Entdeckung des Neuen – neuer Einfälle und Einsichten – folgt, wie in vielen anderen Konzeptionen qua-

litativer Sozialforschung und Kulturanalyse, der von Charles S. Peirce so genannten Logik des »abduktiven Schließens« (ebd., S. 32).

19. Die Zuverlässigkeit oder Reliabilität der Methode soll durch eine strikte Trennung der *Interpretationsebenen* gewährleistet werden: Die etwa durch das Bild objektivierte, dokumentierte Lebenspraxis ist als »Konstruktion erster Ordnung« zu betrachten; das szenische Verstehen in der Umgangssprache schafft eine »Konstruktion zweiter Ordnung«; das theoretisch angeleitete Begreifen und verallgemeinernde Typisieren gilt schließlich als »Konstruktion dritter Ordnung« (ebd., S. 33).
20. Die Geltung oder *Validität* der Interpretation macht König an der Nachvollziehbarkeit und Überzeugungskraft der in der Gruppe anerkannten Lesart(en) bzw. Sehweise(n) fest (ebd., S. 33f.). Dabei muss nicht mit einem allgemeinen Konsens gerechnet werden. Konfligierende Interpretationen bleiben häufig bestehen und bilden den Normalfall einer Gruppe, in der konkurrierende Lesarten und Sehweisen entwickelt werden dürfen und sollen. Eine ergänzende Möglichkeit der Validierung sieht König in der *Triangulation* von Methoden – also etwa der tiefenhermeneutischen Analyse von Bildern *und* Texten (sowie ihrer Wirkungen auf die Betrachter_innen und Leser_innen).

Man kann und sollte davon ausgehen, dass auch die zuletzt genannten Prüfverfahren keine objektive und absolute Zuverlässigkeit sowie allgemeine Gültigkeit der errungenen Erkenntnisse gewährleisten. Das Interpretieren ist und bleibt (gerade) auch in der Tiefenhermeneutik eine kontingente, von wechselnden kulturellen, sozialen und subjektiven – und nicht zuletzt von umstrittenen theoretischen – Voraussetzungen abhängige Praxis. Daran ist unseres Erachtens nichts zu ändern. Auch hier geht es stets um kontingente und vorläufige Interpretationsvorschläge, deren Wert und Nutzen von denjenigen abhängt, die ihnen zustimmen und daraus etwas lebenspraktisch Relevantes lernen und machen können. Das ist generell so: Die interpretative Psychologie jedweder Spielart beteiligt sich wie andere Gesprächswillige an einem fortlaufenden, öffentlichen Dialog, in dem es keine absoluten, unumstößlichen Wahrheiten gibt und geben kann (Straub & Ruppel, 2022a, in diesem Band).

Die bisherigen Ausführungen haben gezeigt, dass die tiefenhermeneutische Interpretation *unabhängig vom konkreten Forschungsgegenstand* in wohldurchdachten, organisierten Praktiken und mit gleichbleibenden Verfahren stets auf dasselbe zielt, nämlich auf das szenische, affektive Verstehen unbewusster, tabuisierter und unterdrückter Lebensentwürfe, die in Interaktionen und Objektivationen aller Art gleichwohl zum Ausdruck gebracht werden, und zwar »ungewollt« (König, 2019c, S. 190, spricht hier auch von »verleugneten, verdrängten oder abgespaltenen Lebensentwürfen«). Die psychoanalytische Aufklärung der Tiefenhermeneutik beabsichtigt eine kritische Untersuchung psychosozialer und soziokultureller, geschichtlicher und gesellschaftlicher Verhältnisse, egal, womit sie sich gerade beschäftigt: mit Theaterstücken, Boxkämpfen, politischen Reden, Werbespots, Autokarosserien, Füllfederhaltern oder Bildern. Man kann also sagen, dass sich die Tiefenhermeneutik für das Bild *als Bild* allenfalls am Rande interessiert – und das, obwohl Lorenzer (1988b, S. 14), sobald er auf die Logik tiefenhermeneutischer Erfahrungs- und Erkenntnisbildung zu sprechen kommt, durchaus im Sinne des Grundgedankens des *Grounded Theory*-Ansatzes (s. o.), völlig zu Recht behauptet, dass »sich die Interpretation konkret nur am Interpretandum auslegen läßt. [...] Der Begriff muss am Begriffenen erläutert werden.«

Dieses Prinzip jeder empirisch sensitiven, möglichst nah am Gegenstand entwickelten Begriffs- und Theoriebildung sollte jedoch nicht darüber hinwegtäuschen, worum es der Tiefenhermeneutik eigentlich geht und worauf sich demgemäß ihr forschender Blick richtet: Es sind und bleiben die sinnlich-anschaulichen Interaktionen zwischen Subjekt und Objekt sowie die in ihnen (sowie schon im Gegenstand der Interpretation selbst) sowohl verborgenen als auch ausgedrückten unbewussten Lebensentwürfe. Das Bild oder ein sonstiger Gegenstand der tiefenhermeneutischen Interpretation sind für den psychoanalytischen Erkenntnisprozess lediglich das Medium und Vehikel, eine Art Katalysator, der sinnliche Erkenntnisse im Geiste der psychoanalytischen Aufklärung ermöglicht und den »beschädigten Subjekten« zu neuen, möglichst erhellenden und vielleicht befreienden Einsichten in ihr gelebtes Leben und ihre stets auch fremdbestimmte, oktroyierte Lebensführung verhelfen soll. Alles dreht sich also um das »innere« und zugleich »soziale« Leid von Menschen, die in bestimmten Verhältnissen leben und handeln und ihr Auskommen finden müssen. Bilder bestimmen zwar »inhaltlich konkrete« Sehweisen und »überindividuelle« Erlebnisse (die gesellschaftlich oder kulturell allgemein verbreitet, sogar epochenübergreifend zu beobachten sein können; ebd., S. 28). Sie interessieren in der Tiefenhermeneutik jedoch nicht speziell *als Bilder*, sondern als Medium des Verbergens und Enthüllens psychosozialer Leidensgeschichten. In diesem Artikulationsraum wird, wie man es paradox formulieren kann, *etwas nicht Offensichtliches gezeigt* oder *im Modus des Unsichtbaren oder Verhüllten zu sehen gegeben*. Dazu gehört eben Unsagbares und Unerhörtes, soziokulturell Verschwiegenes, Verdecktes und Verstecktes, Tabuisiertes jedweder Art. Auch und gerade Bilder handeln davon.

Das Bild *als Bild* wird in der tiefenhermeneutischen Sozialforschung und Kulturanalyse zwar gesehen und betrachtet, bleibt aber dennoch relativ nebensächlich, lediglich ein Mittel zum eigentlichen, übergeordneten Zweck. Diese wissenschaftliche Verwendung von Bildern macht auch aus ihnen erst einmal Interaktionsszenen und in gewisser Weise auch Assoziations- und Projektionsflächen, ohne jedoch den Interpret_innen einen Freibrief für methodisch haltlose Spekulationen und vom zu sehenden Bild völlig losgelöste Deutungen zu erteilen. Das alles zeigt sich bereits daran, dass der Einsatz bildtheoretisch begründeter, formaler Verfahren zur Analyse der Komposition, des Aufbaus eines Bildes unterbleibt und auch zum Kontext der Bildentstehung oder zum Gebrauch des Bildes durch bestimmte Personen eher wenig gesagt wird. Im exklusiven Fokus der tiefenhermeneutischen Interpretation stehen eben die Wirkungen des Bildes auf bestimmte Rezipient_innen und darin eingeschlossene, allgemeinere und zugleich dem Bewusstsein entzogene, latente Bedeutungen. Diese Konzeption ergänzt also die zuvor vorgestellten Ansätze der Bildinterpretation und Bildgebrauchsanalyse durch eine theoretisch begründete und methodisch reflektierte Perspektive, die wir als genuine Bild*wirkungs*analyse bezeichnen (und von den beiden anderen Perspektiven abgrenzen). Dieser Name charakterisiert alle Ansätze, die sich mit den insbesondere affektiven, emotionalen Wirkungen von Bildern auf die sehenden, schauenden Subjekte beschäftigen (wozu neben der explizit rezeptionstheoretisch begründeten Tiefenhermeneutik auch kunst- oder bildpsychologische Ansätze einer nomologischen Psychologie gehören, die sich mit allgemeinen ästhetischen Gesetzen befasst und dabei auch die Wahrnehmungen der Betrachter_innen einbezieht; Schuster, 2011). In der Tiefenhermeneutik geht es freilich nicht um solche Wirkungen an sich, sondern um deren latente Bedeutungsgehalte. Die interessierenden Bildeffekte zeigen etwas an, das sie zugleich verbergen, sie weisen auf etwas Verborgenes hin, das sie in den von den Subjekten erlebten Affekten preisgeben und spürbar machen, ohne es klar und deutlich zu Bewusstsein und zur Sprache zu bringen.

An der zuvor erwähnten Interpretation eines impressionistischen Gemäldes (König, 2019c) ließe sich das Ausgeführte detailliert belegen, veranschaulichen und präzisieren. Wir weisen hier lediglich auf jene Punkte hin, die das bislang Dargelegte ergänzen. Besonders wichtig ist der folgende Aspekt, der den eher marginalen, in funktionaler Hinsicht eben lediglich *medialen* Stellenwert des Bildes *als Bild* klarmacht (und dabei natürlich noch einmal den eigentlichen Gegenstand und das alles überwölbende Ziel der tiefenhermeneutischen Interpretation betont): Zwar sieht der tiefenhermeneutische Interpret des genannten Bildes schon etwas genauer hin und äußert sich auch kurz zum Bild selbst, zu seinem Maler sowie dem geschichtlichen und gesellschaftlichen, soziokulturellen Kontext seines Schaffens (wie es in der Tiefenhermeneutik übrigens generell empfohlen wird: Ganz ohne solche Anmerkungen geht es nicht. Man muss auch Bilder zumindest grob in eine gesellschaftliche, kulturelle und ästhetische Praxis einordnen und vielleicht auch noch kurz als schöpferische Produktion eines kreativen Subjekts und besonderen Individuums würdigen). Diese Ausführungen besitzen jedoch keinen systematischen Stellenwert in der tiefenhermeneutischen Haltung und Methode selbst, sondern bilden eine Art informative Einleitung oder Ergänzung der eigentlichen Arbeit und Zielsetzung. So beginnt König seine Beschäftigung mit Caillebottes Gemälde *Der Bürger, der Hund und die Brücke aus Stahl* mit folgenden Sätzen:

> »Gustave Caillebotte war nicht nur der Mäzen, der aufgrund einer reichen Erbschaft die Gruppe der mit ihm befreundeten Impressionisten Edgar Degas, Claude Monet, Camille Pissaro und Auguste Renoir zusammenhielt und nach Kräften unterstützte, indem er Werke kaufte, die damals niemand haben wollte. Vielmehr war er ein Maler, dessen Gemälde sich durch eine ›unerhörte Modernität‹ auszeichneten« (ebd., S. 189).

Das war es im Wesentlichen zum Maler und dem (kunst-)geschichtlichen und gesellschaftlichen, soziokulturellen Kontext, in dem er sein Werk geschaffen hat. Der Autor gibt noch das Entstehungsjahr des Gemäldes (1876) sowie seine Maße (125 x 181 cm) an, geht etwas näher auf das in einer schlichten Schwarz-Weiß-Reproduktion, im zitierten Buch also auf wenige Quadratzentimeter geschrumpfte Bild bzw. die in ihm dargestellte Szene ein – auf den Bürger und den Hund auf einer Stahlbrücke, aber auch auf die Dame sowie einen weiteren Mann, den Arbeiter, und andere Details. Königs Arbeit schließt also zwar ein paar Kontextinformationen ein (z. B. auch über die geografische Position und Beschaffenheit der realen, von Caillebotte gemalten Brücke in Paris, die zu den »imposanten Häusern des *Quartier de l'Europe*, das sich im nördlichen Viertel des 8. Arrondissements befindet«, hinüberführt; ebd., S. 193). Sie enthält auch noch eine etwas genauere Bildbeschreibung. Nachdem einige Worte zum gemalten Himmel und zum Licht der »städtischen Momentaufnahme« oder zur »wuchtigen Stahlkonstruktion der Brücke«, zur Anordnung von Straße und zum Gehweg oder zu »Bahnhofs- und Stadtansichten« und schließlich zu den im Vordergrund gehenden oder stehenden Hauptfiguren (zu ihrer Position, Haltung, Kleidung etc.) und zu einigen Einzelheiten im Bildhintergrund gefallen sind, schreitet der Interpret auf dem ausgebreiteten Boden des manifesten Bildinhalts zum szenischen Verstehen der latenten Bedeutung des Gemäldes fort.

Wir verzichten wiederum auf Einzelheiten dieses Beispiels und belassen es bei einer bloßen Andeutung des zentralen Befundes der tiefenhermeneutischen Spurensuche. Wie zu erwarten, finden sich solche Spuren im Gemälde, Spuren nämlich, die die tiefen Verunsicherungen moderner Subjekte im umtriebigen, urbanen Leben in Paris (und anderen Großstädten) um 1900 herum anzeigen, ihre ambivalenten, verstörenden Gefühle, ihr Verlangen und Begehren, ihre hetero- oder homosexuelle Lust, ihre Scham- und Schuldgefühle und Gewissensängste etc. Die von sich und den Anderen entfremdeten Städter müssen ganz besonders ihre sexuellen Begehren und erotischen Wünsche verschleiern und verbergen, kontrollieren und beherrschen, gerade weil allen das Überangebot an attraktiven Körpern in der urbanen Anonymität tagtäglich vor Augen steht. Genau darum dreht sich nahezu alles in der im szenischen Verstehen entwickelten *Sehart* des Gemäldes, einer immer feiner ziselierten Sicht, die am Ende der tiefenhermeneutischen Interpretation noch sozialisationstheoretisch vertieft und kulturtheoretisch verallgemeinert wird (anhand der Leitfrage, wie Caillebottes Bild seine Betrachter_innen sozialisiert).

Am Ende fungiert das impressionistische Gemälde gewissermaßen als – allerdings ein wenig subversiver – Handlanger einer anonymen Macht, die das städtische Leben im kapitalistischen Industriekapitalismus und überhaupt weite Teile der »Kultur der Moderne« durchdringt und prägt. Diese Macht bewerkstelligt all das nicht zuletzt dadurch, dass sie Lust in bloße Schaulust verwandelt, darauf reduziert und dabei die »bürgerliche Ideologie des Liberalismus« ebenso unangetastet lässt wie etablierte soziale Hierarchien und repressive Strukturen. Das von König tiefenhermeneutisch interpretierte Gemälde erzählt in seiner Sicht von der Selbst-Entfremdung des Menschen, von einem Leiden an Verhältnissen, die trotz ihrer Großartigkeit und alles durchdringenden technischen Ingenieurs- und höchst konstruktiven Baukunst Verlusterfahrungen freisetzen, folglich traurig oder melancholisch stimmen können.

## Aktuelle Aufgaben und Anhaltspunkte für die relationale Hermeneutik einer bildwissenschaftlichen Kulturpsychologie

Die sozial- und subjektwissenschaftliche Bildhermeneutik steht in der Psychologie vor der mehrgliedrigen Herausforderung,

- Bilder *als Bilder* ernst zu nehmen und außerdem – oft zugleich –
- ihre *Wirkungsweisen und erlebten Wirkungen* sowie
- die *an spezifische Verwendungen* und deren *Voraussetzungen, Folgen* und *Nebenfolgen* sowie *Funktionen gekoppelten*, entsprechend vielfältigen psychosozialen *Bedeutungen* von Bildern *in der alltäglichen Handlungs- und Lebenspraxis* bestimmter Personen (Individuen und Gruppen) zu erforschen.

In einer dem Gegenstand angemessenen, hinreichend komplexen pragma-semantischen oder praxeologischen Perspektive lassen sich Bilder also in mehreren Hinsichten untersuchen. Eingangs wurde die *Bild*interpretation im engeren Sinn von der Bild*gebrauchs*analyse und sodann von einer rezeptionstheoretisch fundierten Bild*wirkungs*analyse unterschieden. Während an der Notwendigkeit der Entwicklung innovativer bildhermeneutischer Methoden auch in der qualitativen Psychologie kein Zweifel mehr besteht, lassen sich wichtige Themen identifizieren, die bislang nicht genügend bearbeitet wurden. Dazu gehört die Ausarbeitung und Präzisierung der eingeführten Unterscheidung sowie eine genauere Klärung des Verhältnisses zwischen Bildinterpretation, Bildgebrauchs- und -wirkungsanalyse. Für die relationale Hermeneutik – die Methodologie und Methodik einer handlungstheoretischen Kulturpsychologie, wie sie im vorliegenden Buch in mehreren Kapiteln vorgestellt wird – sind diese

Aufgaben ebenso wichtig wie für eine ihr verpflichtete empirische Forschungspraxis, die zum Erkenntnisstand und zur Entwicklung der trans- und interdisziplinären Bildwissenschaften etwas Eigenes beitragen möchte.

Bilder lassen sich auch in psychologischer Perspektive bezüglich des *in ihnen* und *in ihrem Gebrauch* sowie *in ihrer Wirkung* sich dokumentierenden Sinns, der gleichwohl *nicht für alle Betrachtenden derselbe* ist bzw. sein muss und kann, methodisch kontrolliert analysieren. *Was genau* bestimmte Bilder für bestimmte Menschen bedeuten (zu diesen Zeitpunkten und in jenen Kontexten und Situationen), wie sie auf Personen wirken und wie sie sich von diesen Personen für variable Zwecke verwenden lassen, sind Fragen, die in der qualitativen Forschung der Psychologie viel intensiver bearbeitet werden müssen als bislang geschehen. Nicht zuletzt der Blick auf die Verwendung oder den Gebrauch von Bildern erscheint außerordentlich vielversprechend. Bildhandlungen werden vollzogen, um bestimmte Ziele zu erreichen oder kommunikative Aufgaben zu erfüllen: *doing things with pictures*, durch diese vielfältige und vielschichtige ikonische Praxis werden konkrete, faktische bzw. pragmatische Bild-Bedeutungen mitbestimmt. Diese möglichen, kontingenten Bedeutungen hängen stets von vielerlei ab: von soziokulturellen Weltbildern, Lebensformen, Sprachspielen und, wie man in lockerer Anlehnung an Wittgensteins theoretisches Konzept des Sprachspiels durchaus sagen kann, von *Bildspielen*, die eine individuelle und kollektive, konjunktive Praxis gewisser Menschen prägen, zudem von Habitusformationen und psychischen Dispositionen, von Motiven, Intentionen und Interessen, von Wünschen und Begehren, kurz: vom Wissen, Wollen und Können sowie den Sehnsüchten der jeweiligen Produzent_innen, Konsument_innen oder Rezipient_innen der je interessierenden Bilder.

Ebenso gewinnbringend erscheint uns die rezeptionstheoretisch und -ästhetisch angelegte Perspektive auf die emotionalen und affektiven Wirkungen von Bildern auf die schauenden, sehenden und erlebenden Subjekte, die sich im Wechselspiel von Subjekt und Objekt bzw. in der Interaktion der Betrachtenden mit dem Bild ergeben. Auch darauf kann und muss sich die methodisch kontrollierte Rekonstruktion sich entfaltender, vielfach latenter Sinn- und Bedeutungsgehalte beziehen. Neben der vorgestellten Tiefenhermeneutik, die zugleich Psycho- und Sozialanalyse ist, könnten hier Boeschs (1976) Konnotationsanalyse sowie bild- und kunstpsychologische Ansätze (z. B. in der Tradition Aby Warburgs oder Rudolf Arnheims), die nicht zuletzt Wahrnehmungsvorgänge und subjektive Verarbeitungsprozesse fokussieren, in eine in sich differenzierte psychologische Bildhermeneutik und interpretative Forschung im Feld des Ikonischen einbezogen und methodologisch reflektiert werden. Das genauer auszuführen und wenigstens die Grundzüge der bildwissenschaftlichen Methodologie und Methodik der relationalen Hermeneutik und damit ein noch weitgehend unerschlossenes Feld der handlungstheoretischen Kulturpsychologie zu entwickeln, sprengte nicht nur den Rahmen dieser Abhandlung. Es wären auch zu viele redundante Wiederholungen notwendig, da vieles von dem, was die vorgestellten Ansätze aus den Sozialwissenschaften, insbesondere aus der Soziologie und Psychoanalyse, kennzeichnet, übernommen und den eigenen Anliegen und Ambitionen anverwandelt werden könnte – und müsste. Ohne kräftige Anleihen bei diesen bereits elaborierten Konzeptionen kann es in der zeitgenössischen Kulturpsychologie nicht vorangehen.

Bei den fortgeschrittenen, zuvor vorgestellten Varianten in den Nachbardisziplinen war das übrigens nicht anders: Die bereits bewährte Methodologie und Verfahrensweise der dokumentarischen Methode, die *Visual Grounded Theory-Methodology*, die ebenfalls auf verschiedene Bildmaterialien zugeschnittene soziologische Segmentanalyse oder psychoanalytische Tiefenhermeneutik hätten wohl niemals so zügig entwickelt werden können, wenn nicht die traditionelle Kunstgeschichte und die neueren Bildwissenschaften seit langer Zeit höchst eindrucksvolle Anstrengungen unternommen hätten, um das methodisch kontrollierte Analysieren, Interpretieren und Verstehen von Bildern erfolgreich betreiben zu können. Das geschah und geschieht bis heute auf der Grundlage und im Verbund mit scharfsinnigen theoretischen Überlegungen, bei denen das komplexe Verhältnis zwischen Bild und Sprache, ikonischen sowie verbalen Repräsentations-, Artikulations- und Kommunikationsformen mit im Zentrum steht. Der interdisziplinäre Austausch ist in diesem weitgefächerten Feld ganz offenkundig ebenso unerlässlich wie die Verwendung transdisziplinärer theoretischer Begriffe, methodologischer Prinzipien und methodischer Techniken. Zu den allgemeinen Einsichten gehört nicht zuletzt, dass Methoden auch bei der wissenschaftlichen Beschäftigung mit Bildern zwar notwendig sind, aber keinerlei Garantie dafür bieten, dass *allein* durch ihren Einsatz nennenswerte Erkenntnisse gewonnen werden könnten. Dazu gehört auch in diesem Feld mehr als methodische Kompetenz (siehe dazu genauer Straub & Ruppel, 2022a, in diesem Buch). Wissenschaftliches Handeln zehrt in der bildwissenschaftlichen Handlungs- und Kulturpsychologie nicht allein von den verfügbaren Verfahren, Instrumenten und Techniken. Es ist und bleibt eine kreative Tätigkeit von soziokulturell geprägten, in eine gemeinschaftliche und gesellschaftliche Praxis eingebundenen, gleichwohl individuellen Subjekten mit je eigenen Erfahrungen und Erwartungen, Kenntnissen und Kompetenzen, nicht zuletzt epistemologisch relevanten Stärken und Schwächen.

Wenn man angeben möchte, welche Prinzipien und Vorgehensweisen in die relationale Hermeneutik einer bildwissenschaftlich ausgerichteten Handlungs- und Kulturpsychologie unbedingt aufgenommen werden müssten – neben den in den letzten Abschnitten bereits erwähnten Punkten –, gelangt man unseres Erachtens schnell zu folgender Liste:

*1.* Wie allgemein, so gilt auch für die handlungs- und kulturpsychologische Bildhermeneutik der Grundsatz der *Relationalität:* Jede Bildbetrachtung und -interpretation ist relational strukturiert, jedes ihrer Ergebnisse ist ein relationaler Tatbestand, eine *Begegnungs-* und *Beziehungstatsache* (vgl. ebd.). Es gibt hier keine Erkenntnisse über das *Bild an sich* zu gewinnen, sondern stets nur Einsichten in mögliche Bedeutungen von Bildern für bestimmte Menschen, die in gewissen Kontexten und Situationen Bilder anschauen und auslegen, sich von ihnen ansprechen und berühren lassen, sie in ihrer kommunikativen Praxis gebrauchen und ihnen auch dadurch bestimmte Bedeutungen verleihen. Die Psychologie interessiert sich nicht für das Bild an sich oder – zum Beispiel –

für die Geschichte der meisterhaften Herstellung von Gemälden in aufeinanderfolgenden Epochen der Kunstgeschichte, für Maltechniken und Malstile als solche, oder für die Geschichte der Fotografie, ihre technischen Voraussetzungen und zahlreichen Produkte etc. Solche Domänen gehören in andere Disziplinen.

Jedoch fragt die handlungstheoretische Kulturpsychologie – wiederum zum Beispiel – selbstverständlich danach, was bestimmte Stile und Techniken in der Malerei für bestimmte Menschen, für ihr Leben und Handeln, Fühlen und Denken, Wünschen und Wollen bedeuten, ob und warum sie mit bestimmten Gemälden etwas anfangen können oder nicht, sich vielleicht darin wiedererkennen können oder aber von ihnen abgestoßen fühlen, ob sie sich also lieber einen Jan Vermeer oder einen Franz Carl Spitzweg, einen William Turner, eine Paula Modersohn-Becker oder aber einen Karl Albers, Marc Rothko, Barnett Newman oder Romain Finke, eine Meret Oppenheim, einen Lucian Freud, Francis Bacon oder einen Asger Jorn oder Cy Twombly in die Wohnung hängen – ein massenhaft reproduziertes Abbild ihrer Bilder in aller Regel –, oder aber gar nichts davon, weil ihnen diese ganze Malerei, die gegenständliche oder abstrakte, realistische, impressionistische oder expressionistische, zeitgenössische oder was auch immer, einfach gar nichts sagt und bedeutet.

All das ist handlungs- und kulturpsychologisch interessant, nicht zuletzt deswegen, weil die Vorliebe zu bestimmten Gemälden – sagen wir: etwa aus dem Feld der abstrakten Kunst des *Informel* – womöglich etwas über die betreffenden Menschen preisgibt, über ihre geistige, kognitive, affektive und emotionale Verfassung, ihre Ängste und Sehnsüchte, Wünsche und Begehren, Bedürfnisse und Befürchtungen. Die lassen sich in ihrer konkreten, besonderen Qualität nämlich nicht beliebig darstellen und angemessen repräsentieren, ins Bild setzen und dadurch zum Ausdruck bringen. Bestimmte Bilder bzw. Typen von Bildern und die sie konstituierenden Materialien, Farben und Formen sowie Malstile und -techniken vermögen *bestimmten* psychischen und sozialen Phänomenen eine passende, präsentativ-symbolische Gestalt zu verleihen, andere dagegen nicht. Die Quadrate von Josef Albers können nicht oder schwerlich symbolisieren und (re-)

präsentieren, was ein Bild von Giotto oder Paolo Veronese oder Albrecht Dürer mitzuteilen vermag bzw. was bestimmte Personen darin sehen und erkennen. Analoges gilt für andere Arten von Bildern, für kunstfertige oder dilettantische Fotos etwa – und ihre wiederum vielschichtigen (epistemischen, mnestischen, kognitiven, affektiven etc.) Beziehungen, die bestimmte Personen zu ihnen, ihren Motiven und Macharten eingehen und unterhalten mögen, wenn sie sie betrachten oder in ihrer Praxis verwenden, an andere weiterleiten, öffentlich ausstellen oder aber verstecken und sie allenfalls auserwählte Personen gelegentlich sehen lassen (wie ein intimes Dokument, das das eigene Selbst entblößen kann).

Die Frage, was bestimmte Bilder von den Menschen, die sie mögen oder verabscheuen, zeigen können, was ganze Stilrichtungen über die seelische Verfassung von Individuen und Gruppen ›verraten‹ mögen, ist eine kulturpsychologisch überaus interessante Frage. Sie ist typisch für die relationale Hermeneutik und ihr ausgeprägtes Interesse an Beziehungen nicht zuletzt zwischen materiellen Objekten in präsentativ-symbolischer Gestalt und Personen, die nicht minder vielfältig sind wie die verschiedenen Dinge, mit denen sie sich umgeben und ausstatten in ihrer tagtäglichen Praxis. Es sind immer solche Relationen, die den eigentlichen Gegenstand handlungs- und kulturpsychologischer Forschungen bilden, keine Objekte, deren Eigenschaften von den sehenden Subjekten vermeintlich völlig unabhängig sind. Auch in ihrer ikonologisch-ikonischen Abteilung untergräbt die relationale Hermeneutik eine allzu schroffe und disjunkte Unterscheidung zwischen dem Subjekt und Objekt der Erkenntnis (und bereits der sinnlichen Wahrnehmung).

*2.* Relational strukturiert ist die Bedeutung von Bildern – jedes Bildes – nicht allein dann, wenn wir uns für die Bedeutungszuschreibungen irgendwelcher Menschen interessieren und sie in emischer Perspektive zu rekonstruieren trachten, sondern auch dann, wenn wir als Wissenschaftler_innen Bilder betrachten, interpretieren und kommentieren, um sie zu verstehen. Dasselbe gilt schließlich, wenn wir die Bildwahrnehmungen anderer zu verstehen suchen und dabei sowohl unsere eigene Sehart als Vergleichshorizont ins Spiel bringen oder aber etische, etwa theoretische Perspektiven einnehmen (und übrigens auch dadurch etwas über unsere eigene Sehart und unsere persönliche Beziehung zu anderen Betrachter_innen kundtun). Die Tiefenhermeneutik macht die eigene Wahrnehmung und das damit verwobene Erleben, wie dargelegt, zum Ausgangspunkt ihrer Forschungen, an deren Ende sich etwas über soziale und kulturelle, jedenfalls von mehreren und oftmals sehr vielen Menschen geteilte Bedeutungen bestimmter Bilder aussagen lässt. Dabei können verborgenes soziales Leid, gesellschaftliche Tabus oder andere latente Bedeutungen von Bildern im Fokus der Bildinterpretation stehen – wie eben in der theoretisch voraussetzungsvollen Tiefenhermeneutik, aber durchaus auch andere Aspekte, die ebenfalls existenziell bedeutsam oder praktisch relevant sind. Selbstverständlich lassen sich Bilder auch auf die in ihnen symbolisierte Vitalität oder motivierende Kraft hin betrachten, die sie bei vielen Betrachter_innen freisetzen mögen. In Bildern muss nichts geheimnisvoll oder verborgen oder leidvoll sein. Was sich jedoch gleichbleibt: Es geht stets um eine Relation, und womöglich um eine doppelte.

*3.* Letzteres ist immer der Fall, wenn Forschende die Beziehungen zu Bildern und dazugehörige Bedeutungszuschreibungen anderer Menschen analysieren, dies aber nicht vollständig unter Absehung von ihren eigenen Seharten und Verständnissen tun können, sodass also Relationen im Lichte von Relationen artikuliert und begriffen werden. Wir verstehen das Verhältnis anderer Menschen zu einem konkreten Bild nicht zuletzt im Lichte unseres eigenen Verhältnisses zu ihm. Man kann sich zwar um die Einnahme einer möglichst reinen emischen Perspektive bemühen. Vollkommen einklammern lassen sich eigene Sichtweisen und die ihnen inhärenten (Wert-)Urteile aber oftmals nicht. Manche Wissenschaftler_innen wollen das auch gar nicht und geben die Gründe an, warum sie die Seharten und Auslegungen anderer nicht teilen und sogar kritisch sehen. Auch der Streit um die visuelle Anschauung und die an den Gebrauch von Urteilskraft gebundene Auffassung von Bildern mag zum Bestandteil interpretativer Forschung werden. Auch in diesem Feld mögen normative, keineswegs nur ästhetische Fragen nach der Schönheit auftauchen. Darauf bezogene Urteile können zum Geschäft einer kritischen Subjekt- und Sozialwissenschaft gehören, zu der auch die Kulturpsychologie einen Beitrag leisten kann. Bildanalyse, Bildgebrauchs- und Bildwirkungsanalyse können mit einer normativ gehaltvollen Bild*kritik* verschwistert sein, die ins Feld einer rational motivierten Kritik von Lebensformen gehört (Jaeggi, 2014).

*4.* In der relationalen Hermeneutik sind komparative Analysen und vergleichende Interpretationen *das* produktive Zentrum der methodisch kontrollierten Erfahrungs- und Erkenntnisbildung. Das ist generell so. Vergleichendes Denken ist die unverzichtbare Grundlage empirischer Verallgemeinerungen in Gestalt von Typisierungen und Typenbildungen. Das ist bei der Untersuchung von Texten nicht anders als bei der Erforschung von Bildern, ihren Wirkungen und ihren Verwendungen und Bedeutungen in zahlreichen praktischen Kontexten. Da wir über die Relevanz und den systematischen Einsatz verschiedener Typen von Vergleichshorizonten an anderer Stelle bereits alles Notwendige ausgeführt haben, verzichten wir hier auf Wiederholungen (Straub & Ruppel, 2022a, in diesem Band, sowie in Kurzform 2022b). Dadurch soll nicht verschwiegen werden, dass eine auf Bilder und andere ikonische Materialien bezogene Theorie und Methodologie des Vergleichs in der Handlungs- und Kulturpsychologie noch am Anfang steht. Es müssen hier offensichtlich sehr viele Vergleichsdimensionen (Materialität, Farbe, Form, Licht/Schatten, Dynamik, kontext- und subjektabhängige Wirkungen und Verwendungen von Bildern usw.) einbezogen und auf ihre psychologische Relevanz hin bedacht werden. Evident ist auch, dass es nicht immer um den Vergleich von ganzen Bildern gehen muss, sondern auch einzelne Bildelemente die Komparanda bilden können. Diesbezüglich lassen sich dann etwa bildimmanente Elemente oder aber bildexmanente Elemente unterscheiden, die verschiedenen Bildern entstammen (oder sogar einem anderen symbolischen Medium angehören). Die allgemeine Typologie möglicher Vergleichshorizonte, wie sie am zuvor angegebenen Ort erläutert wird, bleibt auch in der handlungs- und kulturpsychologischen Bildhermeneutik verbindlich. Was sich dabei gegenüber der Texthermeneutik ändert, ist eine nicht hinreichend geklärte Frage. Manches liegt jedoch auf der Hand. Gewisse Methoden und Techniken, die in der Bildinterpretation eingesetzt werden, sind eben speziell auf ikonisches Material zugeschnitten.

*5.* Die Einsicht in die unhintergehbare Relationalität der empirischen Erkenntnisse einer bildwissenschaftlich ambitionierten Handlungs- und Kulturpsychologie sollte niemanden davon abhalten, die methodischen Werkzeuge zu nutzen, die insbesondere in der Kunstgeschichte und den jüngeren Bildwissenschaften entwickelt wurden, um Bilder als Bilder – in ihrer Materialität, Form- und Farbgebung, planimetrischen Komposition, Perspektivität, szenischen Choreografie etc. – professionell zu analysieren und zu beschreiben. Generell sind irgendwelche Bildbeschreibungen, nicht zuletzt Benennungen und Deskriptionen der Bildinhalte, der Themen und Gegenstände von Bildern, unerlässlich. Man muss auch in der psychologischen Forschung irgendeine Vorstellung davon haben, was eigentlich auf einem in irgendeiner Hinsicht interessierenden Bild zu sehen ist. Man muss mit dieser (selbstverständlich korrigierbaren, präzisierbaren, erweiterbaren) Vorstellung bzw. Beschreibung operieren und in der weiteren Forschung auf sie Bezug nehmen können. In solche möglichst methodisch erstellten Bildbeschreibungen mag vieles einfließen, auch scheinbar Abseitiges. Wer meint, eine chemische Analyse des von Yves Klein kreierten und seit 1955 in seinen monochromen Bildern so gern verwendeten, unverwechselbaren Ultramarinblaus – das er sich 1960 als International Klein Blue (I.K.B.) patentieren ließ –, könne dazu beitragen, die faszinierende Leuchtkraft und berühmte Sogwirkung, die diese sofort auffällige, anziehende und einnehmende Farbe bei den Betrachter_innen so häufig auszulösen vermag, zu erklären, sollte sich davon nicht abhalten lassen. Das kann man sagen, wenngleich Zweifel daran angebracht sind, dass allein eine chemische Analyse in diesem Feld allzu viel auszutragen vermag. Menschen, die ein Bild betrachten, sehen und beschreiben nicht etwas, das die Chemie in ihrem Vokabular zu bestimmen vermag. Diese und andere Naturwissenschaften können dennoch als Hilfsdisziplinen der subjekt-, sozial- und kulturtheoretisch ausgerichteten Bildwissenschaften mitunter wertvolle Dienste leisten.

*6.* Der handlungs- und kulturpsychologische Fokus auf der relationalen Struktur von Bildbedeutungen macht auch eine kunst-, kultur- und sozialgeschichtliche Einordnung und sonstige Kontextualisierungen von Gemälden nicht überflüssig. Nicht zuletzt biografische oder psychologische Notizen zum Maler können hilfreich sein. All das gilt analog, wiederum *mutatis mutandis*, für andere Bildsorten und Bildproduzent_innen, für Fotos etwa und die Personen, die sie geschossen haben (professionell oder laienhaft, zu diesem oder jenem Zweck und Gebrauch). Hilfreich heißt freilich nicht *ausreichend*. Der eigentliche Gegenstand einer bildwissenschaftlichen Handlungs- und Kulturpsychologie, die sich der Methodologie und Methodik der relationalen Hermeneutik bedient, wird durch die besagten Einordnungen, Kontextualisierungen etc. noch nicht einmal berührt.

*7.* Dieser Gegenstand ist, wie gesagt, mehrgliedrig und durchaus variabel. Die relationale Hermeneutik muss zwischen verschiedenen Untersuchungsinteressen und -perspektiven differenzieren, um die jeweils angemessenen methodischen Instrumente einsetzen oder entwickeln zu können. Bildinterpretationen sind eben etwas anderes als psychologische oder soziologische Bildwirkungsanalysen oder aber empirische Rekonstruktionen der pragmatischen Bedeutungen, die Bilder im Zusammenhang der praktischen Verwendung im Alltagsleben oder in professionellen Kontexten annehmen bzw. von bestimmten Menschen zugewiesen bekommen. Das geschieht nicht selten auf höchst umstrittene Weise, sodass Bildbedeutungen, der Stellenwert und die Funktionen von Bildern in soziokulturellen Praxen vielfach Anlässe für – z.B. moralische, religiöse oder politische – Konflikte bilden. Auch solche Auseinandersetzungen eröffnen selbstverständlich ein weites Feld für die kulturpsychologische Forschung und speziell für ihre Befassung mit Bildern, Bildwirkungen und Weisen des Bildgebrauchs in der ikonischen Kommunikation und Koexistenz von Menschen.

## Ausblick und fragender Abschluss: Ikonische Kommunikation in der Wissenschaft?

Bilder, bildliche oder bildhafte Verständigung sind und bleiben für die zuständigen Wissenschaften auch dann eine Herausforderung, wenn ikonisches Material und seine praktische, kommunikative Verwendung (zu Zwecken der Darstellung, des Ausdrucks, des Appells etc. vgl. Straub et al., 2021) zwar mit methodischer Raffinesse analysiert werden können, die rekonstruierten Bedeutungen am Ende aber doch wieder *im Medium der Sprache* artikuliert werden. Dieses Festhalten an der Sprache als dominantem, oft einzigem und allein anerkanntem Medium *wissenschaftlicher* Erfahrungs- und Erkenntnisbildung widerspricht offensichtlich der (bild-)wissenschaftlichen Einsicht in den Eigensinn, den Eigenwert und die Eigenlogik von Bildern, die sich prinzipiell nur unvollständig in Sprache übersetzen lassen. Das Schreiben und das Sprechen sind und bleiben andere Darstellungs-, Ausdrucks- und Verständigungsmedien als das Zeigen. Was gezeigt werden kann, lässt sich oftmals nicht sagen, nicht einmal annähernd. Umgekehrt ist oftmals kaum mit ikonischen, visuellen Mitteln mitzuteilen (darzustellen, auszudrücken etc.), was sich umstands- und mühelos sagen lässt (manchmal vielleicht nur vage und missverständlich, bisweilen jedoch sehr genau und ziemlich eindeutig). Der Übersetzbarkeit sind in beide Richtungen Grenzen gesetzt.

Diese Einsicht ist, sobald man sie wirklich ernst nimmt, eine enorme Herausforderung für alle sich auf die Sprache als Ort der systematischen Erfahrungs- und Erkenntnisbildung kaprizierenden Wissenschaften. Natürlich hat es sich herumgesprochen, dass auch wissenschaftliche Publikationen mit bildlichen oder bildhaften Repräsentationen arbeiten, die keineswegs nur illustrative oder veranschaulichende Zwecke erfüllen (Bredekamp et al., 2008; Galison & Jones, 1989; Daston & Galison, 2007). Dass sich die Sozial- und Subjektwissenschaften bei der Bildung und Vermittlung vorrangig oder ausschließlich auf Bilder verlassen könnten, wird aber niemand behaupten wollen. Im Gegenteil, recht häufig spricht man Bildern nach wie vor ihren im engeren Sinne epistemischen, kognitiven Wert ab, ihre Leistungskraft als adäquate Medien und probate Mittel der Forschung. Wissenschaftliche Erkenntnisse zumal bedürfen, auch in der Psychologie, unabdingbar und unersetzbar der Sprache. Was aber, wenn sich bestimmte Dinge – Einsichten, Erkenntnisse auch – nicht sagen, sondern allenfalls zeigen lassen? Müssen wir als Wissenschaftler_innen dann verstummen und schweigen?

Selbst wenn die methodisch geregelte, interpretative Analyse von Bildern, ihrer Wirkungen und bedeutungsvollen Verwendungen im Alltag dieser oder jener Menschen unter der theoretischen Maßgabe ihrer Unersetzbarkeit und partiellen Unübersetzbarkeit durchgeführt wird, bleibt es am Ende meistens dabei, dass sozial- und subjektwissenschaftliche, psychologische oder soziologische Erkenntnisse im Medium der Sprache artikuliert und diskutiert werden. Nähme man die Einsicht in die prinzipielle Unersetzbarkeit und partielle Unübersetzbarkeit ernst, müssten sich die Sozialwissenschaften nicht allein den etablierten Bildwissenschaften annähern, sondern obendrein manche ihrer (methodisch gebildeten) Erfahrungen und Erkenntnisse *selbst bildlich und bildhaft repräsentieren*. Übersetzungen von Bildern in Sprache oder von Sprache in Bilder bringen in jedem Fall einen Verlust mit sich, sie verändern das Translat – und die mit ihm und nur mit ihm, zum Beispiel eben mit dem Bild verwobenen Einsichten oder Erkenntnisse. So jedenfalls denken Philosoph_innen und (Bild-)Wissenschaftler_innen, die Bildern und ikonischer Kommunikation ernsthaft epistemische Leistungen zugestehen und zuschreiben, Einsichten und Erkenntnisse, die anders als in und mit Bildern nicht zu haben sind. Diese Auffassung teilen etwa Gottfried Boehm, Horst Bredekamp oder Max Imdahl (auf die sich auch manche der hier vorgestellten Ansätze und Methodiken berufen; vgl. genauer dazu Straub et al., 2021). Wenn sie recht haben, liegen die zwingenden Schlussfolgerungen und herausfordernden Konsequenzen für die empirischen Sozial- und Subjektwissenschaften eigentlich nahe. Die meisten von uns scheuen jedoch davor zurück, sie wahr- und anzunehmen.

Auch diese Disziplinen müssten (lebenspraktisch relevante) ikonische Materialien und Daten nicht nur zum Objekt der Analyse, sondern Bilder selbst zum Medium wissenschaftlicher Erfahrungs- und Erkenntnisbildung sowie der Artikulation und Publikation der schließlich gewonnenen Einsichten, Erfahrungen und Erkenntnisse machen. Sie müssten selbst in Bildern denken und ›sprechen‹ und sich so, zumindest ein Stück weit, aufs Zeigen einlassen und darauf verlassen (da zumindest manches gar nicht anders mitgeteilt, dargestellt und ausgedrückt werden kann). Das sehende, betrachtende Auge würde damit zu einem veritablen Organ auch der wissenschaftlichen Erfahrungs- und Erkenntnisbildung und -vermittlung. Diese Handlungen müssten als sehendes Sehen eigener Art konzipiert werden. An die darin waltende ikonische Vernunft reichte keine sprachliche Artikulation und Repräsentation je heran. Bild und Sprache stünden mit ihrer jeweiligen Eigen-Logik, ihrem Eigen-Wert und Eigen-Sinn *für sich* (unersetzbar und niemals ohne Verlust ineinander übersetzbar, obwohl solche Translationen meistens unerlässlich und oft erhellend sind, sodass man in zwei Medien mehr sagen und zeigen kann als in einem einzigen, isolierten). Sie wären selbst in den hier interessierenden wissenschaftlichen Disziplinen gleichermaßen angesehen und notwendig. Dass damit die Grenzen zwischen Wissenschaft und Kunst zwar nicht gleich ganz eingerissen, aber doch etwas durchlässiger, die Ränder dieser Felder ein wenig unschärfer würden, ist offenkundig – und für die meisten von uns wohl noch immer irritierend und unzumutbar. Das könnten wir, vielleicht sollten wir es ändern, *vor*sichtig zwar, aber doch entschlossen und mit Bedacht.[10]

---

**10** Eine ähnliche, analoge Konsequenz ergibt sich übrigens, wenn man unter »narrativer Psychologie« nicht allein ein wissenschaftliches Unternehmen versteht, dass es mit der Erhebung und Analyse von Erzählungen bzw. Erzähltexten zu tun hat. Narrative Psychologie ist vielmehr – wie der Name, recht verstanden, eigentlich eindeutig sagt – eine Wissenschaft, die sich aus bestimmten Gründen notwendigerweise selbst des Erzählens als eines Mediums und Modus der Darstellung von Erfahrungen und Erkenntnissen sowie ihrer wissenschaftlichen, verstehenden Erklärung bedienen muss. Zu dieser Auffassung, die ebenfalls Brücken zwischen Kunst – insbesondere der Literatur – und der Wissenschaft zu schlagen vermag, sowie speziell zur Erzählung als einer in der Psychologie unverzichtbaren Form der wissenschaftlichen Erklärung vgl. die Ausführungen zur autoexplanativen Funktion von Narrativen bei Straub (1999, 2019) sowie die Darlegungen zum »erzählenden Tier« in diesem Band.

## Literatur


Allesch, Christian (2006). *Einführung in die psychologische Ästhetik*. Wien: facultas/UTB.

Arnheim, Rudolf (1980). A Plea for Visual Thinking. In William J.T. Mitchell (Hrsg.), *The Language of Images* (S. 171–180). Chicago: Univ. of Chicago Press.

Barthes, Roland (1989 [1980]). *Die helle Kammer. Bemerkung zur Fotografie.* Frankfurt/M.: Suhrkamp.

Barthes, Roland (1990 [1964]). *Der entgegenkommende und der stumpfe Sinn. Kritische Essays III.* Frankfurt/M.: Suhrkamp.

Barthes, Roland (1998 [1957]). *Mythen des Alltags*. Frankfurt/M.: Suhrkamp.

Belgrad, Jutta, Görlich, Bernard, König, Hans-Dieter & Schmid Noerr, Gunzelin (Hrsg.). (1987). *Zur Idee einer psychoanalytischen Sozialforschung.* Frankfurt/M.: Fischer.

Belting, Hans (2006). *Das echte Bild. Bildfragen als Glaubensfragen*. München: C.H.Beck.

Boehm, Gottfried (2007). *Wie Bilder Sinn erzeugen. Die Macht des Zeigens.* Berlin: Univ. Press.

Boesch, Ernst E. (1976). *Konnotationsanalyse. Zur Verwendung der freien Ideen-Assoziation in Diagnostik und Therapie.* Saarbrücken: Arbeiten der Fachrichtung Psychologie, Universität des Saarlandes.

Boesch, Ernst E. (1991). *Symbolic action theory and cultural psychology*. Berlin, Heidelberg, New York: Springer.

Bohnsack, Ralf (1983). *Alltagsinterpretationen und soziologische Rekonstruktion*. Opladen: Leske & Budrich.

Bohnsack, Ralf (2001). Die dokumentarische Methode in der Bild- und Fotointerpretation. In Ralf Bohnsack, Iris Nentwig-Geseman, Arnd-Michael Nohl (Hrsg.), *Die dokumentarische Methode und ihre Forschungspraxis. Grundlagen qualitativer Sozialforschung* (S. 67–89). Opladen: Leske & Budrich.

Bohnsack, Ralf (2009). *Qualitative Bild- und Videointerpretation. Die dokumentarische Methode.* Opladen: Budrich.

Bohnsack, Ralf (2017). *Praxeologische Wissenssozologie*. Opladen u.a.: Barbara Budrich.

Bohnsack, Ralf, Hoffmann, Nora & Nentwig-Gesemann, Iris (2018). *Typenbildung und Dokumentarische Methode. Forschungspraxis und methodologische Grundlagen*. Opladen u.a.: Barbara Budrich.

Bohnsack, Ralf, Michel, Burkard & Przyborski, Aglaja (2015) Dokumentarische Bildinterpretation. In dies. (Hrsg.), *Dokumentarische Bildinterpretation. Methodologie und Forschungspraxis* (S. 11–33). Opladen u.a.: Barbara Budrich.

Bohnsack, Ralf & Przyborski, Aglaja (2015). Habitus, Pose und Lifestyle in der Ikonik. In Ralf Bohnsack, Burkard Michel & Aglaja Przyborski (Hrsg.), *Dokumentarische Bildinterpretation. Methodologie und Forschungspraxis* (S. 343–364). Opladen u.a.: Barbara Budrich.

Bourdieu, Pierre (1982). Der Sozialraum und seine Transformationen. In ders., *Die feinen Unterschiede. Kritik der gesellschaftlichen Urteilskraft* (S. 171–210). Frankfurt/M.: Suhrkamp.

Bourdieu, Pierre (1997). Zur Genese der Begriffe Habitus und Feld. In ders., *Der Tote packt den Lebenden.* Hrsg. v. Margareta Steinrücke. Hamburg: VSA.

Bourdieu, Pierre & Wacquant, Loïc (1993). *Reflexive Anthropologie.* Frankfurt/M.: Suhrkamp.

Breckner, Roswitha (2003). Körper im Bild. Eine methodische Analyse am Beispiel einer Fotografie von Helmut Newton. *Zeitschrift für qualitative Bildungs-, Beratungs- und Sozialforschung, 1*, 33–60

Breckner, Roswitha (2010). *Sozialtheorie des Bildes. Zur interpretativen Analyse von Bildern und Fotografien.* Bielefeld: transcript.

Breckner, Roswitha (2012). Bildwahrnehmung – Bildinterpretation. Segmentanalyse als methodischer Zugang zur Erschließung bildlichen Sinns. *Österreichische Zeitschrift für Soziologie (ÖZS), 2*(12), 143–164.

Breckner, Roswitha (2013). Geschlechter Un/Ordnung im Bild. Visuelle Segmentanalyse als Zugang zur leiblichen Performativität bildlicher Darstellungen. In Bereswill Mechthild & Liebsch, Katharina, *Geschlecht (re)konstruieren. Zur methodologischen und methodischen Produktivität der Frauen- und Geschlechterforschung* (S. 172–195). Münster: Westfälisches Dampfboot.

Bredekamp, Horst, Schneider, Birgit & Dünkel, Vera (Hrsg.). (2008). *Das Technische Bild. Kompendium zu einer Stilgeschichte wissenschaftlicher Bilder.* Berlin: Akademie Verlag.

Clarke, Adele E. (2005). *Situational Analysis: Grounded Theory after the Post Modern Turn.* Thousand Oaks/CA: Sage.

Daston, Lorraine J. & Galison, Peter (2007). *Objectivity.* New York: Zone Books.

Dietrich, Marc & Mey, Günter (2018). Anachronisten und Baby-Punks – eine Grounded-Theory-Analyse zu generationaler Ambivalenz und (Un)Ordnung in Jugendkulturen am Beispiel von Punk-Fanzines. In Böder, Tim, Eisewicht, Paul, Mey, Günter & Pfaff, Nicolle (Hrsg.), *Stilbildungen und Zugehörigkeit. Medialität und Materialität in Jugendszenen.* Wiesbaden: Springer VS.

Dietrich, Marc & Mey, Günter (2020). Perspektiven einer Audiovisuellen Grounded-Theory-Methodologie und ihr Potenzial im Forschungsfeld »digitale Jugendkulturen«. *psychosozial, 43*(2), 70–83.

Dietrich, Marc, Mey, Günter, Mancuso Elena & Rech, Hendrik (2021 i.D.). Musikvideos systematisch analysieren. Anwendung der Analysesoftware MAXQDA im Rahmen der Audiovisuellen Grounded-Theory-Methodologie. *Zeitschrift für Qualitative Forschung, 22*(2).

Eco, Umberto (1987). *Semiotik. Entwurf einer Theorie der Zeichen.* München: Hanser.

El-Mafaalani, Aladin (2012). *BildungsaufsteigerInnen aus benachteiligten Milieus. Habitustransformation und soziale Mobilität bei Einheimischen und Türkeistämmigen.* Wiesbaden: Springer VS.

Fürst, Silke, Jecker, Constanze & Schönhagen Philomen (2014). Die qualitative Inhaltsanalyse in der Kommunikationswissenschaft. In Stefanie Averbeck-Lietz & Michael Meyen (Hrsg.), *Handbuch nicht standardisierte Methoden in der Kommunikationswissenschaft* (S. 209–225). Wiesbaden: Springer VS.

Galison, Peter & Jones, Caroline A. (Hrsg.). (1989). *Picturing Science, Producing Art*. London, New York: Routledge.

Geise, Stephanie, & Rössler, Patrick (2012). Visuelle Inhaltsanalyse. Ein Vorschlag zur theoretischen Dimensionierung der Erfassung von Bildinhalten. *Medien & Kommunikationswissenschaft, 60* (3), 341–361.

Glaser, Barney G. (2007). All is data. *Grounded Theory Review, 2*(6).

Goetzmann, Lutz, Wittmann, Lutz, Thomas, Nele, Wutzler, Uwe, Weierstall, Roland & Ruettner, Barbara (2018). Psychoanalytische Bildinterpretation im Rahmen einer »Visual Grounded Theory«-Methodologie. *Psyche, 72*(7), 573–601.

Grittmann, Elke (2018). Grounded Theory und qualitative Bildanalyse: Die Analyse visueller Geschlechterkonstruktionen in den Medien. In Christian Pentzold, Andreas Bischof & Nele Heise (Hrsg.), *Praxis Grounded Theory. Theoriegenerierendes empirisches Forschen in medienbezogenen Lebenswelten. Ein Lehr- und Arbeitsbuch* (S. 191–210). Wiesbaden: Springer VS.

Imdahl, Max (1994). Ikonik. Bilder und ihre Anschauung. In Gottfried Boehm (Hrsg.), *Was ist ein Bild?* (S. 300–324). München: Fink.

Imdahl, Max (1996a). *Giotto – Arenafresken. Ikonographie, Ikonologie, Ikonik*. München: Fink.

Imdahl, Max (1996b). *Reflexion – Theorie – Methode. Gesammelte Schriften in 3 Bänden, Bd. 3*. Hrsg. v. Gottfried Boehm. Mit einem Beitrag v. Hans R. Jauß. Frankfurt/M.: Suhrkamp.

Jaeggi, Rahel (2014). *Kritik von Lebensformen*. Berlin: Suhrkamp.

Kanter, Heike (2016). *Ikonische Macht. Zur sozialen Gestaltung von Pressebildern*. Opladen u. a.: Barbara Budrich.

King, Vera (2014). Pierre Bourdieu als Analytiker des Sozialen. Methodologische und konzeptionelle Bezüge zur Psychoanalyse sowie sozialpsychologische Perspektiven im Werk Bourdieus. *Sozialer Sinn, 15*(1), 253–278.

Knoblauch, Hubert, Schnettler, Bernd, Raab, Jürgen & Soeffner, Hans-Georg (Hrsg.). (2006). *Video Analysis: Methodology and Methods: Qualitative Audiovisual Data Analysis in Sociology*. Frankfurt/M.: Peter Lang.

König, Hans-Dieter (1984). Die Geburt eines Helden. Reagans Selbstinszenierung nach dem Attentat von 1981. *Psyche, 38*, 152–174.

König, Hans-Dieter (1993). Die Methode der tiefenhermeneutischen Kultursoziologie. In Thomas Jung & Stefan Müller-Doohm (Hrsg.), *»Wirklichkeit« im Deutungsprozeß* (S. 190–222). Frankfurt/M.: Suhrkamp.

König, Hans-Dieter (Hrsg.). (1996). *Neue Versuche, Becketts Endspiel zu verstehen. Sozialwissenschaftliches Interpretieren nach Adorno*. Frankfurt/M.: Suhrkamp.

König, Hans-Dieter (2014). *Affekte*. Gießen: Psychosozial-Verlag.

König, Hans-Dieter (2019a). *Die Welt als Bühne mit doppeltem Boden. Tiefenhermeneutische Rekonstruktion kultureller Inszenierungen*. Wiesbaden: Springer VS.

König, Hans-Dieter (2019b). Vorwort. In ders., *Die Welt als Bühne mit doppeltem Boden. Tiefenhermeneutische Rekonstruktion kultureller Inszenierungen* (S. 1–9). Wiesbaden: Springer VS.

König, Hans-Dieter (2019c). Einführung in die Methodologie und Methode der Tiefenhermeneutik. Zugleich eine Auseinandersetzung mit Goffmans auf die Theatermetapher rekurrierende Interaktionssoziologie. In ders., *Die Welt als Bühne mit doppeltem Boden. Tiefenhermeneutische Rekonstruktion kultureller Inszenierungen* (S. 13–61). Wiesbaden: Springer VS.

König, Hans-Dieter (2019d). Der Bürger, der Hund und die Brücke aus Stahl. Tiefenhermeneutische Interpretation des Gemäldes *Le Pont de l'Europe* von Gustave Caillebotte. In ders., *Die Welt als Bühne mit doppeltem Boden. Tiefenhermeneutische Rekonstruktion kultureller Inszenierungen* (S. 189–204). Wiesbaden: Springer VS.

Kohli, Martin (1981). Wie es zur »biographischen Methode« kam und was daraus geworden ist. Ein Kapitel aus der Geschichte der Sozialforschung. *Zeitschrift für Soziologie, 10*(3), 273–293.

Kohli, Martin & Robert, Günter (1984). Einleitung. In dies., *Biographie und soziale Wirklichkeit. Neue Beiträge und Forschungsperspektiven* (S. 1–6). Stuttgart: Metzler.

Konecki, Kristof (2011). Visual grounded theory: A methodological outline and examples from empirical work. *Revija za Sociologiju, 41*(2), 131–160.

Koselleck, Reinhardt (1985). »Erfahrungsraum« und »Erwartungshorizont« – zwei historische Kategorien. In ders., *Vergangene Zukunft. Zur Semantik geschichtlicher* Zeiten (S. 349–375). 4. Aufl. Frankfurt/M.: Suhrkamp.

Langer, Susanne K. (1965 [1942]). *Philosophie auf neuem Wege. Das Symbol im Denken, im Ritus und in der Kunst.* Frankfurt/M.: Fischer.

Laplanche, Jean & Pontalis, Jean-Bertrand (1972). Überdeterminierung (oder mehrfache Determinierung). In dies., *Das Vokabular der Psychoanalyse* (S. 544–546). Frankfurt/M.: Suhrkamp.

Loer, Thomas (1994). Werkgestalt und Erfahrungskonstitution. In Detlef Garz & Klaus Kraimer (Hrsg.), *Die Welt als Text – Theorie, Kritik und Praxis der objektiven Hermeneutik* (S. 341–382). Frankfurt/M.: Suhrkamp.

Loos, Peter & Schäffer, Burkhard (2021). *Das Gruppendiskussionsverfahren – Theoretische Grundlagen und empirische Anwendungen*. 2. Aufl. Wiesbaden: Springer VS.

Loos, Peter, Nohl, Arnd-Michael, Przyborski, Aglaja & Schäffer, Burkhard (Hrsg.). (2013). *Dokumentarische Methode: Grundlagen – Entwicklungen – Anwendungen*. Opladen u.a.: Barbara Budrich.

Lorenzer, Alfred (1972a). *Perspektiven einer kritischen Theorie des Subjekts.* Frankfurt/M.: Suhrkamp.

Lorenzer, Alfred (1972b). *Zur Begründung einer materialistischen Sozialisationstheorie*. Frankfurt/M.: Suhrkamp.

Lorenzer, Alfred (1974). *Die Wahrheit der psychoanalytischen Erkenntnis. Ein historisch-materialistischer Entwurf.* Frankfurt/M.: Suhrkamp.
Lorenzer, Alfred (1984). *Intimität und soziales Leid. Archäologie der Psychoanalyse.* Frankfurt/M.: Fischer.
Lorenzer, Alfred (1988a). (Hrsg.). *Kultur-Analysen. Psychoanalytische Studien zur Kultur.* Frankfurt/M.: Fischer.
Lorenzer, Alfred (1988b). Tiefenhermeneutische Kulturanalyse. In ders. (Hrsg.), *Kultur-Analysen. Psychoanalytische Studien zur Kultur* (S. 11–98). Frankfurt/M.: Fischer.
Mannheim, Karl (1980 [vermut. verf. 1922–1925]). *Strukturen des Denkens.* Hrsg. v. David Kettler, Volker Meja & Nico Stehr. Frankfurt/M.: Suhrkamp.
Marent, Johannes (2016). *Istanbul als Bild: Eine Analyse urbaner Vorstellungswelten.* Bielefeld: transkript.
Mayring, Philipp (2015). *Qualitative Inhaltsanalyse. Grundlagen und Techniken.* Weinheim, Basel: Beltz.
Mey, Günter & Dietrich, Marc (2016). Vom Text zum Bild – Überlegungen zu einer visuellen Grounded-Theory-Methodologie. *Forum Qualitative Sozialforschung/Forum: Qualitative Social Research, 17*(2), Art. 2.
Mey, Günter & Dietrich, Marc (2018). Grounding Visuals. In Christine Moritz & Michael Costen (Hrsg.), *Handbuch Qualitative Videoanalyse* (S. 135–153). Wiesbaden: Springer.
Mey, Günter & Mruck, Katja (2020). Grounded-Theory-Methodologie. In dies. (Hrsg.), *Handbuch Qualitative Forschung in der Psychologie, Bd. 2: Designs und Verfahren* (S. 513–535). 2., akt. u. erw. Aufl. Wiesbaden: Springer.
Moritz, Christine & Costen, Michael (Hrsg.). (2018). *Handbuch Qualitative Videoanalyse.* Wiesbaden: Springer VS.
Oevermann, Ulrich (2014). Ein Pressefoto als Ausdrucksgestalt der archaischen Rachelogik eines Hegemons. Bildanalyse mit den Verfahren der objektiven Hermeneutik. In Michael Kauppert & Irene Leser (Hrsg.), *Hillarys Hand. Zur politischen Ikonographie der Gegenwart* (S. 31–56). Bielefeld: transcript.
Panofsky, Erwin (1979a [1932]). Zum Problem der Beschreibung und Inhaltsdeutung von Werken der bildenden Kunst. In Ekkehard Kaemmerling (Hrsg.), *Bildende Kunst als Zeichensystem 1: Ikonographie und Ikonologie* (S. 185–206). Köln: DuMont.
Panofsky, Erwin (1979b [1955]). Ikonographie und Ikonologie. In Ekkehard Kaemmerling (Hrsg.), *Bildende Kunst als Zeichensystem 1: Ikonographie und Ikonologie* (S. 207–225). Köln: DuMont.
Panofsky, Erwin (2001 [1953]). *Die altniederländische Malerei. Ihr Ursprung und Wesen.* Köln: DuMont.
Panofsky, Erwin (2002 [1939]). Ikonographie und Ikonologie. Eine Einführung in die Kunst der Renaissance. In ders., *Sinn und Deutung in der bildenden Kunst* (S. 36–67). Köln: DuMont.
Peirce, Charles Sanders (1958). *Collected Papers, 7–8.* Hrsg. v. A.W. Burks. Cambridge/MA: Harvard Univ. Press.
Pilarczyk, Ulrike (2014). Das Anti-Bild. In Aglaja Przyborski & Günther Haller (Hrsg.), *Das politische Bild* (S. 107–136). Opladen: Barbara Budrich.

Plontke, Sandra, Przyborski, Aglaja & Straub, Jürgen (2022 i. D.). Qualitative Methoden der Bildinterpretation, Bildgebrauchs- und -wirkungsanalyse in der Psychologie. In Günter Mey & Katja Mruck (Hrsg.), *Handbuch Qualitative Methoden in der Psychologie*. Berlin: Springer (dig. Vers.).

Przyborski, Aglaja (2004). *Gesprächsanalyse und Dokumentarische Methode. Auswertung von Gesprächen, Gruppendiskussionen und anderen Diskursen*. Wiesbaden: Springer VS.

Przyborski, Aglaja (2008). Sprechen Bilder? Ikonizität als Herausforderung für die qualitative Kommunikationsforschung. *Medien Journal, 2*, S. 74–88.

Przyborski, Aglaja (2014). Macht im Bild. In Aglaja Przyborski & Günther Haller (Hrsg.), *Das politische Bild* (S. 107–136). Opladen: Barbara Budrich.

Przyborski, Aglaja (2017). Alltäglicher Umgang mit geschlechtstypischen Normen körperlicher Selbstpräsentation. In Thomas Slunecko, Martin Wieser & Aglaja Przyborski (Hrsg.), *Kulturpsychologie in Wien* (S. 211–233). Wien: facultas.

Przyborski, Aglaja (2018a). *Bildkommunikation. Qualitative Bild- und Medienforschung*. München: de Gruyter.

Przyborski, Aglaja (2018b). Zur wechselseitigen Konstitution von Medien und Alltag mit dem Fokus Bild. Ein praxeologisches Kommunikationsmodell. In Michael R. Müller & Hans-Georg Soeffner (Hrsg.), *Das Bild als soziologisches Problem. Herausforderungen einer Theorie der Sozialkommunikation* (S. 245–264). Weinheim, Basel: Beltz Juventa.

Przyborski, Aglaja & Slunecko, Thomas (2012). Linie und Erkennen: Die Linie als Instrument Sozialwissenschaftlicher Bildinterpretation. *Journal für Psychologie, 20*(3), 1–37.

Przyborski, Aglaja & Slunecko, Thomas (2020). Dokumentarische Methode. In Günter Mey & Katja Mruck (Hrsg.), *Handbuch Qualitative Forschung in der Psychologie, Bd. 2: Designs und Verfahren* (S. 537–554). 2., akt. u. erw. Aufl. Wiesbaden: Springer.

Przyborski, Aglaja & Wohlrab-Sahr, Monika (2014). *Qualitative Sozialforschung. Ein Arbeitsbuch*. 4., erw. Aufl. München: Oldenbourg.

Raab, Jürgen (2008). *Visuelle Wissenssoziologie. Theoretische Konzeptionen und materiale Analysen*. Konstanz: UVK.

Ruppel, Paul Sebastian (2020). Ernst E. Boeschs Methodik: Konnotationsanalyse als interpretatives Verfahren. In Jürgen Straub, Pradeep Chakkarath und Sebastian Salzmann (Hrsg.), *Psychologie der Polyvalenz. Ernst Boeschs Kulturpsychologie in der Diskussion* (S. 191–211). Bochum: Westdeutscher Universitätsverlag.

Ruppel, Paul Sebastian & Mey, Günter (2017). Grounded theory methodology. In Roxanne Parrott (Hrsg.), *Encyclopedia of health and risk message design and processing*. New York: Oxford Univ. Press.

Schönhammer, Rainer (2000). Kunstpsychologie. In Jürgen Straub, Alexander Kochinka & Hans Werbik (Hrsg.), *Psychologie in der Praxis. Anwendungs- und Berufsfelder einer modernen Wissenschaft* (S. 799–812). München: dtv.

Schubert, Cornelius (2006). Video Analysis of Practice and Practice of Video Analysis: Selecting field and focus in videography. In Hubert Knoblauch, Bernd Schnettler, Jürgen Raab & Hans-Georg Soeffner (Hrsg.), *Video-Analysis. Methodology and Methods: Qualitative Audiovisual Data Analysis in Sociology* (S. 115–126). Frankfurt/M.: Lang.

Schülein, Johann August & Wirth, Hans-Jürgen (Hrsg.). (2011). *Analytische Sozialpsychologie. Klassische und neue Perspektiven*. Gießen: Psychosozial-Verlag.

Schuster, Martin (2011). *Wodurch Bilder wirken. Psychologie der Kunst*. Köln: DuMont.

Sichart, Astrid von (2016). *Resilienz bei Paaren. Empirische Rekonstruktionen der Krisenbewältigung auf der Grundlage von Paargesprächen und Fotos*. Opladen u.a.: Barbara Budrich.

Steinnebel, Jana & Ruppel, Paul Sebastian (2020). Die fotografische Inszenierung ökologischen Bewusstseins: Nachhaltigkeitsorientierte Reisepraxis und massenkompatibles Selbstmarketing. *psychosozial, 43*(3), 115–129.

Straub, Jürgen (1999). *Handlung, Interpretation, Kritik. Grundzüge einer textwissenschaftlichen Handlungs- und Kulturpsychologie*. Berlin, New York: de Gruyter.

Straub, Jürgen (2010). Das Verstehen kultureller Unterschiede. Relationale Hermeneutik und komparative Analyse in der Kulturpsychologie. In Gabriele Cappai, Shingo Shimada & Jürgen Straub (Hrsg.), *Interpretative Sozialforschung und Kulturanalyse* (S. 39–99). Bielefeld: transcript.

Straub, Jürgen (2019). Wie erklären wir einen Mord? Natalia Ginzburgs *È stato cosí* oder: Autobiographische Selbstthematisierungen und narrative Handlungserklärungen. In ders., *Das erzählte Selbst. Konturen einer interdisziplinären Theorie narrativer Identität. Bd. 1: Historische und aktuelle Sondierungen autobiografischer Selbstartikulation. Ausgewählte Schriften* (S. 335–361). Gießen: Psychosozial-Verlag.

Straub, Jürgen (2020). Polyvalente Erfahrung, interpretative Methodik, dynamisches Selbst. Grundzüge der Handlungs- und Kulturpsychologie von Ernst E. Boesch. In Jürgen Straub, Pradeep Chakkarath & Sebastian Salzmann (Hrsg.), *Psychologie der Polyvalenz. Ernst Boeschs Kulturpsychologie in der Diskussion* (S. 41–120). Bochum: Westdeutscher Universitätsverlag.

Straub, Jürgen, Chakkarath, Pradeep & Salzmann, Sebastian (2020). *Psychologie der Polyvalenz. Ernst E. Boeschs Kulturpsychologie in der Diskussion*. Bochum: Westdeutscher Universitätsverlag.

Straub, Jürgen, Przyborski, Aglaja & Plontke, Sandra (2021). Bildtheorie. Eine sozialwissenschaftliche, handlungs- und kulturpsychologische Perspektive im Kontext multi- und interdisziplinärer Bildwissenschaften. In Jürgen Straub, *Psychologie als interpretative Wissenschaft. Menschenbild, Wissenschaftsverständnis, Programmatik, Bd. 2. Schriften zu einer handlungstheoretischen Kulturpsychologie* (S. 539–595). Gießen: Psychosozial-Verlag.

Straub, Jürgen & Ruppel, Paul Sebastian (2022a). Relationale Hermeneutik und komparative Analyse. Vergleichendes Interpretieren als produktives Zentrum empirischer Forschung in Kulturpsychologie und Mikrosoziologie (im vorl. Buch).

Straub, Jürgen & Ruppel, Paul Sebastian (2022b i. D.). Relationale Hermeneutik: Theoretisch-methodologische Systematisierungen interpretativer Forschung. In Uwe Wolfradt, Lars Allolio-Näcke & Paul Sebastian Ruppel (Hrsg.), *Kulturpsychologie – Eine Einführung*. Wiesbaden: Springer.

Strauss, Anselm L. & Corbin, Juliet M. (1996 [1990]). *Grounded Theory: Grundlagen qualitativer Sozialforschung*. Weinheim: Beltz/PVU.

Suchar, Charles S. (1997). Grounding Visual Sociology Research in Shooting Scripts, *Qualitative Sociology, 20*(1), 33–55.

Utler, Astrid (2017). »There is nobody here – no German body«: Deutschlandbild(er) eines Geflüchteten. *psychosozial, 40*(5), 41–56.

Waldenfels, Bernhard (1999). Symbolik, Kreativität, Responsivität. Grundzüge einer Phänomenologie des Handelns. In Jürgen Straub & Hans Werbik (Hrsg.), *Handlungstheorie. Begriff und Erklärung des Handelns im interdisziplinären Diskurs* (S. 243–260). Frankfurt/M., New York: Campus.

Wopfner, Gabriele (2012). Zwischen Kindheit und Jugend – ein sehender Blick auf Kinderzeichnungen. *Journal für Psychologie, 20*(3), 1–28.

# Drucknachweise und Literaturhinweise

Die meisten der im vorliegenden Buch veröffentlichten Aufsätze sind Originalbeiträge. Die anderen sind Wiederabdrucke bereits publizierter Arbeiten, allerdings wurden sie – teilweise erheblich – überarbeitet. Neben Ergänzungen und Präzisierungen finden sich auch aktualisierende Bezugnahmen auf neuere Texte, die seinerzeit noch nicht geschrieben waren. Die Eigenständigkeit aller Beiträge wurde erhalten (auch durch separate Literaturverzeichnisse). Die Auswahl der Abhandlungen wurde so vorgenommen, dass Redundanzen gering und der Neuigkeitswert jedes Textes möglichst hoch ausfallen. Im vorliegenden Band mit Schriften zu einer handlungstheoretischen Kulturpsychologie finden sich ausgewählte Abhandlungen zur Methodologie und Methodik. Sie umfassen ein weites Spektrum handlungs- und kulturpsychologischer Forschung, geben jedoch nur exemplarische und selektive Einblicke. Neben grundlegenden Überlegungen zum verstehenden Erklären und zur relationalen Hermeneutik finden sich Arbeiten zur Erzähl-, Metaphern- und Bildanalyse.

Die Liste der Drucknachweise folgt der Ordnung des Inhaltsverzeichnisses des vorliegenden Buches. Die Abfolge der Beiträge ist also nicht chronologisch, sondern nach Sachgesichtspunkten geordnet. Im Fall von Änderungen der Originaltitel zeigen die nachfolgenden bibliografischen Angaben solche Modifikationen an. Nach den Nachweisen der revidierten Abhandlungen sowie der im vorliegenden Band erstmals publizierten Originalbeiträge findet sich eine kommentierte Liste mit weiteren Arbeiten zum Thema, die nicht in den vorliegenden Band aufgenommen wurden. Eine deutlich umfassendere Übersicht wurde in den ersten beiden Teilbänden mit Schriften zu einer handlungstheoretischen Kulturpsychologie präsentiert. Die dort angeführten Titel sind allerdings dezidiert theoretisch, allenfalls am Rande methodologisch, methodisch oder empirisch ausgerichtet, vielleicht aber dennoch auch für die Lesenden des vorliegenden Buches von Interesse.

## Originalbeiträge sowie überarbeitete, teilweise erheblich modifizierte Textgrundlagen der Buchkapitel

Vorwort, mit einer kurzen Einführung (Originalbeitrag)

### I Relationale Hermeneutik

Das Verstehen kultureller Unterschiede. Elementare Unterscheidungen und Operationen relationaler Hermeneutik | (2010). Das Verstehen kultureller Unterschiede. Relationale Hermeneutik und komparative Analyse in der Kulturpsychologie. In Gabriele Cappai, Shingo Shimada & Jürgen Straub (Hrsg.), *Interpretative Sozialforschung und Kulturanalyse* (S. 39–99). Bielefeld: transcript.

Relationale Hermeneutik und komparative Analyse. Vergleichendes Interpretieren als produktives Zentrum empirischer Forschung in Kulturpsychologie und Mikrosoziologie (Originalbeitrag; mit Paul Ruppel)

**II Narrationsanalyse: Erzähltes Leben**

Das erzählende Tier in den Sozial- und Subjektwissenschaften. Das narrative Interview als Medium der Erkenntnisbildung, des emanzipatorischen *Voicing* und als Machttechnik (Originalbeitrag)

Moralische Vergemeinschaftung im narrativen Interview. Erzählte Konflikte und der Wunsch nach Anerkennung | Gatzemeier, Ulrike & Straub, Jürgen (2013). Moralische Vergemeinschaftung. Erzählte Konflikte und der Wunsch nach Anerkennung, *Konfliktdynamik, 2*(4), 282–291.

**III Metaphernanalyse: Leben in Sprach-Bildern**

Metaphernanalyse in der psychologischen Biografieforschung. Elementare theoretisch-methodologische Klärungen (Originalbeitrag)

Das Leben im Sprach-Bild. Metaphorische Sprechweisen als Modi der interpretativen Repräsentation biografischer Erfahrungen | Straub, Jürgen & Sichler, Ralph (1989). Metaphorische Sprechweisen als Modi der interpretativen Repräsentation biographischer Erfahrungen. In Peter Alheit & Erika Hoerning (Hrsg.), *Biographisches Wissen: Beiträge zu einer Theorie lebensgeschichtlicher Erfahrung* (S. 221–237). Frankfurt/M., New York: Campus.

**IV Bildanalyse: Leben im Sichtbaren**

Qualitative Methoden der Bildinterpretation, Bildgebrauchs- und -wirkungsanalyse. Neue Entwicklungen und exemplarische Ansätze in der Psychologie und ihren Nachbardisziplinen (Originalbeitrag von Sandra Plontke, Aglaja Przyborski & Jürgen Straub) | stark gekürzte, digitale Fassung in Günter Mey & Katja Mruck (Hrsg.). (2022), *Handbuch Qualitative Methoden in der Psychologie*. Berlin: Springer VS (dig. Vers.).

## Kommentierte Liste ausgewählter Arbeiten zur Methodologie und Methodik der Handlungs- und Kulturpsychologie

### Ausgewählte Monografien

(1989). *Historisch-psychologische Biographieforschung. Theoretische, methodologische und methodische Argumentationen in systematischer Absicht. Mit einem Vorwort von Heiner Legewie*. Heidelberg: Asanger.

(1993). *Geschichte, Biographie und friedenspolitisches Handeln. Biographieanalytische und sozialpsychologische Analysen auf der Basis von narrativen Interviews mit Naturwissenschaftlern und Naturwissenschaftlerinnen*. Opladen: Leske + Budrich.

Diese beiden Bücher gingen aus einer 1988 abgeschlossenen Dissertationsschrift hervor, in der die theoretisch-methodischen Grundlagen vorgestellt werden sowie (im zweiten Buch) die methodische Vorgehensweise einer interpretativen, narrativen Biografieforschung am Beispiel einer empirischen Studie aus dem Feld der Sozialisationsforschung und politischen Psychologie demonstriert wird. Die seinerzeit erstmals ausgearbeiteten theoretischen Konzepte und methodischen Instrumente wurden seither kontinuierlich weiterentwickelt, ohne völlig ausgetauscht worden zu sein.

(1999). *Handlung, Interpretation, Kritik. Grundzüge einer textwissenschaftlichen Handlungs- und Kulturpsychologie*. Berlin, New York: de Gruyter [engl. Ausg.: (2022). *Action, Interpretation, Critique. Theoretical and Methodological Foundations of Cultural Psychology* (mit einer neuen Einleitung zur engl. Ausgabe). Bochum: Westdeutscher Universitätsverlag (PDF online frei verfügbar)].

In dieser 1994 am Institut für Psychologie der Friedrich-Alexander-Universität Erlangen-Nürnberg eingereichten und im Januar 1995 angenommenen Habilitationsschrift werden die Grundzüge einer handlungstheoretischen Kulturpsychologie dargestellt. Dies geschieht am Leitfaden der im Titel genannten Begriffe: Nach der systematischen Entwicklung einer handlungstheoretischen Typologie von Handlungsbegriffen und -erklärungen finden sich hier ebenso ausführliche Überlegungen zur Interpretationstheorie und Methodologie. An konkreten Beispielen – im Einzelnen: Eric Hirschs Prinzipien der Interpretation, Hans-Georg Gadamers Philosophische Hermeneutik, Alfred Lorenzers Tiefenhermeneutik – wird gezeigt, dass sich interpretative Analysen grundsätzlich auf drei verschiedene Gegenstände richten können: die *intentio auctoris* (also den Autor eines Textes oder die Produzentin eines sonstigen ›Werkes‹), die *intentio operis* (also die Mitteilung und den Wahrheitsgehalt eines Textes oder eines sonstigen ›Werkes‹ selbst), schließlich die *intentio lectoris* (also das Verhältnis, das sich zwischen Text und Leserin bei der Lektüre bildet, mithin die jeweilige Lesart eines Textes durch eine Person oder Gruppe). Nach dieser Differenzierung möglicher Interpretationsperspektiven wird die Beziehung zwischen der wissenschaftlichen Interpretation eines Textes (bzw. der durch ihn repräsentierten Praxis etc.) sowie der normativen (moralischen, politischen) Kritik an den analysierten Bedeutungsgehalten eines Textes (einer Praxis etc.) untersucht. Damit rückt die handlungstheoretische Kulturpsychologie in die Tradition einer kritischen Subjekt-, Sozial- und Kulturwissenschaft, die allerdings die (möglichst nicht nostro- oder eurozentrischen) Maßstäbe ihrer Kritik auszuweisen und zu begründen hat.

(1999). *Verstehen, Kritik, Anerkennung. Das Eigene und das Fremde in den interpretativen Wissenschaften*. Göttingen: Wallstein.

In dieser kleinen Schrift wird das Thema der Kritik aufgenommen und – erneut vor allem in einer Auseinandersetzung mit Jürgen Habermas' (rationalistischer) Auslegung der Problematik des Sinnverstehens – weitergeführt sowie mit anerkennungstheoretischen Reflexionen verwoben.

(2015). (mit Doris Weidemann). *Die verstehend-erklärende Psychologie und das Forschungsprogramm subjektive Theorien*. Gießen: Psychosozial-Verlag.
Dieses Buch enthält eine ausführliche Auseinandersetzung mit Norbert Groebens »verstehend-erklärender Psychologie« und dem damit verbundenen Forschungsprogramm Subjektive Theorien. Neben theoretischen und methodischen Aspekten werden hier auch exemplarische Untersuchungen kritisch analysiert – und insgesamt mit dem Einwand einer rationalistischen Engführung menschlichen Handelns konfrontiert.

**Ausgewählte Sammelbände (Herausgeberschaft)**

(2006). (mit Doris Weidemann, Carlos Kölbl & Barbara Zielke). *Pursuit of Meaning. Theoretical and Methodological Advances in Cultural and Cross-Cultural Psychology*. Bielefeld: transcript.

(2010). (mit Gabriele Cappai & Shingo Shimada). *Interpretative Sozialforschung und Kulturanalyse*. Bielefeld: transcript.

Diese zwei interdisziplinären Bücher bieten verschiedene Beiträge zahlreicher Autor_innen, die auch Grundlagenprobleme der Theorie, Methodologie und Methodik der Handlungs- und Kulturpsychologie behandeln.

(2020). (mit Pradeep Chakkarath & Sebastian Salzmann). *Psychologie der Polyvalenz. Ernst E. Boeschs symbolische Handlungstheorie und Kulturpsychologie in der Diskussion*. Bochum: Westdeutscher Universitätsverlag.

Dieser Band bietet die bislang ausführlichste Auseinandersetzung mit dem handlungs- und kulturpsychologischen Werk Ernst Boeschs, in verschiedenen Beiträgen auch unter methodischen Gesichtspunkten.

(2020). (mit Sandra Plontke, Paul Sebastian Ruppel, Birgit Frey, Flora Mehrabi & Judith Ricken). *Forschendes Lernen an Universitäten. Prinzipien, Methoden, Best-Practices an der Ruhr-Universität Bochum*. Wiesbaden: Springer VS.

Der umfangreiche Band stellt an der Ruhr-Universität Bochum konzipierte und durchgeführte Projekte im Feld forschenden Lernens vor, wobei einige Beiträge auch methodische Fragen und die Herausforderung der Vermittlung methodischer Kompetenz behandeln.

**Buchreihe (Herausgeberschaft)**

(seit 2012). (mit Katja Sabisch & Anna Sieben; bis 2018 mit Estrid Sørensen & Katja Sabisch). *Kultur, Gesellschaft, Psyche. Sozial- und kulturwissenschaftliche Studien*. Bochum: Bochumer Universitätsverlag/Westdeutscher Universitätsverlag (bislang 11 Bde.).

In dieser derzeit ein knappes Dutzend Bände umfassenden Buchreihe erscheinen vornehmlich von Jürgen Straub betreute, interdisziplinär angelegte Dissertationsschriften, in denen oft auch die methodische Perspektive einer handlungstheoretischen Kulturpsychologie maßgeblich ist.

**Ausgewählte Aufsätze**

(1983). (mit Günter Aschenbach, Elfriede Billmann-Mahecha, Jürgen Straub & Hans Werbik). Das Problem der Konsensbildung und die Krise der »nomothetischen« Psychologie. In Gerd Jüttemann (Hrsg.), *Psychologie in der Veränderung. Perspektiven für eine gegenstandsangemessene Forschungspraxis* (S. 103–142). Weinheim, Basel: Beltz.

Diese Abhandlung unternimmt eine grundsätzliche Kritik der nomologischen Psychologie und versammelt epistemologische, wissenschaftstheoretische und methodologische Argumente für eine Abkehr vom naturwissenschaftlichen Selbstverständnis der Psychologie. Sie bringt den damaligen Stand der Diskussion auf den Punkt und systematisiert bis heute aktuelle, zutreffende Einwände.

(1992). Geschlechterverhältnisse und der gefährdete Frieden: Über geschlechterspezifische und feministische Sinngehalte friedenspolitischen Handelns von Frauen. *Humboldt-Journal zur Friedensforschung. Forum Psychologie für den Frieden – Friedenspsychologie als politische Wissenschaft, 7*(1), 8–18.

Der Aufsatz berichtet von ausgewählten Befunden einer empirischen Studie, die eine geschlechtsspezifische Differenzierung der Pragma-Semantik friedenspolitischen Bewusstseins engagierter Naturwissenschaftler_innen nahelegen.

(1997). (mit Heide Appelsmeyer & Alexander Kochinka). Qualitative Methoden. In Wilhelm Kempf, Jürgen Straub & Hans Werbik (Hrsg.), *Psychologie. Eine Einführung. Grundlagen, Methoden, Perspektiven* (S. 709–742). München: dtv.

Das Kapitel eines Lehrbuchs stellt elementare Prinzipien, Orientierungen und Vorgehen qualitativer Forschung in der Psychologie dar.

(1998). (mit Hartmut Seitz). Metaphernanalyse in der kulturpsychologischen Biographieforschung. Theoretische Überlegungen und empirische Analysen am Beispiel des »Zusammenschlusses« von Staaten. In Ralf Bohnsack & Winfried Marotzki (Hrsg.), *Biographieforschung und Kulturanalyse. Interdisziplinäre Zugänge* (S. 243–259). Opladen: Leske + Budrich.

Der Beitrag analysiert auf metapherntheoretischer Grundlage ein exemplarisches Fallbeispiel aus dem Feld psychologischer Biografieforschung.

(1999). (mit Shingo Shimada). Relationale Hermeneutik im Kontext interkulturellen Verstehens. In *Deutsche Zeitschrift für Philosophie, 47*(3), 449–477.

In diesem Aufsatz ist erstmals von »relationaler Hermeneutik« die Rede. Nach einer kritischen Würdigung der philosophischen Hermeneutik Hans-Georg Gadamers werden Barrieren des Verstehens insbesondere in Kontexten interkultureller Kommunikation erörtert, etwa das Problem des »Nostrozentrismus« oder

der Mangel eines neutralen *Tertium comparationis* in der kulturvergleichenden Forschung.

(2000). Über das Bilden von Vergangenheit. Erzähltheoretische Überlegungen und eine exemplarische Analyse eines Gruppengesprächs über die »NS- Zeit«. In Jörn Rüsen (Hrsg.), *Geschichtsbewußtsein. Psychologische Grundlagen, Entwicklungskonzepte, empirische Befunde* (S. 45–113). Wien, Köln: Böhlau.

Der Aufsatz präsentiert ausgewählte empirische Befunde einer interpretativen Studie, in der auf erzähltheoretischer Grundlage eine Gruppendiskussion über die NS-Zeit analysiert wurde.

(2001) (mit Carlos Kölbl). Geschichtsbewußtsein im Jugendalter. Theoretische und empirische Analysen. *Forum Qualitative Sozialforschung/ Forum Qualitative Social Research, 2*(3) [Online Journal: http://www.qualitative-research.net/fqs/fqs-eng.htm].

Der Beitrag klärt den Begriff des Geschichtsbewusstseins in psychologischer Perspektive und berichtet von ausgewählten Ergebnissen einer empirischen Studie mit Jugendlichen in Deutschland.

(2002). Differenz und prekäre Äquivalenz in einer Übersetzungskultur Ein hermeneutischer Rahmen für die exemplarische psychologische Analyse eines »Übersetzungsfehlers«. In Joachim Renn, Jürgen Straub & Shingo Shimada (Hrsg.), *Übersetzung als Medium des Kulturverstehens und sozialer Integration* (S. 246–389). Frankfurt/M., New York: Campus.

Die Abhandlung reflektiert methodische Probleme des Übersetzens und Vergleichens an einem empirischen Beispiel, in dem es um vermeintliche Ähnlichkeiten zwischen Nachkommen der jüdischen Opfer der Shoah sowie den Kindern und Kindeskindern nicht-jüdischer deutscher Täter geht.

(2007) (mit Arne Weidemann). Introduction into Ideas: Experience, Method, and Dynamic Self: Prefatory Comments on Ernest E. Boesch's contributions to Cultural Psychology. In Walter J. Lonner & Susan A. Hayes (Hrsg.), *Discovering cultural psychology: A Profile and Selected Readings of Ernest E. Boesch* (S. 49–58). Charlotte/NC: Information Age Publ.

Der Aufsatz bietet eine Einführung in zentrale Aspekte von Ernst Boeschs *Symbolic action theory and cultural psychology.*

(2007) (mit Ernst E. Boesch). Kulturpsychologie. Prinzipien, Orientierungen, Konzeptionen. In Hans-Joachim Kornadt & Giesela Trommsdorff (Hrsg.), *Kulturvergleichende Psychologie. Enzyklopädie der Psychologie. Serie VII. Themenbereich C »Theorie und Forschung«* (S. 25–95). Göttingen: Hogrefe.

Der umfangreiche Handbuchbeitrag skizziert wesentliche Positionen und Perspektiven in der Kulturpsychologie des ausgehenden 20. und des 21. Jahrhunderts. Neben grundsätzlichen theoretischen und methodologischen Argumenten geht es um ausgewählte Ansätze etwas ausführlicher.

(2007). Andere Fremde. Annotationen zur Erforschung kultureller Differenz und interkultureller Kommunikation im Rahmen einer relationalen Hermeneutik. In Hans-Christoph Koller, Winfried Marotzki & Olaf Sanders (Hrsg.), *Bildungsprozesse und Fremdheitserfahrung. Beiträge zu einer Theorie transformatorischer Bildungsprozesse* (S. 109–140). Bielefeld: transcript.

In der Abhandlung werden theoretische und methodische Probleme der Erforschung kultureller Unterschiede untersucht, wobei verschiedene Typen kultureller Differenz voneinander abgegrenzt werden. Insbesondere radikale Differenzen entziehen sich dem Versuch begreifenden Verstehens und stellen die methodischen Subjekt- und Sozialwissenschaften deswegen vor erhebliche Herausforderungen.

(2008) (mit Maik Arnold). Missionarisches Handeln: das religiöse Selbst in interkultureller Praxis. Handlungs- und kulturpsychologische Analysen autobiographischer Erzählungen von Protestanten. In Ingrid Plath, Ines Grandenz, & Heiko Breit (Hrsg.), *Kultur – Handlung – Demokratie. Dreiklang des Humanen* (S. 135–194). Wiesbaden: VS Verlag für Sozialwissenschaften.

Der Aufsatz stellt ausgewählte Ergebnisse einer empirischen Studie zur Ausbildung christlicher Missionar_innen und ihrem Selbstverständnis dar. Mit im Zentrum der interpretativen Analyse steht die Spannung zwischen Missions- und einem Toleranzgebot, das die Anerkennung von Anderen in ihrer Andersheit vorsieht.

(2011). Was ist und was will »Kulturpsychologie« heute? In Wilfried Dreyer & Ulrich Hößler (Hrsg.), *Perspektiven interkultureller Kompetenz* (S. 21–38). Göttingen: Vandenhoeck & Ruprecht.

Der Aufsatz stellt ausgewählte theoretische Grundlagen und programmatische Absichten der Kulturpsychologie dar, verdeutlicht diese aber auch an kleinen Beispielen.

(2014). Lost and Found in Translation: Kulturelle Zumutungen und transitorische Identität in der migratorischen Existenz. Eva Hoffmans autobiographisch-interkulturelle Erzählung in der Perspektive einer narrativen Psychologie. In Ortrud Gutjahr (Hrsg.), *Jahrbuch für Literatur und Psychoanalyse, 34. Themenheft: Interkulturalität. Konstruktionen des Anderen* (S. 163–194). Würzburg: Königshausen & Neumann.

Der Aufsatz untersucht eine autobiografische Erzählung, die von der schmerzvollen, mühsamen und gleichwohl gelungenen Integration eines polnischstämmigen Mädchens handelt, das in frühen Jahren zum Verlassen der Heimat gezwungen wurde und schließlich als erfolgreiche Journalisten und Schriftstellerin in New York zu Hause war. Auch hier werden Prinzipien und Verfahren einer relationalen Hermeneutik deutlich.

(2017) (mit Paul Ruppel). Ökologie als Subjektivierungsform und das ökologische Selbst. Handlungs- und kulturpsychologische Analysen einer kontingenten Lebensführung. *psychosozial, 40*(2), 101–129 (Themenschwerpunkt Vegan und kerosinfrei – Das ökologische Selbst).

Der Beitrag stellt ausgewählte Ergebnisse einer empirischen Studie zum ökologischen Bewusstsein von Menschen vor, die das moralisch-politische Prinzip der Nachhaltigkeit ins Fundament einer Lebensführung integrieren, in der unter anderem auf Flugmobilität verzichtet wird. Mit den Mitteln der relationalen Hermeneutik werden auch latente Bedeutungen dieses identitätsrelevanten Überzeugungs- und Orientierungssystems analysiert.

(2020). Polyvalente Erfahrung, interpretative Methodik, dynamisches Selbst. Grundzüge der Handlungs- und Kulturpsychologie von Ernst E. Boesch. In Jürgen Straub, Pradeep Chakkarath & Sebastian Salzmann (Hrsg.), *Psychologie der Polyvalenz. Ernst E. Boeschs symbolische Handlungstheorie und Kulturpsychologie in der Diskussion* (S. 41–120). Bochum: Westdeutscher Universitätsverlag.

Der Aufsatz stellt zentrale Aspekte von Ernst Boeschs handlungs- und kulturpsychologischem Denken dar und erörtert sie auch im Hinblick auf die methodische Gestaltung empirischer Forschungspraxis.

(2021) (mit Dilek Tepeli). Verletzungsverhältnisse, interreligiöse Konflikte und Abjektionen in multikulturellen Gesellschaften. Revisionen in der interdisziplinären Migrationsforschung. In Susanne Benzel, Katarina Busch, Benedikt Salfeld & Julia Schreiber (Hrsg.), *Figurationen spätmoderner Lebensführung* (S. 143–197). Berlin, New York: Springer.

Der Beitrag skizziert selektiv einige theoretische Grundlagen einer kulturpsychologischen Migrations- und Integrationsforschung und stellt ein ausgewähltes empirisches Forschungsbeispiel vor, in dem mit Mitteln der relationalen Hermeneutik intergenerational tradierte, in historischen Verletzungsverhältnissen verwurzelten Konflikte zwischen jungen, in Deutschland lebenden Alevit_innen und Sunnit_innen untersucht werden.

(2022 i. D.) (mit Ines Gottschalk). Übersetzungsorte zwischen den Welten: Selbsttransformationen von unbegleiteten Geflüchteten in Gastfamilien. In Benzel, Susanne, King, Vera, Koller, Hans-Christoph, Meurs, Patrick & Weiß, Heinz (Hrsg.), *Adoleszenz und Generationendynamik im Kontext von Flucht und Migration*. Wiesbaden: Springer VS.

Der Beitrag skizziert selektiv einige theoretische Grundlagen einer kulturpsychologischen Migrations- und Integrationsforschung und stellt ein ausgewähltes empirisches Forschungsbeispiel vor, in dem mit Mitteln der relationalen Hermeneutik eine kleine Fallstudie zu den sozial eingebetteten Integrationsbemühungen eines unbegleiteten Geflüchteten in einer deutschen Gastfamilie präsentiert wird.

(2022 i.D.) (mit Paul Ruppel). Relationale Hermeneutik: Theoretisch-methodologische Systematisierungen interpretativer Forschung. In Uwe Wolfradt, Lars Allolio-Näcke & Paul S. Ruppel (Hrsg.), *Kulturpsychologie. Eine Einführung*. Wiesbaden: Springer VS.

Der Beitrag fasst wesentliche Prinzipien und Verfahren der relationalen Hermeneutik knapp zusammen und ist für einen ersten Einblick oder die Verwendung in elementaren Lehrveranstaltungen geeignet.

**Ausgewählte Rezensionsaufsätze und Geleitworte**
**(zu Forschungsarbeiten, deren Bedeutung für die Methodologie und Methodik der Handlungs- und Kulturpsychologie offenkundig ist und jeweils erläutert wird)**

(1992). Zu: Anselm Strauss & Juliet Corbin (1990), *Basics of Qualitative Research. Grounded Theory Procedures and Techniques*. Newbury Park, London, New Delhi: Sage. In *Kölner Zeitschrift für Soziologie und Sozialpsychologie, 3*, 602–603.

(1992). Zu: Clark Moustakas (1990). *Heuristic Research. Design, Methodology, and Applications*. Newbury Park: Sage. In *Philosophischer Literaturanzeiger, 45*(4), 10–12.

(2001). (mit Carlos Kölbl). Qualitative Kulturpsychologie als Wissenschaft. Zu: Carl Ratner (1997). *Cultural Psychology and Qualitative Methodology: Theoretical and Empirical Considerations*. New York: Plenum. In *Forum Qualitative Sozialforschung/Forum: Qualitative Social Research, 2*(2), o.S.

(2013). Verschlungene Wege der Wahl im *Doing Family*: Familiäre Aushandlungen individueller Schullaufbahnen. In Diana Weis: *Entscheidungspraxis in Familien. Aushandlungsprozesse, Kalküle und Widerfahrnisse bei der Schulwahl* (S. 7–13). Bochum: Westdeutscher Universitätsverlag.

(2014). Die allmähliche Verfertigung kultureller Unterschiede in der Interaktion. Kulturpsychologische Forschung ohne voreingenommene Kulturalisierung psychosozialer Differenzen. In Astrid Utler: *»Aber der Tongchun is' echt komisch«. Differenzerfahrungen im Migrationskontext* (S. VIII–XVI). Bochum: Westdeutscher Universitätsverlag.

(2015). Rapologie als multimethodale Erfahrungskunde: Differenzierungen eines komplexen Lebensstils. In Marc Dietrich: *Rapresent what? Zur Inszenierung von Authentizität, Ethnizität und sozialer Differenz im amerikanischen Rap-Video* (S. 15–57). Bochum: Westdeutscher Universitätsverlag.

(2015). Die Bildung des Subjekts in individuierten diskursiven Praxen. In Sonja Teupen: *Geschlecht zwischen Diskurs und Identität. Möglichkeiten der Triangulation von Diskursanalyse und Biografieforschung* (S. 7–17). Bochum: Westdeutscher Universitätsverlag.

(2017). Bilder und Bild-Praktiken verstehen: Aglaja Przyborskis praxeologische Hermeneutik ikonischer Kommunikation. In Aglaja Przyborski: Bildkommunikation: Qualitative Bild- und Medienforschung (S. 295–298). Berlin, New York: de Gruyter.

## Psychosozial-Verlag

Jürgen Straub

# Das optimierte Selbst

### Kompetenzimperative und Steigerungstechnologien in der Optimierungsgesellschaft. Ausgewählte Schriften

*2019 · 373 Seiten · Broschur*
*ISBN 978-3-8379-2845-7*

Selbst-Optimierung ist in Mode – im beruflichen wie im privaten Leben. Das zeigt sich nicht zuletzt im Feld der Psychotherapie. Ihrem Namen zum Trotz geht es auch hier manchmal nicht mehr um Heilung, sondern um Optimierung: *Enhancement* des Körpers, des Selbst, des Seelenlebens. Viele Menschen unterwerfen sich aus scheinbar freien Stücken gesellschaftlichen Kompetenz- und Leistungsimperativen und geraten indes oft in nicht mehr kontrollierbare Endlosspiralen der Selbstoptimierung. Solche »auteronomen Subjekte« bewegen sich in neuer Weise in einem merkwürdigen Übergangsfeld zwischen Autonomie und Heteronomie.

Der Autor untersucht Praxen und Technologien der Selbstformung – von traditionellen Weisen, das eigene Selbst zu gestalten, über technische, medikamentöse und chirurgische Manipulationen bis hin zu biotechnologischen und gentechnischen Visionen einer »positiven Eugenik«. Besondere Aufmerksamkeit finden auch *Self-Tracking-* und *Lifelogging*-Methoden, die ganz neue Modi der Selbstüberwachung und Selbstformung mit sich bringen und eine offenkundig hohe Attraktivität für immer mehr Menschen darstellen.

Walltorstr. 10 · 35390 Gießen · Tel. 0641-969978-18 · Fax 0641-969978-19
bestellung@psychosozial-verlag.de · www.psychosozial-verlag.de